北京市社会科学基金项目（16YJB030）
首都经济贸易大学出版资助

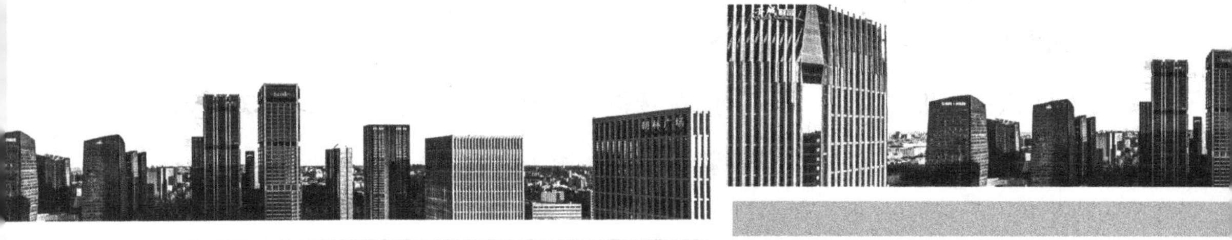

京津冀产业转移升级与空间分布

周 伟 著

首都经济贸易大学出版社
Capital University of Economics and Business Press
·北 京·

图书在版编目（CIP）数据

京津冀产业转移升级与空间分布/周伟著．--北京：首都经济贸易大学出版社，2022.10

ISBN 978-7-5638-3435-8

Ⅰ.①京… Ⅱ.①周… Ⅲ.①产业转移—研究—华北地区 Ⅳ.①F269.272

中国版本图书馆CIP数据核字（2022）第199786号

京津冀产业转移升级与空间分布

周 伟 著

JINGJINJI CHANYE ZHUANYI SHENGJI YU KONGJIAN FENBU

责任编辑 王 猛

封面设计 风得信·阿东 FondesyDesign

出版发行 首都经济贸易大学出版社

地 址 北京市朝阳区红庙（邮编 100026）

电 话 （010）65976483 65065761 65071505（传真）

网 址 http://www.sjmcb.com

E-mail publish@cueb.edu.cn

经 销 全国新华书店

照 排 北京砚祥志远激光照排技术有限公司

印 刷 北京建宏印刷有限公司

成品尺寸 170毫米×240毫米 1/16

字 数 353千字

印 张 20.25

版 次 2022年10月第1版 2022年10月第1次印刷

书 号 ISBN 978-7-5638-3435-8

定 价 68.00元

前　　言

《京津冀协同发展规划纲要》明确提出京津冀的整体定位是“以首都为核心的世界级城市群、区域整体协同发展改革引领区、全国创新驱动经济增长新引擎、生态修复环境改善示范区”。北京是“全国政治中心、文化中心、国际交往中心、科技创新中心”；天津是“全国先进制造研发基地、北方国际航运核心区、金融创新运营示范区、改革开放先行区”；河北是“全国现代商贸物流重要基地、产业转型升级试验区、新型城镇化与城乡统筹示范区、京津冀生态环境支撑区”。在京津冀新的功能定位下，北京产业如何通过梯度有序转移，建立高精尖经济结构，天津如何在现有优势产业基础上，实现转型升级、发展高端制造业，河北如何根据现有产业、资源禀赋和生态环境承载力建立良好的产业转移承接机制，合理选择自身所期望的京津转移产业，进而实现京津冀产业在空间上的合理分工布局，提升京津冀城市群整体竞争力，成为各界关注的热点。

着力加快推进京津冀产业对接协作、理顺三地产业发展链条，形成区域间产业分工合理的空间布局和上下游产业联动机制，形成京津冀产业对接协作的集聚效应、示范作用及完善的产业功能体系，充分发挥优势产业辐射作用与联动协同效应，对于有序疏解北京非首都功能，调整经济结构和空间结构，促进区域协调发展，增强区域产业竞争力，形成新的增长极，建设以首都为核心的世界级城市群，具有重要的理论和现实意义，也具有较强的学术价值。

全书分为六章：

第一章对京津冀功能定位的历史沿革与发展脉络等相关文献进行系统梳理，探讨产业转移的动因与机理、产业升级的模式与路径、产业转移与产业升级的关系等问题。

第二章对京津冀的产业功能体系进行系统研究，分析京津冀制造业空间分布特征及其影响因素，测算京津冀行业分工指数、赫芬达尔指数与空间基尼系数，研究京津冀高端产业功能区的作用与产业的关联效应。

第三章研究滨海新区、曹妃甸和中关村等重点区域对京津冀地区产业功能体系的影响及其产业发展选择。

第四章对河北产业承接现状及承接效应、承接能力与承接意愿进行实证分析，包括技术转移与溢出效应、产业集聚与关联效应、经济增长与结构优化效应等，分析河北产业承接与升级的空间布局以及发展路径。

第五章以硅谷为案例，研究世界级城市群产业集群的衡量标准、指标体系与形成规律。

第六章系统研究京津冀城市群制造业与生产性服务业协同集聚对产业升级的影响效应，论证产业协同集聚对产业结构升级的作用机理，并通过计量经济学的门槛检验，探讨影响产业升级的主要变量；最后基于研究结论，提出政策建议。

本书是笔者近年来研究京津冀产业协同发展的重要成果，也是首都经济贸易大学城市经济与公共管理学院区域经济“首都产业发展”团队多年辛勤努力的结晶，希望能为京津冀产业协同发展的决策实施提供一定的依据和参考。

目录

第一章 国内外相关研究的学术史梳理、研究动态与理论综述

第一节 京津冀研究综述

一、京津冀功能定位的历史沿革与发展脉络

京津冀地区的互动关系可以追溯到中华人民共和国成立以前。孙久文（2019）对中华人民共和国成立 70 年来京津冀地区的合作关系作了详细的梳理，认为京津冀在明清时期本为一体，民国时期迁都南京，京津冀行政分割由此开始；中华人民共和国成立以后，京津冀地区行政区划进行了较大幅度的调整，计划经济管理体制的行政分割格局愈发明显；改革开放以后，为顺应经济发展需求，京津冀两市一省关系由竞争转为合作成为区域发展的必然选择，在此期间，京津冀地区不断尝试在经济和基础设施等领域创新合作模式，区域合作进入新阶段；2005 年以后，京津冀都市圈和首都圈的提出为深化区域合作创造了更多可能。党的十八大以来，京津冀协同发展进入新的历史时期。随着京津冀地区经济合作关系的演化，处于不同发展阶段的三个地区被赋予相应的功能定位、承担不同的历史使命。这不仅是时代背景和环境变迁的要求，也是京津冀三地顺应客观经济规律，强化自身发展的重要举措。

城市战略定位决定着城市空间布局和发展方向，产业是城市经济发展的关键支撑，其产业布局和发展模式必须与城市战略定位相适应、相协调。明确京津冀地区协同发展目标和三地各自功能定位，是推进协同发展战略的前提和基础。在区域发展定位中，除宏观总体定位外，还要找准产业链的关键环节及其所处位置，进行精确定位。京津冀三地各具发展优势，明确各自功能定位，应充分体现各自资源禀赋、比较优势、竞争优势、分工协作、经济互补与合作共赢的要求。

在京津冀协同发展战略正式提出之前，学界并未过多关注三地功能定位问题，相关研究成果也较少。2005 年 1 月和 2006 年 3 月，国务院先后批复了

《北京城市总体规划（2004—2020年）》和《天津市城市总体规划（2005—2020年）》，北京被定位为“国家首都、国际城市、文化名城、宜居城市”，天津被定位为“北方经济中心、国际港口城市和生态城市”。河北也相应确定了“建设沿海经济社会发展强省”的发展目标。北京城市规划是第一次站在国家和全球战略的高度，提出了区域整体发展的概念和向东发展的思路；同时，天津北方经济中心的城市定位明确了其发展方向，极大地提升了天津在环渤海乃至我国北方区域经济发展中的地位。吴苏豫（2006）从京津冀地区经济发展存在的问题出发，提出了京津冀三地功能定位的观点：北京是政治中心、文化中心、科技中心、人才中心、教育中心，应大力发展信息产业、金融产业等第三产业，为其他地区注入人才和科技成果，并提供政治服务；天津是北方的经济中心、物流中心、航运中心，是先进制造业基地和高科技成果转化基地，是华北乃至西北对外交流的纽带和桥梁，应大力发展相关的优势产业和服务业，提高经济辐射能力，发挥区域中心的作用；河北具有资源、人力、物产等多方面优势，应重点发展产业链上游环节，做到重工业、加工工业等产业协调发展。朱晓青和寇静（2015）则认为京津冀地区缺乏共建国际大都市圈的总体定位，尽管在理论和实践中有首都圈或首都经济圈的提法，但尚未形成京津冀总体定位，京津冀的产业定位和产业分工布局并未达成共识，以至于京津冀地区无法打破“一亩三分地”的思维方式、形成产业分工与协同发展的城市等级体系，致使北京“大城市病”问题突出，大大降低了京津冀地区产业发展的质量和效益。陆大道院士（2015）总结了京津冀两市一省的发展经验，认为在北京的“城市性质”中，应强调“首都北京是以高端服务业为主体的国家经济中心城市”；对于天津来说，既要加强综合制造业的发展，也要加强作为东北亚重要航运中心功能的建设；而河北发展的战略重点在于调整产业结构，发展海洋工程装备、先进轨道交通装备，同时大力发展现代农业。

2015年4月，中央政治局审议通过《京津冀协同发展规划纲要》，明确提出京津冀的整体定位是“以首都为核心的世界级城市群、区域整体协同发展改革引领区、全国创新驱动经济增长新引擎、生态修复环境改善示范区”。北京是“全国政治中心、文化中心、国际交往中心、科技创新中心”；天津是“全国先进制造研发基地、北方国际航运核心区、金融创新运营示范区、改革开放先行区”；河北是“全国现代商贸物流重要基地、产业转型升级试验区、新型城镇化与城乡统筹示范区、京津冀生态环境支撑区”。周桂荣、任子英（2017）提出，京津冀三地要解决产业同构严重、发展落差大等问题，需充分发挥自身比较优势，实现优势互补和互利共赢；要推动京津冀区域协调发展，不仅需要完善顶层设计，还要有正确路线图和具体的落实措施。京津冀三地历史上就地缘相接、人员相亲、文化一脉、交往半径适宜，三者有着缺一不可的互补关系，京津冀地区整体功能定位的提出与三地功能定位的演变密切相关，是我国经济社会矛盾转变以及地区经济发展新阶段、新形势、新任务、新使命的映射。新时代的战略目标和战略内涵要求京津冀实现协同发展，三地功能定位也应与时俱进。

二、京津冀产业协同发展研究

习近平总书记在京津冀协同发展工作座谈会上的讲话，首次将京津冀协同发展上升为国家战略。作为重大国家战略，京津冀协同发展要走出一条中国特色解决“大城市病”的科学持续协同发展新路子，要增强推进京津冀协同发展的自觉性、主动性和创造性（王方杰、杨柳，2014）。京津冀协同发展中的产业协同发展与空间布局优化一直是学界关注的重点，国家发展和改革委员会在“十一五”期间发布了《京津冀都市圈区域规划》，按照“8+2”模式修订区域发展规划，即北京、天津两个直辖市加河北8个地级市（石家庄、保定、唐山、秦皇岛、廊坊、沧州、张家口、承德），北京重点发展第三产业，包括交通运输及邮电通信业、金融保险业、房地产业、批发零售及餐饮业等。同时，北京发挥大学、科研机构、人才密集的优势，与高新技术产业园区、大型企业相结合，积极发展高新产业，以发展高端服务业为主，逐步转移低端制造业。而天津则在现有加工制造业优势与港口优势基础上，大力发展电子信息、汽车、生物技术与现代医药、装备制造、新能源及环保设备等先进制造业；发展现代物流、现代商贸、金融保险、中介服务等现代服务业，适当发展大运量的临港重化工业。河北8市定位于原材料重化工基地、现代化农业基地和重要旅游休闲度假区，是京津高技术产业和先进制造业研发转化及加工配套基地，着重发展第一产业中的农业和牧业。在此期间，学者们的研究主要着眼于京津冀都市圈产业结构的变迁规律。

京津冀城市群的提法由来已久，2014年中共中央、国务院印发的《国家新型城镇化规划（2014—2020年）》提出京津冀城市群要以建设世界级城市群为目标；2020年党的十九届五中全会审议通过的《中共中央关于制定国民经济和社会发展第十四个五年规划和二〇三五年远景目标的建议》提出要“发挥中心城市和城市群带动作用，建设现代化都市圈”。学者们以城市群为视角，重点探索中心城市、都市圈、城市群之间的逻辑关系，如何充分激活并巩固都市圈中心城市功能、衔接中心城市与城市群外围“承上启下”的作用成为研究热点。

在京津冀产业协同发展方面，一些学者认为京津冀产业协同发展已具备有利条件，如京津冀三地的产业发展存在明显的梯度落差和产业互补性，成为区域产业升级与合作的内在动力；同时京津冀协同发展也面临一定挑战，如产业结构趋同现象明显、产业分工不合理、区域发展价值取向单一、河北承接能力弱、产业转移保障机制不健全等。张亚鹏（2018）从整体框架设计角度重新审视产业协同发展战略，认为当前京津冀产业协同面临产业发展周期不同步、产业环境不协调、产业协同创新不平衡、产业协同动力不充分等挑战，其根源可归结于历史定位衍生的产业关联脆弱、地方本位诱导产业发展孤立、要素缺位阻碍产业协同创新等。大多数学者都强调构建三地合理产业分工格局的重要性，认为产业分工要体现地方产业比较优势，在区域内形成高效的产业分工体系是突破协同发展瓶颈的关键所在。孙久文等（2014）认为京津冀地区因地制宜地进行产业合理分工具有两层含义：一是通过三地优势产业之间的互补关系进行产业间协同分工；二是围绕价值链分工深化三地企业上下游协作关系。席强敏、李国平（2015）利用空间面板计量模型对京津冀都市圈生产性服务业的空间分工特征和溢出效应进行了测度，认为2003—2012年京津双城生产性服务业分工体系逐渐向多样化发展，但分工程度相对较低且存在结构趋同问题，而河北11个地级市则呈现出专业化特征。随着京津冀地区产业协同发展顶层设计的不断完善，京津冀已建立起以打造世界级城市群为发展目标的协同发展规划体系。党的十九大提出要牵住北京非首都功能疏解的“牛鼻子”，在推进京津冀产业协同发展的过程中充分体现“一盘棋”和“一张蓝图干到底”的思想。相关领域的学者对产业协同发展的思路和取得的成效作了系统总结：首先，北京控制增量严格有效、疏解存量推进有序，“腾笼换鸟”促“业态升级”成效显著。其次，在产业一体化方面，产业转移对接机制不断完善，“2+4+46”产业承接平台逐渐成形。最后，在产业升级方面设立了京津冀产业协同发展投资基金和京津冀产业结构调整引导基金，三地产业定位和分工日益明晰，北京加快构建“高精尖”产业结构，天津坚持先进制造业和现代服务业“双轮驱动”，河北积极落实减量提质政策、全面疏解过剩产能；下一步京津冀三地将进一步完善产业链，不断推动产业数字化转型，加快体制机制创新和完善政策体系。

在京津冀产业协同发展方面，学者大多采取构建科学、有效的指标体系等方法予以测度。魏丽华（2018）认为区域协同的本质就是产业协同，产业协同是协同空间、协同成本、协同能力、协同制度、协同创新五大子系统共同作用的结果，通过构建指标体系分别测度了 2005 年、2010 年、2015 年京津冀产业协同程度，并得出三地产业协同发展程度不断优化、产业发展差距逐步缩小的结论。也有学者从创新京津冀产业协同发展模式出发，认为无论是产业技术联盟、科技成果孵化转化基地还是产业开发区，核心都是要在体制机制方面取得突破，包括构建多方利益主体目标同向、动力同源的利益协调机制和补偿机制，以及相关的产业激励和保障机制。党的十九届五中全会进一步阐明我国经济已步入高质量发展阶段。孙久文、卢怡贤就高质量发展概念对京津冀产业协同发展进行探讨，认为目前京津冀三次产业调整的任务基本完成，京冀、京津之间产业分工加强而津冀间的分工却在弱化，对此提出要把加强创新驱动、借力北京非首都功能疏解、优化产业空间布局、推进产业转型升级作为“十四五”期间京津冀产业协同发展的重点任务，通过充分发挥地区产业优势、提高区域经济韧性，将高质量发展的理念贯穿于构建现代化产业体系的全过程。肖金成、李博雅（2020）认为应将优化产业空间布局的重点任务聚焦在建设首都都市圈、天津都市圈和石家庄都市圈上，同时充分把握雄安新区发展的历史机遇，促使京津冀协同发展迈向更高水平。

综上，学界关于京津冀产业协同发展的研究集中于探讨不同阶段京津冀产业协同发展的重点任务、面临的机遇和挑战、产业协同发展取得的成果等方面。产业协同发展模式和发展程度的测度、特定区域产业发展战略以及推进高质量产业协同发展也成为近年来学者研究的热点。

三、京津冀产业空间布局

随着产业结构的变动，产业在空间上的布局引起区域要素结构的改变，进而引起城市形态的改变，即产业空间布局的变动会引起城市空间格局的改变。国内专家学者主要从以下方面对京津冀产业空间布局展开研究，包括“首都经济圈”产业空间再造与创新理论，京津冀产业结构演化的影响因素、机制和特征，京津冀产业结构与城市空间演化的关系，首都核心功能定位与非首都功能的疏解转移等。

（一）“首都经济圈”产业空间再造与创新理论

1996 年发布的《1996—2010 年北京市经济发展战略研究报告》提出建设以京津为核心、包括河北省 7 个市、面积共 16.8 万平方公里的“首都经济圈”的建议；2004 年 11 月国家发改委提出“京津冀都市圈”概念；2011 年国家“十二五”规划纲要将打造“首都经济圈”纳入国家区域发展总体战略。以都市圈为代表的区域经济集聚形式正促使经济增长由“行政区经济”为主向“区域一体化”为主导转变。产业空间再造是相关学者基于“首都经济圈”提出的新概念，尚需深入研究和拓展。

王玉海（2011，2013）将产业空间再造理论应用于京津冀地区，认为产业空间再造是以产业集群为基础、以资源共享为切入点，充分发挥政府主导作用和企业主体作用的多元利益主体在一定地域范围的有效集聚，是产业创新在空间区域的表现，并提出应从整体利益出发谋划京津冀的产业空间布局，正确把握京津冀地区产业集群发展所处阶段，加强三地政府为区域经济发展提供共享资源的支撑作用，突破现有行政区划束缚，促进产业空间调整。在此基础上，进一步提出以资源—共享资源为切入点发挥政府导向作用，改变过去单纯依赖行政力量进行产业结构布局调整的思路，从不同行为主体利益出发，通过专有资源与通用资源的互动转化实现资源共享，在京津冀晋陕蒙主体功能定位基础上整合产业集群分工体系，构建“滨海新区—天津—北京”轴状延伸的城市产业空间布局。随后，王玉海（2019）等对京津冀协同发展战略提出以前的产业发展状况进行了评估，认为京津冀地区虽已形成了产业分工但存在同质化竞争、河北产业效率与京津的差距较大等问题，为此提出要根据京津冀三地功能定位推进产业有序转移，以点线面贯通为目标实现京津冀的整体产业功能提升和空间再造，将打破行政藩篱的着力点放在地理邻近性地区，依托产业园区，通过跨界产业集聚重塑新型产业分工体系。

总之，目前产业空间再造理论的鲜明特点表现在：一是强调产业空间的基础是产业集群，多元利益主体之间复杂的交互关系在促进产业集群的形成和发展中起着重要的作用；二是强调要充分利用地理邻近性和组织邻近性区域的独特优势，认为该类区域将率先成为产业调整的地区。

（二）京津冀产业结构演化的影响因素、机制和特征

产业结构演化的相关理论十分丰富，如配第－克拉克的产业结构变迁理论、库兹涅茨的倒“U”形理论、霍夫曼的工业化进程理论以及钱纳里的标准产业结构和工业化阶段理论等。产业结构演化是多种因素共同推动的结果，包括经济发展水平、生态环境、自然资源、市场化水平、技术进步、社会需求结构、区域政策等。范德成（2015）等从社会需求、资源供给、技术进步、经济环境和政策环境五方面选取变量，分析其对产业结构的影响，结果显示：固定资产投资结构、劳动生产率、高新技术产业产值比重、国内生产总值

（GDP）增长率、研发（R&D）支出比重、教育财政支出比重及税收占 GDP 比重都是影响我国产业结构变迁的因素。

在京津冀产业结构演化方面，张宁（2013）等从三次产业的宏观角度，采用结构分析法分析了津冀两地的三次产业结构、就业结构、产业结构偏离度、比较劳动生产率等指标的演变特征，发现研究区域内产业结构偏离度大，经济“二元”结构突出，第二产业虽然是地区经济增长的主要动力，但吸纳就业能力有限，大力发展第三产业是促进就业的重要途径。有学者运用灰色关联分析法考察京津冀产业结构关联状况、使用投入产出分析法考察京津冀地区产业整体关联结构及个体关联特征、计算相关多样化指数探索京津冀内部各行业关联强度、选择修正引力模型测度京津冀产业空间关联性，得出基本结论：京津冀三地在产业结构、各行业内部、空间分布等方面存在较强的关联性。杨开忠（2015）提出，京津冀三地应跳出行政区划范围，建立地区与政府间合作的协调机制；采取“一轴两翼多中心网络模式”提升区域内产业层次，通过制定正确的产业集群策略，实现产业创新和结构的优化升级。产业转型升级是进行京津冀产业结构调整的重要议题，尤其在高质量发展观念贯穿始终的“十四五”时期，注重产业发展“质”的提高和“量”的优化是现阶段布局产业发展战略的重要内容。在产业转型升级效果测度方面，有学者将第二、三产业产值占 GDP 的比重或第三产业与第二产业的产值比作为衡量产业高级化的指标，认为三产比重越高产业结构越趋高级。武义青、张晓宇（2017）认为从整体而言，京津冀都市圈产业结构优于长三角和珠三角，主要表现在两个方面：一是时间领先，即在改革开放以前京津冀产业结构就已实现了农业为主向工业为主的转型；二是产业结构领先，即京津冀地区二产比重低于长三角和珠三角，而三产比重却高于这两个地区。尽管如此，京津冀地区内部的产业发展阶段差距大问题尚未得到改善，促进产业结构优化升级的关键在于遵循产业结构演化客观规律、构建三地产业错位发展格局。也有学者认为用上述方法衡量产业结构高级化过分强调第三产业比重而忽视制造业在国民经济中的地位和作用，因此提出了新的测度指标。韩英、马立平（2020）采用生产要素投入产出效率作为测度产业高级化指标，认为 2003—2016 年京津冀三地产业转型升级取得一定成效：在“数量”方面京津冀三地分别呈现出“三二一”，“二三”并重而“一”较小，以及“二三一”的产业结构特征；在产业“质量”方面，三地产业与就业结构较为合理且整体协同度提升，但三地产业“质量”协调度还有待提升。何刚（2020）等沿用第三产业与第二产业产值之比计算产业高级化方法，运用超前系数、Moore

值和 Lilien 指数对京津冀产业结构升级的变化进行测度，并运用 Shift - Share 模型研究了产业结构变迁效应，认为北京劳动生产率增长率的提高不同于津冀，内增长效应是津冀劳动生产率增长率提升的推动力。

针对京津冀地区是否存在产业结构趋同问题，学界持不同观点。有学者在 2007 年就探讨了京津冀地区工业结构趋同和相关成因，如刘东生和马龙海（2012）、孙虎和乔标（2015）、席强敏和李国平（2015）、周桂荣和任子英（2017）、王玉海和田建园（2019）以及韩英和马立平（2020）等，不少学者都认为京津冀地区存在较为严重的产业同构现象，并强调这是推进京津冀产业一体化迫切需要解决的问题之一。也有学者认为京津冀地区产业结构趋同问题并不突出，如马泽云、刘春辉（2010）认为京津冀地区的产业同构只存在于三次产业的宏观结构中，而行业内部已形成了显著专业化分工。鲁金萍（2015）等通过计算各行业区域分工指数和地方专业化指数，反映京津冀地区产业结构和产业分工格局，认为京津冀地区部分制造业已形成明确的分工，但食品制造业、纺织服装鞋帽制造业等领域存在一定的同构性，这种现象与京津冀地区经济发展水平和要素禀赋密切相关。张贵（2014）等认为京津冀产业协同发展水平较低，京津和津冀间优势产业的重合度较高因而竞争倾向较强；而京冀间产业相似系数较低，因而产业差异比较明显、协作倾向较强；其转移产业的特点以传统制造业为主，且转移企业多为资源消耗型，并进入了由梯度转移为主向城市功能转变为主的新阶段。李文强、罗守贵（2012）认为都市圈产业结构演化的影响因素主要有技术进步、人力资源、环境因素、经济发展水平和城市经济活动空间影响力等。都市圈产业结构演化的实质是产业联系和空间联系在内生因素与外生因素作用下的演化过程。不同类型城市产业间通过要素和价值的反向流动重新配置资源，进而实现产业结构的演化，创新机制推动着这一过程持续不断地进行。

（三）京津冀产业结构与城市空间演化的关系

产业结构演进对城市空间形态演变起到主要推动作用的观点已经在学界得到证实和认可。城市是区域发展的基础单位，产业是城市经济活动的主要载体，产业空间布局的变迁必然引起小到城市、大到区域空间格局的改变。魏后凯（2007）认为产业的空间分布差异是产业链分工各环节、工序、模块在空间的重组和排序，是产业分工的更高级形式。这种分工格局是市场机制和政府引导相互作用条件下企业自主区位选择的结果，大都市区要形成一体化的产业分工体系，就要求决策层实行产业导向和空间导向的“双重调控”，促使区域内形成功能互补、错位发展的分工格局。京津冀产业空间布局研究的切入点是通过描述京津冀产业空间布局现状和演化趋势，考察特定产业的区内转移特征和空间分布，提出优化产业空间布局的设想等。

李国平、张杰斐（2015）认为要素禀赋是制造业进行产业空间分布选择的基础，集聚是京津冀区域制造业产业空间格局发生变化的根本动力，区域政策在很大程度上决定了京津冀区域产业空间格局的变化，未来京津冀区域将形成多中心协同发展的制造业空间格局。在区县层面上，总体呈现出由中心区域的京津走廊向东部沿海及冀中南腹地扩散的特征。孙久文（2015）从新经济地理学的视角，利用地区专业化指数和SP指数，分析了京津冀一体化对制造业空间格局的影响，认为区域经济一体化促进了京津冀的产业分工。在京津冀三省市之间，京冀、京津之间的专业化指数较大，表明北京与河北、天津形成了不同的制造业格局，专业化分工较为明显，但河北与天津之间的专业化指数较小，并且呈现出小幅度下降趋势；北京正逐步将劳动密集型与资源密集型行业转移到河北与天津，逐步形成高新技术为主的制造业格局。刘新建等（2016）通过探索性空间技术对京津冀地区产业发展的关联程度和空间效应进行分析，结果表明空间效应显著的产业主要为资源密集型和高污染高能耗产业。王浩宇（2017）采用空间自相关、专业化指数和计量回归等分析方法对京津冀制造业和生产性服务业两大产业群的地区空间关联类型、分工水平、各地产业分布情况和影响因素进行了分析。结果显示：京津冀制造业发展差异明显，空间分布存在正相关关系，但关联性在减弱，具体呈现以北京、天津为核心，唐山、石家庄、保定等为重要节点，京津唐核心区、环京津离心区和冀南边缘区三区划分的空间结构。罗奎（2020）等认为产业空间重构是产业活动在空间的演变，通常依托投资、贸易及技术活动等实现生产要素的空间再分配，是地区产业转型升级和空间布局优化的重要途径；并将研究范围扩展至京津冀城市群，重点讨论了京津冀制造业的空间格局演变：2001—2006年制造业空间重构主要表现为地级行政区内部的迁移；2006—2013年制造业迁移已跨越地级行政区划，迁出地主要为京津核心区与唐山核心区，而迁入地则主要是天津市郊区、沧州市以及石家庄市；京津冀城市群产业空间重构表现为两个“C”字格局，一是由京津唐与沧州构成的内“C”，另一个是由秦皇岛—承德—张家口—保定—石家庄—衡水—邢台—邯郸所构成的外“C”。部分学者将研究焦点转向京津冀产业空间布局的影响因素上，以期从发展之根本洞见全局之变动。周伟（2020）等综合运用地理集聚指数、地理信息系统与空间计量模型研究京津冀城市群制造业结构变迁及影响效应，认为2007—2015年间京津冀城市群制造业分工格局初步形成，资本、政府干预和宏观税负对制造业集聚有显著促进作用，而交通基础设施和市场规模是制造业集聚的必要而非充分条件。

早在京津冀协同发展战略上升为国家战略前，学者们就在探寻优化京津冀产业空间布局的路径。推动京津冀一体化的核心内容是构建新型产业分工格局，按照“优势集成、高端引领、协同共赢、点轴支撑、跨越发展”的“20字”思路，加速提升该地区整体科技实力，发挥对全国的引领和辐射作用。随着京津冀协同发展战略不断推进，区域产业转移对接平台逐渐成形，为区域产业重新布局创造了可能。张贵、王树强（2014）认为京津冀产业空间布局优化的主要手段是产业转移与对接，主张形成“以链织带、以带联区”产业对接新模式，着力打造若干产业链和产业带，如以天津滨海新区为首链接河北秦皇岛、唐山的休闲观光旅游产业带，以京津高科技共同体为龙头联动秦皇岛、廊坊、唐山甚至延伸至辽宁沈阳、大连的电子信息产业带。李国平（2017）将北京产业功能疏解作为京津冀产业空间布局优化的关键，认为要支撑京津冀地区形成“一核、双城、三轴、四区、多节点”的空间格局，需要在京津冀地区打造“一圈、两核、三轴、四区、多中心”的产业空间格局，“一圈”即环首都创新、创业与文化休闲旅游产业圈，“两核”即发展服务经济和知识经济的京津两城，“三轴”即打造京唐秦高技术产业发展轴、京津战略性新兴产业和先进制造业经济发展轴、京保石现代制造业和现代农业发展轴，“四区”即中部创新发展区、东部临港产业发展区、南部现代产业发展区和西北部生态涵养区。

总体而言，早期的相关研究侧重于京津冀地区不同类型产业在地理上的分布状况，随着研究方法的不断成熟，近年来倾向于通过定量分析、空间计量模型研究特定产业在空间布局的演变过程及影响因素，并提出产业空间布局的优化策略。

（四）首都核心功能定位与非首都功能的疏解转移

京津冀协同发展的关键在于处理好北京与首都、与天津以及与河北的关系，要处理好北京与首都的关系就必须从规划层面将北京的首都属性与地区属性明确划分开来。2014年2月，习近平总书记视察北京并发表讲话，要求坚持和强化北京作为全国政治中心、文化中心、国际交往中心、科技创新中心的核心功能定位；随后中央财经领导小组第九次会议提出要疏解北京“非首都功能”以缓解“大城市病”；2017年，《中共中央国务院关于支持河北雄安新区全面深化改革和扩大开放的指导意见》出台，明确指出要将雄安新区建设成北京非首都功能的集中承载地。

针对何为北京非首都功能的问题，2015 年中央政治局审议通过的《京津冀协同发展规划纲要》明确提出优先疏解四类非首都功能，即一般性产业特别是高消耗产业，区域性物流基地和专业市场等部分第三产业，部分教育、医疗、培训机构等社会公共服务功能，部分行政性、事业性服务机构和企业总部。张可云（2016）分析了非首都功能的本质，认为非首都功能不等同于不符合北京"四个中心"定位的功能，不等同于低端、低效率、低附加值的部门，不等同于由非市场因素决定布局的公共部门，不等同于低素质人口及其从事的行业，而应该将北京非首都功能界定为现有北京功能中与首都功能存在矛盾并妨碍首都功能发挥的那些功能，或者说是北京的首都属性对北京功能所产生的负面影响。张可云和沈洁（2017）进一步对首都功能和北京核心功能进行了明确区分，认为政治中心、国际交往中心属于首都功能，而文化中心、科技创新中心属于北京核心功能，同时认为北京核心功能优势不突出、非核心功能聚集程度过高。

关于如何疏解"非首都功能"，学界主要围绕北京非首都功能疏解的必要性和基本思路展开论述。疏解"非首都功能"是实现京津冀协同发展的关键，也是缓解北京"大城市病"的"牛鼻子"。安树伟、肖金成（2015）提出北京"非首都核心功能疏解"的困境在于城市的存在不仅要依托基础部门还需要非基础部门，北京的"消肿"只能从城市基础功能入手，而单纯希望通过"非首都功能"疏解来治理北京"大城市病"无异于南辕北辙。推进非首都功能疏解要纠正"疏解功能就是输出低端"的片面认识，通过新技术、新材料、新管理促进低端业态改造升级，使低端产业高端化，从真正意义上提升京津冀整体实力。张耀军（2014）提出必须加强北京、天津与外围城市的合作交流，促进外围城市之间的经济合作交流，加快产业转移，实现商品、生产要素、区域政策的一体化，促进京津冀城市群经济结构的不断平衡，最终形成资源共享、优势互补、良性互动的区域经济联合体，以达到良性的可持续发展。邓慧慧（2018）认为减量发展是推动北京经济高质量发展的关键，要找准北京的产业定位，加快建立以规模报酬递增为基石的城市创新体系，强化产业融合理念，从京津冀协同发展中培育新动能，强化京津冀区域内的产业分工和专业化，以改革创新驱动北京减量发展。武义青、柳天恩（2017）认为要疏解北京叠加过多的、已经对发挥首都核心功能造成负面影响的功能，应该充分发挥雄安新区作为非首都功能集中承载地的作用，要前瞻性地分析自身功能地位，紧紧围绕“四区”定位，立足高端高新产业培育和未来长远发展，精准承接北京非首都功能疏解。

除从定性角度探讨北京非首都功能的内涵、本质和疏解路径外，也有学者采用定量方法进行研究。邓仲良、张可云（2016）基于修正的 MTOPSIS 模型，构建产业承接能力指标体系，从空间和产业两个维度建立了产业承接地的选择方法，测算出沧州、邢台和唐山、廊坊、衡水可分别为北京石油加工业、金属加工业、造纸业、纺织业的产业承接地。皮建才、薛海玉等（2016）在非首都功能疏解背景下，以北京为对象构建产业转移博弈模型，测度其产业转移的可能性和可行性，认为产业转移是一个系统性工程，北京转移产业的区位选择尤其要处理好承接地经济发展和环境偏好之间的权衡。

四、新常态、京津冀与“高精尖”、高质量发展之间的辩证关系

随着我国经济发展步入新常态，经济增速放缓、经济发展动力转变，京津冀协同发展被赋予了新的内涵。陈万钦（2015）认为新常态对京津冀协同发展提出了更高、更紧迫的要求，需要把区域发展政策与宏观调控政策有机结合，把空间维度与时间维度有机结合，在促进京津冀区域协同发展的同时，对新常态下经济健康发展起到更大支撑作用。王金杰、周立群（2019）认为新常态下区域发展将由以往“竞争大于合作”不断向“合作共赢、优势互补”的格局迈进，新常态下需要培育区域经济支撑带，形成新的增长极区。新常态下区域协同发展的取向和路径将由“极化”向“扩散”转化，在京津冀协同发展中要激活区域各方隐性资源，最大限度地释放“协同效应”。

新一轮科技和产业革命不仅使国内经济环境发生了重大改变，也正在重塑全球经济结构。经济向新常态过渡要适应新发展模式，要从产业格局重塑角度入手。京津冀地区作为我国科技创新资源密集的区域之一，同时也被赋予了打造具有全球影响力的世界级城市群和科技创新中心的重大使命，这对京津冀地区产业转型升级和培育未来产业体系提出了更高的要求。京津冀两市一省的产业发展基础、优势产业和资源禀赋有较大差异，相较而言，北京更具有构建和持续发展“高精尖”经济结构的实力，因此学界大都将研究重点放在如何构建和发挥北京“高精尖”经济结构及其辐射带动作用上，进而推动区域经济协同、高质量发展。王玉海、田建国等（2017）将高精尖定义为高端化、集约化和生态化，认为北京定位于构建“高精尖”经济结构的目的在于加快既有产业结构的转型升级，引领并促进京津冀产业协同发展，服务并带动全国产业结构调整，参与并重塑国际分工。

关于构建北京“高精尖”产业体系的重要意义，张杰（2018）认为加快建设高精尖产业体系，既是化解首都减量发展战略实施过程中所暴露出的诸多矛盾的重要举措，也是主动化解当前首都经济增长内生动力弱化，主动预防首都推进“腾笼换鸟”和经济新旧动能转换过程中产业断层风险发生的科学方案；加快发展高精尖产业体系，是实现北京城市总体规划中全社会劳动生产率既定目标以及全面推进首都高质量发展目标的最优策略。高国力（2020）认为立足于适应新时代高质量发展的战略要求，展望开启全面建设社会主义现代化国家新征程的目标愿景，形成问题导向和目标导向相统筹的对策措施，对于进一步形成高质量的区域经济布局具有重要意义。

创新驱动使区域、城市和产业适应新的动力驱动机制，转变传统粗放式增长模式，实现“量”的适度增长和“质”的稳步提升，依托技术创新、制度创新、管理模式创新，逐步实现京津冀地区产业升级和产业结构调整优化，为进一步实现区域经济高质量发展打牢基础。未来京津冀地区产业发展方向将不断向智能化、信息化靠拢，产业作为国民经济的支柱和基石，被赋予激活区域发展动力、满足城市增长需求的使命，北京打造“高精尖”业态、津冀两地为北京构建产业新格局提供有效空间也成为京津冀协同发展战略的题中应有之义。

第二节　产业转移升级、产业集聚与集群研究

一、产业转移的动因与机理

作为国内较早研究产业转移的学者，卢根鑫（1997）认为产业转移是推动社会经济发展的一种复杂经济活动，是一个国家或地区的产业向其他国家或地区转移的现象和过程。国内外学者已经分别从宏观产业视角和微观企业视角对产业转移动因展开深入研究。

（一）宏观产业视角

基于宏观层面的产业转移动因论，主要关注产业在国家和区域间的移动，可概括为六个方面：

1. 要素禀赋动因论

威廉·阿瑟·刘易斯（1978）在其《国际经济秩序演变》一书中讨论了劳动密集型产业转移的特点。第二次世界大战后，西方发达国家工业化进程

加快，对劳动力的需求迅速膨胀，然而本国过低的人口自然增长率无法匹配劳动力需要，导致劳动力成本上涨。这就促使发达国家将劳动密集型产业转移到劳动力资源充沛、成本更低的发展中国家。刘易斯基于要素禀赋理论提出劳动密集型产业转移的动因，其本质是劳动力成本比较优势的变化导致特定产业在国际间的移动。日本经济学家小岛清（1987）提出的边际产业扩张论认为国际直接投资应从本国不具有比较优势的产业即边际产业开始，向具有比较优势或潜在比较优势的国家转移，再进口该国生产的产品。小岛清的边际产业扩张理论是对赤松要"雁型模式"理论的发展，实现了产品生命周期论和要素禀赋论的结合，并提供了一种有利于产业转移双方获取利益的贸易模式以及促进国际贸易的手段。

2. 生命周期动因论

生命周期动因论的研究重点在于考察特定主体的生命历程，解释在此过程中产业转移的原因，代表性的理论有区域生命周期论和产品生命周期论。汤普森（Thompson，1966）提出的区域生命周期论认为工业区存在规律性演变，即如同生命有机体一样从年轻到成熟最后走向衰老。因此，为了在生产中保持竞争优势，产业将在不同区位布局。雷索德·弗农（1966）将一个完整的产品生命周期划分为创新、成熟和标准化三个阶段，随着产品生命周期的变化，产业将在具有不同要素禀赋的地区移动。具体而言，当产品处于创新阶段时，意味着本国生产具有竞争优势；当产品经过不断发展转入成熟阶段后，根据技术扩散程度和生产优势的转移，应以技术转让或直接投资等方式进入国外市场；当产品进入标准化阶段时，最好将生产转移到具有优势的国家。

3. 梯度转移动因论

梯度转移理论最初来源于弗农（1966）的产品生命周期理论和日本经济学家赤松要的"雁型模式"理论。该理论认为产业梯度转移是区域经济发展不平衡的产物，区域产业结构将随着时间的推移不断从高梯度地区向低梯度地区转移；经济发展水平、技术水平和要素禀赋的差异导致不同区域产业结构出现明显的阶梯状差异，推动产业区际转移。

4. 逆梯度转移动因论

逆梯度转移动因论实质上是对梯度转移理论的发展和完善。随着产业梯度转移理论在我国的实践、发展和应用，人们发现发达地区与欠发达地区之间的差距不但没有缩小反而不断扩大，对此有学者提出逆（反）梯度转移论。郭凡生（1986）就曾明确提出了反梯度理论观点，认为梯度推移是国内技术转移的重要方式但并不是客观规律，且并不是唯一方式。

5. 产业结构调整动因论

该理论认为产业转移与产业结构调整是相互联系的概念，可分为两大类：一是以卢根鑫（1994）为代表的重合产业论。重合产业是发达国家和欠发达国家在一定时期内拥有技术构成相似但价值构成相异的产业。由于发达国家劳动力要素价格高于欠发达国家，生产相同产品的发达国家所面临的绝对成本高于欠发达国家，因此发达国家有将这类重合产业转移到欠发达国家的动因。赵燕（2008）也应用重合产业理论解释了一国范围内不同区域之间的产业转移，认为重合产业是发达区域与欠发达区域产业结构调整的契合点，为我国东部外资企业西移提供了理论基础。二是以陈建军（2002）为代表的区域产业转移理论。该理论将产业转移定义为由于资源供给或产品需求条件发生了变化，产业从某一地区或国家转移到另一地区或国家的具有时间和空间维度的经济过程。产业区域转移的主要动力机制来自对扩大市场和产业结构调整的要求、追求经营资源的边际效益最大化以及企业成长的需要。

6. 产业集群转移动因论

产业集群转移是经济发展到一定阶段的产物，目前产业集群转移动因论仍然处于探索阶段。产业集群转移的内涵是原本在地理上集中、关系密切的产业群体，整体搬迁到另一区域，产业之间存在的网络关系不变。朱华友（2008）等认为降低运输和交易成本、获得规模经济与外部效应、共享劳动力市场、增强创新能力是产业集群转移的动因。刘友金（2012）等认为产业集群式转移过程的实质是通过核心企业或产业链关键企业带动集群中的部分企业或集群整体转移而形成集群企业继续共生的过程。核心企业与配套企业、产业链的关键企业与上下游企业之间稳定的共生关系促使了企业集群式迁移。

（二）微观企业视角

企业是产业转移的微观主体，研究产业转移动因必然要围绕企业的区位选择进行，以企业为研究视角的产业转移动因理论主要有五个切入点：

1. 基于新古典区位理论的企业迁移动因论

新古典区位理论是基于新古典经济学发展起来的，起源于杜能（Von Thunen）的农业区位论，代表性理论还有韦伯（Weber）的工业区位论。

2. 基于新经济地理学的企业迁移动因论

随着全球化和区域一体化的深入推进，主流经济学无法合理解释经济发展现状，以保罗·克鲁格曼（Paul R. Krugman）为代表的学者回归经济地理学观点，形成了新的研究领域。保罗·克鲁格曼的“中心－外围”理论认为经济活动的空间集聚状态取决于产业地理集中的离心力和向心力。由于存在规模经济和不完全竞争，理性企业将在区域集聚形成核心，随着市场规模的不断扩大，外部经济效应不断削弱，企业将向劳动力成本和交通费更低的边缘地区迁移。

3. 企业迁移行为理论

奈科斯丁、泽莫（Nakosteen & Zimmer，1987）认为企业迁移是推力、拉力和阻力共同作用的结果，推力包括较高劳动成本、缺少发展空间等，拉力包括有利于企业生存的区位条件，阻力一般认为涉及维持现有劳动就业关系因素。基于该理论，魏后凯（2003）认为产业转移的实质是企业的空间扩张过程，也是企业的再区位（Relocation）和区位调整（Location Adjustment）过程，企业迁移不仅取决于现有区位推力和目标区位拉力的大小，同时还与阻力有关，包括固定成本和可变成本的损失、维持现有劳动就业关系、地方政府的压力以及管理者旅行成本的增加等。周江洪、陈翥（2009）提出了区际产业转移力的概念，认为区际产业转移力是区际产业转移推力、拉力、阻力三种作用力的函数。其中，推力包括国家区域经济政策导向、转出地经济发展战略及政策导向、区域及产业生命周期演化规律、市场机制作用以及转出地成本上升；拉力体现为承接地对转出地转出产业的吸引力；阻力可分为产业转出地的滞留阻力和产业承接地的排斥阻力两类，只有推力和拉力之和大于转移阻力，产业的区际转移才会实现。

4. 新制度企业迁移理论

与新古典区位理论和企业迁移行为理论将企业决策置于静态环境的分析方法不同，新制度企业迁移理论将企业决策纳入网络化的动态环境进行研究。例如，格兰诺维特（Granovetter，1993）主张任何经济活动都受社会文化制度和价值体系的影响，企业迁移不仅要研究传统的区位条件，更要关注企业行为所嵌入的社会价值体系、文化关系、政策方向等。

5. 国际生产折中理论

英国学者约翰·邓宁（John Dunning，1977）的国际生产折中理论从投资周期角度研究国际企业转移，认为企业转移由其自身所拥有的所有权优势、内部化优势和区位优势三大因素共同决定。企业若仅拥有所有权优势，则选择技术授权；企业若具有所有权优势和内部化优势，则选择出口；企业同时具备三种优势才会选择国际直接投资。

综上，产业转移动因论起源于西方发达国家，国内在该领域的研究起步较晚，但研究成果十分丰富，涉及面也很广泛。国内外学者对产业转移动因的研究从产业和企业层面分别展开，产业层面转移动因论的对象是单一产业，企业层面转移动因论将研究对象划定为产业的微观主体。此外，产业层面的转移动因论也关注微观环境的变动，如政策环境、决策者意愿等因素对企业决策的影响。

二、产业升级的模式与路径

产业发展是经济增长的驱动力，产业转移与产业升级是促进经济均衡发展、调整产业结构、开创新经济模式的重要路径。有关产业升级概念的界定，学界一般认为产业升级有两层含义：宏观层面表现为产业结构不断向第三产业发展；在微观层面，产业升级表现为产业素质不断提高，生产技术水平、创新能力及获利能力不断提升，企业管理制度和体系不断完善。

宏观层面的产业升级理论以配第－克拉克揭示的产业结构变迁规律以及西蒙·库兹涅茨的产业结构论为代表。配第－克拉克定理是由威廉·配第（William Petty）提出、得到克拉克验证的描述产业结构变迁规律的理论，其核心是随着经济的发展以及人均国民收入水平的提高，劳动力先从第一产业向第二产业转移，随着人均国民收入水平的进一步提高，劳动力便向第三产业转移。美国经济学家西蒙·库兹涅茨在其代表作《现代经济增长理论》一书中揭示了经济增长与产业结构变化的规律：随着经济增长，农业部门的国民收入和社会就业在整个国民收入和总就业中的比重均不断下降；工业部门国民收入比重大体上升，而社会就业比重大体不变或略有上升；服务部门国民收入比重大体不变或略有上升，而社会就业比重呈上升趋势。随后，产业结构理论得到快速发展，代表性的理论有列昂惕夫的产业关联理论、钱纳里的标准产业结构理论和工业化阶段理论、霍夫曼的工业化法则等。产业结构升级与产业结构调整优化的概念都包含了产业结构合理化和高度化两方面内容；产业结构升级并非静态而是一个不断调整、适应和优化的动态过程。产业结构合理化指产业与产业之间协调能力的加强和关联水平的提高，产业结构合理化就是要促进产业结构的动态均衡和产业素质的提高。产业结构合理化要解决供给结构和需求结构相互适应、三次产业以及各产业内部各部门之间的发展如何协调，以及产业结构效应如何充分发挥的问题；产业结构趋于合理化的标志是能充分有效地利用本国或本地区人力、物力、财力以及国际分工的好处，使国民经济各部门协调发展，社会生产、交换、分配以及扩大再生产顺畅进行，使国民经济持续稳定增长，社会需求得以实现，人口、资源与环境实现良性循环。产业结构高度化是产业结构从低水平状态向高水平状态的动态发展过程，其特征表现为产业结构的发展顺着第一、二、三产业优势地位顺向递进的方向演进，顺着劳动密集型、资本密集型、技术（知识）密集型产业分别占优势地位顺向递进的方向演进，顺着低附加价值产业向高附加价值产业方向演进，顺着低加工度产业占优势地位向高加工度产业占优势地位的方向演进。21 世纪以来，相关学者对产业结构升级的研究围绕技术选择、创新及扩散，高技术产业及战略性新兴产业的作用，产业政策影响等方面展开。

约瑟夫·熊彼特（Joseph A. Schumpeter）首次提出了创新理论，并在《资本主义、社会主义与民主》一书中提出竞争的本质不再是价格的竞争，而是创新的竞争。创新对国家、产业和企业而言都是提升竞争力的核心途径。关于技术创新对产业升级的影响，丁焕峰（2006）认为影响产业结构变迁的关键因素是技术创新，并将技术扩散与产业结构优化的逻辑关系概括为：技术扩散一方面对产业结构变量发挥作用，即通过影响社会需求结构与规模、相对成本、国内外经济环境等对产业结构优化发挥作用；另一方面通过影响产业间的技术经济联系亦即技术矩阵水平的提升优化产业结构。黄茂兴和李军军（2009）运用系统工程原理和经济数学方法，以 1991—2007 年我国 31 个省、市、自治区为研究对象，考察了技术选择、产业结构升级与经济增长的内在联系，结果显示各省、市、自治区需结合自身要素结构、技术吸纳能力和技术创新能力，适度进行资本深化，提高资本劳动比率和劳动生产率，才能有效实现技术选择对产业结构升级和经济增长的积极作用。付宏（2013）等的实证分析结果表明：创新对我国产业结构高级化具有显著积极作用，华东地区产业结构高级化主要依赖 R&D 经费投入，华南、华北和东北地区主要依赖增加 R&D 人员，而西南、西北地区主要依赖外国直接投资（FDI）。高素英（2017）等认为我国各省、市、自治区产业结构升级存在空间相关性，创新人员对产业结构优化具有显著促进作用，资金投入对产业结构合理化有正向作用，但对产业结构高级化的影响不显著；其中，本省创新投入直接影响本省产业结构高级化，本省创新人员投入直接促进本省和外省产业结构合理化，但间接阻碍外省产业结构高级化。张其仔（2008）认为一国或一地区的产业升级路径有其自身规律，要解决产业升级方向、产业升级幅度、产业升级风险规避等三大问题；产业升级取决于潜在技术能力，走什么样的升级路径还要与当前的比较优势和经济发展战略相匹配。

高技术产业是典型的知识密集型和技术密集型经济，这类产业的发展和壮大将深刻改变传统产业模式，信息化和智能化已成为产业发展的必然逻辑。有学者打破理论层面的定性描述，将定量分析方法用于探究高技术产业对产业结构调整的影响。夏海力（2019）等基于2005—2016年我国26个省、市、自治区相关数据，构建高技术产业发展水平与产业结构升级的面板回归模型，分析了从全国层面高技术产业发展对产业结构升级具有的正向推动作用，而在区域层面高技术产业发展对区域产业结构升级的作用大小存在明显的空间异质性；同时研究了西部地区该类产业的发展且对产业结构升级产生正向效应。

发展中国家的经济增长面临着无法由市场机制解决的各种问题，需要由“有所为、有所不为”的政府来协调。适宜的产业政策是地方政府和高层决策者把控经济发展方向、推动经济增长的重要抓手。产业政策的重要性毋庸置疑，但从国际经验看，日本、韩国等发达国家也曾推行过被普遍认为失败的产业政策，因而产业政策是否合理有效、如何制定切实可行的产业政策也是现阶段学者关注的重点。韩永辉（2017）等实证分析了产业政策对地方产业结构优化升级的影响程度及机制，结合省区面板数据，实证检验产业政策在产业结构合理化和高度化中的驱动作用，认为产业政策的出台与实施显著促进了地区产业结构合理化和高度化。他们对1997—2014年我国31个省、市、自治区面板数据进行了计量分析，结果表明我国的产业政策对产业结构优化升级存在显著促进作用，但产业政策效果的大小很大程度上取决于地方政府效率的高低，只有发挥好“有效政府”的作用，超越“市场还是政府”的狭隘争辩，理顺市场与政府的关系并提升政府效率，产业政策才能更有效地促进区域产业结构优化升级。经济学家林毅夫（2017）基于新结构经济学视角将我国产业分为追赶型、领先型、退出型、“弯道超车”型以及战略型五类，并强调针对不同的产业类型，政府应因势利导进而制定差异化的产业政策，要同时发挥好“有效市场”和“有为政府”两只手的作用，推动产业转型升级。

微观层面的代表性观点有杰罗菲（Gereffi）提出的“全球价值链”（Global Value Chain，GVC）概念，其阐释了在经济全球化背景下，加快价值链攀升是促进产业升级的重要手段。张辉（2004）认为全球价值链理论注重价值链环节在空间的布局、价值链的重组、价值链的动力及治理等问题研究，其基本思路是价值链条由多个价值环节组成，但并非每个环节都能创造等量的价值，高附加值环节处于价值链的战略环节，起到对整条价值链的控制等关键作用，因此要在全球产业竞争中占据一席之地，就必须努力占据价值链中的核心掌控环节。全球价值链理论下的产业升级有两层含义：一是企业核心竞争力的提升，二是企业动态竞争力的提升。前者强调企业为消费者提供产品的能力以及掌握其他企业无法掌握的竞争资源的能力，后者重视企业自身长期能力的升级。汉弗莱（Humphery）和施密茨（Schmitz）将产业升级路径分为工艺流程升级、产品升级、产业功能升级和链条升级四个层面。其中，工艺流程升级是指价值链条中某环节生产加工技术水平的升级；产品升级是指引进新产品或提升现有产品效益；产业功能升级指在同一条价值链上从低层级环节向高层级环节移动；链条升级是从现有价值链向更高附加值的价值链转移。而要实现产业升级层次的推进路径、使价值链增值路径向更高附加价值环节攀升，必须率先实现技术突破，亦即技术创新是产业升级的核心手段，应走在产业升级之前。

国内对如何基于全球价值链实现产业升级的研究相对国外较晚。张耀辉（2002）认为产业升级是高附加值产业替代低附加值产业，其实质是产业创新与产业替代的过程，产业创新是产业升级的主要方面。他认为产业创新有两种途径：一是由一个企业率先完成产品创新，并带动整个行业的创新；二是多个企业同步创新，分别完成产业创新所要求的技术创新工作，从而实现产业整体升级。实现产业升级，首先要保证市场制度有效率，保证市场实现合理竞争；其次要在政策层面加强对中小企业的扶持与援助，鼓励中小企业创新发展；再次应积极培育中介行业并促进分工；最后应创建产业园区，降低企业间沟通成本，推动企业间互相需求创新。总之，基于全球价值链视角的产业升级基本遵循“企业升级—产业升级—价值链攀升”的路径，这里的产业升级主要是产业内部，而忽视了企业间的相互作用对产业升级带来的积极影响。阿尔恩特和基耶日科夫斯基（Arndt & Kierzkowski，2001）曾用“片段化”（Fragment）来描述价值链的各环节在空间中的分布格局，值得注意的是每一个价值片段在地区层面都表现为具有高度集聚特征的集聚体。在此观点下，我国学者也对全球价值链与产业集群的关联展开了研究。黎继子（2005）等通过探究全球价值链与地方产业集群的耦合关系，提出了三种供应链整合模式：一是地方产业集群的某个环节所具有的优势，成为全球价值链所需寻找的嫁接点；二是地方产业集群在价值链的各个环节都不具备优势，但其产业整体优势处于全球价值链中核心企业注重和耦合的焦点；三是从全球价值链自身的某个环节转移出来，在没有任何基础的地域中形成新的产业集群。

综上，产业升级在宏观和微观层面具有不同含义，宏观层面的产业升级是包括产业结构合理化和产业结构高度化两方面内容的升级；微观层面的产业升级以企业为主体，注重产业素质和效率的提高。无论是何种层面下的产业升级，都强调技术创新对产业升级的积极作用，产业升级的路径选择始终要将创新放在核心地位，同时要积极培育产业集群，为产业升级筑牢基础。此外，产业作为区域经济发展的关键，必须注重产业政策的积极作用，产业政策体现的是政府决策对产业发展方向和速度的把握，一国或地区要在全球化进程中具有竞争力，就必须在不同环境背景条件下灵活地选择产业的发展策略和升级路径。

三、产业转移与产业升级的关系

目前产业转移和产业升级已有较清晰的概念界定，资源要素在地理空间的分布具有显著的不均衡性，创新资源更是如此，产业转移本质上是生产要素优化再配置的过程。产业的区际转移必然引起区域要素结构发生改变，这种改变是否引起区域产业结构或产业素质的改变，亦即产业转移与产业升级具有何种关系，学界进行了相关研究。

（一）产业转移促进产业素质提高

20 世纪 70 年代，一些西方经济学家和东道国政府认为 FDI 将影响本国市场的正常运行，对经济福利产生负面影响；到 20 世纪末，这种认识发生了改变，马库森和维纳布尔斯（James R. Markusen & Anthony J. Venables，1999）认为跨国公司进入国内市场会对当地产业造成两方面影响：一是竞争效应，即挤占国内市场并形成一定垄断势力；二是联动效应，即通过产业的前后向联系与本国市场形成互补关系，推动本国经济发展。两位学者基于多个国家的 FDI 数据，对两种效应进行测度对比分析，认为跨国公司进入国内市场将通过提高本地产业效率等途径对其发展起到催化剂作用，本国产业的快速发展甚至有可能使外国企业退出本国市场。格罗格和施特罗布尔（H. Grog & E. Strobl，2001）的研究也认为跨国公司产业转移通过技术溢出效应促使东道国实现产业升级、提升全球竞争力。胡尼奥（Hunya，2002）根据罗马尼亚 FDI 数据得出外商投资对投资国和东道国产业结构升级都存在促进作用的结论。

有学者基于价值链理论研究了产业转移与产业升级的关联性。根据杰罗菲的全球价值链理论，价值链的不同环节所创造的价值不同，只有占据核心战略环节才能把控全球价值链，已有研究表明企业在全球价值链中获益越大，越有能力推动和实现本国产业升级。全球价值链模式是当前国际产业转移的主要方式，发达国家通过生产要素在空间的重新配置来利用发展中国家的资源要素，并以此建立起了全球分工和生产网络。但在此模式下发达国家始终集聚高附加值环节，使得发展中国家不仅难以推进产业升级，还可能面临陷入“低端锁定”的困境。对此，张少军、刘志彪（2013）以及刘友金、胡黎明（2011）提出打破二元结构的关键在于实现全球价值链和国内价值链的良性互动，在两链嵌套的模式中，国内价值链起到双重作用，一是促进企业升级并参与到全球竞争中，二是为本地提供产品和服务、扩大国内市场的规模与层次。因此，要依托我国大国优势和转型特征，利用中国东部地区作为全球最大代工平台的区位优势，在产业转移中超越“代工角色”，将组装、加工等环节向具有资源优势的中西部地区转移，实现产业链向中西部地区的延伸，东部地区则集中资源向价值链的高附加价值环节攀升，达到国内产业升级和区域协调发展的目的。随着国际经济格局的变化，以美、日、德、法为代表的发达国家产业转移出现了新趋势，一方面发达国家不断更新产业发展战略，人工智能、新能源等新兴产业地位上升，另一方面制造业空心化和劳工阶层大量失业使得以美国为首的发达国家喊出“制造业回归”的口号。反观发展中国家，以中国为例，我国附加值较低的制造业有向成本更低国家转移的趋势，同时也强调充分发挥传统制造业的支撑力量、加速新兴制造业的发展，将我国打造成制造业强国。党的十九大报告提出要“促进我国产业迈向全球价值链中高端”；2019 年4 月17 日，习近平总书记在重庆考察时强调，“要坚定不移推动高质量发展，扭住深化供给侧结构性改革这条主线，把制造业高质量发展放到更加突出的位置”。针对如何依托产业转移促进我国产业迈向全球价值链中高端的问题，魏龙、王磊（2017）认为我国产业升级的首要任务是确定升级方向，为不同制造业选择合适的价值链嵌入位置，并培育与升级方向相应的增值能力和控制能力。李敦瑞（2018）提出：要通过产业转移发挥区域协同效应，推动国家价值链的构建；借助产业要素的国际国内双向流动，发挥产业转移在构建国家价值链和“一带一路”大区域价值链中的作用；借力产业转移培育高端要素，蓄积提升全球价值链地位的能量；强化产业转移效应，在参与全球经济治理体系建设中提升全球价值链地位；发挥产业转移对社会治理创新的推动作用，增强提升全球价值链地位的内生力。杨亚平、周泳宏（2013）基于国内价值链视角认为在我国“产业西进”背景下，中西部地区承接层次相对较高的转移产业能够促进工艺升级或产业间升级；东部沿海地区可通过产业“腾笼换鸟”实现功能升级和技术结构升级；对全国而言，区域间产业转移和区域内结构升级能够促使宏观层面的产业升级和素质提升。

（二）产业转移对产业结构升级的促进作用

石东平、夏华龙（1998）基于东亚地区的产业转移经验，认为欠发达国家通过承接发达国家边际产业以促使本国产业升级模式是一条捷径，但容易出现“技术依赖”等问题，欠发达国家应在产业升级过程中探索自主性产业升级的路径，实现技术“内生化”。为验证产业转移对产业结构优化的影响效应，有学者选择测度指标构建回归模型的研究方法，如范文祥（2010）认为国际产业转移对我国产业结构升级具有阶段性影响，我国企业要形成技术引进、吸收、模仿和创新机制并转换适应性产业结构调整方式，才能对产业结构升级产生正效应。张琴（2012）构建回归模型验证了1997—2007年的FDI有利于我国整体产业结构不断优化。刘满凤、高梦桃（2020）对2007—2017年我国30个省、市、自治区构建面板数据模型，从产业结构合理化、产业高级化两个维度检验区际产业转移对产业结构优化升级的影响及区域异质性，结果显示产业转移对我国各地区产业结构合理化均表现为促进作用，其中中部地区表现最为显著，但产业转移对各地区产业结构高级化则表现为短期抑制作用，因此各地区应制定差异化的产业转移战略，西部地区尤其要注重完善基础设施和保证科研教育投入。也有学者研究认为，产业转移与产业结构升级之间存在双向促进作用，其影响机制是生产要素在不同区域之间的流动会引起区域间产业规模的对比变化，最终导致产业区域转移。从产业转移地与承接地的相互关系看，一方面区际产业转移使发达地区可以更容易甩掉相对落后产业的包袱，集中资源和力量发展高附加值、高技术含量的先进产业，从而加快区域产业升级；另一方面对产业承接地而言，产业转移为其带来先进生产技术，可以通过学习、吸收和转化尽快提升自身产业层次与素质。从区域产业分工角度看，产业转移既可以在一定程度上促进两地要素流动和产业结构优化，进而促使区域经济增长；又能够通过区域经济增长为产业升级提供支撑，最终呈现出“螺旋式”上升的格局。

（三）产业转移对产业升级的消极影响

学界对产业转移带动区域产业升级已有丰富的理论与实证研究支撑，但也有不同观点，主要围绕产业转移是否会造成产业空心化以及给发展中国家或产业承接地带来巨大资源环境压力等方面展开。产业空心化是经济发展到特定阶段的产物，发达国家进入后工业化阶段出现了虚拟产业“泡沫化”，以制造业为代表的实体经济增长乏力，2008年美国次贷危机爆发后显现的产业空心化现象成为产业结构研究的重点。根据发达国家经验，胡立君（2013）将产业空心化划分为美国式制造业“脱实向虚”升级方式的“离制造业化”和以日本式制造业“海外转移”为特征的“离本土化”两种。杨秀云、袁晓燕（2012）认为我国在承接国际产业转移后出现了产业技术“空心化”，在地区产业结构升级和要素重新配置过程中出现了典型的区域性产业“空洞化”，产业从发达地区向落后地区转移过程中出现了企业组织结构“空心化”。总结我国产业梯度转移实践经验，发现东部产业向中西部大规模梯度转移客观上存在障碍，原因有四：承接地既有的产业分工格局导致了生产要素的低端锁定；集群网络中跨国公司战略的“隔绝机制”形成了技术封闭；产业转移对象片段化挤压了承接地产业技术提升空间；转移产业生命周期处于蜕变创新阶段增大了承接地产业技术升级难度。还有学者认为产业转移政策之所以不能有效促进产业升级，与地方政府面临的约束和激励有关，因产业升级使地方政府面临不稳定风险，在中央对地方考核目标短期内以经济增长为主时，难以实现产业政策的预期目标。

有关产业转移带来的资源环境压力主要围绕“污染天堂假说”展开。由沃尔特和乌格罗（Walter & Ugelow，1978）提出的“污染天堂假说”，其主要思想是发达国家倾向于将污染密集型产业转移到环境标准相对较低的欠发达国家或地区，导致欠发达国家或地区沦为“污染避难所”，最终使整个社会环境污染程度加剧。学界对“污染天堂假说”是否成立观点不一，我国学者许和连、邓玉萍（2012）基于空间误差模型和空间滞后模型分析了 FDI 对我国环境污染的影响，结果表明 FDI 在地理上的集群有利于改善我国的环境污染，从整体上来说“污染天堂假说”在中国并不成立，但不同来源地的 FDI 对区域环境污染的影响程度存在显著的差异。秦炳涛、葛力铭（2019）以国内产业转移的环境污染影响为切入点，认为我国高污染产业转移与环境污染之间呈现逐渐递增的非线性关系，环境规制对环境污染的改善作用不明显，我国不存在环境库兹涅茨曲线。莫妮卡和纳夏（Singhania Monica & Saini Neha，2021）的最新研究发现，从 21 个高碳排放的发达国家和发展中国家相关数据的实证检验结果看，FDI 对环境退化存在显著的正向影响，尤其对发展中国家而言更是如此。此外，我国学者也运用经典贸易模型、区域特征与产业特征交互作用模型、空间杜宾模型等方法，证明“污染天堂”在我国确实存在。有学者提出可通过建立碳排放市场、创新排放权分配方式、调整环境制度强度以及建立省域共治污染合作机制等方法，降低“污染天堂”效应、实现区域协调发展和绿色增长；同时，从产业内部入手，鼓励环保产品的创新、研发和使用，努力提高能源利用效率，保证产业自身的绿色发展。

（四）产业转移促进产业升级的机理

目前产业转移模式日益多样化，产业转移促进区域产业结构升级是一个复杂的过程，产业转移对产业结构升级的促进作用已有较充分的研究，有关学者开始探索产业转移促进产业升级的路径和内在机理。

产业转移能否通过要素资源的优化配置和技术溢出效应拉动地区经济增长、实现区域产业升级的目的，这与产业承接地的技术创新活动水平密切相关。产业转移虽然可以促使承接地资源配置方式向合理化方向发展，但单纯地引入新技术并不能显著扭转承接地经济发展水平落后的局面，产业转移促进产业升级进而对承接地经济增长发挥正向激励作用的前提是承接地对引入技术的充分学习、吸收和转化。此外，已有研究表明不同空间尺度的产业转移升级对地区经济影响效应具有差异性。对于产业转移是否对转出国或转出地的产业升级具有影响，日本经济学家小岛清从“雁型模式”理论视角提出的“边际产业扩张”理论对该问题作出了解释：赤松要的“雁型模式”理论解释了产业转移对转出地的影响，认为后进国家引进先进技术和新产品使产业结构更替遵循“进口—国产—出口—再进口”的路径，这一过程涉及投资国与被投资国之间的产业转移，只有当投资国与被投资国在技术、产品供需上形成互补关系时，以投资国向被投资国输入技术和产品为关键环节的产业转移才能实现，进而使被投资国产业结构发生更替；而对于投资国而言，那些已经处于比较劣势或具有潜在比较劣势的“边际产业”顺利移出也为其自身产业结构的调整和产业素质的提高提供了有利条件。蔡昉（2009）将雁型模式理论应用于一国内部，认为像中国这样的大国并不必然要将劳动密集型产业向邻国转移，如果选择将部分劳动密集型产业由东向西转移至具有劳动力和土地成本比较优势的地区，不仅能够使东部地区实现产业稳定发展，还能带动西部地区产业结构调整升级。赵伟（2010）认为借助对外直接投资（Outward Direct Investment，ODI）通过产业转移效应、产业关联效应和产业竞争效应能够实现母国产业升级，并采用面板数据随机效应模型验证了ODI对母国（区域）产业升级的促进作用。韩灵梅（2014）基于比较优势理论，描述了产业转移与产业升级的辩证关系，认为区域产业转移将促进资源的有效整合，进而实现区域产业升级。张新芝（2017）对产业转移发生机制与产业升级的相互关系作了较深入的研究，认为产业转移与经济增长、技术溢出、产业结构、产业素质和产业效率的影响是互相关联的，合理的产业转移对转出地和转入地的产业升级都有正向促进作用，转出地的产业升级应通过适当级差的产业转移实现。

综上，目前学界对产业转移能否促进产业结构优化或产业素质提高存在不同观点。多数学者认为产业转移对产业升级有促进作用，产业升级是产业转移的必然结果。从产业转移到产业升级是转出地和承接地相互融合的过程，随着技术、设备、人才、资金等要素资源向产业承接地的流动，依托承接地自然资源、人力资源和地理位置等优势，可以缓解欠发达地区承接地产业结构不合理、资金来源渠道狭窄、技术创新缺乏、高端人才流出和管理理念落后等问题，能够从根源与内部赋予承接地内生增长能力，为产业移出地充分开拓发展空间、实现产业升级创造条件；同时，在立足两地比较优势、细化产业分工的基础上，最大限度地促进科技、制度和理念创新，加速科技成果转化，从而达到区域经济发展更趋均衡、产业结构更趋合理、资源配置更趋高效的目的。持相反观点的学者认为产业转移对产业升级有阻碍作用，原因有三点：一是以制造业为主要支撑的第二产业过多外迁将导致一国或一地区出现“产业空心化”，而产业承接地如果对外来转移产业的技术吸收不足或消化不及时就可能形成“技术依赖”和区域“低端锁定”；二是外来转移企业依托本地要素资源发展过快，会在资源稀缺的条件下造成本地该行业的资源紧缺问题，同时外来企业挤占本地市场，可能使本地企业规模萎缩甚至退出市场；三是外来转移产业将加大本地资源环境压力，使环境约束较低的国家或地区沦为“污染天堂”。

四、产业承接能力与产业对接对策研究

在经历了探究产业转移动因和产业转移地区效应后，产业转移研究的关注点逐渐转到产业承接地的承接能力及影响因素方面。研究方法一般倾向于通过构建指标体系对产业承接地的承接能力进行评估，其特点和作用是在系统分析区域承接转移产业能力的前提下，为决策者制定产业转移政策、招商引资政策提供参考。马涛、李东等（2009）将成本因素、市场潜力因素、投资政策环境、产业配套能力、技术研发水平和经济效益因素六方面的九项指标纳入指标体系分析框架，采用主成分分析法对我国 2001—2006 年 31 个省、市、自治区的工业承接转移能力进行了评价。苏华、胡田田等（2011）从产业吸引能力、产业选择能力和产业支撑能力三个角度展开，选择市场状况、产业基础、收集处理、配套支撑和辅助支撑五个一级指标以及多个二级指标构建产业承接能力指标体系，运用熵权法对我国各省、市、自治区产业承接能力进行测度。近年来学者对产业承接能力的评价由综合能力逐渐聚焦到具体能力，指标体系的构建也更加丰富和具体化。段小薇、李璐璐等（2016）以我国中部六大城市群为切入点，选取成本因素、对外开放合作程度、市场吸引力、技术创新能力、产业配套能力、经济发展水平、产业结构水平七个

二级指标和27个三级指标构建承接能力指标体系，运用主成分分析法进行评价，认为城市群之间承接能力悬殊且城市群内各子系统水平差距大，中心城市承接产业能力显著大于其他城市，城市群综合承接能力还有待提升。吴传清、陈晓（2017）运用区域间投入产出模型测算全国30个省、市、自治区及八大区域产业转移的方向与数量，识别主要产业转出地和承接地，发现产业承接地存在显著的行业特征；同时，基于环境约束指标考察长江中上游83个城市产业绿色承接能力，并分别从产业吸引能力、产业选择能力、产业支撑能力、产业发展能力和产业生态能力五个方面进行测度，提出了创新产业转移方式，实现产业分梯度、有序转移的对策建议。

通过对各地产业承接能力评估的研究，可以发现不同地区产业承接能力存在较大差异，因而探讨造成地区产业承接能力差异的影响因素、找准提升地区产业承接力的关键点和发力点具有重要意义。资本存量、经济规模、劳动力成本、人力资源以及路径效应等都是对产业承接地形成地区差异的影响因素。张建伟、苗长虹（2018）等运用变异系数、标准差、赫芬达尔指数及ESDA等方法对河南省承接产业转移的区域分布变化情况进行分析，认为造成省内各城市产业承接能力差异的因素包括经济发展水平、市场吸引力、技术创新能力、人力资本、集聚效应、成本因素、对外开放度、产业配套能力、产业结构水平及交通区位条件等；他们通过选择相关数据进行因子分析发现，除产业结构外其他因素都对产业承接有正向促进作用。

安虎森、徐扬（2011）认为区域产业转移是实现区域经济协调发展、可持续发展的重要途径，在此过程中要充分将产业转移与产业结构调整优化结合起来，提高资源整合利用效率。张冬梅（2008）基于我国“东产西移”背景，提出西部地区提升产业承接能力的对策，强调要在客观认识西部地区资源优势的基础上，创造西部地区承接产业转移的优质环境，以政策规划为导向，鼓励西部地区积极承接适合本地发展的产业，加快基础设施的建设和完善，充分发挥西部地区产业承接的主体功能，从政策支持、机制创新、平台搭建三方面促进转移产业与本地产业的对接融合。邵建平、苏小敏（2012）从西部比较优势对接东部产业转移和发展特色优势产业的视角出发，提出了提升西部自我发展能力的模式，并从西部比较优势产业筛选、人才和资金现状改善方面探讨了保障这一模式的实施对策。针对产业转移中的环境污染问题，学者们也提出了一系列对策建议。随着我国产业由东向西转移，中西部地区日益成为主要产业承接地，虽然产业转移给中西部地区带来了无可否认的经济效益和增长动力，但高耗能、高排放、高污染转移产业对承接地环境污染产生的负面影响也逐步显现。对此，李斌（2015）提出要明晰产业转移环境风险的内涵、特征和形成机制，完善环境风险测度机制；在决策者层面，要不断完善以绿色发展为导向的承接政策，将绿色 GDP 作为衡量承接产业效益的重要指标，以绿色经济为目标、秉承因地制宜思想、创新承接模式；中西部地区承接产业转移应以构建生态产业链为导向，积极承接绿色产业，加强地区绿色技术的学习、吸收和转化能力。有学者从城市的具体产业出发，探索两地之间科学有效的产业转移和对接政策。陶晓燕（2013）以焦作市和平顶山市为对象，研究资源枯竭型城市与资源富集型城市产业转移对接的政策思路，认为两市有展开产业对接工作的必要性和基础，两市都应将产业转型升级作为工作重点，建立区域利益协调机制，在农业生产上形成供需互补的关系，在煤炭产业对接上采取产业延伸模式，同时加快产业集聚区建设，充分发挥产业园区的集聚效应，提高对转移项目的吸纳和承载能力。

五、产业集聚的地区发展效应

产业集聚是同一产业在某地理区域内高度集中的现象，以克鲁格曼为代表的新经济地理学派认为经济活动在空间的集聚程度是由向心力和离心力共同决定的。产业空间集聚作为整合和优化配置生产要素的重要途径，一直受到政府和学界的关注。

（一）产业集聚与经济发展

产业集聚与区域经济发展之间的关系是区域经济学的重要研究内容之一。有学者认为产业集聚对区域经济发展有积极影响，这类研究主要考察集聚度与劳动效率或全要素生产率之间的关联性、特定产业集聚的经济发展效应、产业集聚对居民收入以及城市发展的影响等方面的内容。西科尼和霍尔（Ciccone & Hall，1996）较早研究了经济集聚与区域劳动生产率之间的关系，发现就业密度差异是致使美国各州劳动生产率产生巨大差异的关键因素，西科尼在对欧洲地区的研究中发现就业密度每上升 100%，地区劳动生产率将提高 4.5%。鲍德温和福斯里德（Baldwin & Forslid，2000）基于克鲁格曼“中心 - 外围”模型验证了产业集聚对经济长期增长的正向作用，认为经济增长是向心力而技术溢出存在显著的离心作用，这就意味着一个地区的经济增长将促使企业在此集聚。也有学者认为特定产业的集聚或某一产业在某一时间段才会对经济发展起到正向促进作用。孙浦阳（2013）等研究了 2000—2008 年中国 287 个地级及以上城市产业集聚与城市劳动生产率的关系，发现当期的产业集聚对劳动生产率有显著负向影响，而长期来看产业集聚与劳动生产率存在显著正向关系。杨仁发（2013）利用2003—2010年我国269个地级及以上城市相关数据，证实了服务业集聚会促使地区工资水平提高，而制造业集聚对地区工资水平的影响却为负。韩风、李玉双（2019）研究了产业集聚对城市人口规模的影响，认为专业化集聚和多样化集聚均有助于扩大城市人口规模，且专业化集聚的作用效果显著大于多样化集聚；同时发现，产业集聚模式越符合当地优势条件，其集聚效应和溢出效应的发挥就越充分。

有部分学者秉持产业集聚与经济增长存在非线性关系的观点。周圣强、朱卫平（2013）将集聚效应和拥挤效应比作产业集聚“一个硬币的两面”，认为产业不断集聚可促使集聚效应转化为拥挤效应，从而使集聚与地区经济增长之间的关系发生转变，我国1999—2007年60个工业城市的数据实证分析结果表明经济增长存在拐点，集聚与全要素生产率呈现倒“U”形关系。张云飞（2014）借助GMM模型研究山东半岛城市群2003—2011年产业空间集聚态势与经济增长的动态关系，得到区域内产业集聚与经济增长呈倒“U”形关系的结论，进行类似研究的还有孙慧、朱俏俏（2015）。于斌斌（2015）等采用SFA模型对中国城市经济效率进行测度，将空间计量技术引入地理距离分析，研究产业集聚对地区经济效率的影响机制，结果发现不同层面的产业集聚对经济效率的影响存在差异：从全国层面看，制造业集聚、制造业与生产性服务业共同集聚对地区经济效率存在显著负向影响；随着经济发展水平的不断提高，制造业集聚对地区经济效率呈现“N”形影响，从而对威廉姆森的倒“U”形理论提出了修正。从区域层面看，制造业集聚对中、西部城市的经济效率存在负向影响和拥塞效应，但制造业与生产性服务业共同集聚对中、西部地区城市经济效率具有正向促进作用。

（二）产业集聚与技术创新

新经济地理学认为经济在空间的集聚可通过共享劳动力、中间投入品、知识溢出等促进技术创新，在严格的经济学假设条件下集聚效应对技术创新存在激励作用，但现实经济活动在空间的集聚往往难以满足约束条件，集聚能否促进技术创新成为学界讨论的热点。安德松和奎格利（Andersson & Quigley，2005）基于瑞典商业专利授予数量考察集聚与创造力的空间分布关联性，证实了产业集聚对创新水平提高的促进作用。韩庆潇（2015）等探讨了产业集聚与产业升级的关系，认为创新起着至关重要的中介作用，制造业集聚通过激励和支持企业技术创新最终实现整个行业向产业价值链的高附加值环节攀升。持相反观点的学者认为，只有在特定环境条件下，产业集聚才能发挥对创新水平提升的正向促进作用。张杰、刘志彪等（2007）对江苏省342家制造业企业进行问卷调查，结果显示集聚效应并未对我国现阶段微观企业的创新活动产生积极影响，未成为激发集群创新动力的有机载体；可能的原因是我国多数产业集群或开发区处于“扎堆式”低层次集聚状态，集群内模仿、跟随行为盛行造成集体创新动力缺失。不同产业集聚模式影响区域创新的外部性有两类：一是“MAR外部性”，即某一产业的大量企业在特定区域集中，有利于技术和知识溢出、专业化劳动成本节约，从而有利于地方经济的增长，亦称地方化经济或专业化集聚；二是“雅各布（Jacobs）外部性”，即行业间具有差异化的公司之间以及那些能对新知识产生较大回报的经济单元之间的互补性技术和知识溢出，这种集聚模式也被称为城市化经济或多样化集聚。

单一产业的空间集聚与创新的关联性已得到广泛证实，有学者对专业化集聚、多样化集聚或产业协同集聚对区域创新影响效果的差异进行研究。胡彩梅（2012）运用克鲁格曼专业化指数和多样化指数，基于面板数据的固定效应模型对我国30个省、市、自治区1998—2008年的地区专业化和多样化集聚水平进行测算，研究发现专业化集聚对技术创新有显著正向影响，而多样化集聚则对创新产出具有负面影响。刘乃全（2016）等认为：在全国层面，专业化集聚能有效提高区域创新效率和规模效率，而多样化集聚虽能显著提高纯技术效率，但对区域创新效率的作用尚未显现出来；在区域层面，多样化集聚对我国东西部地区创新效率提高具有促进作用，中部地区的专业化集聚对创新效率的促进作用更显著。孙超、王燕（2020）的研究认为，产业协同集聚从经济关联、技术关联和知识关联三方面作用于区域创新效率，进一步的实证研究发现：长三角、珠三角的高新技术产业与生产性服务业协同集聚水平优于京津冀地区，且长三角、珠三角产业协同集聚对区域创新效率的正向促进作用显著大于京津冀地区。王志锋、杨少丽（2011）的研究也得出类似结论。

（三）产业集聚与资源环境

尽管产业集聚在一定条件下对区域经济增长具有正向促进作用，但其给地区带来的资源环境压力同样不能忽视。产业集聚的环境负外部性问题受到越来越多的学者关注。维尔卡宁（Virkanen，1998）认为造成芬兰地区环境污染的“罪魁祸首”是工业集聚区。也有学者认为在一定经济发展水平条件下产业集聚能够对环境起到保护作用。杨仁发（2015）利用2004—2011年我国30个省、市、自治区的面板数据，采用门槛回归方法验证了产业集聚与环境污染之间的关系，结果显示产业集聚对环境污染的影响具有显著门槛效应，即在产业集聚水平低于门槛值时，产业集聚将加剧环境污染，而在产业集聚高于门槛值时则有利于环境污染的改善；王兵、聂欣（2016）对我国2000年的661家新设开发区的研究也得到类似结论。黄庆华（2020）等以长江经济带沿线107个地级市2006—2016年的数据为样本，采用面板模型考察产业集聚对长江经济带高质量发展的影响，结果表明产业集聚在促进经济增长的同时兼顾了环境保护，促进了长江经济带沿线地区经济发展质量的提升。

产业集聚对地区发展的影响是多方面的，有关学者实证研究了产业集聚对地区资源错配、城市经济韧性以及产业控制力等方面的影响。

六、集群产业的扩散与转型

产业集群具有生命周期，产业集群的形成、发展和衰退有其必然逻辑，产业集群的发展和衰退也被认为是影响区域经济的重要因素。目前已有研究对产业集群扩散与转型的探讨在很大程度上是为了延长产业集群的快速发展期以及缩短衰退期，规避产业集群的衰退风险，为区域经济的持续、健康发展探寻出路。

迈克尔·波特（Michael Porter）对产业集群的发展演化进行了研究，他认为尽管全球化竞争相当激烈，区位仍是竞争的核心，对产业集群而言，技术创新、供需关系改变、集群内企业战略等因素都将影响产业集群的发展。符正平、曾素英（2008）认为不同类型的集群转移会对当地造成不同影响，产业集群纯粹的复制性转移会造成当地的就业压力，竞争力和收入也会随着企业的转移出现急剧下降；而选择性转移则保留了集群基本的结构性特征，有利于集群的升级和扩张。胡晨光（2010）等基于中心—外围意义上的集聚经济圈的视角研究了集聚经济圈集群产业的形成因素与结构、转型动力与结构等因素，认为集聚经济圈的产业集聚是构成国家产业国际竞争力的重要源泉，其竞争力来源于经济圈内部多元化而富有活力的集群产业的支撑；与强调单一集群竞争引起资源稀缺或制度锁定、路径依赖等因素导致集群产业衰退的理论不同，其认为全球化背景下集聚经济圈内部工业化进程、产业结构演化和多元化集群产业的集聚竞争是促进低层次集群产业价值链低端环节向外扩散和集聚经济圈集群产业结构转型的主要原因；只有顺应全球化背景下区域工业化进程和产业结构演化的必然趋势，主动推进集聚经济圈集群产业的扩散和转型，向外转移传统产业价值链的低附加值的制造环节，打造集聚经济圈传统产业的马歇尔节点，促进产业升级和增强产业竞争力，才能确保集聚经济圈经济的健康发展。程惠芳（2012）等基于种群竞争生态模型和成本收益分析，研究了集聚经济圈集群产业扩散与转型的路径，认为由于多种群竞争产生的集聚不经济，集聚经济圈的传统产业集群中价值链低附加值的制造业环节在经历与新兴产业集群共存、协调发展的环节后，最终存在向经济圈外扩散的压力和趋向。同时还分析了集聚经济圈集群产业扩散与转型的条件，认为正确的政府政策和合理的经济干预、适度的企业规模是集群产业扩散与转型的重要条件；地方政府应为经济圈集群产业的扩散与转型提供良好的市场环境和要素发展环境，发挥传统集群产业中规模企业对区域经济扩散与转型的带动作用。

产业集群的转型升级是产业集群研究的重要领域，相关研究主要围绕转型升级的动力并从全球价值链视角展开。产业集群具有复杂的网络结构，但其升级的本质仍是创新，创新的前提是有一定的知识积累和外部环境。研究产业集群升级的动力和源泉具有重要意义。产业集群的转型升级不仅要考虑技术创新、市场优化等软硬环境的改善，更要考虑如何完善内部结构、降低产业之间的沟通成本、提高产业间协作效率等问题。我国是世界上最大的发展中国家，也是“世界工厂”，由于长期以来缺乏核心技术，因而在很长一段时间内只能从事价值链中低端的生产活动。胡大立（2016）将我国产业集群“低端锁定”战略风险的来源概括为路径依赖风险、战略边缘化风险、恶性化竞争风险和产业空洞化风险，由此提出生产者驱动和购买者驱动的产业集群升级路径。前者强调对资本密集型和技术密集型产业加大创新投入，走“工艺升级—产品升级—自主研发、自主设计”的升级路径；后者强调要依靠商业资本驱动的产业集群市场营销能力和品牌运营能力，走“接单产品组装（OEA）—接单加工（OEM）—设计生产加工（ODM）—自建渠道—自有品牌（OBM）”的升级道路。

七、产业集群对技术创新的影响机理

产业集群与技术创新能力之间并非简单的线性因果关系，而是具有复杂的非线性辩证关系：一方面，产业集群会对技术创新产生激励效应，成为创新的有效载体；另一方面，产业集群也可能对技术创新产生阻滞效应。博德瑞和布雷斯基（Catherine Beaudry & Stefano Breschi，2003）研究了1990—1998年间英国和意大利位于产业集群中的企业是否比其他地区的企业更具有创新性，结果表明单纯的集聚并不能有效地提高创新绩效，但与其他创新者在空间上的邻近将从信息时滞缩短、通勤成本降低和知识溢出等方面为该企业提供技术创新机会；此外，如果一个集群中出现非创新型企业，则会给整个集群带来不利的影响。邵云飞（2010）等基于产业集群内企业之间的交流与学习机会可能引起创新扩散的视角，构建了产业集群创新竞争扩散模型，并根据创新竞争扩散模型归纳了影响产业集群创新扩散的因素，深入探讨了这一模型的平衡点及其稳定性，认为产业集群内的企业之间相互邻近，在增加交流与学习机会的同时也增加了创新的竞争压力，这两方面因素都能在一定程度上促进创新行为的发生。王琛（2012）等以电子信息产业集群为例，认为单纯的产业集聚对技术创新的推动作用尚不明显，且地理邻近性和企业之间频繁的联系并未表现出促进技术创新的作用，因而对产业集群的研究需要突破目前的理论束缚，探寻特定区域和制度环境下产业集群的技术创新推动作用。姜明辉、贾晓辉（2013）以产业集群的识别为研究起点，对其生命周期阶段的特征进行详细描述，基于产业集群对区域创新能力的影响机理，构建了以门限自回归理论为基础的生命周期模型和以生产函数原理为基础的产业集群区域创新能力影响模型；研究认为产业集群能够提高区域创新能力，并遵循“产业集群—技术扩散—区域创新”的传导路径，产业集群对区域创新能力的影响随着生命周期的演进呈现开始增强然后再减弱的周期性变化过程。杨皎平（2016）等认为集群内企业间的知识溢出是影响集群企业技术创新的重要因素，但知识溢出对集群创新起推动作用还是阻滞作用，学界尚无定论；论文提出了“知识势能”的概念，并将其分为“共享性知识累积”和“企业间知识差异”两个维度，在此基础上构建了研究框架，继而采用计量模型实证分析了集群内部知识溢出对技术创新绩效的影响，研究结果显示集群内企业间的知识溢出对集群技术创新绩效具有双向影响，表现出随着知识溢出的增加，集群创新绩效呈倒“U”形变化的特征。

总之，产业集群所具有的地理邻近性、知识和技术溢出、关系嵌入、文化嵌入以及内部竞争等因素对产业集群的技术创新存在正负两方面作用：一方面，产业集群的某些特性会对技术创新产生正向激励作用，能够成为技术创新的有效载体和来源；另一方面，这些特性也可能对技术创新产生负向阻滞效应。正负效应可能受诸多环境变量的影响。只有综合考虑产业集群与技术创新的内在作用机理和演化过程，才能制定出正确的区域创新发展政策，提高产业竞争力。

第二章　京津冀产业功能体系研究

第一节　京津冀产业功能体系的现状特征

一、研究背景与意义

（一）研究背景

当前全球新一轮科技革命和产业革命蓬勃兴起，多边主义逐渐抬头，逆全球化趋势明显加剧，同时新冠肺炎疫情的暴发对全球的产业链造成了巨大冲击。基于目前全球产业的发展趋势，国际产业转移、产业分工和产业链布局将会变得更加多元化。产业链逐渐呈现区域化集聚态势，全球产业链将收缩到某一特定区域中，在该区域内以产业空间集聚化的形式进行发展，使得某一产业兴起，进而带动配套产业及周边地区协同发展。产业链的区域化、本土化和周边化将会成为产业发展的主要方向。新近签订的《区域全面经济伙伴关系协定》（RCEP），使得亚洲、欧洲、北美三大经济板块的区域化特征进一步加强，有助于重构全球产业链格局。随着国际产业转移的不断推进，全球产业链的竞争方式也会出现新的变化，产业链间、产业集群间的竞争也会加剧。

从国内发展阶段来看，正值“十四五”规划开局之年，规划指出当前我国产业发展的目标是在国际上加快融入全球产业链中高端，占据产业发展先机。国内要将发展重心放在产业集群上，以建设众多个世界级的现代制造业集群为主要目标，引领国内制造业发展。在国内众多城市群中，京津冀、长三角、珠三角三大区域是目前我国经济体量较大的城市群，也是产业集群重点发展的区域。长三角一直以来是三大区域中的领头羊，率先进行产业升级和优化；珠三角次之；京津冀协同发展近年也在稳步推进中。就目前三个区域的发展情况而言，京津冀与长三角、珠三角相比，在产业发展水平和科技创新能力等方面仍存在着较大差距。京津冀作为北方的重要城市群，承担着重大责任，三地不仅要促进建成优势互补、创新发展的区域产业空间布局，还要改善优化各地区的协同发展能力和产业链现代化水平，形成合理的产业功能体系。这对于建设我国新的经济增长极、构建世界级的产业集群均有重要意义。

（二）研究意义

区域协调发展是当前以及今后一个时期我国城市群发展的主要方向和战略规划基础。2015 年《京津冀协同发展规划纲要》正式发布，经过七年多的实践发展，三地一体化程度明显增强。北京的“大城市病”问题得到了很大的缓解，产业升级优化效果明显，产业发展的重心聚焦于高精尖产业；天津的产业体系布局日趋合理化，产业特色鲜明，建成了众多高端产业发展聚集地；河北作为北京产业转移的承载地，在京津双城联动的辐射作用下，进行了产业结构的调整升级，科技创新水平得到极大改善。总而言之，京津冀三地间产业联动效果显著，区域产业分工更加明确清晰，京津与河北 11 个地级市间发展差距逐渐缩小，初步实现了三地互利共赢的局面。

在“十三五”规划已经顺利落幕、2021 年“十四五”规划开局之年和“2035 远景目标”规划纲要发布的重要节点时期，我国将全面迈进社会主义现代化建设的新征程。站在新的历史起点，京津冀协同发展将实现新的目标和要求，进一步明确三地间产业分工，促进产业向更高层次转型升级，使京津冀地区间的创新链、产业链布局越来越合理化，取得突破性进展，努力打造、建设、形成以北京为主导城市的世界级城市群结构体系，创造中国新的经济增长点。以京津冀地区当前产业体系的发展现状及空间布局研究为切入点，发现三地产业布局中存在的不足之处，并提出如何完善与优化京津冀产业的分工与合作，具有重要的现实意义。

二、研究内容、方法与创新

（一）研究内容

首先，本书基于大量的文献，对产业链、产业功能区等相关理论、概念进行了梳理和总结。其次，收集整理京津冀三地产业数据，利用区位商法从空间维度对三地产业功能体系的现状特征进行分析，进一步指出目前制约产业功能体系高质量构建的问题，并探究京津冀产业功能体系的完善与优化路径。再次，运用 ArcGIS、Geoda 软件与空间计量方法对京津冀产业进行空间自相关性分析；计算工业结构相似系数，运用 SPSS 软件作主成分分析，对京津冀产业功能体系的相似性进行分析，划分确定京津冀的产业功能区。最后，根据所划分的各大功能区具体分析其产业分工与协作关系，根据实证结果提出优化与完善京津冀产业功能体系的具有可操作性的建议。研究技术路线见图 2 -1。

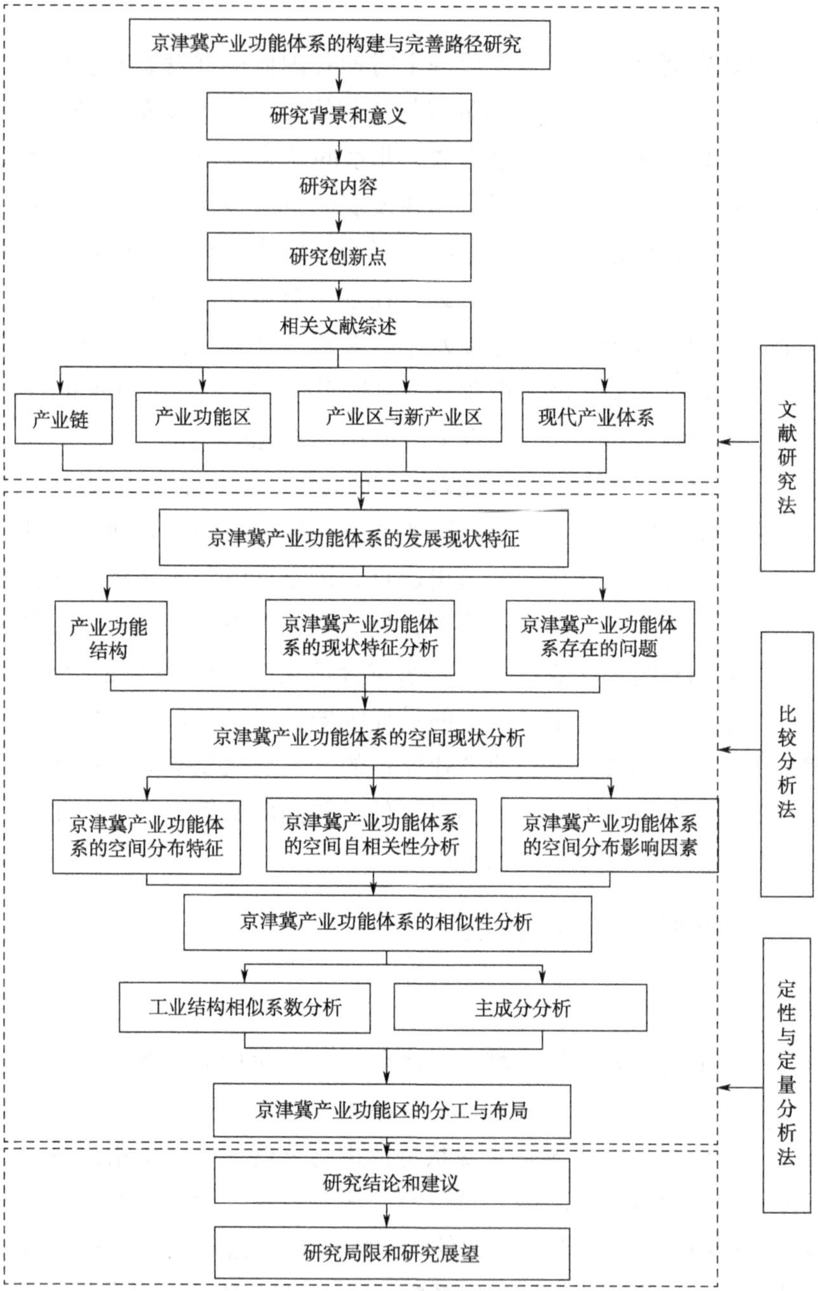

图 2 -1　研究技术路线图

（二）研究方法

1. 文献研究法

参考借鉴相关学者的文献资料以及有关京津冀产业协同发展的最新研究成果，提出研究问题和相关研究内容；在阅读核心期刊文献的基础上，完成本部分的框架搭建。

2. 比较分析法

对京津冀三地各地区的产业结构以及工业、服务业发展现状进行分析，通过研究京津冀地区产业区位商、工业结构相似性，以及三地工业空间布局，对比出不同区域间的差异性。

3. 定性与定量分析法

以定性分析为基础，收集整理近年京津冀地区产业发展的相关数据资料进行定量描述，通过建立产业区位商、工业结构相似系数、空间自相关分析和主成分分析模型，全面地分析研究该地区产业功能体系的当前发展特征与未来发展趋势。

（三）研究特色与创新

本书区别于其他关于京津冀产业功能体系研究的创新点是基于《北京市国民经济和社会发展第十四个五年规划和二〇三五年远景目标纲要》，将研究重心放在工业上，对工业所属的45个二位数产业作了较为细致的分析，能够更清晰地阐述第二产业发展特征，有助于京津冀产业的进一步升级优化；在对京津冀产业功能体系的相似性进行分析过程中，通过计算工业结构相似系数了解三地两两城市间的相似性，再通过SPSS软件作主成分分析，具体划分出合理的产业功能区。

三、产业链、新产业区与产业功能区等相关概念综述

（一）产业链

产业链（Industry Chain）一词最早出现在亚当·斯密（Adam Smith，1776）的著作《国富论》中，亚当·斯密通过对扣针职业的研究，看到分工可以提高效率，进而总结出分工理论，并引出“产业链”这一词汇；后马歇尔在此基础上加深对企业分工的研究，总结提出了产业链理论。在同一时期，赫希曼（1958）在其所著的《经济发展战略》中，从产业前向和后向联系两个方面进行研究，整理概述出产业链的相关概念。总体来说，产业链就是关于企业、产业和区域之间一系列有关产业活动的总和，包括如何实现企业、产业

和区域产业链的构建和整合，进而推动产业结构的优化和升级，这是目前有关学者关注的重点。我国学者龚勤林（2004）认为优势产业链环可以优化产业链的空间布局，而产业链在区域内的延伸可以有效打破市场壁垒，进而统筹促进区域发展。陈朝隆与陈烈（2007）认为构建区域产业链有助于建立区域与企业间的新型关系，产业链在国家和区域发展中越来越发挥重要作用。赵红岩（2007）从全球视角来研究区域产业链，提出了“微笑曲线”与地方产业链整合的发展模式来有效嵌入全球价值链体系。在产业链理论研究方面，有学者更重视产业链在产业发展中的应用意义。卢明华等（2004）从产业链的角度来认识我国电子信息产业发展环境，结合内外部环境提出完善电子产业的发展思路。程李梅（2013）运用产业链的空间演化相关理论，提出产业链空间整合是解决我国西部地区产业转移面临的问题的有利路径。黄群慧（2020）提出目前中国的产业链面临极大挑战，有待解决的问题很多，今后发展的重点就是提高我国产业基础水平并加强产业链现代化建设。

（二）产业功能区

产业功能区（Industry Function Zone）的含义是针对某一产业的城市功能区，可以使某一领域行业的产业更加集中，从而形成一个产业集群。国内有学者对城市功能、产业功能区进行了解释，如薛晓伟（1999）认为城市的核心功能主要取决于产业功能，城市产业发展情况关乎着城市经济增长程度，它支撑着城市的存在，带动整个城市的发展。肖晓俊等（2011）认为产业功能区承担着大城市的主要产业生产功能，当前城市之间竞争的方式已经转化为产业功能区间的新型竞争方式。目前多数区域以产业功能区为载体，将城市群、产业集群、产业园区、主导产业有机联系在一起，成为实现城市群发展的有效途径，模式如图 2－2 所示。

国外学者对产业功能区的研究将中心主要聚焦于区位布局以及贸易等，随着信息科学技术的发展，高端产业集聚和空间布局也逐渐成为国外学者的研究热点。如国外学者斯科特（Scott，1988）通过研究服务业的空间组织结构，提出有关“服务业集聚”的概念。科菲和贝利（Coffey & Bailly，1991）发现功能不同的服务性企业可以在地理上呈现出空间聚集状态，针对这一现象，二人运用产业前后向联系理论展开研究。阿那亚（Aranya，2008）对金融、软件、文化创意等高端产业功能区的布局和产业发展进行了实证研究。国内学术界专门针对产业功能区的研究较少，产业融合与产业集群，以及多地区协同发展中的产业转移成为学术界的研究重点。冯翠月等（2010）对我

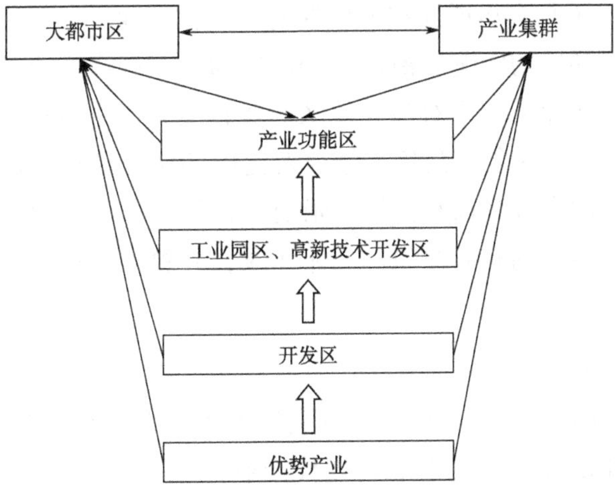

图 2－2　产业功能区形成机制

国西北地区相关产业政策进行分析，将西北地区划分为六类主体功能区，进而实现区域协调发展和产业区际转移。邱立新、张丽丽（2012）运用 SWOT 分析法对青岛市高新技术产业进行分析，提出高新技术产业功能区建设建议。杨明等（2014）就目前北京城市产业转型发展的处境，对存在的产业功能区类型庞杂、数量大等问题进行思考，提出促进产业空间集聚发展的有效建议。当前，在京津冀一体化稳步进行态势下，京津冀三地构建了多个跨区域产业功能区，针对京津冀产业功能区的研究对推动京津冀协同发展具有重要意义。

（三）产业区与新产业区

产业区（Industrial Area）的概念于 1890 年由著名经济学家马歇尔在《经济学原理》一书中提出，马歇尔认为产业区是由许多具有相似性质的企业集中在一个地区所形成的。产业区的形成极大促进了经济的发展，后随着新技术革命的出现，推动了生产方式的转变，促进了新产业区的形成。新产业区（New Industrial Zone）一词是由意大利人巴卡提尼（1990）通过对佛罗伦萨的毛织品产业区进行详细分析后提出的，新产业区由具有相同社会背景的人和企业在一定区域内聚集而成。产业区与新产业区具有密切联系。李小健（1997）提出了新产业区判别的五项指标：形成时间、规模、部门结构、网络联系和根植性。只有五项指标同时成立时，才能判别为新产业区。

目前，国内学者从产业区的角度对区域产业发展进行了较丰富的研究。如张明之（2003）在面对全球技术进步和产业结构的重大调整时，更加重视产业的集聚作用，认为产业聚集区会使城市创新力和竞争力极大提高。傅允生（2005）提出了具有集群性和地域性的专业化产业区，并研究了资源禀赋对专业化产业区形成的影响。杨颖（2010）通过对湖南产业发展现状进行分析，综合运用新产业区理论对湖北地区产业转型升级进行探究。孔翔、杨帆（2013）基于“产城融合”角度，结合对昆山的实证分析，探索提出了促进开发区转型升级的有效建议和措施。张明斗、吴庆帮（2020）引入产业区块链作为产业升级转型的有效政策和技术手段，并提出促进产业区块链高质量发展的政策建议。

（四）现代产业体系

产业体系（Industrial System）是人类经济活动的载体，是完成社会生产任务的一系列产业及其关系的总和。现代产业体系（Modern Industrial System）于20世纪首先在发达国家产生，费舍尔（Fisher，1935）将人类活动划分为三个阶段，并提出了三次产业划分的原则。克拉克（Clark，1940）根据三次产业划分原则将三次产业进行分类，总结得出克拉克法则。库兹涅茨（Kuznets，1966）在继承配第和克拉克等人的研究成果基础上，对各国劳动力结构和生产成本量的相关面板数据进行了统计整理，通过回归分析法深入研究产业结构的变化规律，完善了克拉克法则。

国内对现代产业体系的研究也逐步深入。党的十七大报告首次提出要构建现代产业体系，应更加注重构建现代产业体系对国内产业发展的促进和带动作用。刘明宇、芮明杰（2009）通过比较分析现行和现代产业体系的概念划分，认为现代产业体系具有较大优势并且是未来全球产业发展的主要支撑。赵曦、司林杰（2014）针对我国西部地区现代产业体系滞后，已严重制约西部地区发展的现实，提出应该推进西部地区转型发展、建设现代产业体系的建议。周伟等（2017）对河北省的现代产业体系进行大量数据统计分析，根据河北现代产业体系制约京津冀协同发展存在的问题，提出了相关政策建议。

（五）研究述评

通过相关文献资料的整理可以看到，无论是国外学者还是国内学者，对产业链、产业功能区、新产业区、现代产业体系的研究均较为丰富。国外学者更注重通过理论进行实证研究；近年来，国内学者越来越注意到将理论与实证分析相结合的重要性。目前国内对产业功能区、工业产业体系等方面的研究越来越丰富，更加注重区域协同发展的联动作用。京津冀协同发展是我国重大发展战略之一，随着京津冀三地间协作越来越深入，京津冀地区已经建立了“六高四新”高端产业功能区、4 + N 战略合作功能区等。一些学者对重点产业功能区进行了研究，但如何将京津冀区域的产业功能区在空间布局上设计规划成更加合理的产业功能体系，还有待深入研究。为丰富与此问题相关的研究内容，本书结合京津冀地区产业发展的现状特点及产业空间布局，提出建设五大产业功能区的发展思路，进而对完善京津冀地区产业功能体系的构建提出参考建议。

四、京津冀产业功能体系现状与存在的问题

（一）产业功能结构研究方法

区位商是用来描述某个区域某个产业的专业化程度的有效方法，区位商法由美国经济学家哈盖特提出，通常选用产值、产量、就业人数等指标进行计算，利用某一地区特定部门的工业产值在该地区全部工业产值的占比与全国该部门工业产值在全国总工业产值中占比之间的比值，反映该区域的主导产业以及产业的专业化程度。区位商的计算公式为：

$$LQ_{ij} = \frac{G_{ij}/G_i}{G_j/G} \tag{2-1}$$

其中，LQ_{ij}指区域 i 行业 j 的工业产值，G_{ij}指区域 i 行业 j 的工业产值，G_i为区域 i 内的工业总产值，G_j是国家 j 行业内的工业产值，G 为全国工业产值。区位商大于 1，则说明该产业专业化程度较高，可作为该地区的专业化部门进行生产；如果区位商小于或等于 1，则说明该产业专业化程度较低，不宜在该地区进行专业化生产，而是作为自给性部门供本地生产使用。区位商 LQ_{ij}值越大，则说明该地区专业化水平越高，越具有发展优势。

（二）数据来源与区位商计算

以北京、天津、河北及京津冀三地间的第二产业作为主要研究对象，根据《国民经济行业分类》（GB/T 4754—2017）划分标准，对工业部门下的 B 采矿业，C 制造业，D 电力、热力、燃气及水的生产和供应业以及 E 建筑业四个主要部门，计算二位数产业区位商；将采矿业细分为 7 个二位数产业，将制造业细分为 31 个二位数产业，将电力、热力、燃气及水的生产和供应业细分为 3 个二位数产业，将建筑业细分为 4 个二位数产业，共计 45 个二位数产业。首先查找国家统计局发布的《中国统计年鉴 2019》，以及《北京统计年鉴 2019》《天津统计年鉴 2019》《河北经济年鉴 2019》等有关 2018 年二位数工业产值。因河北部分地级市统计局 2019 年统计年鉴的有关产业数据缺失，故根据 2018 年统计年鉴所记录的 2017 年二位数工业产值，合理推算出

2018年工业产值，进而汇总整理出京津冀三地及整个区域的二位数产业产值。最后根据式（2-1），计算出2018年北京、天津、河北及京津冀整体的工业产业区位商值，见表2-1。

表2-1　京津冀整体及分地区2018年工业二位数产业区位商

门类	大类	京津冀	北京	天津	河北
B采矿业	06 煤炭开采和洗选业	0.17	0.05	0.01	0.36
	07 石油和天然气开采业	0.60	0.06	1.71	0.32
	08 黑色金属矿采选业	0.64	0.40	0.08	1.14
	09 有色金属矿采选业	0.15	0.02	0.05	0.30
	10 非金属矿采选业	0.28	0.02	0.39	0.40
	11 开采专业及辅助性活动	0.23	0.29	0.49	0.04
	12 其他采矿业	0.00	0.00	0.00	0.00
C制造业	13 农副食品加工业	0.51	0.21	0.28	0.85
	14 食品制造业	1.47	0.79	1.69	1.78
	15 酒、饮料和精制茶制造业	0.88	0.78	0.57	1.12
	16 烟草制品业	0.28	0.01	0.04	0.62
	17 纺织业	0.93	0.02	0.52	1.78
	18 纺织服装、服饰业	0.26	0.13	0.25	0.35
	19 皮革、毛皮、羽毛及其制品和制鞋业	1.46	0.02	0.55	2.95
	20 木材加工和木、竹、藤、棕、草制品业	0.34	0.02	0.15	0.65
	21 家具制造业	1.49	0.62	3.56	0.79
	22 造纸和纸制品业	0.69	0.18	1.20	0.72
	23 印刷和记录媒介复制业	1.73	1.17	2.09	1.88
	24 文教、工美、体育和娱乐用品制造业	0.81	0.54	1.26	0.70
	25 石油、煤炭及其他燃料加工业	0.69	0.62	0.34	0.96
	26 化学原料和化学制品制造业	0.66	0.18	0.69	0.95
	27 医药制造业	2.16	2.62	2.63	1.57
	28 化学纤维制造业	0.56	0.02	0.06	1.22
	29 橡胶和塑料制品业	0.87	0.11	1.75	0.82
	30 非金属矿物制品业	0.76	0.40	0.67	1.05
	31 黑色金属冶炼和压延加工业	2.09	0.06	1.10	4.03
	32 有色金属冶炼和压延加工业	0.33	0.09	0.36	0.47
	33 金属制品业	1.64	0.25	2.34	2.11

续表

门类	大类	京津冀	北京	天津	河北
C 制造业	34 通用设备制造业	0.89	0.54	1.56	0.71
	35 专用设备制造业	1.28	0.90	1.95	1.10
	36 汽车制造业	2.12	3.12	2.47	1.26
	37 铁路、船舶、航空航天和其他运输设备制造业	1.30	0.54	2.93	0.80
	38 电气机械和器材制造业	0.71	0.42	1.04	0.69
	39 计算机、通信和其他电子设备制造业	1.01	1.39	1.66	0.36
	40 仪器仪表制造业	1.08	1.60	1.33	0.60
	41 其他制造业	0.74	0.22	1.60	0.55
	42 废弃资源综合利用业	0.82	0.06	1.00	1.21
	43 金属制品、机械和设备修理业	2.87	3.99	4.13	1.36
D 电力、热力、燃气及水的生产和供应业	44 电力、热力生产和供应业	1.68	3.80	0.57	0.99
	45 燃气生产和供应业	4.35	5.75	2.09	4.83
	46 水的生产和供应业	4.59	3.92	5.38	4.53
E 建筑业	7 房屋建筑业	0.73	1.10	0.40	0.60
	48 土木工程建筑业	1.27	1.84	1.57	0.63
	49 建筑安装业	1.28	1.77	1.22	0.89
	50 建筑装饰、装修和其他建筑业	1.06	2.15	0.74	0.32

资料来源：根据《中国统计年鉴 2019》《北京统计年鉴 2019》《天津统计年鉴 2019》和《河北经济年鉴 2019》等数据计算。

（三）数据结果分析

由表 2-1 可以看出，北京市的印刷和记录媒介复制业（1.17），医药制造业（2.62），汽车制造业（3.12），计算机、通信和其他电子设备制造业（1.39）等共计 13 个二位数产业的区位商值大于 1，表明北京这 13 个产业的专业化水平较高，成为北京地区的核心产业，对北京的工业产值具有较大贡献。天津市的石油和天然气开采业（1.71），食品制造业（1.69），家具制造业（3.56），印刷和记录媒介复制业（2.09）等共计 24 个二位数产业的区位商值大于 1，说明天津的制造业发展水平较强，涉及的产业门类较广。河北的黑色金属矿采选业（1.14），食品制造业（1.78），酒、饮料和精制茶制造业（1.12），纺织业（1.78）等共计 17 个二位数产业的区位商大于 1，说明河北的制造业主要依靠传统制造业，而高端制造业发展有待完善。综合京津冀区域整体看，食品制造业（1.47），皮革、毛皮、羽毛及其制品和制鞋业（1.46），家具制造业（1.49），印刷和记录媒介复制业（1.73），医药制造业（2.16），黑色金属冶炼和压延加工业（2.09）等共计19个二位数产业的区位商大于1，说明三地制造业整体专业化水平较高。

（四）京津冀产业体系现状分析

1. 京津冀三地产业结构趋于合理化

自京津冀协同发展战略实施以来，三地的产业结构越来越趋于合理化，目前已经呈现出“三二一”的产业发展结构，第三产业已经成为京津冀区域主要支撑产业。根据数据统计，2014年末京津冀三地间的三次产业结构比为4.57:40.63:54.80，到2018年三次产业结构比调整为4.26:34.41:61.33。通过数据比较分析，可以看出京津冀区域间第三产业的发展已经远超第二产业、第一产业，并且第三产业所占比值逐年上升，第二产业的比重逐年下降。如表2-2所示，从分地区2014年和2018年各地三产占比比较情况来看，北京目前已经进入后工业化阶段，2018年三次结构比为0.4:18.6:81，第三产业的占比已经较大并且将继续上升；天津进入工业化后期阶段，2018年三次产业结构比调整为0.9:40.5:58.6，第二产业占比相对较大，第三产业占比相对较小，有待发展第三产业；而河北还处于工业化中后期发展阶段，2018年三次产业占比为9.3:44.5:46.2，呈现出“三二一”的产业格局，但第一产业占比较大，第三产业占比较小，产业发展水平相对滞后。表2-3对河北11个地级市的第三产业占比进行了分析，石家庄、秦皇岛、邢台、廊坊第三产业占比达到60%，而唐山、保定、沧州第三产业占比还不到50%，其中唐山占比最低，仅有34.35%，严重延缓了河北省第三产业的发展。综合来看，京津冀三地已形成“三二一”的产业格局，基本趋于合理化。

表2-2　京津冀地区2014年和2018年生产总值及三产占比对比

地区	地区生产总值（亿元）		第一产业比值（%）		第二产业比值（%）		第三产业比值（%）	
	2014	2018	2014	2018	2014	2018	2014	2018
北京	21 330.80	30 319.98	0.70	0.39	21.40	18.63	77.90	80.98
天津	15 722.47	18 809.64	1.30	0.92	49.40	40.46	49.30	58.62
河北	29 421.20	36 010.27	11.7	9.27	51.10	44.54	37.20	46.19
京津冀	866 474.47	85 139.89	4.57	4.26	40.63	34.41	54.80	61.33

资料来源：根据《北京市2018年国民经济和社会发展统计公报》《天津市2018年国民经济和社会发展统计公报》《河北省2018年国民经济和社会发展统计公报》数据计算。

表 2-3　河北 2018 年第三产业在地区生产总值中的比重

地区	地区生产总值（亿元）	第三产业增加值（亿元）	第三产业所占比重（%）
石家庄	5 375.09	3 354.06	62.40
唐山	6 300.03	2 164.06	34.35
秦皇岛	1 507.33	906.17	60.17
邯郸	3 259.22	1 714.66	52.61
邢台	1 947.58	1 248.20	64.09
保定	3 526.61	1 607.43	45.58
张家口	1 429.29	803.00	56.30
承德	1 376.09	718.59	52.22
沧州	3 266.93	1 549.50	47.43
廊坊	3 033.11	1 926.63	63.52
衡水	1 381.81	771.60	55.84

资料来源：根据《石家庄市 2018 年国民经济和社会发展统计公报》《唐山市 2018 年国民经济和社会发展统计公报》等数据计算。

2. 京津冀三地产业分工格局明朗

根据表 2-1 所计算出的区位商值及 $LQ \geqslant 1.25$ 的标准，可以确定出京津冀地区具有实际意义的二位数产业（见表 2-4）。从京津冀整体来看，二位数产业门类中区位商大于 1.25 的专业化产品门类共计 16 个，其中既包括工业化初级阶段的主导产业，也有工业化高级阶段的主导产业，因此京津产业结构相对完善。对于北京来说，二位数产业门类中区位商大于 1.25 的专业化产业门类共计 11 个，主要是知识密集型产业、技术密集型产业，北京已处于后工业化阶段。天津的二位数产业门类中区位商大于 1.25 的专业化产业门类共计 19 个，这些产业主要为资本密集型产业、技术密集型产业，天津已进入工业化后期阶段。河北的二位数产业门类中区位商大于 1.25 的专业化产品门类共计 11 个，主要为资本、资源密集型产业，河北已经进入工业化中后期阶段。

区域经济发展的核心在于选择合适的主导产业。美国经济学家罗斯托认为主导产业有三个特征：依靠科学技术进步，获得新的生产函数；形成持续高速的增长率；具有较强的扩散效应，对其他产业乃至所有产业的增长有决定性的影响。只有选择了正确的主导产业，区域发展才会有动力和坚实基础。主导产业是在一个国家或地区的特定发展阶段起主导作用的产业，决定着城市产业发展方向，并对区域其他产业发展和整个区域经济增长起带动作用。主导产业的判定标准可根据各部门专业化水平划分，具体划分为一级主导产业部门和二级主导产业部门。一级主导产业部门是指区位商≥2、产值比重≥15%的产业；二级主导产业部门是指区位商≥1.5、产值比重≥10%的产业[①]。依据该判断标准，将京津冀地区区位商值和产业比重进行整理比较，可以反映出京津冀地区专业化部门的地区差异（见表2－5）。

表2－4　2018年京津冀二位数产业的区位商（≥1.25）

京津冀		天津	
二位数产业门类	区位商	二位数产业门类	区位商
水的生产和供应业	4.59	水的生产和供应业	5.38
燃气生产和供应业	4.35	金属制品、机械和设备修理业	4.13
金属制品、机械和设备修理业	2.87	家具制造业	3.56
医药制造业	2.16	铁路、船舶、航空航天和其他运输设备制造业	2.93
汽车制造业	2.12	医药制造业	2.63
黑色金属冶炼和压延加工业	2.09	汽车制造业	2.47
印刷和记录媒介复制业	1.73	金属制品业	2.34
电力、热力生产和供应业	1.68	燃气生产和供应业	2.09
金属制品业	1.64	印刷和记录媒介复制业	2.09
家具制造业	1.49	专用设备制造业	1.95
食品制造业	1.47	橡胶和塑料制品业	1.75
皮革、毛皮、羽毛及其制品和制鞋业	1.46	石油和天然气开采业	1.71
铁路、船舶、航空航天和其他运输设备制造业	1.30	食品制造业	1.69
专用设备制造业	1.28	计算机、通信和其他电子设备制造业	1.66
建筑安装业	1.28	其他制造业	1.60
土木工程建筑业	1.27	土木工程建筑业	1.57
		通用设备制造业	1.56
		仪器仪表制造业	1.33
		文教、工美、体育和娱乐用品制造业	1.26

① 孙久文，叶裕民．区域经济学教程［M］．北京：中国人民大学出版社，2008.

续表

北京		河北	
二位数产业门类	区位商	二位数产业门类	区位商
燃气生产和供应业	5.75	燃气生产和供应业	4.83
金属制品、机械和设备修理业	3.99	水的生产和供应业	4.53
水的生产和供应业	3.92	黑色金属冶炼和压延加工业	4.03
电力、热力生产和供应业	3.80	皮革、毛皮、羽毛及其制品和制鞋业	2.95
汽车制造业	3.12	金属制品业	2.11
医药制造业	2.62	印刷和记录媒介复制业	1.88
建筑装饰、装修和其他建筑业	2.15	纺织业	1.78
土木工程建筑业	1.84	食品制造业	1.78
建筑安装业	1.77	医药制造业	1.57
仪器仪表制造业	1.60	金属制品、机械和设备修理业	1.36
计算机、通信和其他电子设备制造业	1.39	汽车制造业	1.26

表 2－5 2018 年京津冀地区工业专业化部门的地区差异

地区	一级主导产业专业化部门	二级主导产业专业化部门
北京	电力、热力生产和供应业	汽车制造业
天津	—	汽车制造业
河北	黑色金属冶炼和压延加工业	—

综合分析表 2－4 和表 2－5 的计算统计结果，可以发现当前京津冀地区的工业结构特点。目前北京地区的一级主导产业为电力、热力生产和供应业，二级主导产业为汽车制造业，其区位商大于 1.25 的共计有 11 个二位数产业，主要集中在资本和技术密集型产业中。天津地区目前无一级主导产业，说明不存在同时满足产值大于 15% 且区位商大于 2 这两个条件的二位数产业，但存在二级主导产业即汽车制造业，其区位商大于 1.25 的二位数产业有 19 个，其中区位商大于 2 的占据多数，说明天津地区工业发展较为分散，大部分产业以依靠资本和劳动力为主。河北的一级主导产业为黑色金属冶炼和压延加工业，产值占比较大，但无二级主导产业存在，由此可以看出河北工业二位数产业发展差距较大。在河北 11 个区位商大于 1.25 的产业中，产业以资源

和劳动密集型等传统加工制造业为主，产业结构与京津相比较为低端。总体分析京津冀整体区域，区位商大于1.25的二位数产业共有16个，囊括了以资本、劳动力、技术和资源密集型为主的四大类型产业，表明三地已经建立起了较为完善的产业发展体系。北京和天津主要将发展重点放在中高端产业中，依靠较高的科学技术水平推动高科技产业和数字产业的不断发展，聚焦于高精尖产业。河北则以发展中低端产业为主。近年来，河北也积极进行产业结构的转型和升级，将产业关注点也转向发展高端装备制造业和生物医药产业，进而缩小与京津的差距。总而言之，京津冀三地间的产业分工格局越来越明朗。

3. 北京服务业引领京津冀第三产业发展

京津冀第三产业的发展已经成为三地的支撑产业，而第三产业主要是指服务业，近年来京津冀三地服务业发展势头迅猛，但三地间服务业发展水平不一，主要以北京服务业为主，辐射带动天津和河北服务业发展。2018年北京服务业增加值占比已经达到83.5%，服务贸易发展水平在全国领先。当前，北京还要建设自由贸易试验区，加大科技创新，实现服务发展与数字经济结合，为京津冀服务业发展提供高水平开放平台。天津服务业占比已经达到63.45%，第三产业的从业人员为295.43万人，占全市总从业人员的59.6%。天津的产业结构正在向服务型转变，逐步形成传统与现代服务业协同发展、产业门类较为齐全的服务业体系格局。2018年河北第三产业占比首次超越第二产业，产业结构调整实现了重要转变，标志着河北经济形成了新发展格局，实现了由工业主导向服务业主导的转变。河北服务业新动能成长加快，高技术服务业增长速度占规模以上服务业营业收入的1/3。

京津冀三地间的服务业发展差异较大，北京在服务业发展上占有较大优势。通过计算京津冀城市群13个城市第三产业各分行业的就业份额，可深入分析三地服务业发展现状。从表2-6可以看出，北京在京津冀地区的服务业功能依旧保持绝对优势，信息传输、计算机服务和软件业（85.68%），科研技术服务和地质勘查业（79.16%），文化、体育和娱乐业（76.86%）所占就业份额远超居于第二位的天津。为生产服务的高端服务业依旧高度集中在北京，使得北京市保持较强的人才、科学技术、知识储备的红利。天津在居民服务和其他服务业（26.75%），公共管理和社会组织（18.30%），卫生、社会保险和社会服务业（17.91%）等公共服务业所占就业份额较大，反映出天津的服务业特征主要是以服务本地为主，但近年来批发和零售业（17.90%）、住宿和餐饮业（14.04%）、房地产业（16.20%）、教育（17.45%）所占的就业份额与2014年相比均有大幅提升，说明天津在注重本地公共服务业的基础上，着重发展了生产性服务业。纵观河北11个地级市服务业发展情况，石家庄作为省会城市，在服务业中具有较大发展优势，除居民服务和其他服务业外的各个行业就业份额占比均远超其他10个地级市，成为河北服务业的主要贡献城市。河北的服务业近年来虽有较大发展，但还是以传统服务业为主，未来应更加注重金融业、教育等服务业的发展。总体来看，北京作为核心超大城市，在生产性服务业上的辐射带动作用与规模效应较强，从而吸引同类产业进一步向北京集聚，带动了津冀地区服务业的发展。

表2-6 京津冀城市群13个城市2018年第三产业就业人员占比 （%）

地区	批发和零售业	交通运输、仓储及邮政业	住宿和餐饮业	信息传输、计算机服务和软件业	金融业	房地产业	租赁和商务服务业
北京	68.67	64.33	78.97	85.68	52.52	73.68	79.03
天津	17.90	14.14	14.04	6.42	16.37	16.20	12.85
石家庄	4.23	5.97	2.81	3.59	5.26	3.18	3.20
唐山	1.65	4.27	0.56	0.56	4.54	1.22	1.07
秦皇岛	0.48	1.90	0.78	0.49	2.20	0.58	0.31
邯郸	1.31	2.25	0.48	0.45	3.51	0.58	0.72
邢台	0.63	0.59	0.28	0.31	1.71	0.44	0.24
保定	1.63	1.52	0.61	0.43	4.35	0.55	0.79
张家口	0.85	0.97	0.48	0.30	1.43	0.67	0.49
承德	0.36	0.76	0.35	0.56	2.51	0.42	0.26
沧州	0.88	0.99	0.15	0.38	3.05	0.44	0.50
廊坊	0.55	0.82	0.23	0.37	1.23	1.92	0.42
衡水	0.85	0.78	0.25	0.28	1.32	0.14	0.13

地区	科研技术服务和地质勘查业	水利、环境和公共设施管理业	居民服务和其他服务业	教育	卫生、社会保险和社会服务业	文化、体育和娱乐业	公共管理和社会组织
北京	79.16	53.15	65.06	52.81	50.39	76.86	47.80
天津	11.92	14.46	26.75	17.45	17.91	9.13	18.30
石家庄	4.14	6.21	0.23	6.54	6.93	5.61	6.17
唐山	0.46	4.65	0.17	4.54	4.19	1.09	5.26
秦皇岛	0.49	3.43	0.57	2.40	2.45	1.13	2.79

续表

地区	科研技术服务和地质勘查业	水利、环境和公共设施管理业	居民服务和其他服务业	教育	卫生、社会保险和社会服务业	文化、体育和娱乐业	公共管理和社会组织
邯郸	0.89	3.82	0.17	3.88	4.02	1.05	4.07
邢台	0.41	2.65	0.11	1.59	1.59	0.44	1.68
保定	0.82	2.30	4.64	3.66	3.56	0.93	3.97
张家口	0.60	3.60	1.83	2.33	2.52	0.93	3.45
承德	0.30	1.39	0.00	0.98	1.47	1.17	1.72
沧州	0.18	1.95	0.40	1.14	2.28	0.81	1.57
廊坊	0.49	1.17	0.06	1.34	1.22	0.28	1.86
衡水	0.15	1.22	0.00	1.33	1.47	0.57	1.37

资料来源：根据《北京统计年鉴2019》《天津统计年鉴2019》《河北经济年鉴2019》《石家庄市2018年国民经济和社会发展统计公报》等数据计算。

（五）京津冀产业功能体系存在的问题

1. 产业未形成有序的链接格局

自协同发展战略实施以来，京津冀三地间的产业结构均有所升级和改善，但三地间仍存在产业分工合作不够明确、产业链未形成有序分工协作格局的问题。主要原因有以下两点：一方面是因为京津冀地区目前缺乏基于主导产业及其产业链而配套制定的相关规划和制度设计。当前京津冀三地都主张发展高新技术产业和战略性新兴产业，但并没有对此形成合理的产业分工布局，也未有效实现各自区域内以主导产业为中心的产业链分工，进而阻碍了产业链的区域布局。另一方面，京津冀三地政府间的产业协同治理模式有待提升改善，政府间的政策壁垒一直是制约三地产业发展的主要障碍。在建设跨界产业园区时，三地政府部门如能够共同协商制定产业园区的相关政策，就可以减小成本和资源浪费；通过共同制定产业落地和产业链布局的实施政策，就能够更好地促进三地产业协同发展。

2. 产业升级与产业创新能力不匹配

产业升级是实现京津冀高质量发展的根本，而产业创新是新兴产业发展的核心，也是构建京津冀现代化产业体系的重点。产业升级与产业创新对京津冀产业发展的作用是相辅相成的，产业升级需要依靠产业创新，同时产业创新也要以产业升级为基础。从产业创新方面来看，京津冀三地之间的产业创新能力存在较大差距，主要是因为北京和天津的产业创新能力优势远高于河北地区，河北因产业创新能力薄弱而成为区域创新协同发展的主要短板，进而拉低了京津冀区域总体的创新能力。从产业升级方面来看，产业升级是当前京津冀协同发展的主攻方向，三地间的产业结构越来越趋于合理化，河北通过产业升级和产业结构调整逐渐缩小与京津的发展差距，产业结构升级发展趋势明显提高。虽然京津冀通过产业升级实现了三地深入协同发展，但三地的产业创新能力仍存在较大现实差距，严重制约了整体产业升级。

3. 产业链缺乏活力和弹性

根据2021年发布的《京津冀蓝皮书：京津冀发展报告（2020）》，目前京津冀区域内的营商环境急需改善和重构。三地国有企业众多，国有企业和民营经济的相互合作略显不足，难以形成协同发展的产业体系，导致三地的产业链缺乏活力和弹性。在京津冀产业链中，国企、央企等企业所占比重较大，京津冀地区一直是中央企业经营发展的“主战场”，与之相比，三地间民营企业和中介组织数量匮乏，发展能力不足。一个健全的产业链需要适量的民营企业和中介组织作为补充和支撑，否则就会使整个产业链缺乏发展活力和弹性，严重影响市场作用的发挥。同时，民营企业和中介组织数量缺乏还会导致三地间的企业市场意识、竞争意识和服务意识严重淡漠，无法促进企业快速成长，难以促进产业升级和转移。京津冀地区民营企业的缺少将导致市场活力与动能不足，这是目前制约区域产业链建设的关键问题。

五、京津冀产业功能体系空间发展特征分析

（一）京津冀产业功能体系的空间分布

工业的发展状况决定着一国国民经济的主要命脉，工业是一个区域发展的重点支撑产业，对拉动区域经济起重要作用。根据生产要素分类，可将工业划分资源密集型、资本密集型、劳动力密集型和技术密集型四大类型，而这四种类型产业在京津冀地区具有不同的空间分布情况。

本书通过查阅相关统计数据，根据表2－7所示的产业类型进行分类，分别对京津冀城市群13个城市的四类密集型产业总产值进行计算整理，绘制图2－3、图2－4、图2－5、图2－6所示的四种不同类型产业的空间分布图。

表 2－7　工业产业分类表

产业		产业	
资源密集型	煤炭开采和洗选业	资本密集型	石油、煤炭及其他燃料加工业
	石油和天然气开采业		化学原料和化学制品制造业
	黑色金属矿采选业		化学纤维制造业
	有色金属矿采选业		橡胶和塑料制品业
	非金属矿采选业		非金属矿物制品业
	开采专业及辅助性活动		黑色金属冶炼和压延加工业
	其他采矿业		有色金属冶炼和压延加工业
劳动力密集型	农副食品加工业		金属制品业
	食品制造业		通用设备制造业
	酒、饮料和精制茶制造业		电力、热力生产和供应业
	烟草制品业		燃气生产和供应业
	纺织业		水的生产和供应业
	纺织服装、服饰业	技术密集型	医药制造业
	皮革、毛皮、羽绒及其制品和制鞋业		专用设备制造业
	木材加工和木、竹、藤、棕、草制品业		汽车制造业
	家具制造业		铁路、船舶、航空航天和其他运输设备制造业
	造纸和纸制品业		电气机械和器材制造业
	印刷和记录媒介复制业		
	文教、工美、体育和娱乐用品制造业		计算机、通信和其他电子设备制造业
	其他制造业		仪表仪器制造业
	房屋建筑业		废弃资源综合利用业
	土木工程建筑业		金属制品、机械和设备管理业
	建筑安装业		
	建筑服饰、装修和其他建筑业		

1. 资源密集型产业主要集中在天津地区

资源密集型产业是依靠区域自然资源而进行生产活动的产业。根据产业经济学相关理论，资源密集型产业主要位于资源集中区域，可以降低运输成本，使企业实现利润最大化。京津冀地区曾以发展煤炭、钢铁产业为主要支柱产业，因此资源密集型产业主要集中在唐山、北京等地。随着首钢的外迁、唐山煤炭的限制开发，国家大力提倡使用天然气，天然气的使用量大幅提高，目前京津冀地区资源密集型产业主要集中在天津地区（见图 2－3）。天津主要以石油和天然气开采业为主，2018 年石油和天然气开采业总产值高达 507 亿元，占比达到 82.8%。与天津市相比，唐山、承德、邯郸三市的资源密集型产业产值差距较大，天津在京津冀资源密集型产业中占有绝对优势。邯郸煤炭开采和洗选业占较大比重，2018 年的煤炭开采和洗选业产值达到 215 亿元；承德的煤炭开采和洗选业、黑色金属矿采选业占据很大优势；唐山的黑色金属矿采选业在京津冀城市群中占比最大，达到约 182 亿元，约占 46.7%。

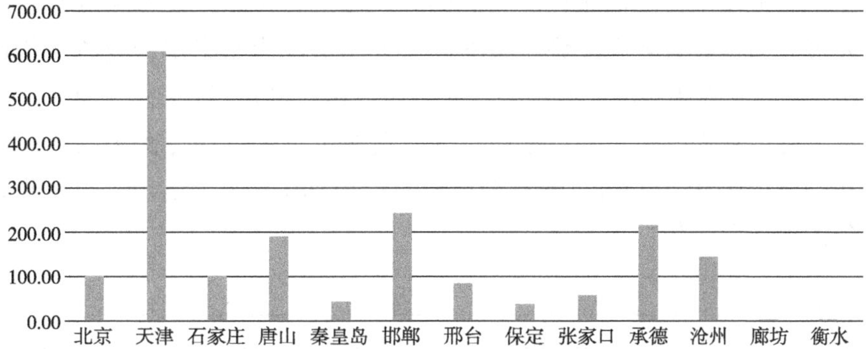

图 2－3　京津冀 2018 年资源密集型产业分布图（单位：亿元）

2. 资本密集型产业在津唐呈双中心聚集分布

资本密集型产业是需要较大投资、较多资金和技术支持的产业，资本有机构成占比较大，如钢铁产业等。如图 2－4 所示，天津和唐山两市是京津冀三地资本密集型产业的主要聚集区，北京次之，其他资本密集型产业在河北呈离散聚集分布。资本密集型产业大多依靠资源密集型产业而产生，两者相辅相成，共同促进产业的发展。天津和唐山既是资源密集型的集中产业区，同时也是资本密集型产业区。2018 年，天津、唐山资本密集型产业生产总值分别约为 9 464 亿元、8 150 亿元，北京和石家庄的产值分别为7 949 亿元和 4 059 亿元。资本密集型产业不仅要考虑资源要素投入的直接联系，也要将市场方面的因素加以考虑。京津地区作为我国北方的唯一一个大城市群，市场发展空间广阔，具有较强的市场吸引力。

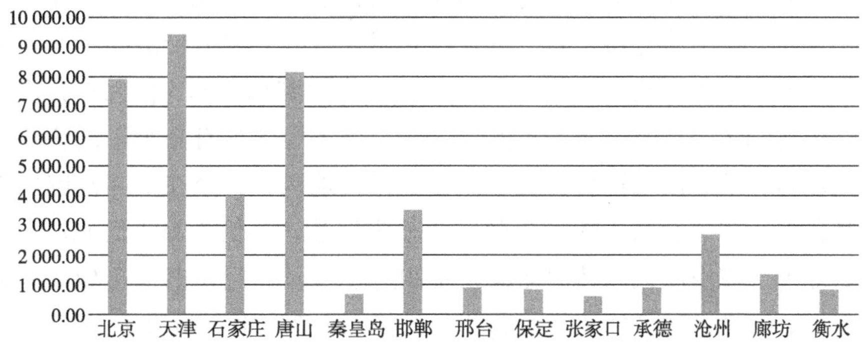

图 2－4　京津冀 2018 年资本密集型产业分布图（单位：亿元）

3. 劳动力密集型产业在京津石呈三角形聚集分布

劳动力密集型产业的空间分布取决于劳动力人数的分布，就业人数较多的城市发展劳动力密集型产业占有较大优势。如图 2－5 所示，北京和天津作为超大城市，劳动力就业人数众多，具有较强的人口红利，为两地发展劳动密集型产业提供了良好的条件。与此同时，北京和天津在技术和资本密集型产业发展方面也具有较大优势。2018 年，北京劳动力密集型产业总产值达到约 5 672 亿元，天津劳动力密集型产业总产值达到约 8 146 亿元。河北紧邻京津地区，有大量人口聚集，石家庄作为省会城市也是劳动力密集型产业聚集区域，2018 年石家庄劳动力密集型产业总产值达 1 612. 7 亿元，居河北劳动力密集型产业第一位。

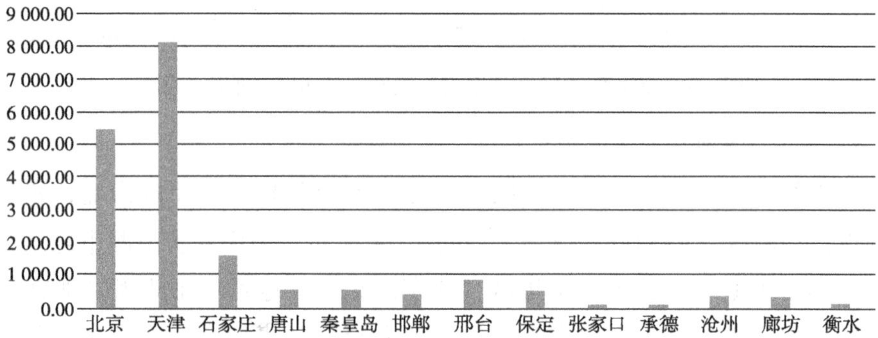

图 2－5　京津冀 2018 年劳动力密集型产业空间分布图（单位：亿元）

4. 技术密集型产业以京津为中心呈带状聚集分布

技术密集型产业是主要依靠技术和知识进行生产的产业，该产业部门的劳动者需要具有一定的文化技术水平，并且生产出来的产品具有高附加值，主要以高新技术产业、电子计算机产业等为主。京津冀技术密集型产业在空间布局上是以秦皇岛为起点，连接唐山、天津、北京、保定、石家庄，以邢台为结束点，呈带状分布，其中以京津双城为中心，辐射带动整个产业链条的发展。北京技术密集型产业遥遥领先，产值达到12 359. 3 亿元；其次为天津，产值达到 7 031. 95 亿元（见图 2－6）。京津地区具有高水平的科技人才与创新平台，信息流动速度快，不仅在京津冀地区，甚至在全国范围内都占有独特优势。河北石家庄的医药制造业较为发达，产值为 603 亿元；唐山的铁路、船舶、航空航天和其他运输设备制造业以及保定的电气机械等制造业产值较大，分别高达 224. 7 亿元和 338. 2 亿元，在河北各城市中占比较大。

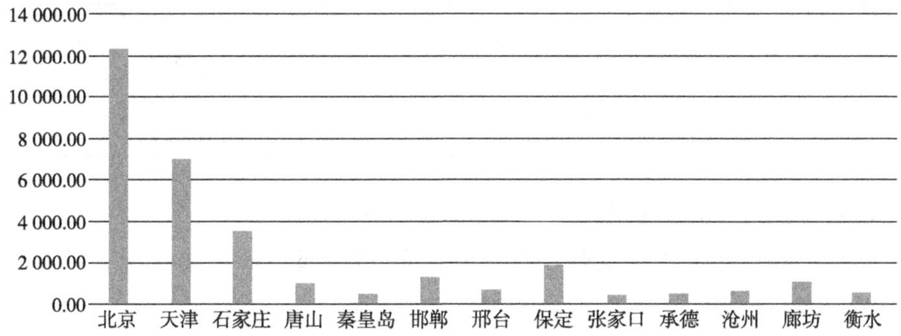

图 2-6　京津冀 2018 年技术密集型产业分布图（单位：亿元）

（二）京津冀产业功能体系的空间自相关性分析

1. 全局空间自相关分析

空间自相关表示不同的区域位置在空间中的相互作用程度。全局空间自相关表示在整体区域范围的空间聚集特性，一般通过计算 Moran's I 指数反映某区域内总体的空间分布趋势，表明整个空间区域内的聚集水平。Moran's I 的计算结果位于区间［-1，1］内，大于 0 为正相关，小于 0 为负相关，且绝对值越大，空间聚集程度越低，各区域差异性越大。计算公式如式（2-2）和式（2-3）所示：

$$I = \frac{n\sum_{i=1}^{n}\sum_{j=1}^{n} w_{ij}(x_i - \bar{x})(x_j - \bar{x})}{(\sum_{n=1}^{n}\sum_{j=1}^{n} w_{ij}) \sum_{i=1}^{n} w_{ij}(x_i - \bar{x})^2} \tag{2-2}$$

$$\bar{x} = \frac{1}{n}\sum_{i=1}^{n} x_i \tag{2-3}$$

京津冀城市群 13 个城市之间距离较近，因此首先采用 Geoda 软件对 2018 年三地工业发展情况作全局自相关研究，分析其聚集程度是否显著。如表 2-8 所示，Moran's I 的测算结果为 -0.208 3 <0，说明京津冀空间内工业存在负相关，其绝对值为 0.208 3 <1，绝对值偏小，显示出京津冀的工业空间集聚度较高，但京津冀城市群 13 个城市之间差距较大，呈现出低产值的城市包围高产值城市的状况。表 2-8 中显示方差为 0.948 3，较接近于 1，p 值为 0.008 9，远小于 0.05，显著性较强，通过假设显著性检验。

表 2-8　京津冀地区 2018 年全局空间自相关性分析

Moran's I 指数	-0.208 300
方差	0.948 300
z 得分	-1.467 800
p 值	0.008 930

2. 局部空间自相关分析

局部空间自相关主要反映不同区域之间的局部空间聚集状况，计算公式如式（2-4）所示：

$$I_i = \frac{n(x_i - \bar{x}) \sum_i w_{ij}(x_j - \bar{x})}{\sum_i (x_i - \bar{x})^2} \tag{2-4}$$

虽然京津冀地区整体工业空间聚集程度较高，但各城市之间存在较大差异，为此通过对京津冀城市群 13 个城市作局部空间自相关分析，反映局部空间集聚关系。运用 Geoda 软件绘制 Moran 散点图，可直观表明邻近区域间的空间聚集联系程度，如图 2-7 所示。由于京津冀三地空间距离差距较小，该图显示的局部 Moran's I 的值为 -0.208，与全局 Moran's I 一致。用一条直线将局部自相关散点图拟合起来，该线就是图中向右下倾斜的直线，直线的斜率为全局自相关的斜率。

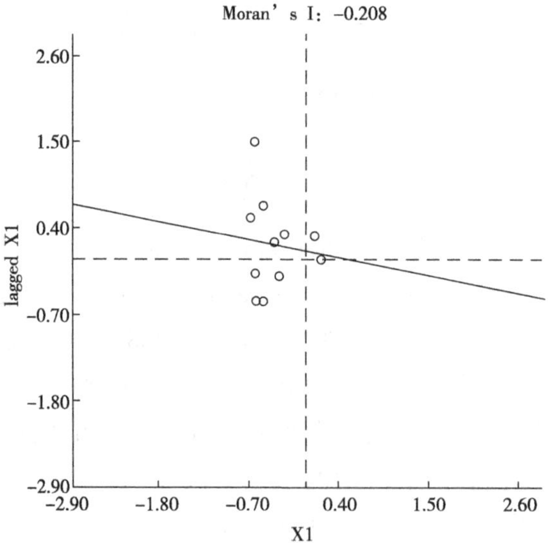

图 2-7　京津冀地区 2018 年工业集聚程度 Moran 散点图

借助软件操作结果，列出2018年京津冀城市群13个城市产业空间集聚表，如表2－9所示。结合图2－7可以看出，沧州、承德位于第一象限（HH）内，说明这两个城市是高值区域，工业集聚水平较高且相对集中，被同是高值的区域所包围。第二象限（LH）内包含张家口、廊坊、石家庄、衡水和天津五个城市，这些城市的工业聚集水平较高，但位于低值区域，且被高值区域所包围，会对其周围聚集程度高的城市产生极化作用。第三象限（LL）聚集着秦皇岛、唐山、邯郸和邢台四个城市，这些城市处于低值区域，同样被属于低值区域的城市包围，表示这四个城市和其周边城市的工业聚集水平均较低。北京和保定在第四象限（HL）内，位于低值区域的城市包围着两个位于高值区域的城市，表示两地邻近的城市聚集程度较低。

表2－9　京津冀地区13个城市产业空间集聚结果

象限	城市
HH象限	沧州、承德
LH象限	张家口、廊坊、石家庄、衡水、天津
LL象限	秦皇岛、唐山、邯郸、邢台
HL象限	北京、保定

（三）京津冀产业功能体系的空间分布影响因素

1. 资源指向性

资源可获得性对资源密集型产业布局影响较大，因该产业及其配套加工业大部分都临资源所在地建造工厂，便于缩短运输时间，降低运输成本，使得企业效益最大化。京津冀地区资源密集型产业主要集中在天津、唐山等地，天津以天然气生产为主，唐山主要负责煤炭业的发展，该类原材料要素投入的可运性差、成本高，所以该类产业的发展具有很强的资源指向性。

2. 交通通达性

交通是影响产业空间布局的重要因素，产业发展聚集在交通密集区域，有利于原材料快速输入，产品顺利输出市场。京津冀地区作为我国交通发达区域之一，交通通达性较高，已形成优势互补的交通布局。北京拥有两大国际机场，主要以促进临空经济区发展为重要战略手段；天津邻近港口，是北方对外交往的重要窗口；河北遍布众多轨道交通网，可发挥连通全国的重要作用。“十四五”规划提出要建设“轨道上的京津冀”，促进三地交通一体化，形成一小时区域交通圈，为京津冀三地产业发展提供新的契机。

3. 市场需求性

市场在产业布局中起着不可忽视的作用，产业发展的目标就是将生产的产品投放市场，实现销量最大化。京津冀城市群作为我国北方特大城市群，具有较大市场规模，市场需求巨大。京津在教育资源和科技创新上占有极大优势，两地定位为高端产业发展聚集区，生产出来的产品主要以高科技产品为主；河北是制造业大省，主要进行中低端产业产品的生产制造。三地已形成错落有致的市场格局，能够满足各地产业发展的市场需求。

4. 产业关联性

除上述三个影响产业空间布局的重要因素外，产业之间的联系也起到了决定性的作用。每个产业的发展都不是孤立的，产业的关联性会将产业联系在一起，形成一条完整的产业链，进而实现成本与人才的集约，如钢铁产业的发展会带动配套制造业的发展，形成产业集聚区。

本书通过主成分分析法对 2018 年京津冀地区的工业进行产业共聚分析，如表 2－10 所示。将 45 个二位数产业划分为 10 个成分，每个主成分的产业都具有一定的关联性，且通常聚集在一起发展。

表 2－10　京津冀地区 2018 年产业共聚情况

	产业门类
第一主成分	电力、热力生产和供应业（0.994），房屋建筑业（0.977）
第二主成分	汽车制造业（0.963）
第三主成分	土木工程建筑业（0.995）
第四主成分	皮革、毛皮、羽毛及其制品和制鞋业（0.989），纺织业（0.930）
第五主成分	通用设备制造业（0.995），专用设备制造业（0.982），医药制造业（0.999），电气机械和器材制造业（0.974）
第六主成分	计算机、通信和其他电子设备制造业（0.991）
第七主成分	煤炭开采和洗选业（0.942），石油和天然气开采业（0.964），黑色金属矿采选业（0.955），有色金属矿采选业（0.773），非金属矿采选业（0.939），开采专业及辅助性活动（0.994），其他采矿业（0.794），烟草制品业（0.606），纺织服装、服饰业（0.983），木材加工和木、竹、藤、棕、草制品业（0.904），家具制造业（0.973），造纸和纸制品业（0.982），印刷和记录媒介复制业（0.980），文教、工美、体育和娱乐用品制造业（0.995），化学纤维制造业（0.990），橡胶和塑料制品业（0.995），非金属矿物制品业（0.729），有色金属冶炼和压延加工业（0.961），铁路、船舶、航空航天和其他运输设备制造业（0.988），仪器仪表制造业（0.996），其他制造业（0.991），废弃资源综合利用业（0.984），金属制品、机械和设备修理业（0.956），燃气生产和供应业（0.920），水的生产和供应业（0.961），建筑安装业（0.994），建筑装饰、装修和其他建筑业（0.998）

续表

	产业门类
第八主成分	农副食品加工业（0.936），食品制造业（0.987），石油、煤炭及其他燃料加工业（0.718），化学原料和化学制品制造业（0.977），金属制品业（0.987）
第九主成分	黑色金属冶炼和压延加工业（0.972）
第十主成分	酒、饮料和精制茶制造业（0.996）

六、京津冀产业功能体系相似性分析

（一）工业结构相似系数分析

1. 研究方法

工业结构相似系数是用来测量某个区域产业结构同构程度的有效方法之一，通过计算京津冀三地的工业结构相似系数，可进而分析三地间的产业结构同构程度。工业结构相似系数取值范围一般在［0，1］内，若工业结构相似系数为1，则两个地区的产业结构完全相同；若工业结构相似系数为0，则两地的产业结构完全不同。计算公式如式（2－5）所示：

$$s_{ij} = \frac{\sum_{k=1}^{n} x_{ik}x_{jk}}{\sqrt{\sum_{k=1}^{n} x_{ik}^2 \sum_{k=1}^{n} x_{jk}^2}} \tag{2-5}$$

2. 数据处理

选取京津冀城市群13个城市工业所属的四大类型产业工业产值，依据式（2－5），计算出2018年京津冀地区13个城市的工业结构相似系数，并将结果整理列于表2－11中。从表2－11可以看出，13个城市的工业结构相似系数的取值范围在［0.70，1.00］区间内，其中石家庄和秦皇岛、秦皇岛和保定、承德和沧州的工业结构相似系数达到最高为1.00，而秦皇岛和邢台、邢台和张家口的工业结构相似系数最低为0.70。总体来看，13个城市工业结构相似系数差距不大，平均值为0.90，说明三地产业有一定同构性。

表2－11　2018年京津冀城市群13个城市工业结构相似系数矩阵

	北京	天津	石家庄	唐山	秦皇岛	邯郸	邢台	保定	张家口	承德	沧州	廊坊	衡水
北京	1.00	0.98	0.98	0.84	0.97	0.91	0.74	0.99	0.94	0.99	0.98	0.99	0.89
天津		1.00	0.99	0.90	0.99	0.83	0.73	0.99	0.97	0.97	0.96	0.93	0.85
石家庄			1.00	0.87	1.00	0.81	0.69	0.99	0.99	0.98	0.97	0.93	0.89

续表

	北京	天津	石家庄	唐山	秦皇岛	邯郸	邢台	保定	张家口	承德	沧州	廊坊	衡水
唐山				1.00	0.87	0.79	0.91	0.85	0.87	0.86	0.83	0.77	0.77
秦皇岛					1.00	0.82	0.70	1.00	0.99	0.98	0.98	0.93	0.90
邯郸						1.00	0.88	0.86	0.80	0.92	0.90	0.93	0.86
邢台							1.00	0.71	0.70	0.77	0.74	0.71	0.74
保定								1.00	0.98	0.99	0.99	0.96	0.91
张家口									1.00	0.97	0.97	0.90	0.93
承德										1.00	1.00	0.98	0.93
沧州											1.00	0.97	0.95
廊坊												1.00	0.88
衡水													1.00

资料来源：根据《中国统计年鉴 2019》《中国工业统计年鉴 2019》《北京统计年鉴 2019》《天津统计年鉴 2019》《河北经济年鉴 2019》数据计算。

3. 结果分析

根据上述计算得出的工业结构相似系数，绘制京津冀工业结构相似系数图，如图 2 - 8 所示。整体上，13 个城市中任意两个城市工业结构相似系数值大于等于 0.9 的较多，工业结构相似系数值位于（0.8，0.9）区间的较少，少部分工业结构相似系数值低于 0.8。北京 - 天津、北京 - 石家庄、天津 - 石家庄的产业结构同构程度较高。北京与邢台的工业结构相似系数为 0.74，

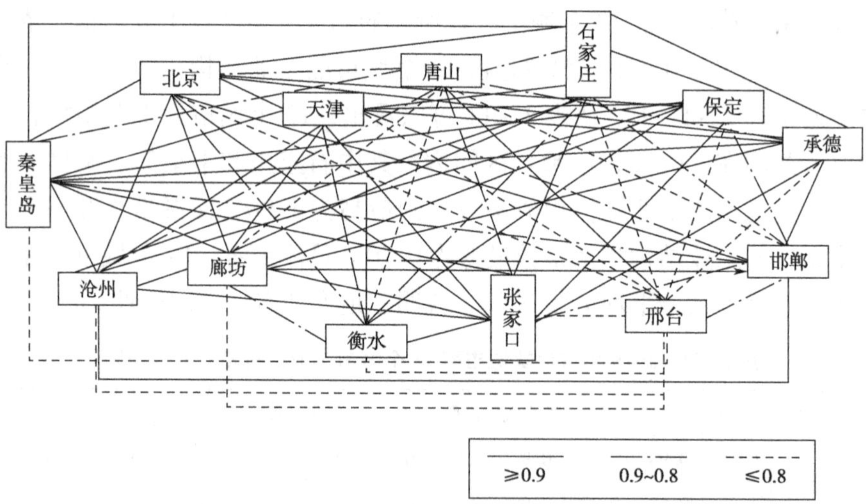

图 2 - 8　京津冀 2018 年城市间二位数产业结构相似系数

与唐山的工业结构相似系数为0.84，与衡水的工业结构相似系数为0.89，而与其他九个地级市工业结构相似系数均大于0.9，说明北京与津冀工业同构程度较强。天津与其他12个城市的工业结构相似系数也较高，产业同构程度也较强。在河北的11个地级市中，只有邢台与各地级市间的工业结构相似系数处于（0.7，0.8）区间内，处于较低值，亦即与其他城市的产业同构程度较低。京津冀三地二位数工业产业同构程度较高，相似程度较高的地区集中在北京—天津—石家庄—张家口—廊坊—保定。由于受到资料数据所限，这是基于工业大类计算的结果，若深入工业细分行业，结论可能会有所不同。

（二）主成分分析

为更明确辨别京津冀地区内产业结构趋同的现状，进一步采取主成分分析法进行深入分析。主成分分析是一种重要的降维方法，在面对大量具有相关性的统计数据时，可去除不重要的数据，保留下最重要的特征数据，从而提升数据处理速度、节省大量时间和成本。主成分表达方程式如下：

$$\begin{cases} F_1 = \lambda_{11}X_1 + \lambda_{21}X_2 + \cdots + \lambda_{n1}X_n \\ F_2 = \lambda_{12}X_1 + \lambda_{22}X_2 + \cdots + \lambda_{n2}X_n \\ \qquad\qquad \cdots\cdots \\ F_m = \lambda_{1m}X_1 + \lambda_{2m}X_2 + \cdots + \lambda_{nm}X_n \end{cases} \tag{2-6}$$

1. KMO和巴特利特检验

通过运用SPSS软件，对京津冀地区45个二位数产业产值作KMO和巴特利特检验，如表2－12所示。表2－12中显示，KMO取样适切性量数为0.790，巴特利特的显著性p值为0.00。根据因子分析原则中KMO值的要求是大于0.7，且p值小于0.05，此次样本分析符合因子分析标准，因此基于此数据继续进行因子分析。

表2－12　KMO和巴特利特检验结果

KMO取样适切性量数		0.790
巴特利特球形度检验	近似卡方	519.752
	自由度	78
	显著性	0.000

2. 主成分分析提取

根据SPSS软件所给出的总方差解释，如表2－13所示。表2－13中显示，特征值大于1存在四个主成分，第一个主成分累计方差贡献率为46.577%，不足50%；前三个主成分的累计方差贡献率为72.488%，也未超过 80% 的标准，所涵盖的信息不够全面。最终提取的前四个主成分的累计方差贡献率达到 81.246%，超过 80%，说明选取的这四个主成分可以解释大部分的数据信息，准确性较高，相对误差较小，适合进行选取。因此，本书选取前四个主成分进行分析。

表 2－13　总方差解释

成分	总计	初始特征值方差百分比（%）	累积（%）	总计	提取载荷平方和方差百分比（%）	累积（%）
1	6.055	46.577	46.577	6.055	46.577	46.577
2	1.984	15.258	61.835	1.984	15.258	61.835
3	1.385	10.653	72.488	1.385	10.653	72.488
4	1.138	8.758	81.246	1.138	8.758	81.246
5	0.788	6.062	87.308			
6	0.524	4.033	91.341			
7	0.401	3.083	94.424			
8	0.260	2.001	96.425			
9	0.163	1.256	97.681			
10	0.136	1.049	98.730			
11	0.095	0.729	99.459			
12	0.054	0.413	99.872			
13	0.017	0.128	100.000			

继续使用 SPSS 软件分析，得到主成分系数得分矩阵（见表 2－14）。表 2－14 中数据显示，四个主成分中均包含京津冀 13 个城市的变量信息，且这四个主成分已经包含了绝大部分数据，可以作出较为准确的解释，进而反映出三地的工业相似水平。因此，根据以上数据进行分析所得出的结论具有较为合理的准确性。

表 2－14　主成分矩阵

	成分			
	1	2	3	4
北京	0.451	0.796	－0.143	－0.073
天津	0.883	0.166	0.001	0.272
石家庄	0.398	－0.257	0.720	0.019

续表

	成分			
	1	2	3	4
唐山	0.813	-0.496	-0.174	-0.104
秦皇岛	0.829	0.107	-0.140	0.210
邯郸	0.858	-0.452	-0.090	-0.138
邢台	0.322	0.041	0.003	0.892
保定	0.397	0.771	0.007	-0.123
张家口	0.728	0.141	-0.174	-0.376
承德	0.833	-0.357	-0.202	-0.079
沧州	0.546	0.006	0.443	0.007
廊坊	0.940	0.096	-0.133	-0.024
衡水	0.404	0.204	0.709	-0.163

3. 根据实证结果划分五大产业功能区

通过 SPSS 软件将 13 个城市划分为四大成分，如表 2-15 所示。结果显示：北京、天津、廊坊三个城市分别分布在第一、第二、第四主成分上，其他 10 个城市主要分布在第三主成分上。依据此次划分结果，以产业功能体系的相似性为主要标准，以产业间联系分析为辅助标准，根据 13 个城市的产业发展现状与特点，尤其是京津冀地区工业和服务业发展现状和发展方向，确定或识别产业功能区，将京津冀 13 个城市主要划分为五大产业功能区：

第一，北京—天津—廊坊，现代服务业与现代制造业综合性产业功能区。

第二，唐山—邢台—邯郸，钢铁+纺织专业化产业功能区。

第三，张家口—承德—秦皇岛，以资源开发为主的产业功能区。

第四，石家庄—衡水—保定，传统服务业+传统制造业产业功能区。

第五，沧州，独立石油化工产业功能区。

表 2-15 主成分分析及主成分载荷

	产业结构相似的城市组合
第一主成分	北京（0.863）
第二主成分	天津（0.881）
第三主成分	秦皇岛（0.763），邢台（0.901），保定（0.767），张家口（0.721），承德（0.868），沧州（0.495），唐山（0.912），衡水（0.734），石家庄（0.743），邯郸（0.968）
第四主成分	廊坊（0.948）

七、京津冀产业功能区布局研究

（一）北京—天津—廊坊产业功能区

京津聚集了大量的技术密集型和资本密集型制造业，廊坊紧邻北京和天津，受京津双城辐射带动作用较大，因此京津廊产业功能区是发展现代服务业与现代制造业的重要载体。北京作为首都和全国科技创新中心，发展现代服务业有得天独厚的条件，其先进制造业和高端服务业占据绝对优势，高精尖制造业是北京经济的支柱产业与发展方向，具备较为完整的产业体系，高端发展态势逐步显现。天津是我国北方重要的制造业基地，服务业呈现快速增长趋势，工业结构持续改善优化，形成了以先进制造业为核心的产业体系，其高端服务业亦发展迅猛。相比之下，廊坊的服务业和制造业还不够发达，未来几年廊坊要重点发展高端装备制造产业集群，成为京津冀的重要产业承载区。

表 2-16　京津廊地区国家级开发区及对应的主导产业

开发区类型	开发区名称	主导产业
经济技术开发区	北京经济技术开发区	汽车、电子信息、装备制造
	天津经济技术开发区	汽车、医药、装备制造
	东丽技术开发区	汽车、新能源、新材料
	西青经济技术开发区	电子信息、汽车配套、机械
	北辰经济技术开发区	装备制造
	武清经济技术开发区	生物医药
	天津子牙经济技术开发区	再生资源综合利用、新能源
	廊坊经济技术开发区	信息技术、装备制造
高新技术产业开发区	中关村科技园区海淀园	电子信息、光机电一体化、新材料
	中关村科技园区德胜园	电子信息、新材料、光机电一体化
	中关村科技园区昌平园	新能源及高效节能、电子信息、新材料
	中关村科技园区电子城	电子信息、光机电一体化、新材料
	中关村科技园区亦庄园	电子信息、光机电一体化、医药、医疗器械
	中关村科技园区石景山园	电子信息、新能源及高效节能、光机电一体化
	中关村科技园区大兴生物医药基地	生物医药、医疗器械
	天津滨海高新技术产业开发区	新能源汽车、信息技术、节能环保
	燕郊高新技术产业开发区	电子信息、新材料、装备制造

（二）唐山—邢台—邯郸产业功能区

根据唐山、邢台、邯郸历年统计年鉴的工业产值数据，唐山、邯郸在黑色金属冶炼和压延加工业行业具有明显优势，该产业功能区主要是围绕黑色金属冶炼和压延加工业而展开的前向关联与后向关联产业（见图2－9）。唐山和邯郸黑色金属冶炼和压延加工业通过前向产业联系推动了汽车制造等装备制造业发展，又通过后向产业联系拉动了煤炭开采等采矿业的发展。为平衡男女性别差异，又带动了纺织业发展，作为钢铁产业的配套产业。由于三个城市间的分工主要以水平分工为主，各自进行专业化生产，产业功能体系尚未形成，所以该产业功能区还具有较大发展潜力。

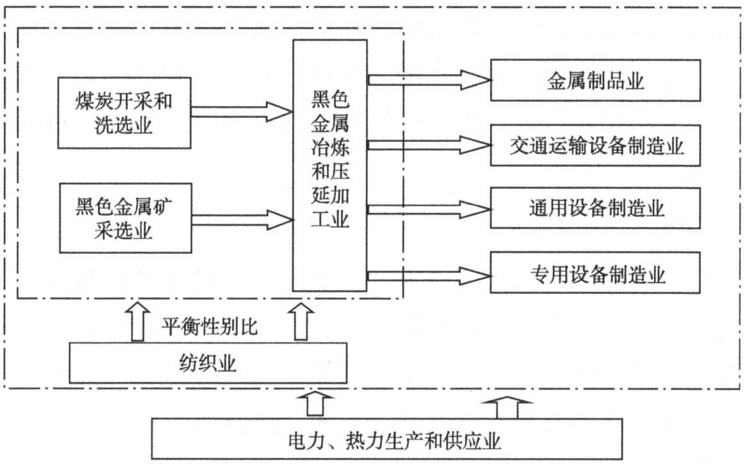

图2－9　唐山—邢台—邯郸产业功能区黑色金属冶炼和压延加工业前后向产业联系

（三）张家口—承德—秦皇岛产业功能区

张家口—承德—秦皇岛区域的煤炭开采和洗选业、石油和天然气开采业、黑色金属矿采选业工业产值较其他城市大，该区域的产业大多与资源开发相关，产业结构较为脆弱，服务业优势不明显。近年来，该区域旅游业发展趋势较好，根据《河北省旅游业“十三五”发展规划》，河北要构建现代旅游城市体系，将承德、张家口、秦皇岛三个地级市规划打造成为国际型旅游城市。承德、张家口主要发展方向为冀西北生态涵养区、国家生态文明先行示范区。2022年在张家口举办的冬季奥运会，为张家口的旅游业发展提供了一个良好的契机，在国家相关政策的支持下，张家口有望成为冰雪旅游度假胜地和世界型生态旅游城市。秦皇岛要打造河北省的沿海率先发展区，与唐山、沧州一起主动参与到“一带一路”建设和环渤海经济圈中，大力发展沿海经济，打造河北对外开放重要经济引领区和新的增长极。

（四）石家庄—衡水—保定产业功能区

石家庄、衡水和保定三市组成的产业功能区，主要以石家庄为核心城市带动周边两个城市协同发展。石家庄作为河北的省会，在经济发展和政策支持上占有绝对优势，实力和经济水平远超其他两个城市。石家庄在资本密集型和劳动力密集型产业上的发展较为突出，以发展高端制造业为主，产业发展水平仅次于北京和天津；保定的汽车制造和纺织业发展优势较为明显；衡水的金属制品、化学原料和化学制品行业较为突出。三地间的产业结构相似系数不高，具有优势的产业各自进行独立生产，形成水平型产业分工布局。三地应该打破行政壁垒，建立跨区域产业链，形成区域产业发展新格局，带动其他配套产业协同发展。石家庄的产业结构与北京较为相似，可以石家庄为中心建立产业转移承载区，逐步引导北京非首都功能转移，进而实现产业结构转型升级。

（五）沧州产业功能区

图 2－10 所示的沧州化工产业链，拥有港口特殊地理位置优势，接近原油供给是沧州石油化工产业得以发展的关键因素。随着雄安新区、天津滨海新区和曹妃甸工业区的建设开发，京津冀城镇群沿海化工产业格局将逐步完善，这给沧州化工业的发展提供了新的契机，沧州化工园区应优先发展产业链上下游关联度高的项目。

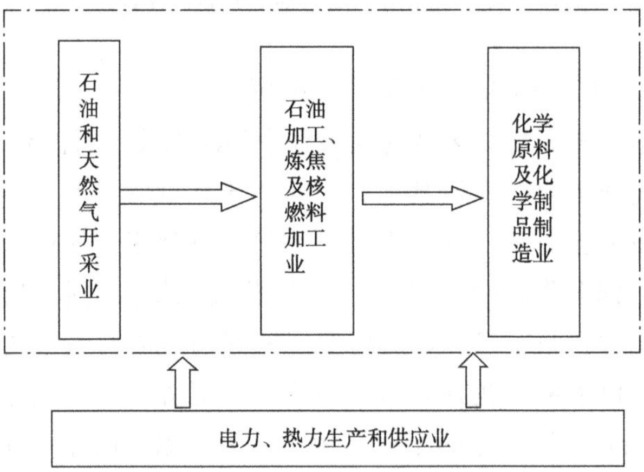

图 2－10　沧州石油化工及前后向产业联系

八、实证研究结论

基于京津冀协同发展的宏观战略背景，在详细梳理有关产业链、产业区、产业功能区、产业体系等相关文献的基础上，通过对京津冀产业发展现状以及空间布局的系统分析，根据各地功能定位与工业产业结构的相似性，本书较合理地划分了五大产业功能区，得出以下四点研究结论：

（1）通过计算京津冀整体及三地各自区域45个工业产业区位商，从区位商视角看，北京已处于后工业化阶段，该地区的一级主导产业为电力、热力生产和供应业，二级主导产业为汽车制造业。天津则进入工业化后期阶段，目前无一级主导产业，但存在汽车制造业等二级主导产业，表明天津工业发展较为分散。河北处于工业化中后期阶段，一级主导产业为黑色金属冶炼和压延加工业，产值占比较大，但无二级主导产业，高端产业发展差距较大。

（2）研究发现京津冀地区产业分工较为清晰，产业结构趋于合理化。目前京津冀三地均呈现"三二一"产业发展结构，但三地仍需进一步巩固和提升各自特色产业优势。北京第三产业占比远超第一、第二产业，服务经济优势显著；天津第一产业占比较小，第二产业比重稳步下降，第三产业持续上升，产业转型升级效果初步显现；河北第一产业占比较大，但已呈下降趋势，第三产业占比较小，呈逐渐上升趋势，已然发展成为"三二一"产业结构。北京服务业最为发达，主要以发展高端服务业为导向；天津市服务业体系较为完整，主要发展生产性服务业；而河北各地级市以传统服务业为主。北京作为京津冀城市群的核心城市，集聚发展的规模效应较强，虹吸效应明显，应带动津冀地区服务业优化升级，实现协同发展。

（3）根据生产要素划分的工业四大产业类型，运用空间计量软件绘图直观分析，本书得出京津冀工业的空间布局特征：资源密集型产业主要集中在天津地区，资本密集型产业在津唐双中心聚集分布，劳动力密集型产业在京津石三中心聚集分布，技术密集型产业以京津为中心呈带状聚集分布。通过Geoda软件研究空间自相关性，结果显示三地工业产值在空间上的集聚程度较为明显，但13个城市间的工业发展差距较大，呈现出低产值城市包围高产值城市的情况。影响京津冀产业功能体系的空间分布因素主要有资源指向性、交通通达性、市场需求性、产业关联性。

（4）通过计算工业结构相似系数，对京津冀地区的产业进行相似性分析，辅以主成分分析法，可将京津冀划分为五大产业功能区：一是以发展现代服务业和现代制造业为主的京津廊产业功能区；二是石家庄—衡水—保定产业功能区，需进行传统服务业和制造业的升级优化；三是唐山—邢台—邯郸产业功能区，主要发展钢铁和纺织产业；四是依托资源优势而划分的张家口—承德—秦皇岛产业功能区；五是沧州独立石油化工产业功能区。

九、京津冀产业功能体系的构建与完善路径

（一）统筹建设平台支撑体系

京津冀三地应在现有合作基础上共建新型产业园区，以产业园区为基础建设平台支撑体系，实施由生产要素到企业再到产业链的新型合作网络模式，加强区域间的产业合作。目前京津冀地区产业园区，既有较大的战略性产业功能区如雄安新区、天津滨海新区、北京新机场临空经济区等，也有三地合作建设的产业示范园区如京津合作示范区、滨海－中关村科技园等，但数量较少。京津冀应在现有基础上，合作新建一批现代化制造业承接合作平台，推动三地建立基于产业链的创新联动链条体系，促进三地产业联动发展，使三地产业更加深入融合。三地不仅要在科学研究上互助合作，还应共同促进科研成果转化，如合作共建科研成果转化项目库，开设重点科研实验室等协作创新平台，为产业的创新和联动发展提供保障。

（二）将产业链嵌入全球产业链中

产业集群优势的提升要依靠集群升级实现，京津冀具有较强集群优势的产业，应将京津冀产业链嵌入全球产业链中，进而促进产业向更高层次升级。当前我国产业发展的重点就是使国内产业链尽快融入全球产业链中，产业集群可以使核心企业更容易嵌入全球产业链中，从而实现国际和国内两个市场在全球产业链、价值链、供应链体系中的高度整合。京津冀企业可以利用其独特的地理优势和市场优势，在全球化的生产网络中与世界各国建立广泛的交流合作关系，从而降低企业生产成本，推动产品创新和研发，实现产业链升级。此外，企业融入全球产业链中，将会与全球企业展开合作，有助于京津冀地区企业学习创新型管理技术和品牌营销策略等，促进企业的转型升级，进而实现产业聚集区的跨越式升级。

（三）充分发挥政府和市场的合力作用

一个区域产业发展的兴旺，不仅需要区域政府政策的支持与扶持，更要发挥市场的决定性作用，只有两者相辅相成才能促进产业发展。借鉴世界级城市群处理政府与市场关系的经验，在区域产业发展中，地方政府应主要负责宏观政策的制定，如颁布区域产业发展规划、出台相关引资引才政策、为

企业营造优质的生产环境等，但发挥主要作用的还是市场，企业应根据市场的变化调整产品生产数量和产业结构，使产业优化升级，城市群的建设不能完全依靠政府。在京津冀城市群发展过程中，政府已出台了大量有关促进京津冀协同发展的相关规划方案，并配套出台了相关政策作为支撑，为三地间的协同发展创造了良好氛围。在政府相关规划和政策的引导下，要进一步充分发挥市场对资源配置的决定作用，通过市场和政府两只手共同推进京津冀城市群建设。目前我国“十四五”规划正在稳步推进，三地政府应详细重点分析京津冀的产业发展状况和产业升级成果，站在新起点上统筹规划京津双城与河北 13 个城市今后的产业发展目标方向，统筹推进京津冀产业整体布局和协调机制，使京津冀产业分工与空间布局更加合理。

第二节　京津冀产业分工系数测算及影响因素分析

一、京津冀行业分工指数、赫芬达尔指数与空间基尼系数测算

随着京津冀协同发展战略的深入推进，京津以及河北各城市在其功能定位的目标驱动下，产业结构逐渐优化升级，北京逐渐减少低梯度产业，甚至将一些高新技术产业向外转移，形成以服务创新为主导的国际化中心；天津各类园区和商务楼宇等载体建设不断加快，设施功能不断完善，已成为民营企业经营和民间项目投资主阵地，形成了以航空航天、新能源新材料、高端装备制造、电子信息、生物医药、电子商务等先进制造业和现代服务业为主的特色产业载体；河北近年来工业投资结构不断优化，围绕一些重点技术改造项目的投资力度不断加大，产业结构逐步调优，重工业比重逐步下降，装备制造业和高新技术产业的占比逐渐上升，在工业不断发展的同时，产品质量稳中有升，积极承接京津转移产业，并不断优化自身的主导产业类型。

京津冀三地在产业结构上是否相似、产业集聚分布状态如何是各界关注的热点问题。本部分通过行业分工指数、赫芬达尔指数以及空间基尼系数对此进行研究。

（一）行业分工指数

该指数是研究产业结构相似性所使用的方法。一个行业的分工指数可以用来表征区域之间的产业同构性。计算公式为：

$$S_{jk} = \sum_{i=1}^{n} \left| \frac{q_{ij}}{q_j} - \frac{q_{ik}}{q_k} \right| \tag{2-7}$$

其中，j 和 k 代表的是区域，i 表示产业，q_{ij}和 q_{ik}分别表示两地区 i 产业的产值，q_j和 q_k分别是两个地区的制造业总产值。如果两个区域有完全相同的产业结构，那么对于任何产业来说，它们在两个区域的产值份额都是相同的，则行业分工指数为0；反之，如果两个区域的产业结构完全不同且没有关联性，则这一指数的数值为2，即$0 \leqslant S_{jk} \leqslant 2$。指数越接近2，表明这两个地区的分工程度越高，产业专业化程度越高。

通过查阅相关文献发现：大多数学者认为，京津冀地区北京和天津的产业结构相似性高，天津和河北的产业结构相似性较高，而北京和河北的产业相似程度较低，但很少有学者对河北的11个城市进行细化研究。

由表2-17可知：京津冀大多数城市之间的行业分工指数在1左右；天津-邢台、石家庄-邢台、唐山-邯郸、秦皇岛-张家口等城市间的行业分工指数小于0.7，这几个城市的产业发展有一定相似性；其他城市之间的行业分工指数都较大，说明京津冀各城市的产业发展各有侧重点，产业结构完全相同的现象几乎没有；保定-唐山的行业分工指数达到了1.612，说明它们的产业结构基本不同，产业发展由相互竞争朝着分工合作的方向演进。

表2-17　2017年北京、天津和河北11个地级市的行业分工指数

	北京	天津	石家庄	唐山	秦皇岛	廊坊	保定	承德	沧州	邯郸	邢台	张家口	衡水
北京	0.000	0.970	1.097	1.508	1.274	0.703	0.934	1.546	1.156	1.285	1.164	1.321	1.265
天津		0.000	0.831	1.042	0.930	0.742	1.069	1.333	0.762	0.724	0.650	0.758	1.008
石家庄			0.000	1.345	1.245	0.935	1.020	1.391	0.993	0.884	0.667	1.129	0.747
唐山				0.000	0.988	1.423	1.612	1.597	1.285	0.572	1.304	1.120	1.478
秦皇岛					0.000	1.135	1.157	1.157	1.134	0.839	1.133	0.689	1.319
廊坊						0.000	1.173	0.986	0.986	1.127	0.945	1.069	0.995
保定							0.000	1.547	1.253	1.337	1.051	1.337	1.212
承德								0.000	1.351	1.473	1.286	1.403	1.373
沧州									0.000	1.131	0.893	1.120	0.723
邯郸										0.000	0.810	0.818	1.072
邢台											0.000	0.983	0.930
张家口												0.000	1.188
衡水													0.000

资料来源：根据《北京市统计年鉴2018》《天津市统计年鉴2018》《河北经济年鉴2018》相关数据计算。

（二）赫芬达尔指数

该指数可以衡量特定产业在市场上的结构状况，是一种测量产业集中度的综合指数，是经济学界和政府管理部门使用较多的指标。其公式为：

$$HHI = \sum_{i=1}^{n} (X_i / X)^2 \qquad (2-8)$$

其中，*HHI* 是赫芬达尔指数，X_i 为北京、天津和河北某一工业分行业的从业人数，*X* 为全国该行业的总从业人数。*HHI* 值越大，表示该产业在这一地区的市场集中程度越高。该指数从产业经济学的角度说明在京津冀范围内工业产业集聚水平的变化情况。本书首先对 31 个制造业行业进行分类，第一类是轻纺工业，包括食品、饮料、烟草加工、服装、纺织、皮革、木材加工、家具、印刷等行业；第二类为资源加工工业，包括石油化工、化学纤维、医药、橡胶、塑料、黑色金属等；第三类为机械、电子制造业，包括机床、专用设备、交通运输工具、机械设备、电子通信设备、仪器等，然后在此基础上进行赫芬达尔指数的计算和分析。

通过对 2011—2017 年北京、天津与河北 31 个工业产业的赫芬达尔指数进行计算，总结分析京津冀几年间各工业产业的集聚变动情况。数据来源于北京、天津以及河北 2012 年至 2018 年的统计年鉴或经济年鉴。

从表 2－18 可以看出，北京轻纺工业的赫芬达尔指数呈现逐年下降的态势，说明北京从 2011 年到 2017 年轻纺工业在其总的工业产值中的份额处于逐渐减少的状态。对于资源加工工业，其赫芬达尔指数在研究期间内呈现出明显的下降趋势，说明北京的资源加工工业经历了一个由逐渐集聚到逐渐分散的过程，但是因指数的变化范围不大，所以资源加工工业的转移速度也较为缓慢。变化最为明显的是机械、电子制造业，在 2011 年到 2017 年间，该行业的赫芬达尔指数从 0. 003 963 上升到了 0. 011 708，上升趋势明显。由这三大类制造业赫芬达尔指数的变化过程可以看出，北京在推进其功能定位实现的过程中重点发展高新技术企业，而将劳动密集型以及资本密集型的产业往低的产业梯度地区转移。

表 2－18　北京制造业赫芬达尔指数

行业	2011 年	2013 年	2015 年	2017 年
轻纺工业	0. 003 639	0. 002 358	0. 001 804 5	0. 000 802
资源加工工业	0. 001 786	0. 001 688	0. 001 429 8	0. 001 255
机械、电子制造业	0. 003 963	0. 004 364	0. 007 353	0. 011 708

资料来源：根据《北京市统计年鉴 2018》《天津市统计年鉴 2018》《河北经济年鉴 2018》相关数据计算。

从表2－19可以看出，天津轻纺工业和资源加工工业的赫芬达尔指数在2011—2015年间一直在较小的范围内平稳波动，但在2017年两类产业都出现了大幅度的下降。这就说明天津的轻纺工业和资源加工工业在2015年后发生了较大的变化，且两类产业都向分散化的方向发展。天津现阶段处于工业化后期阶段，其工业产值的比重仍然很大，产业集聚的状态还有待进一步改善。值得注意的是，天津的机械、电子制造业变化的幅度较大，在2011年到2013年经历了质的飞跃，这可能是因滨海新区及天津其他工业园区的快速发展，以及天津对高新技术产业和新能源产业重视而产生的效果；但在2013年以后，京津冀协同发展战略的出台对该类产业的集聚程度有较大影响，部分与天津长期发展目标不匹配的产业向河北转移，引起产业集聚程度下降；2017年天津该产业的集聚程度出现上升，可能的原因在于，随着京津冀一体化战略的不断推进，京津冀各省市产业发展定位逐渐明晰，天津市作为“全国先进制造研发基地”，势必要重点发展相关制造业。

表2－19　天津制造业赫芬达尔指数

行业	2011年	2013年	2015年	2017年
轻纺工业	0.002 868	0.002 602	0.002 247	0.000 430
资源加工工业	0.004 992	0.003 369	0.003 679	0.001 712
机械、电子制造业	0.006 790	0.010 029	0.007 035	0.013 470

资料来源：根据《北京市统计年鉴2018》《天津市统计年鉴2018》《河北经济年鉴2018》数据计算。

表2－20反映的是河北省制造业产业的集聚情况。河北轻纺工业和资源加工工业的赫芬达尔指数比北京和天津都要高一些，这说明河北省这两类产业的集聚程度要高于北京和天津，这与河北省处于工业化中后期阶段相关，产业结构高级化程度不高，产业发展水平也处于相对较低梯度。但从机械、电子制造业的赫芬达尔指数来看，河北与北京、天津并没有太大的差距，且河北省机械、电子制造业的赫芬达尔指数也呈现逐年增长的趋势，到2017年甚至超越京津两城。这反映出河北省的产业结构也处于不断优化的过程中，制造业整体呈现出产业集聚的态势。

表2－20　河北制造业赫芬达尔指数

行业	2011年	2013年	2015年	2017年
轻纺工业	0.013 682	0.018 09	0.020 10	0.014 532
资源加工工业	0.039 287	0.399 16	0.040 48	0.048 732
机械、电子制造业	0.006 069	0.006 25	0.006 76	0.019 558

资料来源：根据《北京市统计年鉴2018》《天津市统计年鉴2018》《河北经济年鉴2018》相关数据计算。

通过分析京津冀三地制造业的赫芬达尔指数，大致可以得出结论：北京机械、电子制造业的发展方向已逐步成型；天津还处在结构调整的过程当中，制造业的集聚情况较不稳定；河北的制造业整体呈现积极的发展势头。这也预示着京津冀三地正向实现其功能定位的方向发展。

（三）空间基尼系数

空间基尼系数用来衡量经济活动在地理上分布不均的情况，最早是由克鲁格曼在洛伦兹曲线的基础上提出的，目前已经被国内外很多学者用于研究区域产业的空间集聚情况。本书亦选取空间基尼系数作为反映京津冀工业产业空间集聚程度的衡量指标，公式表示为：

$$G = \sum_{i=1}^{n} (S_i - X_i)^2 \tag{2-9}$$

其中，G 表示空间基尼系数；S_i为 i 城市某产业就业人数或增加值占整个研究区域该产业就业人数或增加值的比重；x_i为 i 城市总就业人数或增加值占整个研究区域就业人数或增加值的比重。空间基尼系数数值在 0 至 1 之间变化。若为0，表示产业地区分布完全均等；取值为1，表示该产业所有的生产活动都集中在一个地区。

本书选取的数据为京津冀 31 个制造业的工业增加值，通过空间基尼系数的计算公式，得出这 31 个产业在京津冀地区的集聚情况。结果如表 2－21 所示。

表 2－21　京津冀地区制造业分行业的空间基尼系数

行业	空间基尼系数
农副食品加工业	0.315 464
食品制造业	0.173 126
酒、饮料和精制茶制造业	0.151 765
烟草制造业	0.469 685
纺织业	0.459 363
纺织服装、服饰业	0.296 780
皮革、毛皮、羽毛及其制品和制鞋业	0.465 969
木材加工和木、竹、藤、棕、草制品业	0.443 404
家具制造业	0.228 639
造纸及纸制品业	0.330 537
印刷业和记录媒介的复制业	0.321 315

续表

行业	空间基尼系数
文教体育用品制造业	0.130 761
石油加工、炼焦及核燃料加工业	0.164 114
化学原料及化学制品制造业	0.358 268
医药制造业	0.230 416
化学纤维制造业	0.449 896
橡胶制品业、塑料制品业	0.305 694
非金属矿物制品业	0.312 059
黑色金属冶炼和压延加工业	0.229 950
有色金属冶炼和压延加工业	0.074 091
金属制品业	0.256 089
通用设备制造业	0.137 962
专用设备制造业	0.129 476
汽车制造业	0.296 448
铁路、船舶、航空航天和其他运输设备制造业	0.000 376
电气机械及器材制造业	0.200 911
通信设备、计算机及其他电子设备制造业	0.152 953
仪器仪表制造业	0.108 546
其他制造业	0.058 703
废弃资源和废旧材料回收加工业	0.164 401
金属制品、机械和设备修理业	0.063 801

资料来源：根据《北京市统计年鉴2018》《天津市统计年鉴2018》《河北经济年鉴2018》相关数据计算。

从表2－21可以看出，京津冀地区制造业的集聚度不是很高，亦即产业没有绝对地集中在一个地区进行生产。相反，大多数产业都呈现出较均匀的分布，所有的产业空间基尼系数均小于0.5，说明制造业细分行业的分布都较分散。在这些产业当中，纺织业，皮革、毛皮、羽毛及其制品和制鞋业，木材加工和木、竹、藤、棕、草制品业，化学纤维制造业，烟草制造业的空间基尼系数相对较高，说明这些产业在一些地区达到了集聚，而在另外一些地区分布较分散。由于空间基尼系数只能看出一个较大区域产业的分布情况，在京津冀协同发展过程中，北京、天津和河北都建立了多个工业园区和产业集群，各个工业园区都有自己的主导产业群，这些工业园区与产业集群的产业既相互联系也有所不同，需分地区更加具体地去研究。

二、产业空间分布的影响因素

（一）要素禀赋是制造业进行空间区位选择的基础

区位条件和自然资源是区域经济发展的基本要素，直接影响区域的劳动生产率，也是产业发展的基础。尽管随着交通条件的不断改善，自然资源不再成为限制地区产业发展的决定性因素，但自然资源禀赋仍能起到基础作用。埃里森和格莱泽（Ellison & Glaeser）在对美国制造业空间分布的研究中得出自然资源禀赋在解释制造业空间分布上仍十分重要的结论，而人力资本则是区域要素禀赋中最为重要的因素之一，劳动力的数量和质量在很大程度上影响着区域产业部门的形成。此外，包括资本、技术条件等在内的要素禀赋的不同组合将决定该地区分工与专业化的发展方向，促使区域产业空间格局发生变化。

在京津冀地区内部，京津具有明显的资金、技术以及信息等要素优势，而自然资源尤其是水资源明显不足，土地资源随着城市规模的不断扩大而日益紧张。河北则与京津形成明显的互补优势，在土地资源、劳动力资源上相对具备优势。这就使得区域内各地对彼此有较大的需求，从而形成区域内的要素流动。京津冀三地之间的技术流动、资金流动以及人口流动，加速了区域产业梯度的形成，推动了产业转移的进行，促进了区域产业空间格局的调整。

（二）集聚是京津冀区域制造业空间分布发生变化的重要推动力

法国经济学家佩鲁提出的增长极理论认为，在一国经济增长过程中，由于某些主导部门或者有创新力的企业在特定区域或者城市聚集，因而形成一种资本和技术高度集中、增长迅速并且有显著经济效益的经济发展机制。这种集聚的内在动力来源于对集聚经济效益的追求，而扩散则是由集聚不经济所驱动的，所以区域产业空间格局变动的根本动力在于区域层面上集聚和扩散力量共同作用下的效应。要素集聚是因为经济活动主体通过集聚要素，获得分工效应、规模效应以及外部效应带来的好处，产业在空间上的集聚可以带来交易成本的降低、实现规模经济以及技术扩散等。而产业对集聚经济的追求会使得生产要素和经济活动向核心区域集聚，最终导致区域或城市规模的不断扩张，在达到一定规模程度后，高密度集聚和空间、资源禀赋的有限性之间的矛盾所带来的集聚不经济促使产业扩散活动产生，产业扩散到有利区位之后再通过集聚效应产生新的增长极。就京津冀区域而言，“京津双城”作为区域重要的增长极，随着极化作用的不断深入，高度集聚了大量的要素资源和庞大的产业体系，但随之而来的交通拥堵、劳动力不足、环境污染以及用水用地紧张等“大城市病”，导致了外部不经济，严重影响了早期形成的规模经济。虽然经过一段时期的发展，京津的极化作用一直处于主导地位，但对河北经济腹地的扩散效应已经开始显现。

（三）区域发展政策是影响产业空间分布的重要因素

区域宏观政策作为区域发展的重要环境，对产业空间格局的变化起着至关重要的作用。有学者通过对中国省级尺度的制造业研究，得出政策制度仍是影响产业区位的最重要因素的结论。京津冀地区产业空间格局的变动带有较为明显的政策导向，在北京以现代服务业为主导和集中发展“高精尖”产业的政策导向下，区域制造业的重心逐渐从京津核心区域向外扩散，资源类的资本密集型制造业集中表现为向东部沿海地区集聚的特点。同时，在区域发展新战略带动下，天津滨海新区的建设与发展也促进了区域制造业尤其是高端装备制造业的重新布局，从而使技术密集型制造业在空间格局上呈现出由京津核心区域向外围扩散的特征。

三、京津冀产业梯度转移与产业对接配套分析

（一）京津冀产业一体化的可能性与必要性

要真正推进京津冀经济的一体化，首先必须打破产业发展中的同质化倾向，使京津冀三地按照各自的比较优势发展各自的主导产业，这就需要对京津冀三地的产业发展进行准确定位和适度协调。京津冀在经济发展中各自形成了自己的主导优势产业，要使各自的主导优势产业做大做强，必须形成合理的分工和协作关系，积极承接国际优势产业，同时不断将产业由高梯度地区向低梯度地区转移。区域内部经济联系越密切，区域经济一体化水平越高。

在区域竞争方面，实施产业梯度转移是提升区域产业竞争力的基本手段。经济发展的重要推动力是竞争。在经济全球化背景下，竞争不仅来自国内，也来自激烈的国际竞争。要高度重视高新科技发展在国际产业竞争中起到的重大作用，当前知识形态生产力转化为现实生产力的速度加快，使世界经济获得新的发展动力。科技的发展催生了新技术、新产业的建立，京津冀三地只有进行准确的产业分工定位，才能够增强高梯度地区的科技和产业发展水平，促使区域内部产业竞争力水平的整体提高。实现区域内部产业梯度转移，

消化吸收国际优势产业，调整优化本地区的产业结构，可以有效提升区域内部产业的整体竞争力，实现区域经济的跨越式发展。

第一，京津冀地区存在产业上的梯度差异，这是实施产业梯度转移的前提。在产业发展水平上，京津两市处于产业的高梯度位置，京津拥有全国顶级的高校和科研院所，人才、科技资源优势显著，同时，三次产业结构的高级化和合理化较好，第三产业较为发达。经济全球化使得全球的生产要素跨越国界流动，推动国际产业梯度转移进程加快，给京津冀地区的产业转移带来了外部机遇。面对经济全球化带来资本、技术、知识和管理等先进生产要素的流入，京津冀地区既可进一步升级其主导产业，提高第三产业的知识、技术水平，又可进一步调整、优化其产业结构，为河北转移落后产业提供基础。河北处于产业低梯度位置，具有矿藏、农业资源、人力资源相对充裕等优势，但工业集约化水平不高、钢铁等行业供给侧结构性改革任务艰巨。因此，河北既可以接受京津转移出来的产业，优化、调整自身产业结构，又可借助于经济全球化，参与国际生产要素流动，引进国外的资金、技术和先进的管理方法，改造、革新原有的设备和产业结构，提高其钢铁、冶金、建材、纺织等主导产业的科技含量，使产业升级。河北既可以直接通过国际渠道承接国际产业转移，也可以承接京津的产业转移，但从地缘优势上看，应以承接京津产业转移为主。

第二，京津冀协同发展战略为京津冀产业梯度转移带来了机遇。打造以首都为核心的世界级城市群，使其成为我国经济发展的排头兵是京津冀协同发展的重要使命和任务。北京作为国际经济技术文化交流中心，为京津地区承接国际产业转移提供了非常有利的外部条件，资金、技术、信息、人才等要素在这一地区很容易实现集聚。同时，由于河北在京津冀地区具有特殊的地缘优势，京津地区的优质要素资源可以较快扩散到河北。由于市场在资源配置中起决定作用，京津冀产业结构优化升级速度将进一步加快。

第三，京津冀产业梯度转移具有一定的现实基础。京津冀地域相接、人缘相通、文化一脉，交往半径适宜，产业梯度转移不存在人文和地域阻隔。作为京津地区的外围，河北与京津两地在公共基础设施方面实现了有效的衔接和对接，铁路、公路、高速公路和高铁将京津冀地区紧密连为一体。河北具有承接京津地区产业转移的天然优势，而京津为实现功能疏解，也往往将河北作为产业转移的目的地。在政策层面，国家发改委已经制定了大北京发展规划，将京津冀地区作为我国经济增长的第三极，京津冀各省市也在产业规划等顶层设计方面进行了统一协调。

（二）京津冀产业对接与配套分析

通过招商和集中对接，京津冀三地产业融合程度不断加深。北京与河北、天津签署多项合作协议，明确了推动京津冀协同发展工作的整体思路和举措。三地在推动产业协同发展方面已取得显著成效，基本形成了省市层面集中示范、区县层面重点对接、重点企业主动布局、相关产业有序转移的良好局面，集中打造了北京曹妃甸现代产业发展试验区、北京沧州生物医药产业园、张北云计算产业基地等一批省市层面的合作园区，共建了北京亦庄·永清高新技术产业园区、中关村海淀园秦皇岛分园、中关村昌平园怀来分园等一批区县层面的产业园区。北汽、金隅、工美、二商等一批市属国有企业主动加快在京津冀范围的产业布局，以当当网、酒仙网等电商企业为代表的一批民营企业也紧抓机遇，完善产业布局；还先后组织了数十次产业对接活动，推动一大批项目落户天津、河北，其中首钢京唐二期、新乐三元工业园等一批重大项目已开工建设。京津冀三地通过积极合作、共同探索，初步构建起相互协作的产业链条，为进一步推进产业对接合作打下了坚实基础。①

在产业对接方面，作为产业转出地的北京并不是盲目转移，作为产业承接地的河北也不是盲目承接。为承接北京产业转移，河北确定了40个承接平台，天津确定了“1+11”个承接平台，共52个承接平台用以对接产业转移。产业对接与产业配套相互联系，没有相关的配套产业，该地区就不适合承接转移出的相关产业，产业配套是产业对接的支撑，产业承接也是配套产业的推动力。一个产业的发展对其上下游以及相关产业的发展都至关重要，因此产业对接与产业配套应同时考虑。

在目前的京津冀区域发展战略中，“五区五带五链”中的五带是以配套产业为支撑来优化区域布局的重要方式：

（1）京津走廊高新技术及生产性服务业产业带涵盖北京、廊坊、天津为轴线的区域，利用北京技术优势和天津、廊坊等地的制造能力，承担京津冀地区科技成果产业化功能，重点发展高新技术产业、生产性服务业和高端装备制造业。

（2）沿海临港产业带主要包括秦皇岛、唐山、天津、沧州沿海地区，利用港口优势和制造业基础，重点发展滨海产业、先进制造业和生产性服务业，推进炼化一体化等重大项目建设，形成与生态保护相协调的滨海型产业带。

---

① 资料来源：央广网，http：//news. cnr. cn/native/city/20151121/t20151121_ 520561450. shtml。

（3）沿京广线先进制造业产业带以保定、石家庄、邢台、邯郸等中心城市为节点，利用本地区土地、劳动力等要素资源优势，改造提升传统产业，培育壮大战略性新兴产业，重点发展电子信息、新能源、生物医药、装备制造、新材料等产业。

（4）沿京九线特色轻纺产业带涵盖衡水、邢台东部、邯郸东部、沧州西部地区，着力发挥本地区交通、土地、劳动力、农产品资源等优势，承担农副产品和轻工业用品供给功能，重点发展农副产品深加工、现代轻工业等。

（5）沿张承线绿色生态产业带包括北京、天津山区和张家口、承德山区地区，以支撑京津冀地区生态保障为导向，重点发展绿色低碳产业，建设绿色生态农业、农副产品加工业、生物医药产业基地。

第三节　高端产业功能区在首都经济发展中的定位、作用及实现路径

高端产业是一种低污染、高附加值、可持续性发展的行业，是未来进行转型升级的落脚点。北京作为我国政治中心、文化中心、科技创新中心、国际交往中心，发展高端产业有着其他城市不可比拟的优势。高端产业功能区作为北京高端产业发展的重要载体，对北京的经济发展作出了重要贡献。“六高四新”作为北京高端产业发展的主阵地，对首都经济发展起着重要的作用。自2014年2月京津冀协同发展上升为国家战略后，京津冀一体化取得显著进展和成效，北京高端产业功能区在京津冀协同发展中的作用日益凸显。本节以北京高端产业和高端产业功能区的发展为线索，以“六高四新”作为切入点，对北京高端产业的发展现状、发展优势、存在问题进行分析阐述，基于京津冀协同发展的战略背景，分析北京高端产业功能区在京津冀协同发展中的定位、作用及实现路径，并对北京“六高四新”高端产业功能区未来的发展提出了政策建议。

党的十九大报告指出我国经济已由高速增长转入高质量增长阶段，这种转变与我国现阶段主要矛盾的转变以及我国经济多年发展中所存在的问题是息息相关的。我国是世界上唯一一个拥有全部工业门类的国家，国内市场庞大，可以实现经济的内部循环，但我国的产业多为一些基础性的制造业，利润空间小，对环境污染程度较高。随着新一轮科技革命和产业革命的蓬勃发展，我国产业进行转型升级迫在眉睫。在京津冀协同发展背景下，北京“六高四新”高端产业功能区的建立和发展有利于提高北京市经济发展的水平与

质量。将优质资源整合在一起是为了更好地发挥集聚效应，并有效地带动京津冀地区经济的发展与科技创新水平的提高。

当今世界正处于急速变化之中，各国产业都面临着转型升级问题，高端产业作为一种可持续性、产业附加值高、低污染性的产业受到了各国政府以及学者的重视。对高端产业进行分析研究符合今后产业发展的趋势，具有时效性和实践性。这种研究方法理论性与实践性相结合，有较高的理论价值与实践价值。在京津冀协同发展背景下，大力发展北京“六高四新”高端产业功能区能够更好地带动北京的经济发展和创新能力的提高，发挥北京“六高四新”高端产业功能区对京津冀其他地区经济的辐射带动力，促进区域一体化的发展，缩小城乡差距。

一、概念界定与相关文献研究

（一）高端产业相关文献综述

1. 高端产业发展历程及运行机制

牛勇平、肖红（2010）在《高端产业相关评述与展望》中从对高端产业的认识、高端产业产生的原因与途径、高端产业的测度与评价、高端产业发展的国际比较四个方面对高端产业相关理论进行了梳理，最后对高端产业未来的发展提出了展望。展望未来，研究方法将会更多地应用统计学、计量经济学等方面的技术手段；也会将管理学结合起来，从宏观研究进入微观研究，为区域的经济发展献策；研究领域将集中到农业方面，主要研究现代化农业和农业高端化方向。从高端产业的运行机制视角，谢瑞武（2019）在《产业功能区如何推动城市高质量发展》中提到了产业功能区的作用机制：通过优化产业布局、配套相关服务设施来提升经济发展的质量；通过转变要素配置方式、增强要素吸引力来提高经济发展的效率；通过强化体制机制创新来转换经济发展动力。

2. 高端产业特征

陈敏、袁永（2019）在《我国高端产业发展特征及对策》中指出我国高端产业有以下特征：高端产业 R&D 经费投入较高，但是各行业的差距也比较大；高端产业发明专利申请较多，但占全国比重较小；高端产业新产业销售收入较大；因为高端产业在发达地区得到了发展，故高端产业工业销售总值在发达地区占比较大。何东、林娜（2020）等学者在《加快建设产业功能区推动区域经济高质量发展——成都市产业功能区建设笔谈》中提出了服务型产业功能区的共有特征：服务型产业功能区是具有共生共享关系的共同体，是先进服务业的聚集区，是服务业制度创新的先行区，是各项功能完整的独立区；产业功能区的发展对一个地区、城市的经济有着重要作用。李旭辉（2020）等在《高端产业发展动态测度及空间集聚演化——以京津冀城市群为例》中指出，我国经济发展模式已经发生了改变——由之前的高速增长转入高质量发展阶段，而产业的结构也应发生转变，以适应新的环境要求，发展、培育高端产业符合这一要求和趋势。高端产业作为一种低污染、可持续、高附加值的产业，具有很好的发展前景。余剑和高亚娜（2017）等在《金融支持首都高端产业发展研究》中指出了北京高端产业发展的特征：高端产业集群日益壮大、“六高四新”成为首都高端产业发展的重要载体；高端产业财政收入日益增长，对全市财政贡献日益提升；投资、创业助推高端产业发展，有力地促进了产业的转型升级。

3. 高端产业发展中存在的问题及解决策略

从高端产业发展存在问题方面来看，付远佳（2018）在《以开发平台促进高新高端产业发展——以天津、广州、中山的开发平台为例》中通过对天津、广州、中山三地的开发区相关情况进行分析，提出了开发平台促进高新高端产业发展存在的几个问题：缺乏特定的政策优势，对产业和人才的吸引力度不强；区域产业定位重叠，产业特色模糊；平台成本逐年上升，增加企业入驻难度。黄英嫚（2020）在《广西自贸区南宁片区高端产业金融供给的思考》中，以广西南宁片区为例，从金融供给视角对高端产业进行了分析。广西南宁片区的高端产业金融供给虽然初具规模，但也存在一些问题：高端产业融资途径单一，支持力度不足；工业基础薄弱；金融基础设施薄弱；缺乏综合性服务平台。作者在文末提出了纠正体制性扭曲、利用高新技术加快我国传统产业的转型升级、建立自主创新机制、加大创新型技术投入及引进技术性人才等意见。江思浩、李曦明（2019）在《我国高端产业不足与传统产能过剩的政策缺陷与对策研究》中指出，目前我国高端产业发展中存在的主要问题有：高端产业相关从业人数比重较低，高端产业的范围具有局限，缺少相关政策的引导，高端产业的创新型人才缺乏等。刘清（2017）在《新常态下如何利用高新技术改造我国的传统产业》中提出了我国传统产业发展中存在的问题：生产技术落后，产品技术含量较低；人才缺乏，创新能力不高；资源利用率低等。谢天成（2016）在《北京高端产业功能区融合发展的制约因素与实现路径》中提出北京高端产业功能区存在管理体制分割、区域差距明显、创新体制不健全等问题，提出要增强高层制度设计、以企业提质增效为抓手建立协同创新机制等实现路径。

陈敏、袁永（2019）根据高端产业的特征，提出政府要支持高端产业的发展、增加 R&D 经费投入力度、增强高端产业自主创新能力等措施，并进一步提出以下政策建议：优化产业布局，支持产业结构转型升级；完善金融体系，拓宽融资渠道；建立发起设立服务自贸区高端产业的民营金融机构；引进高端人才等。龙云安、杨子强（2017）等在《构建中－俄高端产业联合创新路径与创新研究》中从政府、法人、自然人三个方面对中俄两国的高端产业进行了分析，认为在合作机制中政府是主导，法人是中坚，而自然人则是基础。刘清（2017）提出要利用高新技术加快对传统产业的改造升级，加大科技创新投入，确保创新所需资金充足，培养创新型人才，国家要加大对高新技术产业的支持等。孙焱林、温湖炜（2017）在《我国制造业产能过剩问题研究》中提出了产能过剩问题，并通过相关指标方法计算了产能过剩率，最后提出要发展高端产业，加快产业转型升级，缓解、解决传统产业产能过剩问题。王子丹、袁永（2018）在《我国高端产业测度研究》中利用美国布鲁金斯学会发表的《美国高端产业》报告中界定高端产业的两条标准对中国高端产业进行了测度，然后对所选产业的 R&D 投入、产出、就业等情况进行了分析，在此基础上对我国高端产业未来的发展提出了几点政策建议：要支持我国高端产业的发展，鼓励各省市结合自身情况发展高端产业，引导高端产业加大研发投入力度，加强高端产业与科研院所的产学研合作。

王广宏（2016）在《北京六大高端产业功能区转型升级问题》中提出，北京要以体制改革促进企业转型升级，优化优秀人才发展环境，完善技术创新体系，加快“产城融合”步伐。余剑（2017）等通过研究金融业对支持首都高端产业发展的作用，指出要拓宽北京高端产业的融资途径，提高融资效率，防范融资风险与补偿机制，建立专门服务机构，巩固扩大首都高端产业的优势。

殷剑峰（2018）在《非首都功能疏解下北京高端服务业的发展研究》中对北京高端服务业发展战略、发展现状及存在的问题进行了分析，提出要疏解存量、严控增量，以及降低转移成本、增加融资渠道、完善高端服务人才体系等相关建议。周海蓉（2020）认为全球高端产业顶尖技术和战略环节的争夺将越来越激烈，“自主可控”将成为我国产业创新的战略要点，提出上海强化高端产业引领功能的五大突破口：强化高端技术、高端产品、高端环节、高端产业和高端联群的引领。张益丰、孙治宇（2011）在《高端产业市场性质与集聚形态研究——一个数理分析框架》中，运用 Stackelberg 垄断竞争模型与Hotelling竞争区位模型，分析了以竞争优势企业为核心构建产业集聚的必然性，提出要努力培养符合本地特点的高端龙头产业企业，引进内外资高端产业优势企业，推进高端技术人才聚集发展。赵桂林、郑瑞芳（2016）在《首都六大高端产业功能区发展情况分析展望》中分析了六大功能区的基本发展状况，对未来北京六大产业功能区进行了展望，提出要加强上层制度设计，产业定位要有特色。

4. 国外学者的相关研究

国外学者对高端产业相关内容也进行了研究。普莱斯（Alan H. Price，2016）认为全球的钢铁产业面临着前所未有的产能过剩现象，威胁着全球经济的发展，这种危机对美国经济的发展有重大的影响，提出政府各部门要出台各种措施摆脱产能过剩危机。皮尔森（Daneil R. Pearson，2016）从税法角度分析了美国钢铁产业的产能过剩危机，提出了解决对策，这些对策与我国学者提出的发展高端产业缓解产能过剩有相似之处。

5. 研究评述

通过对国内外学者关于高端产业文献的梳理可以看出，各国学者对高端产业从不同的角度进行了分析。大多数学者对高端产业的研究主要集中在以下几个方面：一是对高端产业进行概念上的划分；二是分析一个国家或区域高端产业发展的现状及存在的问题；三是实证分析高端产业对经济的贡献，并对高端产业未来的发展提出政策性建议。当今时代，各国产业都面临着转型升级问题，而高端产业作为一种可持续发展的产业，受到了政府和学者的重视，对高端产业进行研究符合当今产业发展趋势，具有时效性和实践性。

（二）本节研究内容、方法与创新点

本部分通过对北京高端产业功能区即“六高四新”产业功能区的发展现状、发展优势及其发展问题的研究，阐明北京高端产业功能区在京津冀协同发展中的定位、作用及实现路径。基于高端产业发展理论，主要运用定性与定量相结合的研究方法来分析问题。

1. 定性研究法

通过梳理相关文献归纳目前学界针对高端产业主要研究的是哪些方面的问题、界定高端产业和产业功能区以及与之相关联的一些概念；参阅北京产业发展规划和政府发布的文件，归纳“六高四新”产业功能区在京津冀协同发展背景下的定位与作用问题。

2. 定量研究法

通过对北京高端产业2013—2019年的收入、利润、法人数等数据的分

析，找出北京高端产业功能区存在同构化影响突出、产业结构有待优化、传统产业占比较大等问题；通过对北京各个高端产业年收入利润率的计算得出北京高端产业区发展效率较低的结论。

通过对高端产业相关理论的整理归纳，以北京“六高四新”产业功能区为切入点，整理分析相关指标数据并对北京高端产业进行分析阐述，在此基础上研究北京高端产业在京津冀协同发展下对津冀地区的作用及实现路径问题。

本书创新之处在于课题具有较强的实践性与实效性。京津冀协同发展战略是我国国家层面的发展战略，产业转型升级是当今世界各国产业发展共同面临的问题，大力发展高端产业符合经济发展潮流。将以上内容有机结合在一起，在京津冀协同发展战略背景下对北京高端产业功能区进行现状分析，总结出发展过程中存在的问题并提出解决对策，具有较强的实践性、实效性和参考价值。

（三）高端产业相关概念界定

1. 高端产业的内涵

目前，学界对高端产业尚无统一定义，有学者在界定高端产业时借鉴了全球知名智库布鲁金斯学会 2015 年发表的《美国高端产业》研究报告，将符合规定的两个条件的产业界定为高端产业：一是产业中研发经费占主营业务收入的比重不低于 0.9%；二是研发人员占用工人数的比例不低于 3.7%。通过以上两个条件，本书找出了符合该定义的 12 个产业，并将其作为我国的高端产业。宋伟杰（2008）认为高端产业有广义和狭义之分，狭义的高端产业是指在整个产业体系中处于领导地位的产业；广义的高端产业既包含狭义层面的高端产业，也包括传统产业通过改造升级为高端产业。一些学者则认为高端产业是可持续发展、低耗能、高附加值的产业，高新技术产业属于高端产业范畴。

本书认为：高端产业是能够带动一个地区或一个城市经济高质量向前发展，具有较强的集聚效应和创新性的产业。

高精尖产业、高新技术产业、高端产业之间，既有区别又有一定的联系。北京构建高精尖产业结构与北京的产业升级转型有密切关系。“高”是指北京要发展产业层次较高的、具有引领性的产业；“精”是指产业耗能低，利润空间大；“尖”可以理解为有科技含量，注重科技创新。高新技术产业着重强调科技和创新的作用。从范围来讲，广义的高端产业所包含的范围较大，一定程度上可以包含高精尖产业和高新技术产业（王玉海，2017）。

2. 产业功能区及工业园区的概念界定

产业功能区的发展与我国产业结构转型与升级有着密切的关系。宗刚（2015）等认为，随着我国产业结构优化升级，战略性新兴产业蓬勃成长，产业集群发展已成为提高产业整体竞争力的有效手段。产业功能区因其具有提高周边地区经济水平、促进产业链向外延伸、带动配套服务业发展等优势，逐步成为城市经济发展的核心动力。影响产业功能区发展的因素有很多，如功能区内人口的密度、政府对产业功能区政策的支持力度、产业功能区内部的交通网密度、一个城市的总体规划情况等都会影响该城市产业功能区的发展。与产业功能区相近的另一个概念是工业园区，两者的区别主要是范围大小不同。工业园区主要是企业实体的集聚，是产业功能区最核心的部分。产业功能区主要强调通过产业的集聚，利用各种企业的结构特点形成一个有机整体，以达到单个企业无法实现的效果，节约成本、提高效率并促进创新，从而促进城市经济的发展。

3. 高端产业功能区与新产业区的含义

赵弘（2012）认为高端产业可以从两个方面来进行界定，即行业角度和产业链角度。从行业角度来讲，高端产业是高技术含量、高附加值、低污染性的行业；从产业链角度来讲，高端产业是位于产业链上游的产业。由于高端产业对人才、资金、地理位置、交通情况有较高的敏感性，所以在地理空间上往往有集聚发展的倾向，加上政府政策的引导，就会形成以高端产业要素为集聚因子的高端产业功能区。国外对新产业区的研究历史较长，研究成果较成熟。钟海燕（2020）等认为西方早期的“新产业区”是大量专业化的中小企业集聚区；后来经过不断的发展，新产业区又向前发展，有了新产业空间学派、产业区理论等。田明、樊杰（2003）认为全球化是新产业区产生的背景，创新是新产业区发展的源泉，企业文化和地方文化环境相互融合是新产业区制度文化形成的基础。王缉慈（1998）在《简评关于新产业区的国际学术讨论》中提到新产业区的概念：新产业区是由服务于全国或国际市场的中小企业组成的，是既竞争又合作的中小企业的综合体，它为竞争优势产业提供了区域创新环境，新产业区不仅经济效率高，而且吸纳就业能力也强。

高端产业功能区与新产业区之间既有联系又有区别。两者形成之后都能够促进经济的发展，提高发展的效率；都强调产业间、企业间的技术科技的联系；都能够节省成本，对周围地区的经济发展都有较强的辐射带动力。从两者的区别看，其中最重要的一条是政府所起的作用不同，新产业区要求政府能够健全法律法规，营造一个好的发展环境；而高端产业功能区更多是在政府相关政策的引导下完成的。国外的新产业区有很多已经发展到了一个成熟阶段，众所周知的美国硅谷就属于新产业区，未来我国大力发展的高端产业功能区也是新产业区的发展方向。

（四）理论基础

1. 微笑曲线

微笑曲线是施振荣先生于1922年提出的理论。至今，微笑曲线在分析一个国家或地区的产业结构时仍然有着广泛的应用。

图2－11横轴为产业工序，纵轴为产品附加值。组装环节的产品附加值最低，产品利润空间较小；而在产品的研发阶段和售后阶段，其产品附加值高，利润空间大。我国制造业虽得到了很大程度的发展，但主要还集中在微笑曲线的中间部分，产品附加值低，对环境的污染较大。随着我国经济发展进入新阶段，将不再单纯地关注经济增长的速度，而是更多地将目光投入到经济的发展质量上来。落实到产业上来说，未来我国的产业要从微笑曲线中间向两端发展，即在左侧进行科技投入和创新，在右侧加强销售和售后服务。

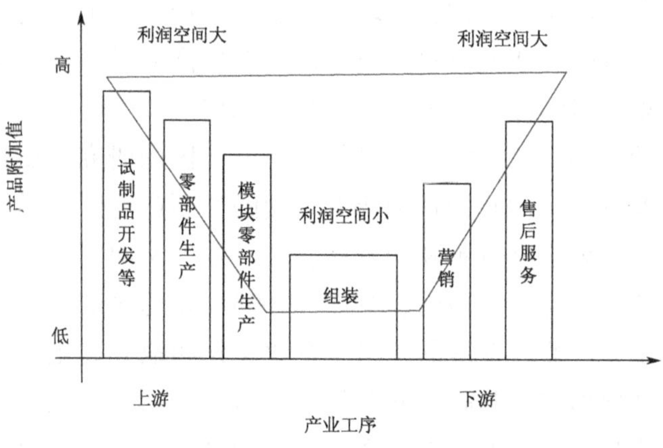

图2－11 微笑曲线图

2. 佩鲁的增长极理论

区域经济增长理论中的增长极理论是在法国经济学家弗朗索瓦·佩鲁的经济增长极理论基础上发展而来的。佩鲁认为经济增长首先出现在具有创新能力的行业，而不是全行业，这些具有创新能力的行业在地理空间上集聚在一起形成了增长极，增长极具有空间集聚特点，是能够推动经济空间发展的集合体。经济增长首先发生在经济增长极上，然后通过各种方式向外扩散，从而促进整个区域的经济发展。

增长极主要通过三个效应来对区域经济活动产生作用：一是支配效应。增长极具有技术、经济方面的先进性，能够通过与周围地区的要素流动关系和商品供求关系对周围地区的经济活动产生支配作用。二是乘数效应。增长极的发展对周围地区的经济发展会产生示范、组织和带动作用，从而加强与周边地区的经济联系。另外，在这个作用过程中，由于受到循环积累因果原理的影响，增长极对周围地区经济发展的作用会不断得到强化和放大，影响范围和程度也随之增大。三是极化和扩散效应。极化效应是指增长极的推动性产业吸引和拉动周围地区的生产要素和经济活动不断趋向增长极，从而加快增长极自身的成长。扩散效应是指增长极向周围地区输出生产要素和经济活动，从而刺激和推动周围地区的经济发展。

从一定角度上看，北京“六高四新”高端产业功能区是区域中一个一个的增长极，功能区内的高端产业可以带动周围地区经济的增长和产业的转型升级；通过增长极的乘数效应，这种作用力会被强化和不断放大。在扩散效应的影响下，其内部的资源会向周围地区扩散，向其输送生产要素和经济活动，从而刺激和促进区域内经济的增长和产业的发展。

3. 韦伯的集聚指向论

区域内产业的集聚和分散取决于集聚因子和分散因子的作用。集聚因子是使企业能够集聚在一起发展的因子，通常企业集聚在一起发展是为了降低生产成本或销售成本，如企业之间的协作、相关设施的共享均为集聚因子。与集聚因子相反，分散因子是促使企业为避免集中所带来的不利影响而分散布局的因子，如地租上升、交通拥堵等让企业迁离的因子均为分散因子。集聚因子的作用分为两种形态：一是由经营规模的扩大而产生的生产集聚，这种集聚一般是由大规模生产的效益所引发的；二是由多种企业在空间上集中生产而产生的集聚，这种集聚所获得的利益主要来自企业之间的协作、分工以及基础设施的共同利用等。

北京“六高四新”高端产业功能区的发展所形成的集聚主要是第二种形态的集聚。中关村国家自主创新示范区主要发展高科技技术，园区内的科研投入、专利产出等指标均有发展优势；金融街主要集中金融类的企业，这里有专门针对金融业发展的政策支持，有大量金融业发展所必需的人才、技术和资金的支持；奥林匹克中心区则多为一些休闲娱乐业，有大量的体育场馆和展会，举行活动方便，能提高场馆的利用率和使用率，实现资源的共享。

本书对微笑曲线、佩鲁的增长极理论以及韦伯的集聚指向论的使用是贯穿全书的。微笑曲线表明产品的研发和售后服务阶段是利润空间最大、产品附加值较高的环节。我国目前的发展阶段、遇到的新问题要求我们必须转变发展理念，从追求经济的速度增长转变到关注经济的质量增长。北京也在“十一五”“十二五”“十三五”规划中提出要发展北京高端产业，建设北京“六高四新”高端产业功能区，这与我国经济发展、产业转型升级的背景是密切相关的。

从佩鲁的增长极理论，我们可以看到北京高端产业功能区未来发展的趋势和方向。在京津冀协同发展背景下，增长极具有乘数效应，北京高端产业功能区的发展在乘数效应作用下，能够更好地带动京津冀其他区域的经济发展和产业转移。

韦伯的集聚指向论表明，产业集聚到一起是有优势的，可以共享基础设施、提高创新能力。北京市“六高四新”高端产业功能区的建设与发展提高了经济增长效率，为北京经济的发展作出了贡献。

二、北京高端产业功能区现状特征与存在问题

（一）北京“六高四新”高端产业功能区发展历程

北京在过去多年的发展中经济方面取得了良好的成绩，首都经济持续快速健康发展，经济综合实力实现了大幅度的跃升。但在前进中也存在着诸多的问题与矛盾：从经济发展方式上来看，多年的粗放型的经济增长方式仍没有得到根本性的转变；在创新方面，创新能力不足，体制不够健全；社会发展中影响发展的体制机制问题需要解决。在此背景下，北京“十一五”规划提出要促进产业结构的转变与升级，大力推进高端产业的发展。例如，要在促进产业集群化发展基础上，全力建设好中关村国家自主创新示范区、金融街、经济技术开发区、商务中心区、临空经济区和奥林匹克中心区即六大高端产业功能区。要逐步推进产业结构调整，坚持走高端产业发展之路。到了“十二五”时期，北京市对六大高端产业功能区提出了进一步的要求，要提升六大高端产业功能区的发展，在“十二五”时期末，六大高端产业功能区增加值占全市经济比重力争达到50%。“十二五”时期中关村国家自主创新示范区被定位为“深化改革先行区、开放创新引领区、高端要素聚合区、创新创业集聚地、战略产业策源地”；北京经济技术开发区要利用大兴的行政资源，发挥政策资源整合的优势，充分发挥高端产业引领和带动作用；金融街要注重功能完善与服务提升，增强吸引金融核心要素的能力；奥林匹克中心

区充分利用好现有奥运场馆设施，推进国家级文化设施建设，大力发展博物馆经济；临空经济区要以空港枢纽和天竺综合保税区为依托，积极开展保税服务和离岸金融业务。

“四新”高端产业功能区是北京市在六大高端产业功能区的基础上，为了城市产业功能拓展、提升和优化配置需求而提出的。“十二五”规划提出，通州高端商务服务区位于北京城市副中心，要依托新城开发，重点发展总部经济；新首钢高端产业综合服务区要统筹规划首钢主厂区及周边石景山、门城等地资源，重点发展文化创意产业、高技术产业等产业，努力成为产业转型升级的示范区；丽泽金融商务区引导金融信息咨询、文化金融、新兴金融机构及商务总部等要素集聚，强化要素交易功能，打造具有全国辐射力的新兴金融功能区；怀柔文化科技高端产业新区大力发展会议休闲会展业、科技研发业、高技术产业和文化创意产业，构建具有国际高端水平、特色鲜明、综合竞争力强的文化科技高端产业功能区。

“十二五”时期，“六高四新”高端产业功能区得到了良好的发展。如“十二五”时期，专利申请量与授权量累计分别达到58.8万件和32.3万件，分别比“十一五”时期增长1.8倍和2.2倍。“十三五”时期，北京市“六高四新”高端产业功能区的发展又前进了一步。“十三五”规划提出，要充分发挥北京“六高四新”高端产业功能区的作用，推动京津走廊、京广线、京九线三条产业带协同发展，共同建设“4+N”战略合作功能区。京津走廊要提高京津冀地区科技研发水平和专利成果转化水平，建设高新技术产业带。京广线要统筹利用永定河绿色生态廊道的良好生态环境，强化科技创新资源向南辐射，带动周边区域创新发展。京九线要推动沿线地区及城市产业的转型升级发展。

构建“4+N”产业合作格局是为了形成京津冀地区产业对接协作的集聚效应。“4”是曹妃甸协同发展示范区、北京新机场临空经济区、天津滨海-中关村科技园、张承生态功能区等四大战略合作区。要聚焦“4”，然后通过资本输出、技术输出、管理输出、人才输出等协作方式，引导一批企业向合作功能区转移。

与“十二五”规划相比，“十三五”规划更注重北京“六高四新”高端产业功能区的向外辐射作用。“六高四新”不再仅聚焦自身以及北京市的发展，而是向外辐射其影响力。通过推动京津走廊、京广线、京九线等产业带的协同发展以及“4+N”战略合作功能区的建设，能够有效地带动沿线地区和城市经济的发展。当今世界正面临百年未有之大变局，科技和创新成为这场大变局中的关键变量。北京市“十四五”规划强调未来几年，北京要抓住机会，勇于创新，强化中关村国家自主创新示范区先行引领作用，建设创新创业高地；加强区域协同联动，提高经济发展效率；实现高端产业区职住平衡，提高人民生活幸福指数。

从“六高四新”高端产业功能区提出建设以来，北京市政府根据其在每一个阶段的发展现状和存在问题，在编制五年规划时对其提出了新的要求与期望。从“十一五”到“十四五”，北京“六高四新”高端产业功能区为北京经济的发展作出了巨大贡献。五年规划也从重点发展“六高四新”高端产业功能区，到“六高四新”与周围产业区或经济带相结合带动周围地区或城市发展，再到强调创新的作用，实现高端产业功能区职住平衡，更加关注人民生活幸福感。根据现实情况的变化不断地调整规划内容，使得北京市“六高四新”高端产业功能区在政策的指导与支持下保质保量地向前发展。

（二）北京六大高端产业功能区的收入情况分析

表2－22、图2－12和图2－13显示了北京市六大高端产业功能区2012—2019年的收入情况。从图2－12中可以看到，北京市六大高端产业功能区2012—2019年收入逐年提高，从2012年的45 451.8亿元提高至2019年的94 040.7亿元。中关村国家自主创新示范区收入明显高于其他五个高端产业功能区，2019年达到了63 637.7亿元。奥林匹克中心区2016年收入首次以120.9亿元超过了首都机场临空经济示范区，并且2016年后的收入合计均高于首都机场临空经济示范区的收入。2016年1—11月，六大高端产业功能区规模以上法人单位实现收入57 098.8亿元，占全市的52.1%，较上年同期提高1.6个百分点；增速比全市收入平均增速高3.1个百分点，对全市收入增长的贡献率达79.4%，接近八成。“十一五”后，在政府政策指导下，各高端产业功能区的收入均稳步提升。从收入的角度来看，北京各高端产业功能区都对北京市经济的发展作出了贡献，而各个高端产业功能区内部的产业发展也有自身的特征和优势。

表2－22　北京六大高端产业功能区2012—2019年收入合计　　（单位：亿元）

年份	中关村国家自主创新示范区	金融街	北京商务中心区	北京经济技术开发区	首都机场临空经济示范区	奥林匹克中心区	收入总计
2012	24 283.4	8 109.6	5 854.5	4 328.3	3 619.3	2 876	45 451.8
2013	29 655.8	8 093.2	7 018.3	4 787.3	3 790.8	3 041.1	51 567.1

续表

年份	中关村国家自主创新示范区	金融街	北京商务中心区	北京经济技术开发区	首都机场临空经济示范区	奥林匹克中心区	收入总计
2014	35 154. 6	8 895. 2	7 278. 1	5 589. 9	4 774. 4	2 692	58 432. 2
2015	39 516. 6	10 764	7 018. 3	6 670. 1	3 986. 6	2 618. 8	63 979
2016	44 326. 4	10 016	7 201. 2	8 065. 6	4 149	4 269. 9	69 805. 3
2017	51 337. 5	10 054. 6	7 362. 4	9 795. 6	4 210. 6	4 790. 8	78 261. 8
2018	56 389. 1	13 023. 7	7 732. 8	11 142. 1	3 794	4 340. 4	85 705. 7
2019	63 637. 7	13 466. 9	7 342. 8	13 368. 8	4 059. 5	4 658. 2	94 040. 7

资料来源：2012—2019 年《北京区域统计年鉴》。下同。

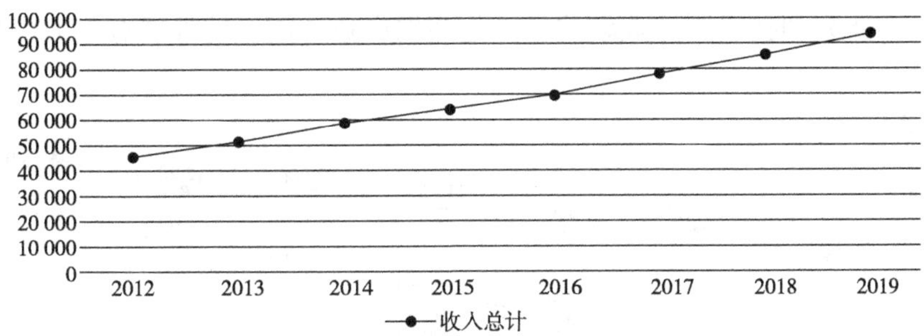

图 2－12　北京六大高端产业功能区 2012—2019 年收入合计（单位：亿元）

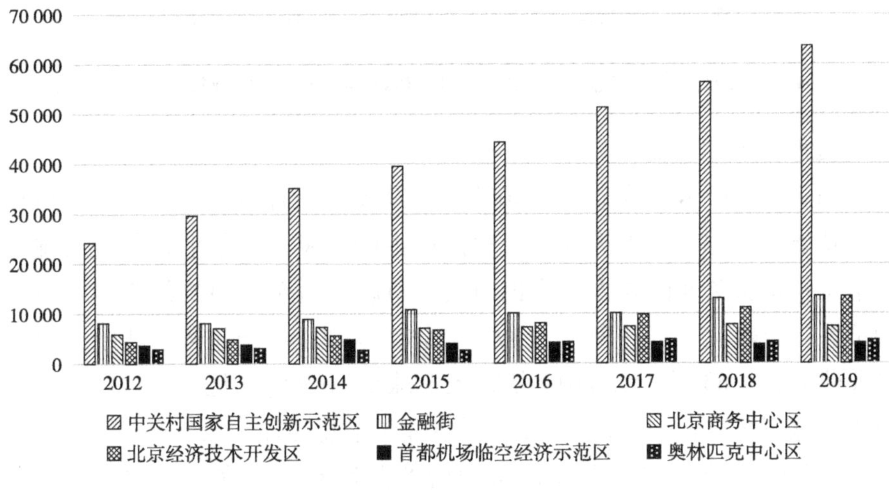

图 2－13　北京六大高端产业功能区 2012—2019 年收入比较（单位：亿元）

1. 中关村国家自主创新示范区各行业收入

图2－14为中关村国家自主创新示范区各行业收入对比图，从中可以较直观地看出2013—2019年中关村国家自主创新示范区在工业，信息传输、软件和信息技术服务业方面的收入呈现上升趋势。工业从2013年的8 553.7亿元上升至2019年的13 903.9亿元；信息传输、软件和信息技术服务业从2013年的3 890.1亿元上升至2019年的11 339.7亿元。科学研究和技术服务业2013—2019年收入变化情况大致呈现出先上升后下降的趋势。2013—2017年呈现上升趋势，从2013年的3 625.9亿元上升至2017年的5 989.1亿元，后又下降至2019年的4 734亿元。其中，2013—2014年科学研究和技术服务业收入变化幅度最大。中关村国家自主创新示范区被视为中国的“硅谷”，创新能力较强，功能区内有众多高科技公司，也得到国家和北京市政府关于创新发展方面政策的支持，因此功能区内的信息传输、软件和信息技术服务业以及科学研究和技术服务业较北京其他高端产业功能区的发展有很大优势。

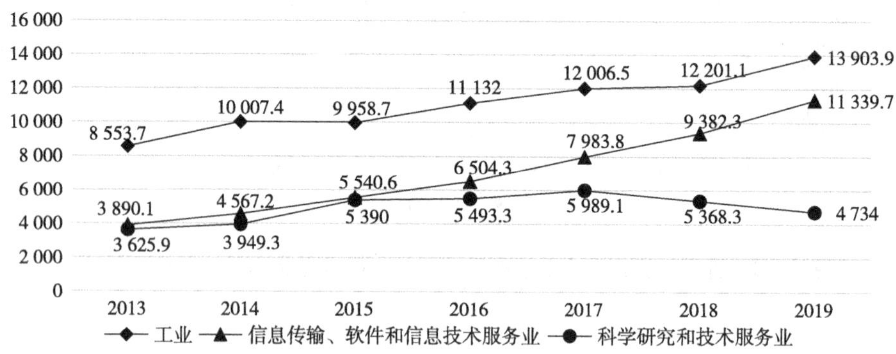

图2－14　中关村国家自主创新示范区2013—2019年各行业收入对比（单位：亿元）

2. 金融街各行业收入

如图2－15所示，从金融街2013—2019年各行业收入情况看，金融街高端产业功能区金融业收入远远高于功能区内的批发和零售业及信息传输、软件和信息技术服务业的收入，这也与北京市政府对金融街的战略定位有着密切的关系。金融业2013—2019年收入整体上呈现正增长趋势。其中，2013年金融业收入为4 631亿元，2019年收入上涨至10 907.5亿元，2013—2019年间收入上涨了6 276.5亿元。批发和零售业及信息传输、软件和信息技术服务业2013—2019年收入变化较缓。金融街批发和零售业收入2013—2016年逐年下降，从2013年的1 736.7亿元下降至2016年的971.4亿元，而后上升至

2018 年的 1 408 亿元，2019 年又下降至 1 145. 2 亿元。信息传输、软件和信息技术服务业收入 2013—2019 年大致呈现上升趋势，从 2013 年的 320. 9 亿元上升至 2019 年的 468. 4 亿元。从金融街的发展定位来看，金融街有着很多要素和政策优势，能够吸引与金融业发展有关的人才、资本、技术，这些要素集中到金融街又进一步为金融街金融业的发展注入了强大动力，使得金融业成为金融街的支柱性产业，也成为北京市经济增长和税收的贡献者。

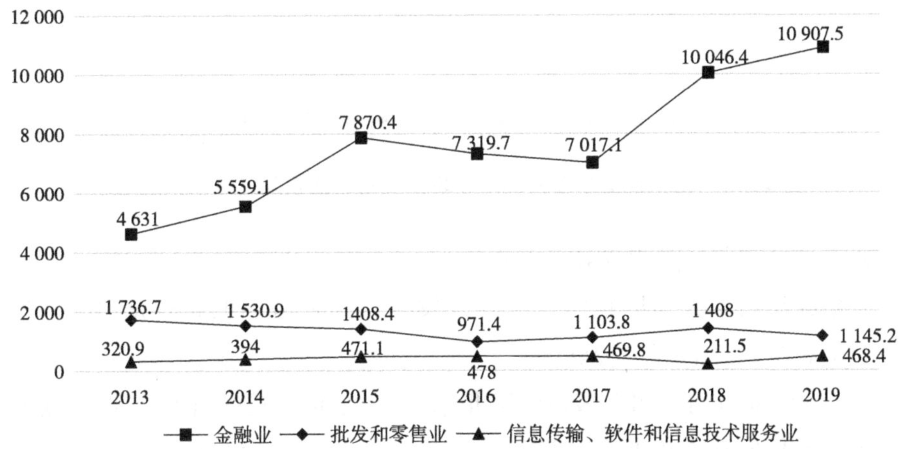

图 2－15　金融街 2013—2019 年各行业收入（单位：亿元）

3. 北京商务中心区各行业收入

图 2－16 显示了 2013—2019 年北京商务中心区各行业收入情况。北京商务中心区收入最高的行业为批发和零售业，2013—2014 年收入涨幅最大，从 2013 年的 2 213. 6 亿元上升到 2014 年的 3 343. 2 亿元；2014—2016 年北京商务中心区批发和零售业收入逐年下降，从 2014 年的 3 343. 2 亿元下降到 2016 年的 2 832. 5 亿元；2016 年后又逐年平稳上升，2019 年北京商务中心区批发和零售业的收入达到了 3 136. 9 亿元。2013—2019 年北京商务中心区金融业收入大致呈现上升趋势，2013 年为 973 亿元，2018 年上升至 2 071. 7 亿元，2019 年又下降至 1 608. 8 亿元。北京商务中心区租赁和商务服务业收入从 2013 年的 2 446. 2 亿元下降至 2014 年的 1 152. 3 亿元后平稳发展，2014—2019 年各年的收入变化幅度不大。北京商务中心区有众多的世界 500 强企业，如丰田、通用等，也是中央电视台、人民日报等中央媒体的驻地，其发展潜力大，凭借自身的地理优势和政策优势将吸引更多的国际企业入驻，进而促进企业创新能力的增强和北京经济水平的提高。

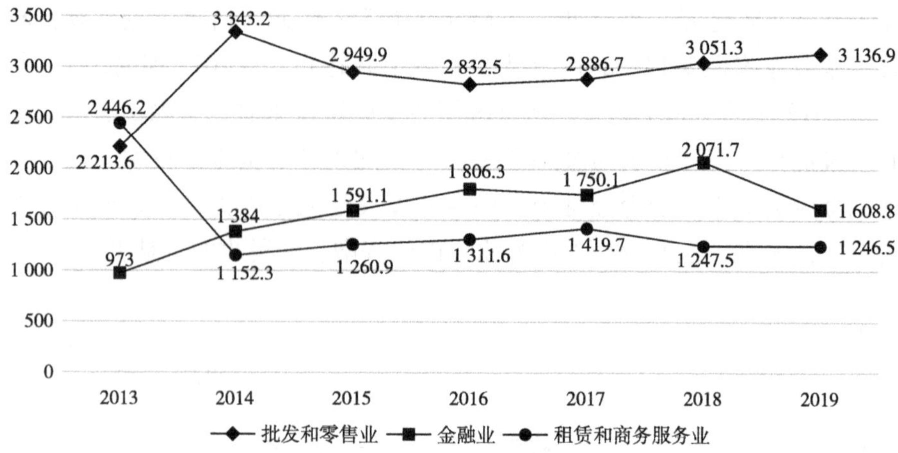

图 2－16　北京商务中心区 2013—2019 年各行业收入（单位：亿元）

4. 北京经济技术开发区各行业收入

北京经济技术开发区是国家级的开发区，开发区内的企业众多，有完整的工业生态链，生态环境较好。

图 2－17 显示了 2013—2019 年北京经济技术开发区各行业收入变化情况。工业及批发和零售业是北京经济技术开发区收入较高的两个行业。可以看出，上述两个行业 2013—2019 年的收入逐年上升，2013 年北京经济技术开发区工业收入为2 427.7 亿元，2019 年上升至 4 420.9 亿元。批发和零售业的收入从 2013 年的1 690.9 亿元上升至 2019 年的 7 184.1 亿元。北京经济技术开发区科学研究和技术服务业 2013—2019 年收入较低且发展平稳，从 2013 年的 106.1 亿元上升至 2019 年的 319.5 亿元。

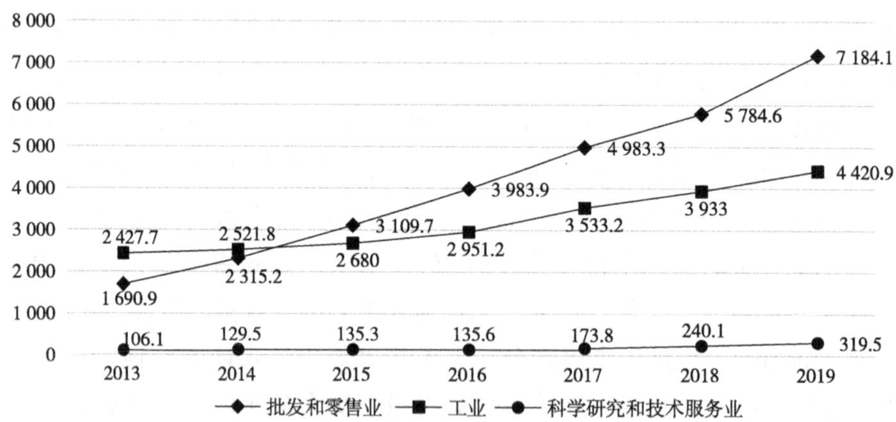

图 2－17　北京经济技术开发区 2013—2019 年各行业收入情况（单位：亿元）

5. 首都机场临空经济示范区各行业收入

图2－18显示了首都机场临空经济示范区各行业2013—2019年收入变化情况。交通运输、仓储和邮政业及租赁和商务服务业2013—2019年收入变化平稳，两行业均大致呈现上升趋势，而工业收入变化情况波动较大。首都机场临空经济示范区交通运输、仓储和邮政业的收入从2013年的1 346亿元上涨到2019年的2 026.6亿元，2013—2019年期间上涨幅度达到了680.6亿元。租赁和商务服务业收入2013—2019年变化幅度不大，收入最高的是2014年的193亿元，最低的为2013年的115.6亿元，2019年租赁和商务服务业收入为171.7亿元。首都机场临空经济示范区工业2014—2018年收入逐年下降，从2014年的1 780.7亿元下降至2018年的332.8亿元，下降幅度为1 447.9亿元；首都机场临空经济示范区2013年和2019年工业收入分别为1 649.5亿元和397.9亿元。从图2－18可以清晰地看出，首都机场临空经济示范区工业的发展规模日益缩小，这和北京市的定位及工业外迁政策息息相关。

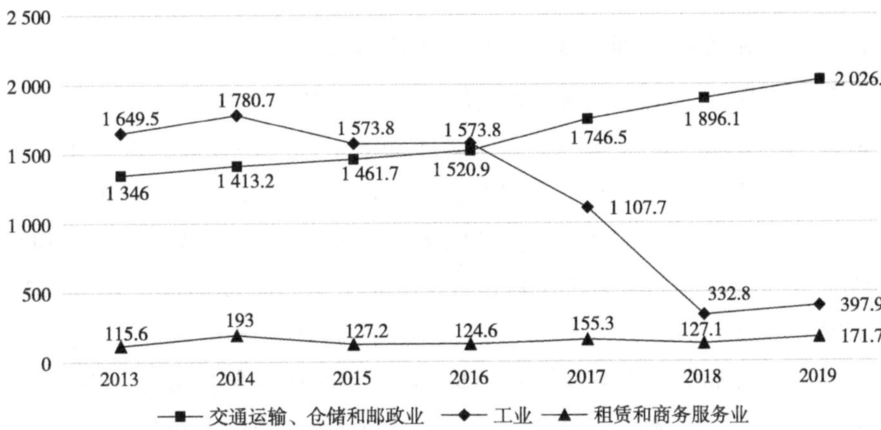

图2－18　首都机场临空经济示范区2013—2019年各行业收入情况（单位：亿元）

6. 奥林匹克中心区各行业收入

图2－19显示了奥林匹克中心区2013—2017年各行业收入变化情况。从图2－19中可以看出，批发和零售业的收入是奥林匹克中心区各行业收入中最高的。2017年奥林匹克中心区批发和零售业的收入最高，为2 446.8亿元；2015年最小，为1 373.9亿元。交通运输、仓储和邮政业2013—2017年的收入大致呈现上升趋势，从2013年的97.9亿元上升至2017年的139.4亿元。工业的收入则从2013年的198.3亿元下降至2017年的122.2亿元。2018年

和2019年奥林匹克中心区建筑业的收入分别为350.3亿元和399.5亿元；批发和零售业的收入分别为2 060.3亿元和2 127.1亿元；科学研究和技术服务业的收入分别为585.7亿元和586.9亿元。

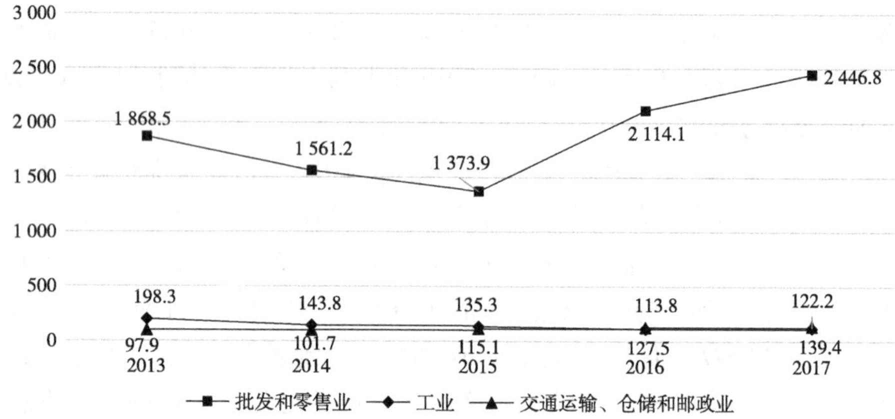

图2-19　奥林匹克中心区2013—2017年各行业收入（单位：亿元）

（三）北京高端产业功能区法人单位情况

表2-23显示了北京高端产业功能区2015—2019年法人单位数合计。从一个地区的法人单位数可知一个地区企业的数量和经济发展状况。中关村国家自主创新示范区作为国家级高端产业功能区，其法人单位数量远远高于其他五个产业功能区，除2018年法人数量略有下降外，其他各年的法人单位数均逐年上涨；金融街的法人单位数量少于其他五个产业功能区，其中2019年为531家，为2015—2019年间最小值，最多的为2015年的689家；北京经济技术开发区、首都机场临空经济示范区2019年的法人单位数均达到上千家，分别为1 031家、1 000家；2019年奥林匹克中心区的法人单位数量为1 623家，为2015—2019年间最大值。在经济增长稳中有升的同时，"六高"规模以上法人单位就业形势保持平稳，人均产出效率提高。

表2-23　北京高端产业功能区2015—2019年法人单位数合计　　（单位：家）

年份	中关村国家自主创新示范区	金融街	北京商务中心区	北京经济技术开发区	首都机场临空经济示范区	奥林匹克中心区
2015	6 870	689	1 780	775	811	921
2016	7 058	681	1 759	794	800	1 492

续表

年份	中关村国家自主创新示范区	金融街	北京商务中心区	北京经济技术开发区	首都机场临空经济示范区	奥林匹克中心区
2017	7 690	657	1 730	844	847	1 546
2018	7 408	577	1 675	783	790	1 392
2019	8 030	531	2 003	1 031	1 000	1 623

资料来源：2015—2019 年《北京区域统计年鉴》。

（四）北京高端产业功能区利润

从产业功能区的年利润情况可以看出产业功能区的发展质量。表 2－24、图 2－20 和图 2－21 显示了北京市六大高端产业功能区 2012—2019 年利润情况，可以看出 2012—2019 年六大高端产业功能区的利润是波动上升的，2012 年六大高端产业功能区的利润合计为 6 296.5 亿元，2019 年六大高端产业功能区的利润总计为 13 008.5 亿元。2018 年为近几年最高值，为 13 134.8 亿元。从图 2－21 可以看出，金融街的利润各年均位列六大高端产业功能区之首，紧随其后的为中关村国家自主创新示范区和北京商务中心区；北京经济技术开发区、首都机场临空经济示范区和奥林匹克中心区则位列后三位，2012—2019 年利润较低。

表 2－24　北京高端产业功能区 2012—2019 年利润情况（单位：亿元）

年份	中关村国家自主创新示范区	金融街	北京商务中心区	北京经济技术开发区	首都机场临空经济示范区	奥林匹克中心区	利润总计
2012	1 755.3	3 433.6	556.5	212.2	257.3	286.1	6 296.5
2013	2 247.5	3 513.3	707.2	276.5	281.9	199.7	6 941.2
2014	3 014	3 740.5	1 010.6	249.2	385.6	199.9	8 302.3
2015	3 443.3	5 701.8	1 134.4	384.6	412.9	195.5	10 863.7
2016	3 761.7	4 320.4	1 335.9	399.7	330.4	220.8	9 872.3
2017	4 357.6	4 823.7	1 363.2	581.5	384.1	87.1	11 001.5
2018	4 582.5	6 601.1	1 403.1	635.4	336.2	244.9	13 134.8
2019	4 358.5	6 840.5	1 140.7	665.4	405.8	258.1	13 008.5

资料来源：2012—2019 年《北京统计局区域统计年鉴》。下同。

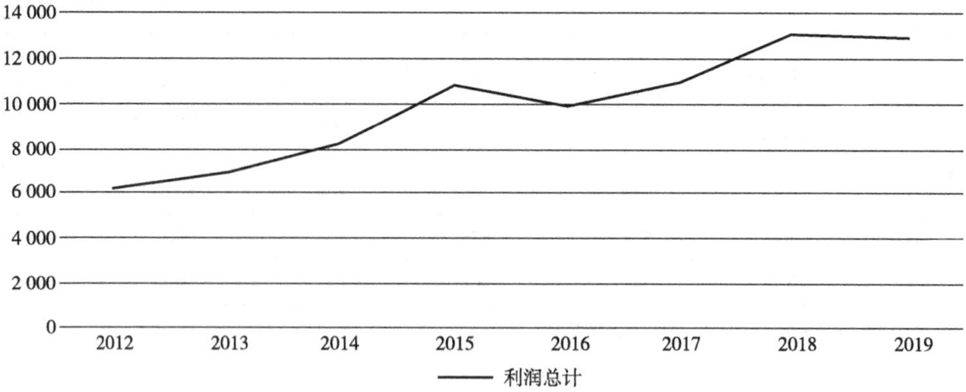

图 2－20　北京高端产业功能区 2012—2019 年利润统计（单位：亿元）

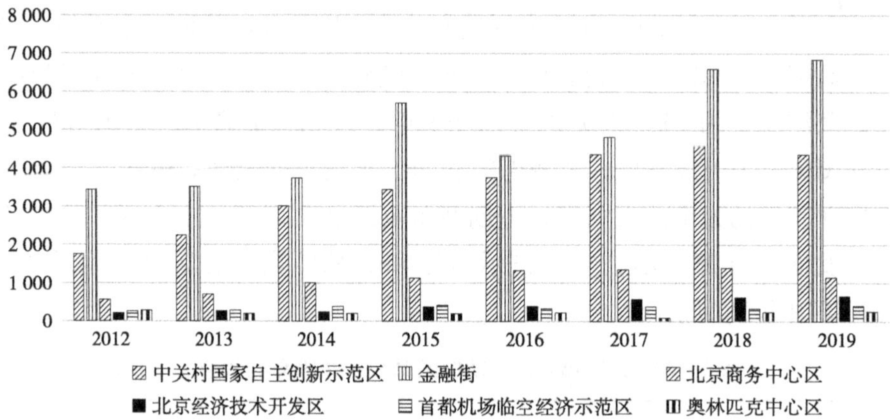

图 2－21　北京高端产业功能区 2012—2019 年利润统计（单位：亿元）

1. 中关村国家自主创新示范区各行业利润情况

图 2－22 显示了中关村国家自主创新示范区 2013—2019 年各行业利润。可以看到，对中关村国家自主创新示范区利润贡献最大的是工业。2017 年工业利润为1 192. 9 亿元，为 2013—2019 年间最高值，2019 年工业的利润值为 1 131. 5 亿元；信息传输、软件和信息技术服务业对中关村国家自主创新示范区利润的贡献仅次于工业，2013—2018 年信息传输、软件和信息技术服务业利润逐年上涨，从 2013 年的 481. 9 亿元上涨至 2018 年的 1 020. 8 亿元，2019 年略有下降；科学研究和技术服务业的利润值 2013—2019 年间处于波动上升状态，最高值为 2017 年的 456. 5 亿元。

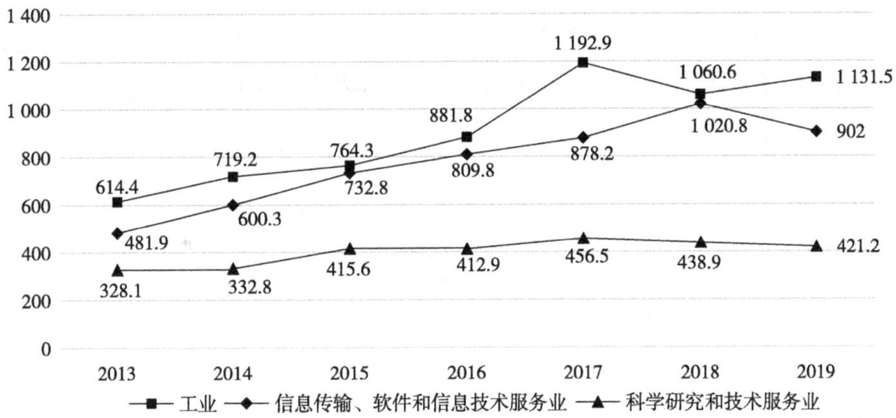

图 2－22　中关村国家自主创新示范区 2013—2019 年各行业利润（单位：亿元）

2. 金融街各行业利润情况

从图 2－23 可以看到，金融业对金融街利润贡献最大，2019 年金融街金融业的利润达到了 5 378 亿元，为 2013—2019 年间最高值；信息传输、软件和信息技术服务业也为金融街利润作出了重要贡献，2013—2019 年处于波动变化中，2019 年金融街信息传输、软件和信息技术服务业的利润达到 1 172. 7 亿元；金融街批发和零售业的利润较低，在 2016 年出现了亏损状况，2019 年其利润为 56. 5 亿元。

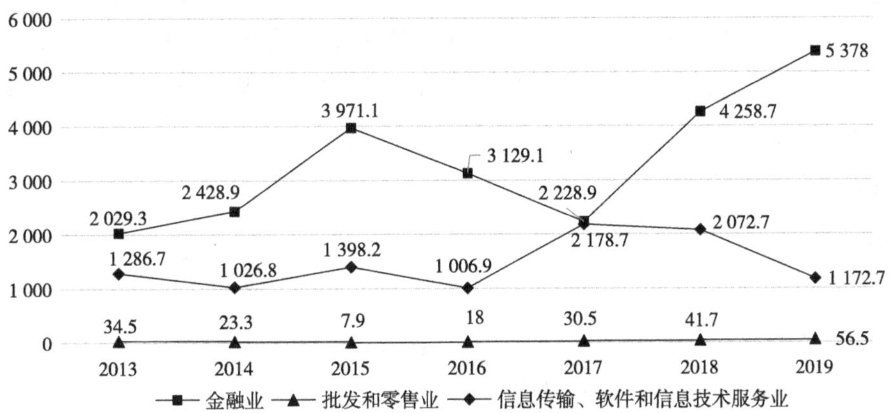

图 2－23　金融街 2013—2019 年各行业利润（单位：亿元）

3. 北京商务中心区各行业利润情况

图 2－24 显示了北京商务中心区 2013—2019 年各行业利润数据。与金融街类似，金融业对北京商务中心区的贡献最大，2018 年金融业利润为 1 073. 7

亿元，2019 年利润为 708.6 亿元；批发和零售业处于平稳上升状态，利润从 2013 年的 78.9 亿元上升至 2019 年的 217.8 亿元，上升幅度为 138.9 亿元；租赁和商务服务业则处于波动变化中，2018 年租赁和商务服务业利润为 41.6 亿元，2019 年上升至 90.3 亿元。

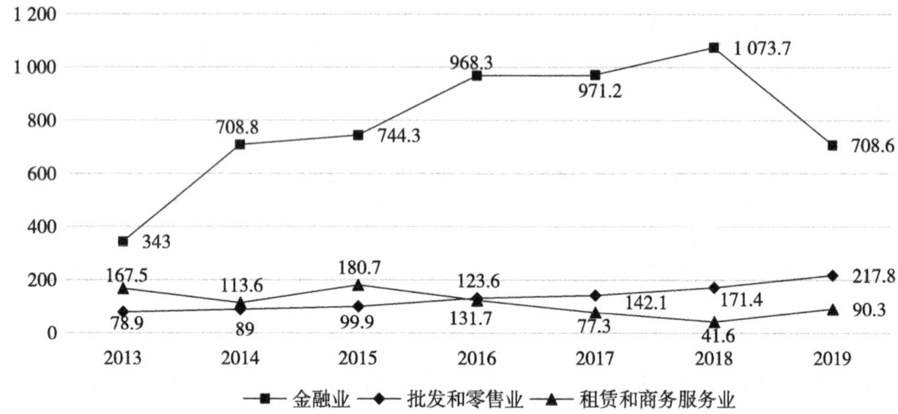

图 2－24　北京商务中心区 2013—2019 年各行业利润（单位：亿元）

4. 北京经济技术开发区各行业利润情况

图 2－25 显示了北京经济技术开发区 2013—2019 年各行业利润情况。可以看出，工业是北京经济技术开发区发展的优势产业，2013—2019 年北京经济技术开发区工业利润总体上呈现出上升趋势，从 2014 年的 177.2 亿元上升至 2019 年的 527.1 亿元，2017 年上升幅度最大，为 126.2 亿元；与工业相比，批发和零售业、科学研究和技术服务业 2013—2019 年利润值较小且变化幅度不大。

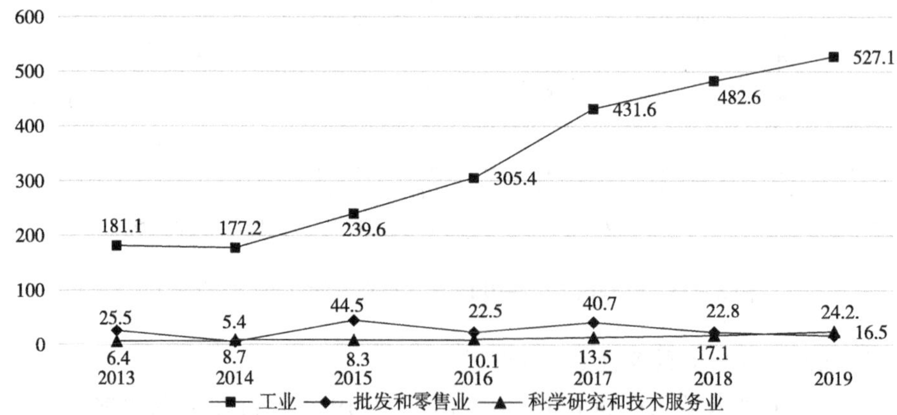

图 2－25　北京经济技术开发区 2013—2019 年各行业利润（单位：亿元）

5. 首都机场临空经济示范区各行业利润情况

图 2－26 显示了 2013—2019 年首都机场临空经济示范区各行业利润情况。可以看出，工业利润变化较大，大致呈现下降趋势，最大值与最小值间相差 184. 1 亿元。交通运输、仓储和邮政业及租赁和商务服务业 2013—2019 年利润浮动上升，交通运输、仓储和邮政业利润从 2013 年的 73. 4 亿元上升至 2019 年的 136. 5 亿元；租赁和商务服务业利润从 2013 年的 16 亿元上升至 2019 年的 44. 9 亿元。整体来看，首都机场临空经济示范区各行业利润与其他高端产业功能区相比稍显逊色。

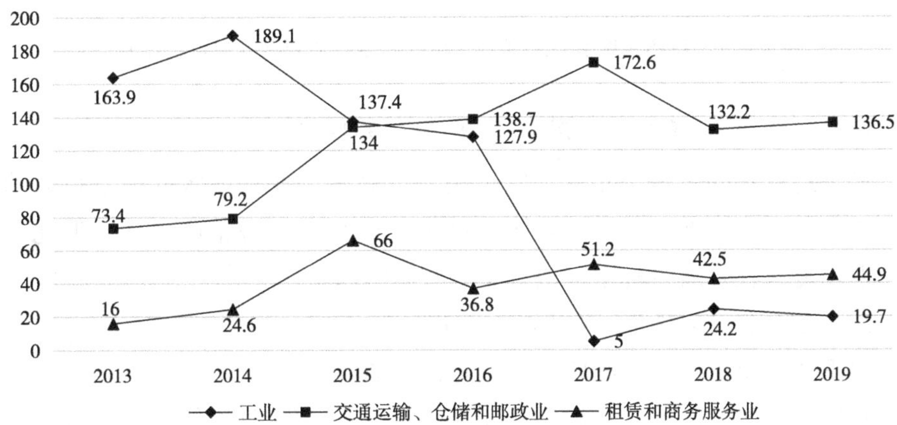

图 2－26 首都机场临空经济示范区 2013—2019 年各行业利润（单位：亿元）

6. 奥林匹克中心区各行业利润情况

图 2－27 显示了 2013—2017 年奥林匹克中心区各行业利润情况。2013—2017 年间奥林匹克中心区利润较高的是科学研究和技术服务业，2016 年其利润达到了 80. 3 亿元，2017 年为 66. 7 亿元；批发和零售业利润波动较大，总体呈现下降趋势，2013—2016 年为盈利状态，2017 年为亏损状态，亏损额为 144. 2 亿元；工业利润变化较为平稳，有亏损也有盈利。2018 年、2019 年奥林匹克中心区建筑业的利润分别为 0. 1 亿元和 4. 9 亿元；批发和零售业的利润分别为 58 亿元和 39. 5 亿元；科学研究和技术服务业的利润分别为 49 亿元和 24. 4 亿元。

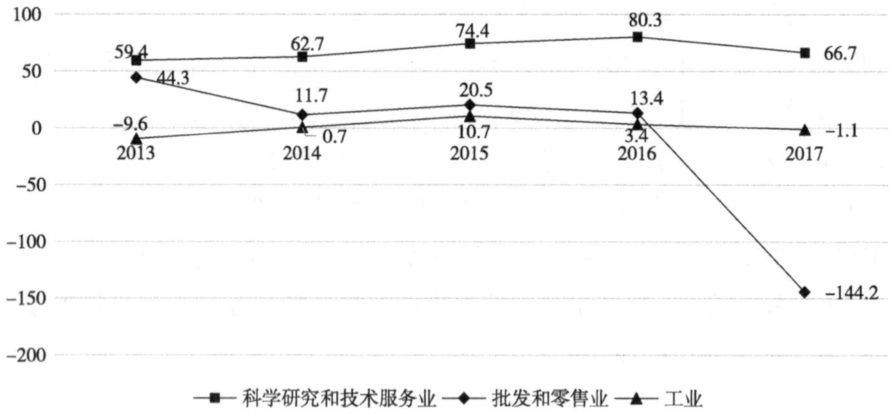

图 2-27　奥林匹克中心区 2013—2017 年各行业利润（单位：亿元）

（五）北京高端产业功能区发展存在的问题

经过近几年的发展，北京“六高四新”高端产业功能区取得了很大的进步，成为北京经济增长的重要载体，对北京 GDP 的贡献清晰可见，但北京高端产业功能区在发展过程中也遇到了一些制约因素。

1. 产业结构有待优化，传统产业比重大

根据北京市第三次和第四次全国经济普查数据，在“六高”产业结构演进过程中，虽然二次产业结构比重不断下降，第二产业单位数、从业人员数占“六高”全部单位数和全部从业人员数的比重均有所下降，但从第三产业内部结构变动情况来看，批发和零售业以及交通运输、仓储和邮政业等传统产业比重仍然较大，并呈现上升趋势。与上海相比，北京高端产业功能区低附加值行业较多，高新技术及一些高端产业的发展较为落后。

2. 区域产业同构化明显

从六大高端产业区内部产业结构的变化情况来看，产业同构化现象较为明显。在营业收入占比位居服务业前五位的行业中，批发和零售业各功能区均有发展。2017 年，批发和零售业的营业收入在金融街、北京商务中心区、北京经济技术开发区和奥林匹克中心区中分别占到 2.15%、39.21%、50.87%、51.07%；2018 年，批发和零售业的营业收入分别占到金融街、北京商务中心区和北京经济技术开发区的 2.5%、39.46% 和 51.92%；2019 年占比分别为 1.8%、42.72%、53.74%（见表 2-25）。交通运输、仓储和邮政业主要分布在首都机场临空经济示范区、金融街、中关村国家自主创新示范区和北京经济技术开发区；金融业主要分布在金融街、北京商务中心区和奥林匹克中心区。各高端产业功能区内部产业同构化情况较为明显，缺乏各自的特色和独一无二的产业。

表 2－25　北京高端产业功能区 2013—2019 年批发和零售业占营业收入比重

年份	金融街	北京商务中心区	北京经济技术开发区	奥林匹克中心区
2013	5.86%	31.54%	35.32%	61.44%
2014	4.35%	45.94%	41.42%	57.99%
2015	3.56%	42.03%	46.62%	52.46%
2016	2.19%	39.33%	49.39%	49.51%
2017	2.15%	39.21%	50.87%	51.07%
2018	2.50%	39.46%	51.92%	—
2019	1.80%	42.72%	53.74%	—

资料来源：基于 2013—2019 年《北京统计局区域统计年鉴》数据计算而来。

3. 发展效率偏低

表 2－26 显示了北京高端产业功能区 2012—2019 年各产业功能区年收入利润率情况。年收入利润率为各功能区利润总额与营业收入总额的比值。从各功能区年收入利润率看，金融街年收入利润率高于其他五个产业功能区，2012—2019 年间均保持高于 40% 的年收入利润率，2015 年金融街的年收入利润率达到了 52.97%，为近几年最高，2019 年金融街的年收入利润率为 50.79%。北京商务中心区年收入利润率低于金融街的年收入利润率，但高于中关村国家自主创新示范区、北京经济技术开发区、首都机场临空经济示范区、奥林匹克中心区的年收入利润率，除 2012 年未达到 10% 以外，其他各年北京商务中心区的年收入利润率均高于 10%；2016 年为 18.55%，2019 年为 15.53%。中关村国家自主创新示范区、北京经济技术开发区和奥林匹克中心区 2012—2019 年年收入利润率均低于 10%。首都机场临空经济示范区 2015 年和 2019 年的年收入利润率超过 10%，其他各年份也均低于 10%。这表明在六大高端产业功能区产业结构中，传统产业仍占据重要地位，高端产业中低附加值环节较多，导致收入利润率偏低，制约高端产业引领作用，金融街的年收入利润率较高与金融街发达的金融业有密切关系。

表 2－26　北京高端产业功能区 2012—2019 年年收入利润率

功能区	中关村国家自主创新示范区	金融街	北京商务中心区	北京经济技术开发区	首都机场临空经济示范区	奥林匹克中心区
2012	7.23%	42.34%	9.51%	4.90%	7.11%	9.95%
2013	7.58%	43.41%	10.08%	5.78%	7.44%	6.57%
2014	8.57%	42.05%	13.89%	4.46%	8.08%	7.43%
2015	8.71%	52.97%	16.16%	5.77%	10.36%	7.47%
2016	8.49%	43.13%	18.55%	4.96%	7.96%	5.17%
2017	8.49%	47.98%	18.52%	5.94%	9.12%	1.82%
2018	8.13%	50.69%	18.14%	5.70%	8.86%	5.64%
2019	6.85%	50.79%	15.53%	4.98%	10.00%	5.54%

资料来源：2012—2019 年《北京统计局区域统计年鉴》。

4. 管理体制仍以辖区管理为主，产业功能区之间存在壁垒

作为全市层面的高端产业功能区，六大高端产业功能区在管理体制上仍以“辖区”管理为主（见表 2－27）。例如，中关村科技园区管理委员会作为市政府派出机构，仅负责对中关村科技园区发展建设进行综合指导，各园区均有相对独立的管理机构。六大高端产业功能区的“辖区”管理体制容易出现“一亩三分地”思维。在编制区域规划、制定产业发展政策时，各产业功能区往往从辖区自身发展角度出发，忽视与周边区域协调与产业协同，容易出现争资源、争政策、比发展速度等现象，融合发展难度较大。同样，“四新”也存在着这样的问题。如何将北京的高端产业功能区整合起来充分利用资源，是提高北京市经济发展效率的关键。

表 2－27　北京六大高端产业功能区各主管部门

高端产业功能区	主管部门
中关村国家自主创新示范区	中关村科技园区管理委员会
金融街	西城区金融服务办公室
北京商务中心区	北京商务中心区管理委员会
北京经济技术开发区	北京经济技术开发区管理委员会
首都机场临空经济示范区	北京临空经济核心区管理委员会
奥林匹克中心区	北京奥林匹克公园管理委员会

资料来源：通过首都之窗的相关政府文件整理而来。

5. 区域创新体制机制不健全，创新动力和活力不足

区域创新是实现产业融合、推进区域融合的重要条件。区域创新体系不健全，“六高四新”尚未建立协同创新机制，严重制约产业转型与高端产业功能区之间的融合发展。以中关村国家自主创新示范区为例，作为国家级的创新示范区，中关村国家自主创新示范区拥有充足的国家政策和资金的支持，园区距离各大高校及研究机构较近，创新潜力大。但是，相比其他地区的高端产业功能区或者国外的高端产业功能区来讲，园区内的企业拥有的自主性较小，企业内部的创新动力和能力不足。在产学研合作模式上，仍以项目合作开发、委托开发等低层次合作为主，共建技术中心、技术开发机构和战略联盟等协调创新较少，创新成果转化率和产业化程度较低。另外，由于土地、人力、商务等成本上涨较快，园区内的企业发展规模受到限制，在科技成果转化链条中处于关键环节的中小企业压力较大；而各个高端产业功能区之间的政策资源、资金等分布也不均匀，中关村国家自主创新示范区的政策资源、人才资源、资金资源较北京其他高端产业功能区而言更为充分。

三、北京高端产业功能区在首都经济发展中的定位与作用

（一）“六高四新”高端产业功能区发挥作用的方式

1. 强化中关村国家自主创新示范区在创新发展中的核心地位

中关村国家自主创新示范区作为国家级创新示范区，在京津冀协同发展中，应充分发挥自身地理位置、人才、科技和知识等方面的优势，全面提升引领支撑作用和辐射带动力，努力建成全球具有影响力的科技创新中心。要发挥中关村国家自主创新示范区的试点、探索作用，形成能够复制推广的发展模式，促进京津冀地区创新能力和水平的提高；要统筹建设创新平台，为企业的创新活动提供支持；健全各个高端产业功能区之间的协同发展机制，促进各个高端产业功能区的发展；统筹利用国家和北京市政府给予中关村国家自主创新示范区的政策优势和资源，向国际创新能力强的高端产业功能区看齐，加快自身发展。

2. 北京商务中心区要聚焦高精尖产业，提升经济发展质量

北京商务中心区内企业众多，有很多规模以上企业和世界500强企业（如德意志银行、丰田等），以及中央电视台、人民日报等中央媒体单位，产业区发展基础好，未来前景广阔。在定位方面，北京商务中心区要瞄准高精尖产业，提升自身的经济质量和经济实力。利用国家和北京市政府的一系列

政策资源努力建设好北京商务中心区，吸引海外著名企业入驻，推动一系列重要项目落地实施建设；加大对北京商务中心区高端产业落地的投资力度，增强发展后劲；促进科学技术和文化产业的融合，利用产业区内的传媒行业优势，推动优质的文化品牌项目落地；通过相应的政策鼓励区内企业重视创新，并努力提高各自的科技创新能力。

3. 金融街要抓住国内国际发展机遇，打造高水平开放金融街

金融街是北京发展金融业的主要载体，对首都经济的发展和税收贡献很大。金融街的定位是围绕首都金融业发展，抓住国内国际发展机遇，打造高水平开放的金融园区。要利用现有的优势和资源，充分提高自身的服务水平和服务质量，吸引更多优质项目落地实施；利用首都优势，增强与国外国际金融机构的交流和合作，在开放合作中促进自身发展；提高金融业风险防范能力，促进金融业健康持续发展；政府也要对金融业的发展和项目实施进行监督，尽到管理部门的监督责任；在京津冀协同发展背景下，用自身的实力辐射带动其他地区和城市的发展。

4. 北京经济技术开发区应大力发展现代制造业和高技术制造业

表 2 – 28 显示了 2020 年北京经济技术开发区四大主导产业的总产值和利润总额。四大主导产业为汽车及交通设备产业、电子信息产业、装备制造产业、生物工程和医药产业。其中，工业总产值最大的为汽车及交通设备产业，为 2 139.8 亿元，较上年增长 6.8%；增速最快的为电子信息产业，为 7.1%；利润总额增速最快的也是电子信息产业，为 77.2%。北京经济技术开发区的现代制造业和高技术制造业是其发展的优势产业，未来应继续支持企业通过产品结构调整扩大有效供给，形成一批以小米等为代表的智能工厂，稳步提升企业营商环境，释放企业创新活力。

表 2 – 28　北京经济技术开发区 2020 年工业总产值和利润总额

指标	工业总产值		利润总额	
	绝对数（亿元）	比上年增长（%）	绝对数（亿元）	比上年增长（%）
四大主导产业	4 070.4	5.7	481.6	1.5
汽车及交通设备产业	2 139.8	6.8	301.5	–2.3
电子信息产业	845.3	7.1	66.1	77.2
装备制造产业	568.7	4.7	62.7	15.7
生物工程和医药产业	516.6	0.6	51.3	–31.0

资料来源：2020 年《北京经济技术开发区统计公报》。

5. 首都机场临空经济示范区充分发挥航空企业集聚优势，带动园区企业高质量发展

首都机场临空经济示范区位于北京北部，由顺义人民政府进行规划管理。对于首都机场临空经济示范区的定位为国家级临空经济转型升级示范区。针对这一定位，首都机场临空经济示范区要聚焦航空服务领域，大力发展自身优势产业；要促进园区内经济的转型升级，为临空型经济探索出一条能够复制、可以推广的产业转型升级之路；同时也要注重园区内的生态环境，将首都机场临空经济示范区建设成一个宜居绿色的高端产业功能区。

6. 大力发展奥林匹克中心区文体娱乐业

奥林匹克中心区拥有很多体育场馆，体育赛事较多，文体活动频繁，这里有着其他高端产业功能区不可比拟的优势，应大力发展文体娱乐业。奥林匹克中心区应抓住 2022 年冬奥会契机，大力发展冬奥会经济，带动园区产业的转型升级；在京津冀协同发展背景下，也要注重与河北石家庄的联系，利用冬奥会的机会，大力促进产业功能区内产业的发展与转型升级。

7. 通州高端商务区以建设城市副中心为契机，大力发展总部经济

通州高端商务区的建设面积有 100 多万平方米，目前主体楼宇已经基本建设完毕，将来这个区域会聚集高端产业、企业总部、高端现代服务业。作为北京城市副中心，通州高端商务区在未来十年中将得到快速的发展。对于通州高端商务区发展的定位为，以建设北京城市副中心为契机，大力发展通州高端商务区的总部经济和高端制造业。作为北京城市副中心，通州是承接北京城区非首都功能的主要阵地，而通州高端商务区也将承接北京中心城区的企业。北京市政府欲将通州高端商务区打造成一个发展总部经济、现代服务业的功能区。

8. 新首钢高端产业综合服务区打造城市复兴新地标

新首钢高端产业综合服务区是北京“十二五”规划中“六高四新”的“四新”之一和北京加快西部地区转型的核心区，交通方便，具有较强的辐射力和影响力。未来新首钢高端产业综合服务区要努力成为前沿科技引领区、国际交流展示区、后工业城市活力区和生态景观休闲区；重点发展电子信息、节能环保新能源产业。

9. 丽泽金融商务区

丽泽金融商务区是北京市政府和丰台区政府大力发展的新型金融功能区，是首都金融业发展的新空间。丽泽金融商务区强调的是多功能复合利用，不仅是工作区域，也是居住区域。除了大型金融业外，区内也有一些国外企业总部。

未来丽泽金融商务区发展要注重开发与保护并重，重视商务区环境优美、历史文化底蕴浓厚的特点，在发展中注重现代经济发展与传统历史文化的融合。

10. 怀柔文化科技高端产业新区

北京全面加快怀柔科学城、中国（怀柔）影视产业示范区建设，进一步完善雁栖湖生态发展示范区配套设施，大力发展影视文化产业、科技研发产业、会展休闲产业和商贸金融产业，重点打造原创性、基础性、前沿性科技成果研发基地。

（二）北京高端产业功能区在京津冀协同发展中的作用

第一，在京津冀协同发展背景下，北京高端产业功能区的发展能够提升津冀地区的创新能力。北京高端产业的发展位于全国各大城市高端产业发展前列，中关村国家自主创新示范区、怀柔文化科技高端产业新区创新活力较强，创新型人才集聚。而津冀地区，尤其是河北缺乏发展高端产业所必需的优质产业资本和人力资本。在京津冀协同发展背景下，北京高端产业功能区的发展将能够有效提升津冀地区的创新能力。提高企业的创新能力是今后产业转型升级的关键，是一个国家或地区经济高质量发展的必要条件，也是提高本国产业和产品在国际市场中的竞争力的重中之重。从微笑曲线中可以看到，一个产品的研发阶段和售后阶段是产业附加值最高的部分，对经济的发展而言是最经济的部分。

第二，北京高端产业功能区的发展能够促进津冀地区产业的转型升级。在产业转移方面，北京、天津之间以水平转移为主，垂直转移为辅；北京、河北之间以垂直转移为主，水平转移为辅。北京高端产业功能区的不断发展能够优化北京产业结构，促进产业升级，实现经济的高质量发展；而一些不适合北京定位和未来发展的产业在京津冀协同发展背景下将逐步转移至天津和河北，从而带动津冀地区经济的发展和产业的转型升级。北京高端产业功能区能够利用自身的优势辐射带动津冀地区的经济和产业发展，进而增强京津冀地区经济的可持续发展能力。

四、北京高端产业功能区充分发挥作用的实现路径

（一）以体制改革促进“六高四新”产业功能区内产业转型升级

北京“六高四新”高端产业功能区的形成发展模式是在政府政策指导下进行外资引领、贸易带动的产业升级，是一种政府政策主导下的产业升级；而国外的一些产业功能区则是更多地在市场主导下由产业自发集聚形成的，

一些在国际上占据产业价值链高端地位的产业功能区，如美国硅谷、英国剑桥科技园大致都是这种模式。与国外产业功能区近些年的发展进行对比可以发现，中国的产业功能区发展效率较低，功能区的发展对政府政策的依赖性较为明显。

基于以上背景，北京“六高四新”高端产业功能区应以体制改革为抓手，完善功能区管理体制和运行体制，深化功能区内管理体制变革，大力发展中介服务业，使产业功能区的服务向市场化方向转变。管理各个高端产业功能区的管委会则应该集中主要精力管理功能区内的重大事务的决策与管理，逐步转化为一种“小政府、大市场”的管理和运行模式。

（二）借鉴国际经验，注重由制造型向研发型、服务型功能区转变

微笑曲线表明，产业链的两端（一般是设计和销售环节）拥有更大的产业附加值，而中间环节制造的附加值最低。国外许多著名的高端产业功能区基本位于微笑曲线两端，其产业附加值和利润率都比较高。例如，美国硅谷聚集了很多高技术产业公司，负责新产业的研发和销售，而产品的制造环节则由一些发展中国家的代理加工厂进行生产；产品收入绝大部分属于高技术研发公司，而代理加工厂只能获得少量的收益。

北京“六高四新”高端产业功能区未来的发展方向也应朝着研发和销售方向迈进，注重由制造环节向研发环节、服务环节转变。具体可进行两个方面转变：一是注重人才的作用。21 世纪是创新制胜的时代，人才是区域经济发展最重要的因素。北京“六高四新”高端产业功能区应加大引进国内外人才的力度，通过为高端人才提供便利的工作环境、优化引进人才的政策等措施，切实为高端人才提供工作生活上的便利，解决其后顾之忧，助力北京高端产业功能区产业转型升级。二是要注重由资源能源消耗型向绿色节能环保型转变，以资源环境约束促进功能区转型升级。虽然近些年来北京“六高四新”高端产业功能区第二产业比重有所下降，但第三产业中的传统产业占比依然很大甚至有上升的趋势，在很大程度上会阻碍北京市高端产业功能区的发展效率与发展速度，这与北京高端产业功能区未来的发展方向和政府政策不相符。北京高端产业功能区的未来发展应向绿色环保方向转变，这条转变路径符合新发展理念和发展方向。

（三）增强北京高端产业功能区自主创新能力

当今世界正面临百年未有之大变局，我国发展的国际环境发生了很大变化，保护主义、单边主义、贸易主义频频抬头，全球化发展遇到了极大挑战。

一段时间以来，美国在一些关键性技术上对中国“卡脖子”，这些举措在一定程度上对中国某些行业以及经济的发展产生了负面影响，而这其中最核心的是科技的竞争。关键技术是买不来、求不来的，突破这种局面的唯一也是最有效的办法就是提高自主创新能力和水平。科学技术是第一生产力，发展北京高端产业功能区离不开科学技术的运用。科学技术水平的提高可以促进北京高端产业功能区经济的发展，提高北京高端产业功能区的自主创新能力：一是要营造大众创业、万众创新的社会氛围，提高社会成员积极创新的兴趣、创业的激情；二是应为创业者提供创业方面的帮助，如北京各产业功能区管委会可为功能区内部的创业者提供资金支持，也可通过管委会的渠道，邀请一些知名的成功企业家为功能区内的企业人员提供创业方面的专业指导，帮助他们在创业道路上走得更加顺利。

（四）增强北京高端产业功能区之间的合作与联系，在相互合作中走向共赢

北京“六高四新”高端产业功能区有各自的管委会，负责各自产业功能区内部的各种事务，但各产业功能区之间缺乏相应的联系与合作，造成每个产业功能区管委会只负责各自的“一亩三分地”，而忽视了产业功能区之间的联系，造成各自为政的现象。只有将各个部分整合起来，有机地组合成一个整体，才能使整体所起到的作用远远大于各个部分所起作用之和。因此，在未来的发展中，北京市高端产业功能区应该做好“加法”，要加强北京市市级层面的统筹协调作用，尤其是在大型项目落地、优质资源配置方面，做好市级层面的整体统筹和整体协调，加强产业功能区之间的利益联系；根据产业功能区各自的定位、优势、特色因地制宜，合理安排资源，确保各个产业功能区都能得到适合自身发展的资源，提高自身经济实力。

（五）发挥北京“六高四新”高端产业功能区对津冀的辐射带动作用

北京与天津作为高端产业发展的优势城市，产业基础完善、区位条件优良、科研实力雄厚，应当重视产业发展质量，不断优化产业结构，加快向高端化、集聚化、融合化的方向发展；同时，应当进一步发挥北京高端产业功能区对周边地区的辐射带动能力。京津冀三地要依据各自的产业定位建立新型的产业分工格局，引导产业有序按梯度转移，改变信息不对称的结构性扭曲，破解产业转移中的机制障碍；建立区域统一的信息发布平台和产业匹配交易平台，将企业的区位选择与地方政府的招商引资结合起来。

第三章　京津冀产业关联与产业波及效应测度

第一节　重点区域开发对京津冀地区产业功能体系的影响

进入“十四五”时期，京津冀协同发展迎来了承上启下的关键阶段，加快推进京津冀协同发展成为国家战略重点。在过去七年的发展中，北京中关村、天津滨海新区、河北曹妃甸三个重点区域充分发挥自身优势，成功促进了北京非首都功能的疏解和京津冀一体化的发展，同时也推动了三地自身产业结构的不断优化，大部分产业实现转型升级，区域经济得到高质量发展，对京津冀地区产业功能体系的影响日益增加。本部分从重点区域主导产业群培育、产业定位与选择出发，运用区位商和前后向直接消耗系数计算法分析滨海新区、曹妃甸、中关村主导产业发展的专业化水平及主导产业与其联系产业之间的相互影响，以此探究三个区域的开发对京津冀产业体系的影响。

一、研究意义、文献综述与主要内容

（一）研究背景

京津冀地区是我国继珠三角与长三角之后的第三大增长极，承担着建设世界级城市群的重任，在带动北方经济高质量发展中具有重要的战略地位。一直以来，推动城市群内产业分工协作与功能互补，实现错位发展、相互支持的发展局面，增强中心城市对周边地区的辐射带动作用、缩小区域差距都是京津冀协同发展的重点课题①。经过七年的协同奋斗，众多发展亮点在京津冀地区快速成长并成为推动京津冀长远发展的核心驱动力，其中中关村、滨海新区、曹妃甸三个重点区域尤为显著。

---

① 唐少清，姜鹏飞，李剑玲．京津冀地区产业协同机制研究［J］．区域经济评论，2017，25（1）：81－88.

在国家的发展战略功能定位中，滨海新区承担着建设成为外向型经济新平台、内陆腹地出海口、创新发展新引擎的重任，其主要的任务是打造北京非首都功能疏解的重要承载地[①]。七年来滨海新区充分利用港口优势和产业基础，在承接转移项目的同时优化自身产业结构，在推动京津冀产业一体化方面作出了极大贡献。2019 年，滨海新区承接北京非首都功能项目 1 160 个，协议投资额超过 3 147.39 亿元；自 2015 年以来，累计承接北京非首都功能项目 3 634 个，协议投资额超过 10 151.36 亿元。唐山曹妃甸位于环渤海的中心地带，是“一带一路”建设和京津冀协同发展的重要交汇点，依托丰富的石油、天然气等资源优势和已形成规模的工业物流业，曹妃甸聚焦产业，抓住机会招商引资，在承接京津产业项目转移和非首都功能疏解上大有作为。中关村的开发开放致力于打造具有全球影响力的世界领先科技园区，从一开始的电子一条街演变到如今的“一区十六园”，中关村的成果向全世界彰显了中国的“创新力量”。

三个重点地区的开发建设对京津冀协同发展产生了极大的推动作用。各区域亦在充分竞争的基础上实现了分工协作与错位发展，利用各自优势形成了各具鲜明特色又相互联动的产业发展局面，在很大程度上助推了区域间发展要素及创新资源的优化配置，促进了京津冀地区产业协同发展[②]。进入“十四五”时期，各区域也都制定了新的五年规划和目标，朝着共建世界级城市群的方向努力，三个重点地区的开发也将持续对京津冀的产业体系产生一系列重要影响。

（二）研究意义

1. 理论意义

从研究现状来看，国内许多专家学者已对京津冀的产业发展进行了大量研究，尤其是有关产业转移与产业承接的探讨更是层出不穷。但从系统性来看，已有的研究对象大多是京津冀整体，覆盖范围虽广，但缺乏对个体的针对性研究。本部分选取了京津冀地区的三个重点区域（中关村、滨海新区、曹妃甸）作为研究对象，从分析框架上进一步细化了关于京津冀地区产业体系的研究。

本书从影响产业体系构成的因素入手，梳理了产业体系影响机理的国内外研究动态；在相关学者对京津冀产业体系研究的基础上，进一步概括出当

---

① 强国．京津冀协同发展加快承接非首都功能疏解［M］．北京：九州出版社，2020：146.

② 李国平．将京津冀打造成区域协同发展的样板［J］．群言，2021，433（4）：22－24.

前京津冀城市群产业体系的基本特征。同时，采用投入产出分析法对三个具有代表性的重点区域内的产业进行分析比较研究，运用前向与后向直接消耗系数对区域间的产业关系进行探究，进而延伸至对京津冀整体产业体系的影响讨论，进一步丰富京津冀产业体系的研究方法。

2. 实践意义

自《京津冀协同发展规划纲要》出台以来，京津冀内部各区域在推进各产业对接合作、打造三地产业链、形成区域间产业的合理布局和上下游联动机制等方面都取得了积极进展。"十四五"时期，加快形成京津冀世界级城市群，准确把握各区域定位，优化区域整体产业结构，建设一、二、三产业紧密融合的京津冀现代产业体系将成为实现京津冀产业协同发展的重要手段，也是应对当前及未来国内外各种挑战的重大战略任务。重点区域的良性健康发展直接决定着地区发展的水平。京津冀协同发展想要提速增效，势必要对各重点区域进行科学规划与引导。本书在研究滨海新区、曹妃甸和中关村三个重点区域开发对京津冀产业体系影响的基础上，总结经验，改良优化规划方案：一方面要有利于更深层次地推动三个区域的有效开发，另一方面也要促进京津冀一体化协调发展。

（三）国内外文献研究综述

1. 国外有关产业体系的研究

国外学术界关于产业体系的研究大多采用的是定性与定量的分析方法。在定性分析方面，埃文斯和格里高利（Evans S. & Gregory M.，2009）主张可持续发展产业体系的成功建立需以技术发展、学术研究和政策导向为基础①；兰科斯（Rancois，2010）等则认为服务业比制造业更能促进经济的有效增长、创造更多的就业机会②。在定量分析上，Jaehua Lee 等（2009）对 25 个国家的制造业和服务业的面板数据进行分析，认为财政投入是影响产业结构的重要因素③；德鲁克（Joshua Drucker，2013）提出产业结构的微观方法，将产业分工、产业竞争结构等要素作为生产函数中的自变量进行相关计算，

---

① EVANS S，GREGORY M，RYAN C，et al. Towards a sustainable industrial system：With recommendations for education，research，industry and policy［M］. University of Cambridge Institute for Manufacturing and Cranfield University，2009.

② RANCOIS，JOSPEH，BERNARD HOEKMAN. Services trade and policy［J］. Journal of Economic Literature，2010（48）：642 - 692.

③ JAEHUA LEE. Trade，FDI，and productivity convergence：A dynamic panel data approach in 25 countries［J］. Japan and the World Economy，2009（21）：226 - 238.

得出经济多元化和竞争结构优化都是产业能力提升的重要法宝这一结论[①]。

2. 国内有关区域开发的研究

区域开发是人们对特定区域的自然、经济、文化及技术等各种资源进行开发利用，在保障区域资源环境、经济社会和谐统一的前提下，增强区域经济自我发展能力和推动社会进步的过程[②]。王慧早在1996年就提出在区域开发中如何建立产业体系、实现生产要素在各产业部门之间的优化配置，在很大程度上决定着区域能否持续且有效地发展，主张进行区域开发首先必须建立全面正确的产业结构合理性评价的基本准则，基于此再去探讨实现区域产业优化的途径，同时应把可持续发展理念融入基本准则[③]。卢正惠在国内外经济学家探索的大量关于区域开发中主导产业的选择基准基础上，进一步探讨了适用于我国区域开发的选择基准，以便于区域开发和主导产业的选择。其补充的主导产业选择基准包括收入弹性基准、生产率上升基准、产业关联度基准、比较优势基准、经济效益基准、产业寿命周期基准及生态环境与可持续发展基准[④]。吴殿廷等学者从区域开发中产业定位变化的角度探讨了地方政府对不同产业应采取的对策，认为区域开发的关键是依靠支柱产业、扶持先导产业、建设主导产业。具体而言，对于支柱产业，政府的作用是适时提供技术援助，但其发展主要靠自身；对于先导产业，政府应给予优惠政策和必要的财政援助；主导产业的建设需要社会招商引资，政府则提供引导与服务，发展配套产业[⑤]。周鲁耀和周功满将开发区与特色小镇两种区域开发模式进行了对比，详细阐述了二者在形态和策略上的差别：开发区倾向于大空间的全面开发，由政府进行强势主导，具有更强的产业集聚性和经济先导性；而特色小镇是小区域的开发规划，强调对产业的耐心培育，是一种区域综合治理。开发区可以建设特色小镇为依托，在保有其产业优势的同时，弥补公共服务领域的短板，并逐步实现发展模式的转型升级，形成并行互补[⑥]。

---

① JOSHUA DRUCKER A，EDWARD FESER. Regional industrial structure and agglomeration economies：An analysis of productivity in three manufacturing industries［J］. Regional Science and Urban Economics，2012（42）：1－14.

② 叶裕民．中国区域开发论［M］．北京：中国轻工业出版社，2000.

③ 王慧．区域开发规划中产业结构合理化问题探讨［J］．人文地理，1996（S2）：74－76.

④ 卢正惠．区域开发中主导产业的选择基准［J］．经济问题探索，2001（6）：108－111.

⑤ 吴殿廷，王旭，肖敏，等．产业地位变化与区域开发的产业模式研究［J］．地域研究与开发，2006（2）：7－13.

⑥ 周鲁耀，周功满．从开发区到特色小镇：区域开发模式的新变化［J］．城市发展研究，2017，24（1）：51－55.

3. 关于京津冀产业体系的研究

杨光宇认为京津冀产业体系的构建核心是形成产业链上下游合理分工体系，因此需要积极探索三地融合发展的激励机制、推动建立统一的要素市场以及探索建立生态建设补偿机制①。魏丽华总结了京津冀产业体系发展滞后的原因（包括产业结构的差异度与同构度均偏高、利益分配机制不合理等），在此基础上提出要增强重点区域的产业辐射带动能力，缩小发达地区与周边地区产业结构、发达城市与周边城市综合实力的梯度差，构建产业协同利益分配机制，进而实现跨区域产业体系的结构科学②。颜廷标发现近五年来京津冀三地推动的产业转移其实主要是产业平移，属于产业分工或产业内分工的调整与优化，协同效应并没有得到充分发挥。未来深入推进京津冀产业协同发展，重点要由产业分工、产业内分工向产业链分工转变。在企业成功转移后还需进一步转型升级，根据京津冀禀赋差异来进行产业链分工，进而才能发挥比较优势以构建较为完备的现代化产业体系③。陈根来与王英姿探索了京津冀构建产业体系与世界级城市群关系的内在逻辑与耦合效应，并分析了京津冀产业体系建设的制约瓶颈，包括各区域的战略定位不佳、重要动力源的效力不强、机制体制障碍突出、区域产业辐射带动力和活力缺乏以及绿色发展的建设迟缓。同时，两位学者提出，京津冀产业体系的构建要把握国际国内发展大格局、进一步细化规划布局、推进京津双城联动的引擎作用、促进京津雄金三角资源共享，最根本的是要打破地方政府间的保护壁垒，破除制约发展的机制体制障碍④。

4. 研究评述

从学者们对京津冀产业体系相关研究可以发现，京津冀产业体系构建过程中主要存在着区域战略定位不佳、机制体制障碍、协同效应不明显、产业结构同构度偏高等问题，且这些研究大多基于京津冀整体区域去探讨，在一定程度上缺少针对特定范围的研究。本部分选取了京津冀协同发展过程中备受社会关注的三个重点区域——滨海新区、中关村和曹妃甸进行研究，分析三个地区的开发对京津冀产业体系的影响，从区域开发的角度为京津冀产业体系的构建提出建议，将研究范围细化以期提高研究的参考性和政策建议的

① 杨光宇．区域一体化视角下的京津冀产业协同发展研究［D］．兰州：兰州大学，2015.

② 魏丽华．京津冀产业协同发展的困境分析［J］．开发研究，2016（2）：117－121.

③ 颜廷标．深入推进京津冀产业协同发展的有效路径［N］．河北日报，2019－06－05（007）.

④ 陈根来，王英姿．京津冀构建现代产业体系的战略思考［J］．天津商业大学学报，2019，39（4）：3－7，13.

可操作性。

（四）主要研究内容

重点区域开发对京津冀地区产业体系的影响内容可分为五个部分：

（1）绪论。首先，介绍重点区域开发对京津冀地区产业体系影响的研究背景及研究意义；其次，分别对国外学术界基于产业体系的研究及国内关于区域开发和京津冀产业体系的研究进行综述；最后，指出研究内容、研究方法以及可能的创新之处。

（2）对三个重点区域开发的最新进展及在京津冀产业体系中的地位进行分析。研究滨海新区、中关村和曹妃甸三个重点区域的经济概况及产业定位和选择；研究京津冀经济圈整体发展情况。

（3）重点区域开发对京津冀产业体系影响的实证研究。通过投入产出分析法，计算三个重点区域主导产业区位商和前向与后向直接消耗系数并分析产业间的相互影响。

（4）重点区域开发对京津冀地区产业体系影响的归纳总结。通过实证分析结果，探究滨海新区、曹妃甸、中关村对北京、天津、河北三地的交叉影响及对京津冀整体协同发展的综合影响。

（5）对策建议。为推动京津冀一体化深入发展，助力打造世界级京津冀城市群，充分发挥重点区域建设对区域产业体系的正向作用，提出相应的对策建议。

（五）研究方法与创新点

1. 研究方法

（1）文献研究法。通过梳理国内外有关重点区域开发对地区产业体系影响的相关文献，对地区产业体系的影响机理形成整体的认知；通过对相关学者关于京津冀产业体系研究的分析，深入了解京津冀城市群产业体系的发展历程。

（2）数据分析法。通过官方网站获取三个重点区域及京津冀地区的相关指标，用横向分析与纵向分析法对三个区域产业体系动态变化特点和比较优势进行研究。

（3）区位商值法。通过区位商的计算确定重点区域主导产业中专业化水平最高的产业。

（4）投入产出分析法。采用直接消耗系数的前后向分析法探究各个产业间的相互影响关系，进而分析三个区域开发对京津冀地区产业体系产生的影响。

2. 创新点

本部分的研究在视角方面有一定创新性。通过文献梳理发现，现有的大量关乎京津冀协同发展的研究集中于河北产业承接力与京津产业转移方面，鲜有将京津冀三者联立起来进行研究的。本部分选取了北京、天津、河北三省市中对京津冀协同发展贡献巨大、作用突出的中关村、滨海新区以及曹妃甸进行综合分析，研究角度与维度比较新颖。在研究方法上，将区位商与投入产出法二者结合起来，就中关村、滨海新区、曹妃甸三者对京津冀地区产业体系的影响进行实证分析。其中，关于区位商的计算不再以产业所在省市作为比较对象，而是选取京津冀整体范围指标作为分母，增加了数据与研究主题的匹配度。

二、滨海新区、曹妃甸与中关村的区域发展状况与特点

（一）滨海新区开发优势与经济发展特点

2006 年滨海新区开发开放被纳入国家战略，2014 年京津冀协同发展上升为重大国家战略。滨海新区成为享受双重国家战略的宠儿，众多政策利好的叠加，给滨海新区带来了前所未有的发展机遇。经过多年的努力，滨海新区的开发开放取得了显著的成绩。

1. 滨海新区的开发优势

回顾世界各城市群区域经济的发展历程可以发现，中心城市和龙头地区的辐射带动作用是明显且直观的。作为环渤海地带的中心城市，滨海新区的开放开发在加快京津冀世界级城市群构建中具有独特的优势①。首先是区位优势。滨海新区位于京津城市发展轴的端点和环渤海城市带的中心位置，海陆空立体交通发达，拥有跻身世界 20 强的深水大港，是我国中西部 20 个省重要的国际贸易海上通道。其次是资源优势。滨海新区拥有大量可供开发的闲置土地，水资源和石油资源也相当丰富。再次是工业基础优势。目前，滨海新区已经形成了电子信息、汽车和装备制造、石油海洋化工，以及现代冶金、生物制药等一系列支柱型的产业。特别是近些年来，航空航天工业在滨海新区异军突起，总部经济和服务外包，以及众多新型的服务产业也正在兴起②。最后是体制创新优势。滨海新区是少有的集国家级开发区、高新技

---

① 周剑．天津市滨海新区功能定位研究［D］．兰州：兰州大学，2009.

② 李家祥．京津冀协同发展与滨海新区研究［J］．天津师范大学学报（社会科学版），2014，236（5）：1.

术工业园区、保税区和出口加工区于一体的多功能经济区，已基本建立起与国际接轨的市场经济运行机制。在这些优势的推动下，滨海新区将逐渐发展成为京津冀乃至整个环渤海经济圈的龙头①。

2. 滨海新区经济发展概况

从经济实力看，2006—2016年，地区生产总值从1 960.5亿元提升至10 002.31亿元（使用注册口径统计），增长了4倍多。天津市统计局为了提高统计数据真实性以及响应国家高质量发展经济的号召，主动将统计口径调整为在地统计口径。随后几年，滨海新区经济增速放缓，2019年地区生产总值增长5.8%，对全市经济增长的贡献率在50%以上。面对2020年复杂的国际环境和新冠肺炎疫情的影响，滨海新区在积极推进疫情防控的同时，抢抓发展先机，顶住经济下行压力。全年地区生产总值同比增长2.3%，位列全市第一。固定资产投资增长4.9%，实际利用外资增长3.1%，实际利用内资增长24%，城镇居民人均可支配收入增长3.4%，新增就业14.1万人。从产业结构看，“十三五”期间，滨海新区产业转型得到了加速推进，产业结构不断优化。其中，第二产业占地区生产总值的比重达46.1%，第三产业达到53.6%。

3. 滨海新区的产业发展

“十三五”期间，滨海新区坚持以项目为主，明确主导产业，建设主体园区，形成四个近千亿级的产业集群，集聚了45家百亿级企业，建成八个国家新型工业化产业示范基地，显示出辐射带动力增强的特点。此外，生态环境也得到了显著改善，“871”生态工程加快推进，“蓝天、碧水、净土”三大保卫战已全面实施，“蓝色海湾”建设有序推进，空气环境质量以及污水处理达标率位居全市前列。到“十三五”期末，滨海新区与北京的1小时交通圈初步形成，作为疏解北京非首都功能的主要承载地，累计引进项目3 000多个，协议投资额超过8 000亿元。

（二）曹妃甸经济概况与产业发展的定位选择

曹妃甸区于2012年7月正式成立，地处环渤海中心地带、河北唐山南部，总面积1 943平方公里，常住人口30万，下辖临港商务区、南堡开发区、曹妃甸新城、老城区四大城市板块。曹妃甸的开发建设，是河北及唐山开发开放的重大战略举措，也是河北为推进全省沿海开发精心打造的新兴增长极②。经过数年的发展，曹妃甸在“三个努力建成”（努力建成东北亚地区经

① 张颖. 京津冀协同发展与滨海新区的功能定位［J］. 环渤海经济瞭望，2015，252（9）：62－64.

② 杨景祥. 河北在京津冀协同发展中产业定位与突破口研究［D］. 天津：河北工业大学，2015.

济合作窗口城市、努力建成环渤海地区新兴工业基地、努力建成首都经济圈的重要支点）指示精神的指引下，实现了由一叶沙岛到现代化滨海新城的华丽转变。

“十三五”期间，曹妃甸地区实现生产总值年均增长8%左右，位居全市前列；2020年曹妃甸经济总量达682.4亿元，固定资产投资698亿元，一般公共预算76.7亿元，分别同比增长8.5%、7.6%、7.7%；连续五年跻身全国综合实力百强区。

曹妃甸的产业选择与其战略定位密切相关[①]。《京津冀协同发展规划纲要》将曹妃甸定位为有序疏解北京非首都功能的战略合作区，打造世界一流石化基地，这意味着曹妃甸作为京津冀产业转移的重要承载地，钢铁、石化等重工业是其产业发展的重点。2005年，首钢集团迁入曹妃甸，正式开创了北京企业产业转移的先河。随着京津冀协同发展的深入推进，华能、中石油、巴威高端装备制造等大批项目相继落户曹妃甸，形成了钢铁、煤炭、电力、石油、机械制造等产业体系，成功促进了北京非首都功能的疏解和河北产业的转型升级。据统计，从2014年至2020年底，曹妃甸已签约京津项目509个，协议总投资5 336.3亿元。累计实施京津项目235个，总投资2 809.96亿元。

地处环渤海的曹妃甸，坐拥得天独厚的临港优势。港区可建泊位384个，可停泊40万吨级巨轮，是世界钻石良港[②]。港口作为海上货物运输和陆上货物运输的结合点，能够有效降低区域经济发展中的交易成本。曹妃甸依托港口优势，大力发展海洋经济，强化物流产业，吸引大批临港产业集聚。利用自贸区+综保区+跨境电商综试区政策优势，建立价格指数、交易、金融三大平台；引进世界、中国500强企业结算中心，发展期货现货贸易，建设铁矿石、原油、煤炭、液化天然气（LNG）、钢铁、木材六大物流贸易仓储加工中心，打造国际大宗商品交易基地，创建世界一流综合贸易大港。自开发建设以来，精品钢铁、现代石化、临港贸易等优势产业在曹妃甸聚集成链，曹妃甸也逐渐成长为新型工业化基地。

当前，曹妃甸正依托唐钢大成不锈钢、燕钢50万吨氯法钛白粉等项目打造全球临海最大精品钢铁基地；依托旭阳石化，努力促成富海石化项目开工，建设世界一流石化基地；以金隅冀东装备产业园为基础，推进巴威、正威高端装备项目，打造高端装备制造基地；依托中冶瑞木、燕钢项目建设打造新

---

① 李文荣，沈方．京津冀协同发展背景下曹妃甸发展研究［J］．港口经济，2015，142（6）：26－30.

② 沈大鸣．河北曹妃甸：面向大海展翅高飞［J］．中国石化，2018，398（11）：32－34.

材料产业集群；依托华为数据产业园，引进研发机构创建5G和工业互联网样板区，着力构建"3+5+4"现代产业体系，推动曹妃甸高质量发展。"3"即做强精品钢铁、现代化工、装备制造三大主导产业；"5"即做大新材料、人工智能及大数据、高端装备制造、节能环保、新能源汽车五大战略性新兴产业；"4"即做优现代物流、现代金融、新兴信息、研发设计四大生产性服务业，其中新材料、高端装备、科技企业孵化等科技创新领域都是目前曹妃甸寻求合作的战略性新兴产业。

从所辖区域来说，曹妃甸的产业定位与选择也是有章法可循的。作为唐山中心城区和距离北京最近的滨海城市，曹妃甸新城被确定为全区行政文化及商务会展中心；临港商务区位于曹妃甸工业区的核心位置，主要为工业区提供近端生产服务和生活服务，重点引进金融服务、企业总部等为工业生产直接配套的城市服务项目；曹妃甸老城区作为人口最集中的板块，定位为以发展城市配套产业和现代服务业为主的生态宜居城区，主要推进原有产业与迁入产业的整合及新兴产业的培育；南堡开发区西部拥有丰富的湿地、温泉等资源，着力发展生产性服务业，东区主要发展行政办公、商务休闲、文化娱乐等现代服务业。曹妃甸以高端服务业为方向重点发展科技研发等产业，以现代物流产业为重点发展货物运输等新兴服务产业。

（三）中关村经济发展特点与产业定位

中关村是我国第一个国家级高新技术产业开发区及国家自主创新示范区，起源于20世纪80年代初的电子一条街。经过近40年的创新改革，中关村走出了一条富有中国特色的科技与经济相结合的道路，如今已初步成长为一个全球知名的科技创新中心。

"十三五"期间，中关村企业总收入保持两位数增长。2020年1—11月，中关村实现总收入60 482.5亿元，同比增长11.3%；工业总产值10 762.1亿元，占全市工业产值的59.9%；出口总额2 261.9亿元，同比增长17.2%，占全市出口额的52.9%；"十三五"期末从业人员246.7万人，其中有研究人员72.9万人，占从业人员总数的29.5%。

1. 高精尖产业结构初具规模

中关村拥有全国半数以上的人工智能骨干科研单位和10多个国家级重点实验室，相关企业400余家，约占全国的1/4；大数据、信息安全市场占有率位居全国第一，集成电路设计收入占全国1/3。"十三五"期间，中关村聚焦国家战略需求，瞄准科技前沿，大力促进高精尖产业集聚。目前已形成新一代信息技术、生物与健康、新能源与节能环保、智能制造和新材料、现代交通、新兴服务等六大高精尖产业集群。2020 年 1—11 月，新一代信息技术产业规模近 3 万亿元，生物与健康产业规模超 2 000 亿元；金融科技、智慧物流、共享经济等以跨界融合创新为特点的新兴业态正在加速崛起。

2. 创新创业生态体系不断优化

2020 年，中关村新创办科技型企业达到 2.6 万家，较“十二五”末增长 8.9%；创业孵化机构达到 200 家，聚集创投机构近 1 400 家。“十三五”期间新增上市公司 156 家，截至 2020 年 11 月底，上市公司总数为 413 家，成为全球风投企业集聚的区域之一。“十三五”期间，中关村大力支持高校院所搭建技术转移服务平台，支持建设硬科技孵化器，持续挖掘高价值专利；开展“火花”活动，成立中关村技术经理人协会，对成果转化过程中的各个环节进行整合；围绕重点产业优化人才发展和服务体系，2020 年 1—11 月中关村规模以上企业本科及以上从业人员占比 63.4%，比 2015 年 1—11 月提高 9.7 个百分点。在科技部国家高新区 2020 年度评价（试行）工作中，中关村在 169 个区中综合排名第一。

3. 辐射带动影响力明显提高

在推动京津冀协同创新共同体的构建方面，中关村始终走在前列。一直以来注重雄安新区中关村科技园、天津滨海 - 中关村科技园、保定 - 中关村创新中心等合作园区的创新发展①。截至 2020 年底，中关村企业累计在津冀设立 8 816 家分支机构；累计成立 19 个海外联络处，集聚 300 多家跨国企业地区总部和研发中心；连续四年高水平举办中关村论坛，成功开展 19 场重点国别技术交易活动，有 7 000 多项国外优秀技术成果参与交易，为打造世界领先科技园区和创新高地作出巨大贡献。

4. 中关村的产业定位与选择

中关村的发展一直服务于国家战略，其战略定位为引领高质量发展的新高地、北京全国科技创新中心建设主阵地，中关村肩负着建设具有全球影响力的科技园区和创新高地的重大使命。迈入“十四五”，中关村将继续朝着建设全球创新高地和世界领先科技园区的目标努力，未来将聚焦科技成果转化和产业化核心任务，以大力发展数字经济为主要方向，聚焦发展“241X”重点产业。其中，“2”是新一代信息技术、生物与健康两个主导产业，“4”

① 方兴东，杜磊. 中关村 40 年：历程、经验、挑战与对策［J］. 人民论坛·学术前沿，2020，207（23）：90 - 106.

是先进制造、现代交通、新能源与节能环保、新材料四个重点产业，“1”是指大力发展现代服务业，“X”是指培育若干面向未来的战略性产业。按照发挥优势、突出特色、聚焦重点的原则，确定各分园近期优先重点发展的主导产业和培育产业。

三、区位商法与投入产出法分析

（一）区位商法

区位商是指某一要素在特定区域内的比重和这一要素总量占全国范围比重的比率，最早由哈盖特（P. Haggatt）提出，主要用于衡量某要素在区域中的空间分布状况，是评价产业部门专业化程度的重要指标。其计算方法如下：

$$LQ_{ij} = \frac{\frac{e_{ij}}{e_j}}{\frac{E_i}{E}} \tag{3-1}$$

其中，LQ_{ij}代表j地区i产业的区位商；i代表i企业；j代表第j地区；e_{ij}代表j地区的i产业产值；e_j代表j地区的总产值；E_i代表全国范围内i产业的产值；E代表全国总产值。

该指标用于反映某地区某产业的专业化程度以及产业集聚水平与全国平均水平之间的差异，比率越大，产业i向j地区集聚程度越高。一般情况下，若区位商大于1，则表明i产业在j地区的集聚程度很高，相对于大部分其他区域来说具有竞争优势；若区位商等于1，则表明i产业在j地区的集聚程度与全国平均水平相等；若区位商小于1，则表明i产业在j地区的集聚程度低于全国平均水平①。

（二）投入产出法——前后向直接消耗系数

运用投入产出法里的直接消耗系数分析产业间的关系。直接消耗系数指的是第j部门生产单位产品所直接消耗第i部门的产品数量，通常用来反映部门之间在生产与技术上的相互依存关系②。其计算公式为：

$$a_{ij} = \frac{x_{ij}}{x_j}(i,j = 1,2,3,\cdots,n) \tag{3-2}$$

其中，a_{ij}表示j部门对i部门的直接消耗系数，x_{ij}代表j部门生产过程中对i部

① 刘立民，卫刚华，陈参军，等. 区域优势产业发展分析：基于区位熵的实证分析［J］. 西部金融，2012（5）：79-82.

② 涂晓青，吴曦. 线性代数［M］. 北京：北京邮电大学出版社，2018.

门的直接消耗量，x_j代表j部门的生产总量。

1. 数据来源

数据来源于《2019 北京统计年鉴》《2019 北京区域统计年鉴》《2019 天津统计年鉴》《2019 滨海新区统计年鉴》《2019 河北经济年鉴》《2019 唐山市统计年鉴》，以及中华人民共和国工业和信息化部、京津冀网站。

2. 三个重点区域的区位商计算结果

首先计算滨海新区、曹妃甸、中关村三个区域主导产业在京津冀地区的区位商，以此确定区域中专业化程度最高的产业；然后对得到的三个区域专业化程度最高的产业计算前后向直接消耗系数，进而探究产业的带动辐射力与影响范围，分析其对京津冀地区产业体系的影响作用。选取区位商最高的产业进行实证分析，是因为一个地区的主导产业往往是反映该区域产业发展情况与实力强弱的最佳代表，探究其对京津冀地区产业体系产生的影响有现实意义。

根据滨海新区、曹妃甸、中关村三个地方政府对“十三五”时期的工作情况汇报与各地“十四五”规划发展纲要，选取了滨海新区的电子信息产业、航空航天产业、机械装备产业、汽车产业、新材料产业、生物医药产业、石油化工产业、冶金产业等优势主导产业；曹妃甸的精品钢铁、石油化工产业、装备制造三个主导产业；中关村的新一代信息技术产业、生物与健康、新材料、人工智能等产业作为研究对象。根据上述产业在 2018 年的年产值与京津冀地区相应产业的产值，计算出各产业的区位商，结果见表 3－1 至表 3－3。

表 3－1　滨海新区主导产业产值在京津冀区域的区位商

滨海新区主导产业	区位商
电子信息产业	2.375 3
生物医药产业	1.846 5
机械装备产业	1.632 4
新材料产业	0.938 2
航空航天产业	1.637 8
石油化工产业	1.056 8
汽车产业	1.476 3
冶金产业	1.846 3

表 3-2 曹妃甸主导产业产值在京津冀地区的区位商

曹妃甸主导产业	区位商
精品钢铁	2.435 6
石油化工	1.882 6
装备制造	1.156 2

表 3-3 中关村产值在京津冀地区的区位商

中关村主导产业	区位商
新一代信息技术	2.467 3
生物与健康	2.037 2
人工智能	1.985 4
新材料	2.178 3

通过以上分析结果可以看出，天津滨海新区电子信息产业、河北曹妃甸精品钢铁产业、北京中关村新一代信息技术产业在京津冀领域对应产业中区位商最高，均大于2，说明在滨海新区、曹妃甸、中关村三个地区中，高端装备制造业、精品钢铁及新一代信息技术具有较强的区域比较优势，产业专门化率高于京津冀整体水平，对京津冀产业体系影响作用较大。

由于电子信息产业、精品钢铁、新一代信息技术分别是滨海新区、曹妃甸、中关村三地主导产业中区位商最高的产业，因此其在所处区域专业化和集聚程度较其他产业来说更高。以下主要对滨海新区、曹妃甸的代表性产业进行前后向直接消耗系数的计算。

3. 滨海新区电子信息前后向联系产业直接消耗系数的计算

随着滨海新区功能定位的明晰与产业发展的集聚，其所形成的产业集群对当地其他的相关基础原材料工业以及与科技创新相关的知识密集型产业产生了明显的拉动作用。以滨海新区在京津冀区位商最高的电子信息产业来说，滨海新区内电子信息产业的发展能够充分发挥自主可控基础软硬件特色，形成涵盖集成电路、计算机与存储设备、操作系统与数据库、大数据与云计算、应用服务五大细分领域的完整产业链条，集聚了飞腾 CPU、麒麟操作系统、南大通用、中环半导体等众多优秀企业，形成了优质的产业集群，进而发挥经济辐射作用。

通过投入产出分析可以发现，天津滨海新区电子信息产业前后向联系产业中，电子信息制造业的直接消耗系数分别为 0.635 2 和 0.472 7（见表 3-4

和表3－5），均远大于其他产业，表明滨海新区电子信息制造业内部关联程度较大。天津滨海新区电子信息产业的高质量发展带动了其区域内部乃至周边地区的电子智能软件研发、电子产品制造、液晶显示屏、各类触摸屏集成电路教育一体机以及新能源应用等产业的发展。其一方面可以借助电子信息产业内部联系强化自身优势地位，另一方面可以通过后向联系推动本地乃至京津冀地区电气机械及器材制造业、合成材料制造业、化学产品、塑料及金属制品等相关配套产业的发展；此外，电子信息产业能通过前向推动作用助推金融业、软件与信息技术服务业、交通运输设备业等产业发展。综合来看，电子信息产业的发展对滨海新区服务业的繁荣有着巨大贡献。与电子信息产业相似，生物医药、航空航天、石油化工等优势产业的产业链条也在发挥着重要作用，通过加强上下游产业相互之间的联系，以期形成高附加值的、根植于地方的相对完善且富有竞争力的产业功能体系。产业联动影响机制也适用于阐释中关村新一代信息技术对京津冀地区产业体系产生的影响。

表3－4　滨海新区电子信息后向联系产业直接消耗系数

电子信息制造业		软件与信息技术服务业	
产业名称	直接消耗系数	产业名称	直接消耗系数
天津电子信息制造业	0.472 7	天津电子信息制造业	0.183 2
北京电子信息制造业	0.267 2	北京电子信息制造业	0.123 4
天津化学产品	0.067 3	北京软件和信息技术服务	0.118 2
河北电子信息制造业	0.057 7	天津租赁和商务服务	0.106 3
天津批发与零售	0.037 6	北京租赁和商务服务	0.093 6
天津电气机械和器材	0.032 5	天津电气机械和器材	0.084 3
河北化学产品	0.028 7	天津软件和信息技术服务	0.036 1
天津金属冶炼和压延加工品	0.026 3	天津其他制造产品	0.034 2
天津金属制品	0.025 6	天津居民服务、修理和其他服务	0.025 3
北京批发与零售	0.023 8	天津化学产品	0.021 2
天津租赁和商务服务	0.021 9	北京电力、热力的生产与供应	0.012 5
天津交通运输、仓储和邮政	0.018 3	河北电气机械和器材	0.012 1
河北电气机械和器材	0.016 3	天津批发和零售	0.009 8
北京化学产品	0.012 9	天津交通运输、仓储和邮政	0.007 5

表3-5 滨海新区电子信息前向联系产业直接消耗系数

电子信息制造业		软件与信息技术服务业	
产业	直接消耗系数	产业	直接消耗系数
天津电子信息制造业	0.635 2	天津软件和信息技术服务	0.005 3
天津交通运输设备	0.382 2	天津金融	0.003 5
天津电气机械和器材	0.363 2	河北金融	0.002 1
天津软件和信息技术服务	0.263 7	河北软件和信息技术服务	0.001 3
天津科学研究和技术服务	0.215 6	北京软件和信息技术服务	0.000 9
北京电子信息制造业	0.197 7	天津交通运输、仓储和邮政	0.000 8
河北科学研究和技术服务	0.186 3	北京金融	0.000 6
天津租赁和商务服务	0.164 2	天津教育	0.000 3
北京软件和信息技术服务	0.152 3	天津公共管理社会保障社会组织	0.000 2
天津通用设备	0.128 1	天津科学研究和技术服务	0.000 2
河北电子信息制造业	0.096 2	天津化学产品	0.000 2
天津仪器仪表	0.086 3	天津房地产	0.000 2
河北软件和信息技术服务	0.753 2	天津批发和零售	0.000 1
天津文化、体育和娱乐	0.642 2	天津通用设备	0.000 1

4. 曹妃甸精品钢铁前后向联系产业直接消耗系数的计算

根据国家对曹妃甸承接重化工产业转移的功能定位，曹妃甸将充分利用港口优势与工业基础优势，发展钢铁、化工及电力等主导产业，努力建设成为我国北方重要的重化工业基地。

基于上文区位商分析得出，精品钢铁业在曹妃甸地区专业化水平最高，产业集聚效应明显。而通过表3-6的精品钢铁业联系产业的后向直接消耗系数可以发现，炼钢业（0.258 2）、有色金属矿采选业（0.182 3）在众多产业中排名前列，表明精品钢铁的发展也将通过投入直接拉动唐山炼钢业与金属矿物采选业的发展，且拉动作用较其他产业来说更大。同时，重化工业的发展对铁路运输、水上运输等不同类型的交通运输需求显著增加，为了满足钢铁产业的有序发展，产业链条的延伸构建及海陆交通运输、物流产业的兴起已是必然。精品钢铁业在利用港口向外运输的同时，也为需要钢铁及其衍生产品的产业提供了本地化的原材料，实现了本地化产业链的搭建。如表3-7所示，曹妃甸精品钢铁基地的打造，可以在很大程度上推动铁合金冶炼（0.321 9）、钢压延加工（0.328 1）、金属制品（0.213 2）、金属加工机械

（0.168 2）等产业的发展。曹妃甸围绕钢铁产业可拉动上游产业，推动下游的机械设备制造业，建立高附加值的产业链条。

表 3－6 曹妃甸精品钢铁后向联系产业直接消耗系数

炼铁业		炼钢业		钢压延加工业		铁合金冶炼业	
产业	直接消耗系数	产业	直接消耗系数	产业	直接消耗系数	产业	直接消耗系数
炼焦业	0.163 2	炼铁业	0.146 5	炼钢业	0.258 2	有色金属矿采选业	0.182 3
黑色金属矿采选业	0.158 3	电力和热力	0.138 9	钢压延加工	0.181 1	电力和热力	0.163 2
炼铁业	0.116 3	废品废料	0.132 9	黑色金属矿采选业	0.164 3	黑色金属矿采选业	0.139 2
道路运输业	0.097 2	黑色金属矿采选业	0.109 3	电力和热力	0.126 4	铁合金冶炼	0.082 3
批发和零售贸易业	0.085 6	批发和零售贸易	0.095 3	炼铁	0.093 4	有色金属冶炼	0.083 5
废品废料	0.083 2	炼焦业	0.083 2	批发和零售贸易	0.063 5	钢压延加工	0.059 3
电力和热力	0.063 5	炼钢业	0.073 6	煤炭开采和洗选业	0.057 6	批发零售贸易	0.056 4
其他非金属矿采选业	0.059 8	耐火材料制品业	0.062 5	水上运输	0.053 7	炼焦	0.032 9
水上运输业	0.052 5	铁合金冶炼	0.053 2	废品废料	0.049 2	水上运输	0.031 6
煤炭开采和洗选业	0.047 6	水上运输	0.048 2	铁合金冶炼	0.041 0	煤炭开采和洗选业	0.028 5
耐火材料制品业	0.032 8	煤炭开采和洗选业	0.032 9	石油加工	0.032 8	炼铁业	0.019 7
炼钢业	0.027 4	有色金属冶炼	0.026 8	有色金属冶炼	0.029 5	其他非金属矿物制品业	0.010 3
		铁路货运业	0.023 6	金属制品	0.021 9		
		有色金属矿采选业	0.021 9	耐火材料制品业	0.019 7		
		钢压延加工	0.019 2	炼焦	0.016 2		

表 3－7　曹妃甸精品钢铁前向联系产业直接消耗系数

炼铁业		炼钢业		钢压延加工		铁合金冶炼业	
产业	直接消耗系数	产业	直接消耗系数	产业	直接消耗系数	产业	直接消耗系数
炼铁	0.093 7	其他非金属矿物制品	0.062 5	煤炭开采和洗选业	0.083 5	炼钢	0.086 6
炼钢	0.153 7	炼铁	0.061 0	石油和天然气开采	0.052 3	钢压延加工	0.062 8
钢压延加工	0.097 8	炼钢	0.163 9	家具制造业	0.191 8	铁合金冶炼	0.321 9
铁合金冶炼	0.049 2	钢压延加工	0.328 1	文化用品制造业	0.163 8	锅炉及原动机制造	0.128 3
金属制品业	0.082 1	金属制品业	0.213 2	玩具体育娱乐用品	0.082 3		
锅炉及原动机制造	0.042 8	金属加工机械	0.168 2	橡胶制品业	0.132 2		
金属加工机械	0.063 2	其他通用设备	0.082 3	水泥制造	0.093 5		
其他通用设备	0.061 2	其他专用设备	0.081 9	炼钢	0.091 0		
		汽车制造业	0.082 9	有色金属压延	0.056 2		

四、三个重点区域开发对京津冀产业体系的影响

区域经济学中的增长极理论解释了一个国家经济的高质量发展并不是同时出现在所有地区，而是以不同的强度出现在一些增长点或增长极上，然后通过各自的渠道向外扩散，从而形成以增长极为核心、周边地区为辐射区域的格局。天津滨海新区在京津冀区域发展中具有举足轻重的地位。滨海新区、曹妃甸、中关村既是京津冀区域的“增长中心”，通过吸引周边要素首先获得快速发展，成长为京津冀地区的“增长极”；又是“扩散中心”，推动京津冀的区域经济一体化发展①。通过以上实证分析可以得出三地对京津冀地区产业体系的影响如下：

① 张盛军．产业关联视角下京津冀产业协同发展研究［J］．商业经济研究，2016，696（5）：208－209.

（一）滨海新区开发对京津冀地区产业体系的影响

1. 有助于加强京津冀产业联系，形成相互依托的产业链条

区域之间缺乏整体配合、资源配置不合理等问题一直是京津冀协同发展的最大阻碍。京津冀协同发展战略实施以前，京津双城主导产业同质化问题严重，未能形成良好有序的产业梯度[①]；与周边河北地区也不能很好地衔接，导致其并未发挥出一个增长极对周边地区的经济辐射作用和产业带动作用，从而制约了京津冀区域的产业协同发展，致使城市群经济扩散效应缓慢，出现了京津冀贫困带之类的负面产物。后来滨海新区被赋予京津冀产业转移承接重点平台的使命，发挥自身的工业优势与港口优势，成功实现一批又一批津外产业的承接和自身产业的转型升级，对京津冀产业链的构建与跨省市的产业联动发挥了重要的推动作用[②]。

2. 推动北京生产性服务业和高端产业的发展

滨海新区的开发有利于其生产性服务业和高端产业的发展。滨海新区的定位是建设成为高水平的现代制造和研发转化基地，其发展高端制造业所产生的对生产性服务业的强烈需求是其自身乃至天津短时间内所不能满足的，而作为近邻的北京恰恰能够发挥其自身服务业的优势弥补这一不足，这为北京产业结构的持续调整和升级提供了难得的机遇。北京“十四五”规划提出要将高端产业作为北京未来发展的关键一环，高端产业的发展将持续提升北京的辐射能力，滨海新区的建设为北京高端产业发挥辐射带动作用创造了良好的空间载体。北京的科技与高技术人才优势显而易见，目前已经形成以金融、软件、生物医药等为代表的高端产业，而产业的发展需要不断拓展国内外市场，加强与滨海新区的合作无疑是其产业拓展的重要选择。

3. 推动北京科研成果的转化与对外开放

滨海新区的开发有助于科研成果的转化。作为我国科技研发中心和研发基地，北京集聚了大量的科研机构，拥有雄厚的科研力量，但其科研成果的转化受到土地资源稀缺和商务成本偏高等因素制约；而有着研发转化基地这一功能定位的滨海新区则恰好与北京形成优势互补的关系，滨海新区制造业的发展需要北京科技创新的支撑，进一步推动了北京科研成果的转化。如滨海－中关村科技园自成立以来已累计注册企业2 000余家，形成了一批有核心技术的创新性科技企业集群。其围绕智能科技、生命大健康、新能源新材

① 程瀚．京津冀协同发展战略背景下滨海新区产业结构优化研究［D］．天津：天津科技大学，2017.

② 吕剑凤．京津冀协同发展下天津承接产业转移的研究［D］．北京：首都经济贸易大学，2018.

料、科技服务业打造“3+1”产业体系，聚集高新技术项目，进一步推动创新成果的转化，有效地促进北京科技研发优势与滨海新区转化优势的有机结合，增强了京津冀自主创新的水平。滨海新区航空航天、海洋运输、现代物流等优势新兴产业的发展也为北京出口贸易和加工贸易的发展提供了更好的窗口与优质的服务，拉动了外向型经济的发展，为北京的对外开放敞开了门户。

4. 带动河北产业转型升级，摆脱对传统工业的依赖

对河北来说，滨海新区的开发建设有效地带动了河北产业的转型升级。通过投入产出分析可以看到，滨海新区制造业的发展会促进主导产业的产业链在地方上的延伸，而作为以第二产业发展为主的曹妃甸地区，其无疑是滨海新区制造业对外延伸的基地之一。滨海新区的发展明显地扩大了对河北土地及交通资源，尤其是港口资源以及现有工业体系的需求，故河北在资源、成本、市场及区位等方面有着一定的竞争优势。滨海新区想要打造世界制造业中心，免不了要与河北建立协作型关联，两地实现功能互补、产业错位发展。

（二）曹妃甸开发对京津冀地区产业体系的影响

1. 承接北京重化工产业转移

曹妃甸有珍贵的土地资源和龙头企业带动的临港产业，这为曹妃甸承接京津等地的产业聚集搭建了广阔的平台①。曹妃甸位于京津唐三角区，借助于港口优势，其运输成本大大降低，相比于三角区以外地区，承接成本要低很多。2005 年，随着首钢的搬迁，曹妃甸的地位愈加凸显，首钢的搬迁，不是异地复制和污染搬家，而是脱胎换骨地实现绿色升级。首钢京唐公司为北京产业外迁与曹妃甸项目引进开了一个好头。随着国家政策的倾斜与功能定位的明确，曹妃甸不断优化营商环境，致力于承接北京产业转移与非首都功能的疏解。

2. 强化天津与唐山在制造业与港口业务方面的产业分工联系

成本优势明显、原材料优势突出、海运优势显著成为曹妃甸吸引外来企业落户的重要因素。依托首钢京唐这一国内最大的临港靠海企业，曹妃甸着力发展高端装备、海工装备产业，打造从钢铁、特种钢材生产到深加工的产业链条②。通过以上投入产出分析可以看到，曹妃甸钢铁、化工产业的发展

---

① 赵琪．唐山市曹妃甸区产业转型的初步研究［J］．中国市场，2021，1065（2）：57－58.

② 付娜娜．京津冀协同发展背景下曹妃甸现代产业布局与高素质技术技能人才需求分析［J］．工业技术与职业教育，2019，17（2）：60－62.

对其上下游产业能产生显著的拉动作用。目前曹妃甸正在充分利用港口、土地、区位等优势，进一步巩固主导产业支撑作用，推动下游机械设备制造业发展，打造一条高附加值的产业链，努力建设成为世界一流精品钢铁产业基地、全国有影响力的装备制造基地、现代化工产业基地和海洋产业基地。之前，同属于渤海湾重化工业带中的天津滨海新区与曹妃甸工业区在港口业务与工业发展方面存在严重的同质化现象，双方也都曾把对方当成强劲的竞争对手①。近年来，随着双方功能定位的明晰，两者之间的分工协作与优势互补已明显多于相互竞争。

（三）中关村开发对京津冀地区产业体系的影响

1. 以高新技术产业助推京津冀地区产业创新协同发展

在京津冀地区全面深化创新改革试验、加快打造协同创新共同体的过程中，中关村发挥了带动辐射作用②。尤其是“十三五”期间，推动构建京津冀协同创新共同体，聚焦支持天津滨海－中关村科技园、雄安新区中关村科技园等园区的创新发展③。2015 年，中关村在京外设立的第一个创新中心——保定·中关村创新中心正式揭牌，截至 2020 年底，保定·中关村创新中心入驻知名企业 250 多家，累计研发投入上亿元，营业收入达到 14 多亿元。保定·中关村智能制造创新中心引入了中关村智造大街的运营机制和创新生态体系，为入驻企业提供产业信息、金融投资及市场开拓等精准服务④。依托中关村开放共享的创新资源，双方围绕节能环保、新能源、智能制造、智慧城市等领域进一步合作。河北依托北京的科技和人才资源优势，打造具有全球影响力的科技创新中心和战略性新兴产业策源地。截至 2020 年底，中关村企业已经在天津、河北设立 8 800 余家分支机构，达成技术合同成交额 1 410 亿元，其中约 2/3 流向京外地区，年技术合同成交额由 2014 年的 83.1 亿元增长至 2020 年的 347 亿元。

2. 发挥创新引领示范作用，加快京津冀传统产业改造升级

中关村以市场化机制引导共建一批科技成果转化、信息共享等各类服务平台，形成要素集聚、主体协同、环境优化的类中关村创新创业生态系统。围绕区域传统产业转型升级、节能减排等需求，支持中关村企业通过第三方

---

① 吴浙．从中关村、滨海新区、曹妃甸工业区看京津冀未来［J］．中国改革，2007，289（10）：44－46.

② 成群鹏．中关村在京津冀产业协同中的作用机制探讨［J］．河北企业，2019，358（5）：93－94.

③ 王丹荔．中关村与滨海新区新兴产业协同创新发展研究［D］．北京：北京理工大学，2016.

④ 薄文广，刘阳，李佳宇．京津冀协同创新共同体发展研究［J］．区域经济评论，2019，39（3）：139－146.

治理、专业化运营服务等新业态、新模式，率先在京津冀地区的钢铁、电力、能源、化工等领域开展广泛合作和示范应用，推广一批节能环保优势技术，落地一批示范应用项目。

五、政策建议

本书通过对京津冀地区滨海新区、曹妃甸、中关村三个重点区域间产业关联效应的分析，探究了这三个重点区域对京津冀产业体系的影响。随着“十四五”规划的逐步展开和京津冀地区协同发展的进一步推进，中关村、滨海新区、曹妃甸乃至整个京津冀区域都将面临系统全面升级，结合以上实证分析，我们提出以下政策建议。

（一）立足自身功能定位，发展壮大主导产业

随着京津冀协同发展战略的进一步推进与升级，各区域原有产业群、产业链也将不断延伸，拉动众多相关产业的发展。

基于国家对滨海新区努力建设成为北方对外开放的门户、高水平现代制造业和研发转化基地、北方国际航运中心和国际物流中心的功能定位，滨海新区未来应加强电子信息产业、医药产业、高端装备制造业等主导产业群与产业链的构建，注重产业链在本地市场的延伸，最大限度地发挥规模效应。

曹妃甸应继续瞄准建设以港口物流、钢铁电力、石油化工、装备制造为主导产业的世界一流大型现代工业化基地的目标，朝着国际化、绿色节能化方向发展，在承接好转移产业的同时，优化产业结构，整合京津冀产业体系。

致力于打造国家科技创新中心的中关村，在“十四五”时期应继续聚焦全区数字经济示范区建设，培育壮大新一代信息技术、生物与健康、先进制造、现代交通等高精尖产业，提升企业自主创新能力，建设科技创新平台，争取在一些新兴技术和产业领域与发达国家并驾齐驱，甚至实现超越。加强区域内主导产业的影响力，进而加深重点区域对京津冀产业体系的影响程度，从而实现有序、直接的产业体系优化。

（二）培育新生优势产业，加强区域联动

为推进作为海上门户的滨海新区的对外开放，国家陆续实行了一系列政策倾斜，为滨海新区在金融业务方面的改革试验提供了契机。未来滨海新区可借助政策支持，获得自主创新优先权并开展相关业务，实现区域内部资金供求结构的合理化与金融机构综合服务水平和金融创新能力的提高。此外，作为北方国际航运中心和物流中心，滨海新区需注重物流业集群的培育，大

力发展第二产业的第三方物流，转变过去以仓储物流为主的结构，在规范物流运作的同时加快信息系统的建设。

曹妃甸可围绕高端装备制造、新材料、新能源汽车、节能环保四大新兴产业扩大对外开放，不断创新招商方式。积极与亚洲经济发展协会等国内平台和日韩平台对接，重点推进汽车配件、机床成套设备及配件等项目，充分发挥曹妃甸自贸区、综合保税区以及跨境电子商务综合试验区的叠加优势，释放曹妃甸的发展新活力。

中关村需继续推进中关村集成电路设计园、中关村医疗器械园、金隅智造工厂等具有代表性的特色产业园的高质量发展，以发挥其对各分园的引领带动作用。加强产业园区与天津、河北的产业联系，构建区域联动、产业互联的发展模式，以北京的高新技术带动其他地区的创新协同，促进京津冀产业体系的优化发展。

第二节　基于投入产出模型的京津冀产业关联分析

一、京津冀优势产业选择及其关联作用分析

京津冀地区作为我国重要经济增长极，其发展目标是打造世界级城市群。新时代，科学技术水平飞速发展，经济发展观念不断更新，加之国际经济环境日新月异，区域内各地产业发展结构和产业关联状态亦不断变化，因此使用投入产出表这一定量分析的重要工具对京津冀产业经济活动进行分析具有重要意义。

（一）京津冀优势产业关联作用分析

1. 优势产业选取标准及相关指标计算方法

按照地区投入产出表的产业部门划分标准，将京津冀三地产业划分为42个部门并计算区位商，选取并整理计算结果大于2的产业部门（见表3－8）。区位商计算公式如下：

$$LQ_{ij} = \frac{q_{ij}/q_j}{q_i/q} \tag{3-3}$$

其中，LQ_{ij}表示区位商，i表示地区，j表示工业产业各行业，q_{ij}为i城市j行业固定资产值，q_j为全国j行业固定资产值，q_i为i地区固定资产值，q为全国固定资产值。$LQ_{ij}>1$说明i地区j行业的专业化程度大于全国平均水平，反之则代表该地该行业专业化程度低于全国平均水平。

表 3-8 京津冀区位商大于 2 的产业

北京优势产业	天津优势产业	河北优势产业
金融（6.058）	石油和天然气开采产品（8.076）	金属矿采选产品（6.377）
综合技术服务（5.640）	非金属矿和其他矿采选产品（6.035）	金属制品（3.276）
研究和试验发展（5.135）	其他制造产品和废料废品（4.489）	金属制品、机械和设备修理服务（3.123）
文化、体育和娱乐（4.112）	金融（4.346）	其他制造产品和废品废料（2.911）
租赁和商贸服务（2.692）	综合技术服务（3.997）	居民服务、修理和其他服务（2.781）
电力、热力的生产和供应（2.301）	交通运输设备（3.574）	金融（2.38）
水利、环境和公共设施管理（2.204）	研究和试验发展（3.314）	金属冶炼和压延加工品（2.127）
信息传输、软件和信息技术服务（2.1249）	文化、体育和娱乐（2.885）	
	租赁和商务服务（2.692）	
	水的生产和供应（2.640）	
	石油、炼焦产品和核燃料加工品（2.472）	
	通信设备、计算机和其他电子设备（2.264）	
	金属冶炼和压延加工品（2.053）	

资料来源：根据国家统计局官网、《中国地区投入产出表 2017》相关数据计算得出。

2. 后向关联的直接消耗系数

后向关联是指某一产业生产产品需要消耗其他部门产品，从而产生的联系。后向关联效应可用直接消耗系数衡量，计算公式如下：

$$a_{ij} = \frac{x_{ij}}{X_j} \tag{3-4}$$

其中，a_{ij} 为直接消耗系数，x_{ij} 为中间使用量，X_j 为 j 产业产品投入总量。直接消耗系数反映的是在一定技术水平下某产业与该地区其他产业的经济技术联系；直接消耗系数越大，表明该产业产出的增长对该地国民经济各部门的带动效应越强，即后向推动作用越强。

3. 前向关联的直接分配系数

前向关联是指某产业生产产品为其他部门提供产品，从而产生的联系。前向关联效应可用直接分配系数衡量，计算公式如下：

$$d_{ij} = \frac{x_{ij}}{X_i} \quad (3-5)$$

其中，d_{ij} 为直接分配系数，x_{ij} 为中间使用量，X_i 为 i 产业产品最终使用量。直接分配系数反映的是某产业产品流向该地区其他产业的数量；直接分配系数越大，表明该产业对其他产业的前向拉动作用越强。

（二）北京优势产业关联作用分析

2018 年北京第三产业产值占 GDP 的比重首次超过 80%，第三产业已然成为北京经济的“压舱石”。金融业作为北京第三产业中的支柱产业，在带动全市各行业促进生产要素集聚和提高要素生产率中发挥着巨大作用。北京金融业对造纸印刷和文教体育用品业的消耗最大，房地产、租赁和商务服务、住宿餐饮部门的不断投入也是金融业得以稳定发展的重要原因；金融业的发展也为上述产业的成长创造了更多机遇；在未来，金融业将进一步以服务“四个中心”为发展目标，突出首都北京的金融管理功能，坚持“科技赋能、创新支撑、国际眼光”的理念，不断助力北京打造“高精尖”业态。

在创新驱动发展战略背景下，北京综合技术服务，研究和试验发展两部门蓬勃发展，行业规模快速扩张，经营收益也快速增长。从表 3－9 数据可知，北京综合技术服务，研究和试验发展两部门对金属制品业、仪器仪表业、其他制造产品和废品废料业直接消耗系数都最大；不同的是，综合技术服务业对造纸印刷和文教体育用品的推动作用更强；此外，综合技术服务业主要影响通信设备、计算机和其他电子设备业的发展，研究和试验发展部门对化学产品业的影响更显著。两部门的发展都依赖于其他制造产品和废料废品业、仪器仪表业的不断壮大；综合技术服务拉动租赁和商务服务业、住宿和餐饮业，而研究和试验发展对燃气、水的生产和供应业的拉动作用更强。

北京作为我国“文化中心”，文化、体育和娱乐产业的辐射带动能力在不断增强。根据云河都市研究院发布的“中国城市文化·体育·娱乐辐射力 2019”排名，北京以绝对的优势雄居榜首。2020 年 8 月，北京授牌 98 家市级文化产业园区、市级文化产业示范园区（提名）以及市级文化产业示范园区，园区内拥有腾讯、新浪、网易等文化产业领域的知名企业。结合表 3－9、表 3－10 数据发现，该产业的发展与造纸印刷和文教体育用品，纺织服装鞋帽皮革羽绒及其制品，居民服务、修理和其他服务，住宿和餐饮业的发展显然存在相互促进作用。

表 3-9 北京后向关联产业直接消耗系数

金融	综合技术服务	研究和试验发展
造纸印刷和文教体育用品（0.624 1）	金属制品（1.585 0）	金属制品（0.486 1）
金融（0.202）	仪器仪表（0.965 4）	仪器仪表（0.354 6）
房地产（0.170）	其他制造产品和废品废料（0.496 5）	其他制造产品和废品废料（0.187 0）
租赁和商务服务（0.096）	造纸印刷和文教体育用品（0.478 6）	化学产品（0.155 9）
住宿和餐饮（0.066）	通信设备、计算机和其他电子设备（0.196 8）	造纸印刷和文教体育用品（0.107 8）
文化、体育和娱乐	租赁和商务服务	电力、热力的生产和供应
造纸印刷和文教体育用品（1.031 8）	造纸印刷和文教体育用品（0.668 0）	石油和天然气开采产品（1.081 4）
纺织服装鞋帽皮革羽绒及其制品（0.437 7）	租赁和商务服务（0.514 4）	电力、热力的生产和供应（0.739 3）
文化、体育和娱乐（0.099 7）	金属制品（0.397 0）	金属制品、机械和设备修理服务（0.413 8）
居民服务、修理和其他服务（0.094 9）	金属制品、机械和设备修理服务（0.175 8）	燃气生产和供应（0.395 2）
住宿和餐饮（0.073）	住宿和餐饮（0.147 1）	煤炭采选产品（0.257 4）

资料来源：根据《中国地区投入产出表2017》相关数据及式（3-4）计算而来。下同。

表 3-10 北京前向关联产业直接分配系数

金融	综合技术服务	研究和试验发展
金融（0.349 8）	其他制造产品和废品废料（0.769 1）	其他制造产品和废品废料（0.289 7）
房地产（0.194 8）	仪器仪表（0.523 5）	燃气生产和供应（0.235 5）
租赁和商务服务（0.149 9）	租赁和商务服务（0.214 4）	水的生产和供应（0.208 4）
造纸印刷和文教体育用品（0.118 2）	金属制品（0.213 4）	仪器仪表（0.192 3）
水的生产和供应（0.118 1）	住宿和餐饮（0.180 4）	金属制品、机械和设备修理服务（0.190 4）
文化、体育和娱乐	租赁和商务服务	电力、热力的生产和供应
造纸印刷和文教体育用品（0.195 4）	金属制品、机械和设备修理服务（0.808 7）	燃气生产和供应（3.164 0）
居民服务、修理和其他服务（1.395 0）	租赁和商务服务（0.805 4）	金属制品、机械和设备修理（1.903 6）

续表

金融	综合技术服务	研究和试验发展
文化、体育和娱乐（0.098 2）	住宿和餐饮（0.193 4）	电力、热力的生产和供应（1.067 1）
住宿和餐饮（0.096 0）	燃气生产和供应（0.180 8）	水的生产和供应（0.037 5）
纺织服装鞋帽皮革羽绒及其制品（0.081 0）	其他制造产品和废品废料（0.146 1）	金融（0.013 2）

资料来源：根据《中国地区投入产出表2017》相关数据及式（3－5）计算而来。

租赁和商务服务业直接服务于北京“四个中心”建设，在助力北京构建“高精尖”经济结构方面发挥着重要作用。根据北京统计局网站发布的《北京统计年鉴2020》，2019年北京租赁和商务服务业贡献了2 583.9亿元的地区生产总值，规模以上企业数量达5 950个，共吸纳就业106.2万人。北京租赁和商贸服务业对造纸印刷和文教体育用品和其自身的直接消耗系数最大，分别为0.668 0、0.514 4，同时也带动金属制品，金属制品、机械和设备修理服务，住宿和餐饮发展；对金属制品、机械和设备修理服务和其自身的直接分配系数最大，分别为0.808 7、0.805 4，对住宿和餐饮、燃气生产和供应、其他制造产品和废品废料的前向拉动作用也较强。

（三）天津优势产业关联作用分析

天津是我国重要港口城市，工业实力深厚，对外开放优势尤为明显，紧紧围绕“一基地三区”[①] 的定位，重点培育新一代人工智能、生物医药、新能源、新材料等主导产业以及高端服务业，在落实京津冀协同发展战略的过程中实现自身高质量发展。天津大港油田东临渤海，2019年日增油量突破1 200吨，年产油突破40万吨[②]，为天津制造业转型、先进制造业稳产上产奠定了坚实基础。如表3－11所示，天津石油和天然气开采产品对金属制品、机械和设备修理服务，非金属矿和其他矿采选产品，煤炭采选产品，化学产品和其自身消耗较大，原因在于石油和天然气开采业属于典型资源密集型产业，对煤炭及矿产资源的需求较高。

① “一基地三区”即全国先进制造研发基地、国际航运核心区、金融创新示范区、改革开放先行区。

② 资料来源：全球石油化工网，http：//www.cippe.net/news/html/202001/221550.html。

表 3－11　天津后向关联产业的直接消耗系数

石油和天然气开采产品	非金属矿和其他矿采选产品	其他制造产品和废料废品
金属制品、机械和设备修理服务（1.083 1）	金属制品、机械和设备修理服务（0.500 5）	其他制造产品和废料废品（0.283 3）
非金属矿和其他矿采选产品（0.090 6）	仪器仪表（0.122 6）	金属制品、机械和设备修理服务（0.178 5）
石油和天然气开采产品（0.085 7）	非金属矿和其他矿采选产品（0.082 3）	煤炭采选产品（0.084 7）
煤炭采选产品（0.047 2）	专用设备（0.077 2）	木材加工品和家具（0.017 6）
化学产品（0.025 4）	煤炭采选业（0.075 9）	纺织品（0.011 8）
金融	综合技术服务	交通运输设备
金属制品、机械和设备修理服务（0.127 2）	金属制品、机械和设备修理服务（0.989 5）	金属制品、机械和设备修理服务（1.130 8）
造纸印刷和文教体育用品（0.096 5）	仪器仪表（0.163 7）	燃气生产和供应（0.905 3）
房地产（0.091 9）	综合技术服务（0.097）	石油、炼焦产品和核燃料加工品（0.385 0）
租赁和商务服务（0.058 3）	住宿和餐饮（0.082 2）	交通运输、仓储和邮政（0.232 9）
金融（0.057 1）	其他制造产品和废品废料（0.065 9）	金融（0.159 4）

就金融业而言，天津作为我国金融创新运营示范区，其金融业的繁荣发展离不开金属制品、机械和设备修理服务，造纸印刷和文教体育用品，房地产，租赁和商务服务等产业的互动关联。2019 天津市各类金融机构超过 4 000 家，取得本外币各项存贷款余额双双突破 3 万亿元、金融业增加值占比超过 10% 的成绩①。

天津综合技术服务业对金属制品、机械和设备修理服务及仪器仪表的直接消耗系数和直接分配系数都最大，分别为 0.989 5、0.163 7 和 0.260 6、0.228 5，说明综合技术服务业与这两个行业的关联性最强，已经形成了互促互进的发展格局。在经济发展进入高质量阶段的时代，天津将着力增强科技创新能力，打造天津版“国之重器”，充分激活企业创新潜力，引进和培育高水平科技创新人才和团队，塑造天津科技、教育、经济融通发展的格局。

① 资料来源：中国招商网，https：//tj. zhaoshang. net/2019－11－15/730355. html。

表 3-12 天津前向关联产业的直接分配系数

石油和天然气开采产品	非金属矿和其他矿采选产品	其他制造产品和废料废品
金属制品、机械和设备修理服务（0.285 3）	电力、热力的生产和供应（0.399 0）	其他制造产品和废品废料（0.801 0）
石油和天然气开采产品（0.179 5）	仪器仪表（0.171 1）	电力、热力的生产和供应（0.054 0）
电力、热力的生产和供应（0.157 8）	金属制品、机械和设备修理服务（0.131 8）	煤炭采选产品（0.048 1）
非金属矿物和其他矿采选产品（0.103 5）	水的生产和供应（0.102 9）	金属制品、机械和设备修理服务（0.047 0）
金融（0.066 7）	燃气生产和供应（0.077 9）	燃气生产和供应（0.025 5）
金融	综合技术服务	交通与运输设备
金融（0.215 9）	金属制品、机械和设备修理服务（0.260 6）	电力、热力的生产和供应（0.371 3）
租赁和商务服务（0.193 4）	仪器仪表（0.228 5）	通信设备（0.367 1）
电力、热力的生产和供应（0.169 1）	租赁和商务服务（0.196 5）	交通运输设备（0.336 9）
造纸印刷和文教体育用品（0.166 3）	其他制造产品和废品废料（0.186 5）	金属制品（0.265 0）
房地产（0.108 9）	金融（0.169 2）	金属冶炼和压延加工品（0.256 2）

交通运输设备业的汽车制造业以及铁路、船舶、航空航天和其他运输设备制造业是天津的重点培育产业，具有关联性高、带动力强的特点。以汽车制造业为例，天津目前已形成浩鹏汽车园区、天津专用汽车产业园区和天津西清汽车产业园三个汽车产业园，园区内已经形成了包括汽车模具、整车和发动机、变速器、轮胎等零件在内的汽车产业链，同时拥有一汽丰田技术研发中心、一汽夏利汽车研究院等研发设计机构。近年来天津汽车产业又将目光转向新能源汽车和智能网联车，并不断努力在核心研发领域、关键技术领域取得突破。数据显示，交通运输设备业需要其金属制品、机械和设备修理服务，燃气生产和供应，石油、炼焦产品和核燃料加工品，交通运输、仓储和邮政以及金融业共同发力，从而拉动电力、热力的生产和供应，通信设备，交通运输设备，金属制品，金属冶炼和压延加工品等行业的发展。

（四）河北优势产业关联作用分析

河北自古即为京畿重地，在京津冀协同发展战略中被定位为“全国现代商贸物流重要基地、产业转型升级试验区、新型城镇化与城乡统筹示范区、京津冀生态环境支撑区”。2018 年河北服务业占比首次超越工业，现代物流、大数据、人工智能、高端研发等行业快速发展。近年来，制造业提质增效成就显著，钢铁行业在 2019 年完成技术改革，不断加快向价值链高端迈进的步伐。从区位商大于 2 的优势产业类型来看，资源密集型的地位显著，以排在首位的金属矿采选产品业为例，其对煤炭采选业和其自身的直接消耗系数最大，对金属制品、机械和设备修理服务，非金属矿和其他矿采选产品，水的生产和供应等行业的后向推动作用也较大，同时金属矿采选业又将发展利好反馈给上述行业以及石油和天然气开采产品业。河北省要突出自身矿产资源的竞争优势，从促进钢铁上、下游行业快速集聚，加快转化过剩产能等方面入手，探索节能减排的绿色发展之路。

2019 年河北省第三产业占经济总量的比重首次超过 50%，在产业转型升级上迈出了新步伐，其中金融业占服务业增加值比重超过 13%。根据表 3 – 13 和表 3 – 14 的数据，河北金融业对综合技术服务、租赁和商务服务、造纸印刷和文教体育用品、金融业及房地产业发展的推动力较强；金融业又将发展利好反馈给上述行业。

表 3 – 13　河北后向关联产业的直接消耗系数

金属矿采选产品	金属制品	其他制造产品和废品废料
煤炭采选产品（0.738 7）	煤炭采选产品（0.471 1）	其他制造产品和废品废料（0.201 8）
金属矿采选产品（0.300 1）	石油和天然气开采产品（0.213 7）	非金属矿和其他矿采选产品（0.060 5）
金属制品、机械和设备修理服务（0.286 8）	水的生产和供应（0.209 9）	煤炭采选产品（0.047 7）
非金属矿和其他矿采选产品（0.176 9）	金属冶炼和压延加工品（0.203 6）	金属制品、机械和设备修理服务（0.022 0）
水的生产和供应（0.1738）	非金属矿和其他矿采选产品（0.151 9）	水的生产和供应（0.012 83）
居民服务、修理和其他服务	**金融**	**金属冶炼和压延加工业**
其他制造产品和废品废料（0.209 8）	综合技术服务（0.188 0）	煤炭采选产品（2.302 1）
电力、热力的生产和供应（0.158 8）	租赁和商务服务（0.123 6）	金属制品、机械和设备修理服务（0.685 7）

续表

金属矿采选产品	金属制品	其他制造产品和废品废料
水的生产和供应（0.117 6）	造纸印刷和文教体育用品（0.099 4）	金属矿采选产品（0.644 3）
燃气生产和供应（0.093 2）	金融（0.069 2）	非金属矿和其他矿采选产品（0.598 1）
金属制品（0.088 1）	房地产（0.062 6）	其他制造产品和废品废料（0.422 5）

表 3－14 河北前向关联产业的直接分配系数

金属矿采选产品	金属制品	其他制造产品和废品废料
煤炭采选产品（9.871 1）	石油和天然气开采产品（34.539 7）	其他制造产品和废品废料（1.485 3）
非金属矿和其他矿采选产品（1.795 6）	煤炭采选产品（6.294 2）	石油和天然气开采产品（1.444 5）
金属制品、机械和设备修理服务（1.606 7）	非金属矿和其他矿采选产品（1.541 9）	煤炭采选产品（0.637 4）
金属矿采选产品（1.448 2）	其他制造产品和废品废料（0.683 3）	非金属矿和其他矿采选产品（0.614 0）
石油和天然气开采产品（0.717 0）	金属冶炼和压延加工品（0.670 1）	金属制品、机械和设备修理服务（0.123 1）
其他制造产品和废品废料（1.543 6）	租赁和商务服务（0.829 6）	石油和天然气开采产品（49.231 4）
电力、热力的生产和供应（0.852 3）	综合技术服务（0.327 6）	煤炭采选产品（30.760 4）
租赁和商务服务（0.463 7）	造纸印刷和文教体育用品（0.243 8）	非金属矿和其他矿采选产品（6.072 1）
石油、炼焦产品和核燃料加工品（0.315 1）	金融（0.198 6）	金属制品、机械和设备修理服务（3.841 6）
燃气生产和供应（0.185 3）	房地产（0.093 5）	金属矿采选产品（3.110 0）

二、京津冀区域投入产出模型建立与优势产业波及效果分析

为进一步体现京津冀三地各部门之间的供需关系及相互作用方式，利用多地区投入产出模型（MRIO），基于 2017 年京津冀三地地区投入产出表，构建 2017 年京津冀地区投入产出模型。

MRIO 模型的基本表达形式为：

$$X = CAX + CF \tag{3-6}$$

其中，X 为总产出列向量；C 为区域间贸易系数矩阵；A 为区域直接消耗系数矩阵，由各地区直接消耗矩阵 a_{ij}^R 组成；F 为最终使用列向量。

编制区域投入产出表的关键在于获取区域间贸易流通数据。MRIO 模型通过产品在区域间的流动量来估计区域间贸易量，计算公式为：

$$C_i^{RS} = \frac{t_i^{RS}}{\sum_R t_i^{RS}} \tag{3-7}$$

其中，C_i^{RS} 为 R 地区 i 产品对 S 地区的贸易系数，t_i^{RS} 为从 R 地区流入 S 地区的 i 部门产品数量，$\sum_R t_i^{RS}$ 为 R 地区 i 产品的总输出量。所有部门区域贸易系数 C_i^{RS} 组成的矩阵 C^{RS} 即 R 地区与 S 地区的贸易系数矩阵，所有地区之间的贸易系数矩阵 C^{RS} 组成的 C 矩阵即为区域贸易系数矩阵。

对于区域贸易依赖与交通网络问题，用区域铁路行政区间货物交流数据近似替代贸易流量，引入区域间贸易估计模型中的引力模型计算区域间各部门贸易量，因此有公式：

$$t_i^{RS} = \frac{x_i^R d_i^S}{\sum_R x_i^R} Q_i^{RS} \tag{3-8}$$

其中，x_i^R 为 R 地区 i 产品的供给量，d_i^S 为 S 地区对 i 产品的需求量，$\sum_R x_i^R$ 为 R 地区 i 产品的总供给量，Q_i^{RS} 是 R、S 两地 i 产品流通的摩擦系数。假设区域间货物运输量构成与产品分配比例相等，使用运输量系数估计贸易摩擦系数，因此有：

$$Q_i^{RS} = \frac{H_i^{RS}}{\frac{H_i^{RO} H_i^{OS}}{H_i^{OO}}} \tag{3-9}$$

其中，H_i^{RS} 为 R 地区 i 部门产品对 S 地区的运输量，H_i^{RO} 表示 R 区域 i 部门的总输出量，H_i^{OS} 表示 S 地区 i 部门产品的总输入量，H_i^{OO} 为所有地区 i 部门产品的总发送量。

表 3-15　京津冀区域间铁路货运量　　（单位：万吨）

输入地	输出地				
	北京	天津	河北	其他	合计
北京	60.1	128.3	217.0	281.9	687.3
天津	35.8	5 372.6	1 751.5	1 567.9	8 727.8
河北	584.7	1 845.6	6 964.6	4 331.8	13 726.7

续表

输入地	输出地				
	北京	天津	河北	其他	合计
其他	554.5	4 172	51 250.9	212 053.7	268 031.1
合计	1 235.1	11 518.5	60 184.0	218 235.3	291 172.9

资料来源：《中国铁道年鉴（2018)》。

表 3-16　京津冀区域贸易摩擦系数

	北京	天津	河北
北京	20.614 7	4.718 8	1.527 5
天津	0.967 0	15.560 9	0.970 9
河北	10.041 9	3.398 8	2.454 7

资料来源：根据区域贸易摩擦系数公式计算而来。

根据计算而来的贸易摩擦系数、区域贸易流量和区域贸易系数矩阵，以及 MRIO 模型表达式建立起京津冀地区投入产出表，计算区域直接消耗系数、直接分配系数以衡量区域产业关联效应。用区域投入产出表的直接消耗系数衡量产业后向关联效应，即后向关联的直接消耗系数；用区域投入产出表的直接分配系数衡量产业前向关联效应。为测度优势产业的产业波及效应，分别计算产业影响力系数、感应度系数，并计算某地某产业对整个区域的影响力系数、感应度系数，计算公式为：

$$\text{区域内产业影响力系数} = \frac{\sum_{R}\sum_{i} b_{ij}^{RS}}{\frac{1}{m \times n}\sum_{R}\sum_{S}\sum_{i}\sum_{j} b_{ij}^{RS}} \quad (3-10)$$

$$\text{区域间产业影响力系数} = \frac{\sum_{R(R\neq S)}\sum_{i} b_{ij}^{RS}}{\frac{1}{n}\sum_{R(R\neq S)}\sum_{i}\sum_{j} b_{ij}^{RS}} \quad (3-11)$$

其中，b_{ij}^{RS} 为 S 地区 j 产业对 R 地区 i 产业的列昂惕夫逆矩阵系数；$\sum_{R(R\neq S)}\sum_{i} b_{ij}^{RS}$ 为 S 地区 j 产业对整个区域的影响力；n 为产业数，m 为地区数。

$$\text{区域内产业感应度系数} = \frac{\sum_{S}\sum_{j} b_{ij}^{RS}}{\frac{1}{m \times n}\sum_{R}\sum_{S}\sum_{i}\sum_{j} b_{ij}^{RS}} \quad (3-12)$$

$$\text{区域间产业感应度系数} = \frac{\sum_{S(R\neq S)}\sum_{j} b_{ij}^{RS}}{\frac{1}{n}\sum_{R(R\neq S)}\sum_{i}\sum_{j} b_{ij}^{RS}} \quad (3-13)$$

其中，b_{ij}^{RS} 为 R 地区 i 产业对 S 地区 j 产业的列昂惕夫逆矩阵系数；$\sum_{S(R\neq S)}\sum_{j}b_{ij}^{RS}$ 为 R 地区 i 产业对整个区域的感应度；n 为产业数，m 为地区数。

（一）北京优势产业与京津冀产业的关联效应分析与波及效果分析

1. 产业关联效应分析

结合表3－17、表3－18数据发现，河北农林牧渔产品和服务对北京优势产业的后向联系、前向联系都较强，说明在京津冀协同发展战略中，河北第一产业承担着北京重要“菜篮子”的功能，北京市各优势产业对其发展也有重要拉动作用。表3－17显示，北京金融业与京津两地信息传输、软件和信息技术服务及研究和试验发展。京津冀三地房地产业和金融业的后向关联较强。

表3－17　北京产业后向关联的直接消耗系数

金融	综合技术服务	研究和试验发展
河北农林牧渔产品和服务（0.021 2）	河北农林牧渔产品和服务（0.019 4）	河北农林牧渔产品和服务（0.016 2）
北京信息传输、软件和信息技术服务（0.019 3）	天津房地产（0.004 6）	北京信息传输、软件和信息技术服务（0.009 7）
北京研究和试验发展（0.014 9）	北京房地产（0.004 5）	天津信息传输、软件和信息技术服务（0.003 8）
天津研究和试验发展（0.012 7）	河北房地产（0.003 8）	北京房地产（0.003 6）
天津房地产（0.008 8）	北京信息传输、软件和信息技术服务（0.003 6）	天津房地产（0.003 6）
北京房地产（0.008 7）	北京批发和零售（0.002 7）	河北房地产（0.003 0）
天津信息传输、软件和信息技术服务（0.007 6）	天津批发和零售（0.002 7）	河北综合技术服务（0.002 4）
河北房地产（0.007 3）	河北建筑（0.002 1）	天津综合技术服务（0.002 2）
北京金融（0.007 1）	天津交通运输设备（0.002 0）	天津通信设备、计算机和其他电子设备（0.002 1）
河北金融（0.004 1）	北京研究和试验发展（0.001 8）	北京研究和试验发展（0.001 8）
文化、体育和娱乐	租赁和商务服务	电力、热力的生产和供应
北京信息传输、软件和信息技术服务（0.021 2）	河北农林牧渔产品和服务（0.017 5）	河北农林牧渔产品和服务（0.002 0）

续表

文化、体育和娱乐	租赁和商务服务	
河北农林牧渔产品和服务（0.017 8）	北京信息传输、软件和信息技术服务（0.011 0）	天津房地产（0.000 7）
北京研究和试验发展（0.008 9）	北京研究和试验发展（0.009 7）	北京房地产（0.000 7）
天津信息传输、软件和信息技术服务（0.008 3）	天津房地产（0.008 2）	河北房地产（0.000 6）
天津研究和试验发展（0.007 5）	北京房地产（0.008 2）	河北煤炭采选产品（0.000 5）
北京教育（0.005 6）	河北房地产（0.008 2）	天津煤炭采选产品（0.000 5）
河北教育（0.004 1）	天津研究和试验发展（0.008 0）	河北燃气生产和供应（0.000 4）
北京文化、体育和娱乐（0.003 5）	天津信息传输、软件和信息技术服务（0.004 3）	北京燃气生产和供应（0.000 2）
天津教育（0.002 8）	河北造纸印刷和文教体育用品（0.001 8）	天津燃气生产和供应（0.000 2）
北京批发和零售（0.002 5）	天津交通运输设备（0.001 8）	河北通用设备（0.000 1）

资料来源：根据《中国地区投入产出表2017》相关数据及式（3－4）至式（3－7）计算而来。

表3－18 北京产业前向关联的直接分配系数

金融	综合技术服务	研究与试验发展
河北农林牧渔产品和服务（0.043 1）	河北农林牧渔产品和服务（0.039 5）	河北农林牧渔产品和服务（0.033 0）
北京信息传输、软件和信息技术服务（0.021 7）	河北房地产（0.005 6）	北京信息传输、软件和信息技术服务（0.010 9）
天津金融（0.015 0）	天津房地产（0.005 4）	河北房地产（0.004 5）
北京研究和试验发展（0.014 1）	北京房地产（0.005 2）	河北综合技术服务（0.004 4）
北京金融（0.012 3）	河北批发和零售（0.004 7）	天津房地产（0.004 3）
天津研究和试验发展（0.011 0）	北京信息传输、软件和信息技术服务（0.004 1）	北京房地产（0.004 1）
河北金融（0.011 7）	河北石油、炼焦产品和核燃料加工品（0.003 8）	天津信息传输、软件和信息技术服务（0.004 0）
河北房地产（0.010 9）	天津石油、炼焦产品和核燃料加工品（0.003 5）	河北通信设备、计算机和其他电子设备（0.003 4）
天津房地产（0.010 4）	河北化学产品（0.003 3）	河北化学产品（0.003 1）
北京房地产（0.001 0）	天津批发和零售（0.003 2）	天津综合技术服务（0.002 7）
河北农林牧渔产品和服务（0.036 2）	河北农林牧渔产品和服务（0.036 2）	河北煤炭采选产品（0.007 3）

续表

文化、体育和娱乐	租赁和商务服务	电力、热力的生产和供应
北京信息传输、软件和信息技术服务（0.023 9）	北京信息传输、软件和信息技术服务（0.012 4）	河北农林牧渔产品和服务（0.004 1）
天津信息传输、软件和信息技术服务（0.008 7）	河北房地产（0.010 2）	北京燃气生产和供应（0.001 3）
北京研究和试验发展（0.008 4）	天津房地产（0.009 8）	河北房地产（0.000 8）
天津研究和试验发展（0.006 6）	北京房地产（0.009 3）	天津房地产（0.000 8）
北京教育（0.005 8）	北京研究和试验发展（0.008 9）	北京房地产（0.000 8）
天津金融（0.004 6）	天津研究和试验发展（0.006 9）	天津燃气生产和供应（0.000 7）
河北批发和零售（0.004 4）	天津信息传输、软件和信息技术服务（0.004 5）	河北燃气生产和供应（0.000 7）
北京金融（0.003 8）	河北造纸印刷和文教体育用品（0.004 5）	天津煤炭采选产品（0.000 3）
河北金融（0.003 6）	天津造纸印刷和文教体育用品（0.002 6）	天津金融（0.000 2）

资料来源：根据《中国地区投入产出表2017》相关数据及公式计算而来。

推动综合技术服务，研究和试验发展两产业发展的产业构成较相似，“主力军”以第三产业为主，同时也包括了天津交通运输设备和京津通信设备、计算机和其他电子设备等两地战略性新兴制造业和重点发展产业。因此，北京市打造“全国科技创新中心”，不仅要强调京津冀三地第三产业的共同支撑作用，同时也要重视区域高技术产业的协调发展，积极推进以北京牵头的京津冀技术研发合作项目及合作科技园区的建设，在部分高技术产业、战略性新兴产业上开展研发、技术合作。

文化产业与传媒产业联系密切，北京文化、体育和娱乐业对北京与天津信息传输、软件和信息技术服务的直接消耗系数较大，分别为0.021 2、0.008 3。此外，京津冀三地教育行业对北京文化、体育和娱乐产业发展的推动作用也十分显著。对此，北京要强化“全国文化中心”的城市功能定位，同时应重视京津冀三地传媒产业的同步发展，充分发挥以高校、研究及培训机构等为主的教育行业的人才培养功能，为文化、体育和娱乐产业不断注入“新血液”、新创意、新观点。

北京租赁和商务服务的迅速成长依赖于京津信息产业、研究和试验发展业以及三地房地产业的强力支撑，除此之外，该产业与河北造纸印刷和文教体育用品以及天津交通运输设备的后向关联也较强。总体来看，北京租赁和商务服务对京津冀三地各部门产品的需求占比分别为36.22%、29.21%、34.57%[①]，河北各部门对北京租赁和商务服务的支撑力较天津更强。

根据对前向关联的直接分配系数的分析可知，北京金融业中间产品直接供给河北农林牧渔产品和服务，北京信息传输、软件和信息技术服务，京津冀金融业和房地产业以及京津研究和试验发展，其中对本市、天津、河北的直接供给占比分别为32.69%、26.88%、40.43%。这说明北京金融业的发展对河北各部门拉动作用最强，而天津最弱，这种现象与河北经济腹地广、相关需求大以及第三产业发展不及京津等因素有关。

北京综合技术服务，研究和试验发展都对三地房地产业有较强拉动作用，不同点在于，津冀石油、炼焦产品和核燃料加工品以及批发和零售业对前者的需求较大，而与后者前向关联较强的主要为信息产业和综合技术服务业。北京电力、热力生产和供应业对河北煤炭采选产品和农林牧渔产品和服务的直接供给最大，对三地燃气生产和供应及房地产业亦有一定影响。

2. 产业波及效果分析

当某产业影响力系数为1时，说明该产业对某地的影响力大于社会平均水平；当某产业感应度系数大于1时，说明该产业对某地经济发展需求的感应程度大于社会平均水平。

如表3－19所示，从区域角度来看，北京市优势产业中对京津冀地区影响力大于社会平均水平的只有研究和试验发展，对经济发展需求感应程度小于社会平均水平的只有电力、热力的生产和供应。从区内角度来看，北京金融业对河北省的影响力系数和感应度系数都大于1，且都在数值上高于天津；综合技术服务对津冀两地的影响力系数较小，但感应度系数较大；北京研究和试验发展对天津的影响力系数为2.8579，说明北京该产业每增加1个单位价值的最终产品会拉动天津各部门2.8579个单位价值的最终需求，但该产业对河北省各部门的需求拉动作用较小；北京文化、体育和娱乐及租赁和商贸服务对京津的影响力系数较小，但感应度系数都大于社会平均水平，说明津冀经济社会发展对两产业的带动作用较强，相反两产业对津冀各部门辐射带动作用不强；电力、热力的生产和供应是典型的对内服务型产业，因此影响力系数和感应度系数都较小。

---

① 计算公式为：北京租赁和商务服务对北京42部门的直接消耗之和÷北京租赁和商务服务对京津冀三地42部门的直接消耗之和。

表 3-19 北京优势产业影响力系数及感应度系数

产业	金融		综合技术服务		研究和试验发展	
地区	影响力系数	感应度系数	影响力系数	感应度系数	影响力系数	感应度系数
天津	0.778 7	2.384 2	0.146 8	1.428 3	2.857 9	1.292 3
河北	1.604 0	5.381 4	0.026 3	4.870 9	0.559 7	4.870 9
京津冀	0.993 8	2.037 3	0.098 0	1.272 3	2.100 5	1.169 5
产业	文化、体育和娱乐		租赁和商贸服务		电力、热力的生产和供应	
地区	影响力系数	感应度系数	影响力系数	感应度系数	影响力系数	感应度系数
天津	0.391 9	1.787 3	0.439 0	1.628 4	0.000 7	0.134 9
河北	0.107 1	4.452 6	0.132 9	4.436 6	0.095 7	0.956 3
京津冀	0.288 6	1.649 8	0.199 2	1.444 1	0.047 7	0.205 0

资料来源：根据《中国地区投入产出表2017》相关数据及公式计算而来。

总之，北京的六个优势产业对津冀两地的经济促进作用较弱，因此在京津冀一体化发展过程中可以着重考虑如何将北京优势产业的辐射作用发挥到最大，尤其是金融业和文化、体育和娱乐业。以金融业为例，在京津冀金融一体化发展战略中，应以北京充分发挥监管、协调功能为前提，一方面要强调河北金融服务功能，另一方面加快协同推进天津金融改革创新政策的实施，从合作中实现三方受益，护好京津冀经济发展的命脉。此外，加强综合技术服务，研究和试验发展对河北的需求拉动作用，引导科技创新项目向河北转移，以疏解北京非首都功能为契机，建立起京津冀协同创新共同体。

（二）天津优势产业与京津冀产业的关联效应分析与波及效果分析

1. 产业关联效应分析

天津油气资源较丰富，其石油和天然气开采业对河北农林牧渔产品和服务、北京批发和零售直接消耗最大，与京津冀卫生和社会工作、京津房地产的后向联系也较强。此外，天津交通运输设备、专用设备等制造业的壮大也是推动石油产业发展的重要原因。该产业对本市所有产业直接消耗占中间投入比例为88.95%①，说明天津石油和天然气开采业发展已经较成熟，对全市经济的拉动作用很强。

天津非金属矿和其他矿采选产品发展对河北农林牧渔产品和服务的需求最大，对京津冀的交通运输设备、天津专用设备及电气机械和器材等制造业

① 产业直接消耗占中间投入比例通过区域投入产出表计算而来，计算公式为：天津某产业对本市（北京、河北）各产业直接消耗系数之和 ÷ 天津某产业对京津冀各产业直接消耗系数之和。

和部分服务业的拉动作用较强。

天津金融业对京津冀通信设备、计算机和其他电子设备，京冀批发和零售，京津研究和试验发展的直接消耗系数较大。该产业对京津冀三地各部门中间投入品的消耗占比分别为43.44%、23.41%和33.15%，说明天津金融业对北京各部门发展的拉动作用最大，其次是河北，最后才是天津自身。

天津交通运输设备制造业对自身的直接消耗系数最大，其快速发展也离不开京冀交通运输设备以及三地通信设备、计算机和其他电子设备与电气机械和器材的支撑。天津加快产业结构转型升级、强化制造业的经济支撑作用，可以考虑从细化三地交通运输设备制造业的分工入手。

表3-20　天津产业后向关联的直接消耗系数

石油和天然气开采产品	非金属矿和其他矿采选产品	其他制造产品和废料废品
河北农林牧渔产品和服务（0.014 6）	河北农林牧渔产品和服务（0.021 4）	河北农林牧渔产品和服务（0.014 5）
北京批发和零售（0.005 1）	天津交通运输设备（0.011 9）	河北建筑（0.003 8）
北京卫生和社会工作（0.003 7）	河北交通运输设备（0.006 8）	北京卫生和社会工作（0.002 7）
北京房地产（0.003 6）	北京交通运输设备（0.005 8）	河北卫生和社会工作（0.002 4）
河北卫生和社会工作（0.003 3）	天津专用设备（0.004 9）	天津建筑（0.002 2）
天津房地产（0.002 8）	北京批发和零售（0.003 2）	天津卫生和社会工作（0.001 9）
天津交通运输设备（0.002 8）	天津电气机械和器材（0.002 7）	河北化学产品（0.001 7）
天津卫生和社会工作（0.002 7）	天津批发和零售（0.002 5）	北京房地产（0.001 4）
天津专用设备（0.002 4）	北京房地产（0.002 1）	北京建筑（0.001 4）
金融	综合技术服务	交通运输设备
河北农林牧渔产品和服务（0.013 3）	河北农林牧渔产品和服务（0.013 7）	天津交通运输设备（0.074 4）
天津通信设备、计算机和其他电子设备（0.007 2）	北京批发和零售（0.009 2）	河北交通运输设备（0.047 9）
北京批发和零售（0.006 3）	天津批发和零售（0.007 1）	河北农林牧渔产品和服务（0.422 9）
北京通信设备、计算机和其他电子设备（0.006 2）	北京信息传输、软件和信息技术服务（0.005 8）	天津通信设备、计算机和其他电子设备（0.004 0）
天津批发和零售（0.004 9）	河北批发和零售（0.003 9）	北京交通运输设备（0.036 3）
北京金融（0.004 2）	天津通信设备、计算机和其他电子设备（0.002 4）	北京通信设备、计算机和其他电子设备（0.003 4）
河北通信设备、计算机和其他电子设备（0.004 2）	北京通信设备、计算机和其他电子设备（0.002 0）	河北通信设备、计算机和其他电子设备（0.002 4）

续表

石油和天然气开采产品	非金属矿和其他矿采选产品	其他制造产品和废料废品
北京研究和试验发展（0.003 9）	天津信息传输、软件和信息技术服务（0.001 8）	天津电气机械和器材（0.001 5）
河北批发和零售（0.002 7）	河北综合技术服务（0.001 7）	河北电气机械和器材（0.000 9）
天津研究和试验发展（0.002 6）	天津综合技术服务（0.001 6）	北京电气机械和器材（0.000 6）

由表3－21数据可知，除了河北农林牧渔产品和服务外，天津石油和天然气开采产业中间投入产品主要供给部门为津冀批发和零售业以及京津冀房地产业，同时天津石油产业的繁荣也对河北石油产业有较强的推动作用。

表3－21　天津产业前向关联的直接分配系数

石油和天然气开采产品	非金属矿和其他矿采选产品	其他制造产品和废料废品
河北农林牧渔产品和服务（0.029 7）	河北农林牧渔产品和服务（0.042 5）	河北农林牧渔产品和服务（0.029 6）
河北批发零售（0.006 3）	天津交通运输设备（0.011 7）	河北化学产品（0.004 0）
天津批发和零售（0.004 7）	河北交通运输设备（0.008 6）	天津化学产品（0.003 2）
北京房地产（0.004 1）	河北专用设备（0.005 0）	北京卫生和社会工作（0.002 7）
北京批发和零售（0.003 9）	天津专用设备（0.004 3）	河北建筑（0.002 4）
北京卫生和社会工作（0.003 8）	北京交通运输设备（0.003 6）	天津建筑（0.002 1）
天津房地产（0.003 4）	天津批发和零售（0.003 0）	河北卫生和社会工作（0.002 0）
河北房地产（0.003 2）	天津电气机械和器材（0.002 5）	北京住宿和餐饮（0.001 8）
河北石油和天然气开采产品（0.002 8）	北京批发和零售（0.002 5）	天津教育（0.001 7）
金融	综合技术服务	交通运输设备
河北农林牧渔产品和服务（0.027 0）	河北农林牧渔产品和服务（0.027 9）	河北农林牧渔产品和服务（0.097 6）
天津通信设备、计算机和其他电子设备（0.011 9）	河北批发和零售（0.011 4）	天津交通运输设备（0.073 15）
河北批发和零售（0.007 8）	天津批发和零售（0.008 6）	河北交通运输设备（0.053 8）
北京金融（0.007 3）	北京批发和零售（0.007 0）	北京交通运输设备（0.022 7）
天津金融（0.007 0）	北京通信设备、计算机和其他电子设备（0.006 6）	天津通信设备、计算机和其他电子设备（0.006 6）
天津批发和零售（0.005 9）	天津通信设备、计算机和其他电子设备（0.005 4）	河北通信设备、计算机和其他电子设备（0.002 4）

续表

金融	综合技术服务	交通运输设备
河北金融（0.004 9）	河北综合技术服务（0.002 9）	北京通信设备、计算机和其他电子设备（0.002 1）
北京批发和零售（0.004 8）	天津综合技术服务（0.002 0）	天津电气机械和器材（0.001 5）
河北通信设备、计算机和其他电子设备（0.004 4）	天津信息传输、软件和信息技术服务（0.001 9）	河北电气机械和器材（0.001 1）
北京通信设备、计算机和其他电子设备（0.003 7）	北京房地产（0.001 6）	天津交通运输、仓储和邮政（0.001 0）

天津非金属矿和其他矿采选产品为京津冀三地交通运输设备以及津冀专用设备、天津电气机械和器材等制造业的发展提供了大量的原材料，同时也推动了京津批发和零售业的发展。尽管天津近年致力于加快产业结构转型升级，非金属矿和其他矿采选产品又属于典型的资源密集型产业，但其对京津冀地区制造业发展的支撑相当有力，天津在转变经济发展动力、推动经济高质量发展过程中，要慎重考虑传统采矿业的去留，重点强调传统产业向高效、绿色的方向升级。

目前天津金融业以打造金融创新运营示范区为导向，其中间投入产品主要流向京津冀的通信设备、计算机和其他电子设备制造业以及批发和零售业，还有部分流入京津的研究和试验发展以及北京的金融业，但对本市及河北的金融业前向关联程度不高。

天津综合技术服务对河北第一产业、京津冀批发和零售以及信息传输、软件和信息技术服务的推动作用较大；此外，该产业对津冀两地综合技术服务业推动作用显著，而对北京综合技术服务不明显，原因可归结为京津之间科学研究和技术服务业发展存在一定的差距。由于北京集聚了大量的高端人才和先进技术，该行业本身发展起步早、效益高，且主要依靠本市资源来推动其发展，故河北相较于北京更可能受到来自天津的推力。

天津交通运输设备制造业直接拉动三地交通运输设备，通信设备、计算机和其他电子设备，电气机械和器材等行业的发展。天津交通运输设备为京津冀地区提供的中间产品中只有 31.40% 提供给本市，58.44% 提供给河北，10.16% 提供给北京，说明该产业对河北经济的促进作用更强，尤其是第一产业和部分制造业。

2. 产业波及效果分析

对比各产业影响力系数和感应度系数，天津优势产业中仅交通运输设备的区域影响力系数大于社会平均水平，说明天津交通运输设备业的发展对京津冀整个区域的辐射作用较强；金融业、综合技术服务以及交通运输设备的区域感应度系数大于社会平均水平。

从区内产业波及效应来看，天津石油和天然气开采产品、非金属矿和其他矿采选产品以及其他制造产品和废料废品对北京、河北两地的影响力系数都很小，且天津三类产业对河北省的感应度系数显著高于北京，这可能与上述产业资源密集型、劳动密集型的性质有关。天津金融业对京冀的影响力系数都高于社会平均水平，其对北京经济的拉动作用大于河北，而其发展对河北的需求显著大于北京。未来天津将在金融机构体制机制、金融投资融资方式、金融风险管理模式、金融服务优化等方面取得创新突破，一方面巩固北京金融管理职能，另一方面强化河北金融服务职能。

天津综合技术服务对京冀的经济拉动作用较小，尤其是对河北。目前，天津与北京、河北之间科技服务业的合作正有计划地展开，并不断在技术、资金、人才的交流共享方面取得突破，可为天津高端制造业提供坚实的技术和智力支撑。天津在京津冀地区科技合作中，要与北京携手破除经济要素自由流动的机制体制障碍，加紧建设滨海－中关村科技园和天津宝坻京津中关村科技城，重点培育人工智能、新能源新材料、生物医药与医疗器械以及高端装备制造等四大产业集群；与河北加强科研服务业互联互通，加快打造发展平台和发展载体，加快科技项目与成果的转化落地。

天津交通运输设备对北京的影响力系数高达7.333 5，说明天津交通运输设备每增加1个单位价值的最终使用，会给北京带来7.333 5个单位价值的产品需求，应高度重视交通运输设备制造业的发展。

表3－22　天津优势产业影响力系数及感应度系数

产业	石油和天然气开采产品		非金属矿和其他矿采选产品		其他制造产品和废料废品	
地区	影响力系数	感应度系数	影响力系数	感应度系数	影响力系数	感应度系数
北京	0.073 1	0.597 1	0.000 3	0.767 7	0.003 8	0.430 2
河北	0.000 7	2.746 1	0.000 0	2.095 5	0.005 9	2.445 8
京津冀	0.025 5	0.983 8	0.000 9	0.844 4	0.004 7	0.826 6
产业	金融		综合技术服务		交通运输设备	
地区	影响力系数	感应度系数	影响力系数	感应度系数	影响力系数	感应度系数
北京	2.281 4	0.850 4	0.380 6	0.830 6	7.333 5	0.939 3
河北	1.102 8	2.541 0	0.028 5	2.657 7	1.346 8	7.952 5
京津冀	0.993 8	1.148 0	0.172 1	1.072 7	4.173 9	2.809 0

（三）河北优势产业与京津冀产业的关联效应分析与波及效果分析

1. 产业关联效应分析

由表3-23可知，河北金属矿采选产品直接消耗系数较大的产业是北京房地产、住宿和餐饮及信息传输、软件和信息技术服务，其对北京、天津及自身所有部门直接消耗占中间投入比分别为44.17%、33.52%和22.31%[①]。这表明河北金属矿采选业的发展对北京市相关产业的直接后向关联作用最强，对本市产业的直接后向关联作用最弱。

表3-23 河北产业后向关联的直接消耗系数

金属矿采选产品	金属制品	金属制品、机械和设备修理服务
北京房地产（0.001 8）	河北金属制品（0.002 0）	北京住宿和餐饮（0.001 3）
北京住宿和餐饮（0.001 5）	天津金属制品（0.000 5）	天津住宿和餐饮（0.000 9）
北京信息传输、软件和信息技术服务（0.001 5）	北京房地产（0.000 5）	北京化学产品（0.000 7）
天津房地产（0.001 4）	天津金属冶炼和压延加工品(0.000 4)	北京房地产（0.000 7）
北京批发和零售（0.001 3）	天津房地产（0.000 4）	河北住宿和餐饮（0.000 6）
北京化学产品（0.001 1）	北京金属制品（0.000 4）	河北化学产品（0.000 6）
天津住宿和餐饮（0.001 1）	北京住宿和餐饮（0.000 3）	天津房地产（0.000 6）
北京教育（0.001 0）	河北金属冶炼和压延加工品（0.000 3）	北京交通运输、仓储和邮政（0.000 5）
天津批发和零售（0.000 9）	天津批发和零售（0.000 2）	天津交通运输、仓储和邮政（0.000 4）
天津化学产品（0.000 9）	北京批发和零售（0.000 2）	
其他制造产品和废品废料	**居民服务、修理和其他服务**	**金融**
北京批发和零售（0.001 5）	北京教育（0.010 5）	北京批发和零售（0.003 0）
河北通用设备（0.001 5）	北京批发和零售（0.008 0）	北京金融（0.002 9）
天津通用设备（0.001 3）	天津批发和零售（0.006 0）	天津批发和零售（0.002 3）
河北金属制品（0.001 3）	河北教育（0.004 2）	天津电气机械和器材（0.001 8）
北京化学产品（0.001 1）	天津教育（0.004 0）	北京教育（0.001 6）
天津批发和零售（0.001 1）	河北批发和零售（0.002 6）	北京研究和试验发展（0.001 5）

① 产业直接消耗占中间投入比例通过区域投入产出表计算而来，计算公式为：河北某产业对本市（北京、天津）各产业直接消耗系数之和÷河北某产业对京津冀各产业直接消耗系数之和。

续表

其他制造产品和废品废料	居民服务、修理和其他服务	金融
北京纺织服装鞋帽皮革羽绒及其制品（0.001 0）	河北建筑（0.001 9）	天津金融（0.001 2）
河北纺织服装鞋帽皮革羽绒及其制品（0.001 0）	天津建筑（0.001 4）	北京房地产（0.001 0）
北京住宿和餐饮（0.000 8）	北京信息传输、软件和信息技术服务（0.001 1）	天津研究和试验发展（0.001 0）
天津化学产品（0.000 8）	北京建筑（0.000 9）	河北批发和零售（0.001 0）

河北金属制品业对自身的直接消耗系数最大，同时对京津金属制品、批发和零售、房地产，津冀金属冶炼和压延加工品具有较强的拉动作用。金属制品、机械和设备修理服务主要带动了京津冀三地相关第三产业的发展，如住宿和餐饮、房地产以及交通运输、仓储和邮政。

河北其他制造产品和废品废料对北京批发和零售的直接消耗系数最大，其对北京、天津、河北所有产业中间投入品的消耗占比分别为33.48%、33.48%和33.04%，表明该产业对京津冀三地经济后向拉动作用大小相似。

河北金融业对京津冀批发和零售，京津金融及研究和试验发展，天津电气机械和器材，北京教育等行业的带动作用较强。

从河北优势产业的前向关联直接分配系数（见表3－24）可知，河北金属矿采选业是京津冀部分制造业和服务业的重要支撑，其作为生产要素主要流向津冀化学产品业，石油、炼焦产品及核燃料加工业，京津住宿和餐饮业及房地产业，以及北京信息传输、软件和信息技术服务业。

表3－24　河北产业前向关联的直接分配系数

金属矿采选产品	金属制品	金属制品、机械和设备修理服务
天津化学产品（0.002 1）	河北金属制品（0.003 9）	北京住宿和餐饮（0.001 7）
北京房地产（0.002 1）	天津金属冶炼和压延加工品（0.001 5）	北京燃气生产和供应（0.001 7）
河北化学产品（0.002 1）	天津金属制品（0.001 5）	天津化学产品（0.001 4）
天津石油、炼焦产品和核燃料加工品（0.002 0）	河北金属冶炼和压延加工品（0.001 0）	天津住宿和餐饮（0.001 4）
北京住宿和餐饮（0.002 0）	北京房地产（0.000 5）	河北化学产品（0.001 4）
北京信息传输、软件和信息技术服务（0.001 7）	北京住宿和餐饮（0.000 4）	河北住宿和餐饮（0.000 8）

续表

金属矿采选产品	金属制品	金属制品、机械和设备修理服务
天津房地产（0.001 6）	天津房地产（0.000 4）	北京房地产（0.000 8）
天津住宿和餐饮（0.001 6）	天津住宿和餐饮（0.000 4）	天津交通运输、仓储和邮政（0.000 7）
河北石油、炼焦产品和核燃料加工品（0.001 6）	天津批发和零售（0.000 3）	天津房地产（0.000 7）
河北房地产（0.001 2）	河北房地产（0.000 3）	天津燃气生产和供应（0.000 7）
其他制造产品和废品废料	居民服务、修理和其他服务	金融
河北金属制品（0.002 4）	北京住宿和餐饮（0.003 8）	北京金融（0.005 0）
天津化学产品（0.001 9）	北京信息传输、软件和信息技术服务（0.003 6）	天津金融（0.004 6）
天津通用设备（0.001 8）	河北农林牧渔产品和服务（0.003 7）	河北批发和零售（0.002 9）
河北化学产品（0.001 8）	天津住宿和餐饮（0.030 0）	天津批发和零售（0.002 8）
河北通用设备（0.001 8）	北京房地产（0.002 7）	河北金融（0.002 6）
河北批发和零售（0.001 4）	北京卫生和社会工作（0.002 4）	天津电气机械和器材（0.001 7）
天津批发和零售（0.001 3）	天津批发和零售（0.002 3）	北京教育（0.001 7）
天津交通运输、仓储和邮政（0.001 3）	河北批发和零售（0.002 3）	北京研究和试验发展（0.001 5）
北京批发和零售（0.001 1）	天津房地产（0.002 2）	天津通信设备、计算机和其他电子设备（0.001 4）
河北纺织品（0.001 1）	北京批发和零售（0.001 9）	河北通信设备、计算机和其他电子设备（0.001 4）

河北金属制品业对自身的直接分配系数最大，对津冀金属冶炼和压延加工品以及京津冀住宿和餐饮、房地产行业的前向推动力很强，该产业对京津冀所有产业的供给中有47.03%直接供给本地，有15.28%和37.69%分别供给北京和天津。

河北其他制造产品和废品废料对河北金属制品、天津化学产品和通用设备的直接分配系数最大，分别为0.002 4、0.001 9和0.001 8，该产业产品对京津冀批发零售，天津交通运输、仓储和邮政以及河北纺织品等行业也具有一定拉动作用。

河北金融业对北京、天津金融业有一定拉动作用，并同时拉动了津冀批发零售，通信设备、计算机和其他电子设备，北京教育业及研究和试验发展等行业的发展。

2. 产业波及效果分析

河北优势产业中仅金属制品业的区域影响力系数大于1，居民服务、修理和其他服务业的区域感应度系数较大，但也尚未超过社会平均水平，可见河北优势产业对京津冀经济社会发展的辐射带动作用不足（见表3－25）。

表3－25　河北优势产业影响力系数及感应度系数

产业	金属矿采选产品		金属制品		金属制品、机械和设备修理服务	
地区	影响力系数	感应度系数	影响力系数	感应度系数	影响力系数	感应度系数
北京	0.005 7	0.127 4	0.380 7	0.035 0	0.000 0	0.008 3
天津	0.004 8	0.156 4	0.004 8	0.070 5	0.000 0	0.076 0
京津冀	0.004 4	0.322 3	1.207 4	0.145 2	0.000 0	0.153 4
产业	其他制造产品和废品废料		居民服务、修理和其他服务		金融	
地区	影响力系数	感应度系数	影响力系数	感应度系数	影响力系数	感应度系数
北京	0.002 0	0.078 6	0.009 5	0.306 5	0.850 3	0.239 0
天津	0.039 5	0.148 0	0.092 8	0.238 7	0.155 5	0.206 3
京津冀	0.032 9	0.291 4	0.104 2	0.555 6	0.786 0	0.419 0

从优势产业的区域内波及效果来看，河北金融业对北京和天津影响力系数最大，分别为0.850 3和0.155 5，而其他优势产业对京津双城的影响力系数和感应度系数都不大，说明河北在京津冀协同发展中的地位和作用还未充分发挥出来。这与河北优势产业中大部分以资源密集型产业为主有关，河北面积广阔、区域需求量大，与京津两地各产业部门之间的联系相对较弱。尤其是河北金属制品、机械和设备修理服务业，省内产业“自给自足”性过强导致其对省外京津两地影响力系数几乎为0，京津两地对河北该产业的需求量也不高。

三、结论与启示

京津冀地理位置上的邻近性决定了三地之间存在错综复杂的产业关联网络的必然性。根据前文基于京津冀三地投入产出表及区域投入产出表的产业关联效应和波及效果分析结果，某地优势产业的发展可通过产业链条传递作用带动本地及周边地区前、后向产业的发展，这也进一步说明京津冀产业协同发展战略实施的必要性。一方面，优势产业的发展需要关联产业的支撑，如京津双城六大优势产业对河北第一产业的需求程度较高，北京金融业的壮大也离不开津冀两地强有力的支撑辅助，天津交通运输设备业的成长需要京冀两地交通运输设备业和通信、计算机和其他电子设备业的助力。另一方面，优势产业充分发挥强大的经济辐射带动作用，也需要政府产业政策指引和扶持。经济资源的分配具有趋利性，优势产业是地区吸引资金、人才、技术的重要极点。北京六大优势产业要带动津、冀产业协同发展，就必须充分发挥市场在资源配置中的决定性作用。因此，由政府产业政策引导、以产业转移对接为基本方式的京津冀区域产业空间再布局十分重要且有其必要性。

第四章　河北产业承接能力、承接意愿与承接效应分析

产业转移和承接是一个国家经济发展中普遍存在的现象。改革开放以后，产业梯度转移理论开始应用于我国区域发展实践，产业转移成为经济快速发展进程中用来均衡区域内或区域间发展的重要手段，同时也为经济相对落后地区带来了许多发展机遇。近年来，特别是京津冀协同发展战略和首都圈概念提出以后，如何充分发挥三地的比较优势，推动三地经济和产业协同发展受到了学界的广泛关注。京津冀三地在经济和产业发展上存在较大差异，为缩小三地产业梯度差，疏解京津地区赘余产业的同时激发河北产业发展的新动力，产业转移在其中发挥着不可忽视的作用。

第一节　研究意义、主要内容及思路框架

一、研究背景和意义

（一）研究背景

2014 年 2 月习近平总书记提出的京津冀协同发展的战略思想，是实现京津冀优势互补、促进环渤海经济区和带动北方腹地发展的重大国家战略。京津冀协同发展以疏解北京非首都功能和解决北京“大城市病”为出发点，旨在将京津冀打造成目标同向、措施一体、优势互补、互利共赢的现代化首都圈。2018 年 11 月，国务院提出要抓住疏解北京非首都功能的“牛鼻子”，积极调整区域产业结构和空间结构，河北要抓住机遇，主动承接从京津转移出的有利产业以发展自己的经济。在京津冀协同发展战略中，三地产业结构调整与联动升级始终是重要内容。

河北承接京津产业转移是协同发展战略的重中之重，一方面借力京津地区的产业优势推动河北地区产业升级，另一方面疏解北京非首都功能相关的产业，优化三地产业结构。协同发展战略实施七年来，河北作为三地中经济和产业发展相对落后的区域，承接了一批京津产业转移，三地间的产业定位

和分工日益明确，区域内产业融合水平也逐渐提高。同时，由于历史上三地之间多年的不平衡发展，京津与河北之间经济产业发展水平依旧有很大差异。河北工业产业结构相对单一，以传统的劳动密集型产业为主，产业配套设施和机制保障不健全，承接产业转移的能力较弱，比较注重发展重工业，内部工业门类发展不健全的现状没有改变，还存在经济转化率低和环境污染问题。总之，河北承接京津产业转移有其必要性和可能性。京津冀三地产业发展差异大，京津急需向外疏解转移产业，河北迫切需要产业发展和转型升级。就目前形势看，产业转移和承接的任务难度大、挑战多，只有解决好产业转移问题，完善区域内产业对接、资源合理分配和生态环境保护，才能助力京津冀协同发展快速推进。

（二）研究意义

基于产业分工和产业转移理论分析河北承接产业现状，旨在研究河北承接京津产业转移的经济效应。产业转移理论作为产业经济学的重要内容，应用于区域经济学中，产生了与区域经济发展梯度相关的新的产业转移理论。产业转移对区域产业结构调整、区域产业分工合作、劳动力分布甚至地理环境都有很大影响。将产业经济学与区域经济学的理论相结合，利用不同的经济分析方法多方面探究河北承接京津产业转移的情况，对实现学科交叉融合发展有重要意义。

在京津冀协同发展的大背景下，河北毋庸置疑成为承接京津产业转移的首选之地。产业转移是京津冀协同发展的重要组成部分，是三地产业一体化实现协同发展的重要途径。通过产业转移重组区域资源贯通产业链，可有效调整京津冀三地产业布局，实现资源的优化配置。产业转移对于实现三地产业高效联动和协同发展是十分必要的，对于缩小三地产业梯度、推动河北产业结构优化也有重要意义。因此，研究产业转移的驱动因素、产业转移的效果、承接产业转移给河北带来的影响效应，对于京津冀协同发展战略的贯彻落实与河北产业发展升级均有很强的现实意义。

目前京津冀协同发展战略的实施已经到了重要节点。由于京津相对较强的虹吸效应，大量人口和资源聚集而产生的高房价、交通拥堵等“大城市病”问题凸显，疏解北京非首都功能任务依然艰巨；同时，河北自身产业结构升级也面临较大压力。产业转移效应是评价产业转移成功与否的重要依据与标准。分析产业转移的影响效应，有利于找出河北承接产业的优劣势和当下存在的问题，探寻一条效益最优化的合理承接路径。

二、研究内容和方法

（一）研究内容

1. 绪论

这里介绍当前背景下研究河北承接京津产业转移所产生的影响效应的意义，概括本章的研究内容和研究方法。

2. 理论基础和文献综述

理论基础部分界定与产业转移效应有关的概念，论述与产业转移和产业承接相关的理论；文献综述部分选取已有的相关研究进行梳理，论述产业转移的驱动因素和产生的影响效应，并对河北承接产业转移的已有研究和相关问题进行整理。

3. 河北承接产业转移的现状分析

对京津双城与河北 11 个地级市之间的经济和产业发展差异进行比较分析，并通过 SWOT 分析展现河北承接产业转移的现状。

4. 对河北 11 个地市 40 个细分产业承接能力进行实证分析

这里通过构建指标体系，进而利用 SPSS 软件进行主成分分析和聚类分析，并将各地承接能力和各地承接意愿相结合画出四象限图，深度反映河北承接产业转移的具体情况，分别找出各地最适宜承接的产业。

5. 对河北承接京津产业转移的影响效应进行实证分析

这里利用 SPSS 软件对多组时间序列数据进行回归分析，探究技术溢出效应和产业优化升级对河北经济发展起促进作用的原理。

6. 建议和对策

根据实证分析结论，对河北承接京津产业转移的未来发展提出建议和对策。

（二）研究方法

第一，文献研究法。通过查阅大量文献，全面地了解和把握河北产业承接的历史沿革、发展现状，并参考权威专家论文研究成果，全面掌握未来产业承接方向。第二，定量分析法。利用 SPSS 软件对数据进行处理分析，通过对数据进行主成分分析、聚类分析，全面直观地了解研究事物。第三，实证分析法。利用 SPSS 软件建立回归模型，检验河北承接产业转移与产业升级、经济增长等现象的相关性。第四，数据整理法。构建相关指标，对京津冀近十年的数据进行收集整理，通过对一定时间限度内的数据的分析，找出京津冀产业发展与河北产业承接的内在规律。第五，对比分析法。通过对京津冀与河北各地过去十年的数据进行对比分析，寻找河北在产业承接过程中存在的优势与劣势。

三、特色与创新

本项研究的创新之处在于：首先，利用 SWOT 分析对河北产业转移的现状进行评价。其次，利用主成分分析对河北 11 个地级市 40 个细分行业的承接能力和承接意愿进行打分，并以两者为坐标轴画出四象限图，反映不同地区不同产业之间承接能力和承接意愿的拟合关系。最后，利用线性回归模型，分析和验证产业转移与技术溢出效应和产业优化升级效应之间的关系。

四、技术路线图

图 4 -1 为本章技术路线图。

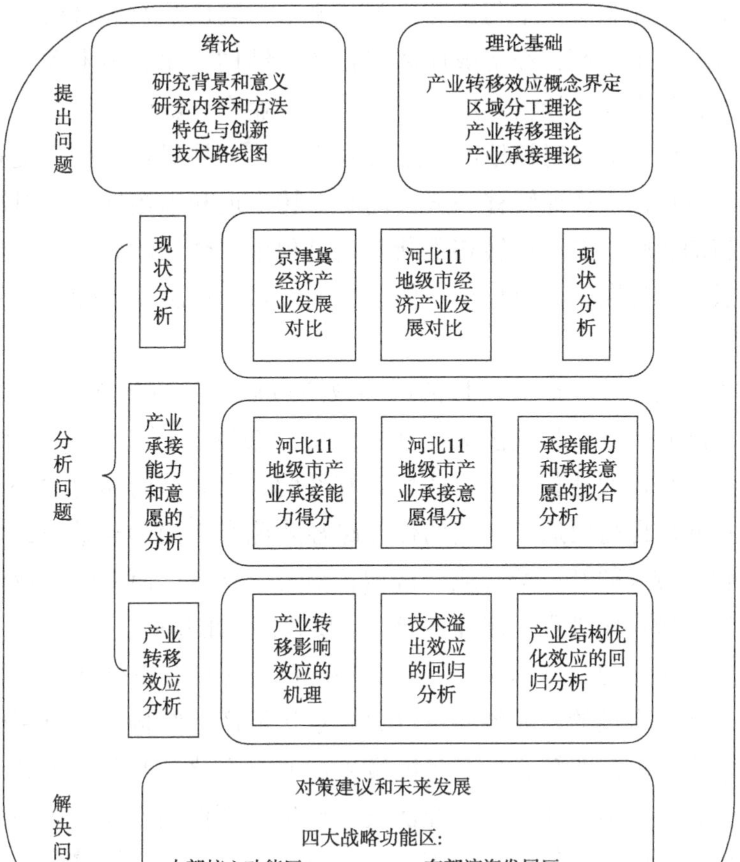

图 4 -1　技术路线图

第二节　理论基础、相关概念及综述

一、理论基础

（一）产业转移效应概念界定

本部分的研究对象是河北在承接京津产业时产生的效应，即产业转移效应。产业转移多用于描述产业在地理空间上的转移。产业转移效应是在产业从一个国家或地区转移到另一个国家或地区的过程中对两个国家或地区产生的影响及结果。从以往的研究可以发现，随着产业转移进程的推进，产业转移效应在不同主体和层次上得到相应的体现。一般反映在经济效应、社会效应和政治效应三个方面：经济效应体现在产业结构变化、技术和生产要素转移、经济增长等方面；社会效应主要反映在就业率、城市发展和环境影响等方面；政治效应一般是对该地区的区域地位（甚至是国际地位）变化和对相关政策影响的反馈。产业转移一般会同时对转出地和承接地两个对应的主体地区分别施加影响，在产业转移不断深化过程中，会从微观的企业层面到中观的区域层面，逐渐扩大对作用主体的影响，最后将影响延伸至宏观的国家层面。

从作用机制划分，产业转移的影响效应可以分为直接效应和间接效应。直接效应即随着产业转移直接从转出地流入承接地的资本、技术等生产要素，直接效应的施加使两地相关企业的生产和经营、产业结构和门类等发生直观改变；间接效应即需要通过一定的传导路径才能实现的影响效应，如两地产业结构优化后带来的经济增长或经济增长潜力，新转移而来的产业促使经济相对落后地区城市化进程加速等不能直观反映出来的影响。

产业转移是一把“双刃剑”，其影响效应不仅具有正外部性，也会产生一些负面影响。合理的产业转移可以促进承接地产业结构优化升级、经济发展加速；不合理的产业转移也有可能带来产业空心化、产业极差和产业陷阱等负外部性，对当地产业发展和经济发展产生负面作用，同时应注意承接重工业类型的产业转移往往会伴随着环境污染。因此，产业转移不仅要考虑转出地区的需求，同时一定要满足承接地区的发展需要，在符合该地区现有资源禀赋和环境基础的条件下，挑选合适的产业进行高效率、高成效的转移和承接，尽量避免负外部性的产生。

（二）区域分工理论

分工是提高生产效率的一种重要方法，其中两种或更多经济行为主体将单个经济活动划分为多个环节完成。分工和专业化密不可分，二者相结合可以使个体和独立的经济组织将生产活动集中在较少的种类职能上，各自负责操作自己熟练或具有优势的部分。区域分工是区域之间经济联系的一种形式，在区域之间存在经济差异且生产要素不能完全流动的情况下，为了满足各自在生产和生活上的不同需求并提高经济效率，每个地区都必须在经济交往中遵循比较利益的原则，以便选择和发展对自己有利的产业。它的重要性在于，可使每个区域都能充分利用资源、生产要素、区位和其他方面以进行专门的生产；合理利用资源，促进生产技术的改进和创新，提高产品质量和管理水平；有助于提高各地区的经济质量效益与整个区域的总体效益。

在区域分工理论中，成本理论通过比较绝对生产成本和相对生产成本来解释区域分工的原因。在绝对成本理论中，亚当·斯密认为，每个国家或地区生产的产品都具有某种绝对有利的生产条件，即在劳动生产率方面具有绝对利益的商品，然后彼此交换可以提高劳动生产率并降低成本，这也是最有效的资源分配模式①；比较成本学说指出了绝对成本引发区域分工的矛盾之处，并提出通过国家间不同商品的比较成本解释区域分工的发生。

要素禀赋学说补充解释了区域分工的决定因素，其基本思想是：即便在劳动生产率相同的情况下，资源禀赋也会促使分工和贸易的产生。当两个国家具有不同的要素禀赋时，相对丰富的要素供给对应的要素价格也相对较低，生产对应商品的成本也相对较低，因此使用丰富的要素生产商品就能获得比较优势。在自由贸易的情况下，各国应该根据本地区的要素禀赋进行生产、分工并开展贸易，以获得最高的资源分配效率。

20 世纪 80 年代以后，新贸易理论将基本研究单位从传统贸易理论中的产业进一步细化到了企业层面；通过对企业价值链分配的分析，用不同公司间异质性和 FDI 决策之间的联系，解释进出口贸易和不同的资源配置模式；为填补传统理论逻辑的空白，开始利用实证的方法，对国家或地区间的生产分工和贸易原因进行补充。区域分工是一种基本的经济行为，国内外在相关领域已经有很多的研究，在此不作赘述。

（三）产业转移理论

产业转移是经济发展中不可避免的过程，指某个国家或地区将本地不具

① 亚当·斯密．国民财富的性质和原因的研究［M］．郭大力，王亚南译．北京：商务印书馆，2011.

备比较优势的部分产业转移到其他国家或地区。它作为一种产业在空间上移动的经济现象，普遍存在于一个国家或地区经济发展的过程中，是优化区域内产业结构的有效手段。随着产业转移的进行，高新技术、资金和劳动力等资源也在区域间或区域内定向转移，一般是引导资源和高端产业从经济较发达地区定向转移到经济相对不发达的地区。

产业转移之所以能够发生主要存在四个原因：一是区域间存在产业梯度。产业梯度是指国家或地区之间资源、经济、技术和劳动分工的差异，在产业结构层面上形成了巨大分层，这也是发生产业转移的必要条件。二是生产成本的变化。一个国家或地区的一个产业或一组产业发展到一定水平将形成资本和技术优势，但同时也将导致生产成本的增加，如人工成本和要素成本，为降低生产成本需要进行产业转移。三是产业具有可流动性。产业发展相对落后的国家或地区，相对应的劳动力、原材料和其他生产要素相对丰富、价格相对较低，相关产业会从生产成本高的地区转移到生产成本相对较低的地区以降低成本。四是区域内产品需求的转变。随着经济的不断增长，人均消费水平不断提高，消费结构不断高级化和多样化，这种变化也必然导致通过产业转移而进行产业结构调整。

因此，产业转移的根本目的是通过寻求一个新的具有比较优势的发展空间，使其达到成本最小化和利润最大化。产业转移的外在表现就是生产力在空间上的重组，优化区域内资源配置，实现资源的合理利用。

雁型模式是日本经济学家赤松要（1932）提出的一种产业转移的形式，它从发展中国家的视角解释了产业在空间上移动的过程。最初的雁型模式理论将产业发展分成三个步骤，即进口、国内生产和出口（如图4－2所示）。

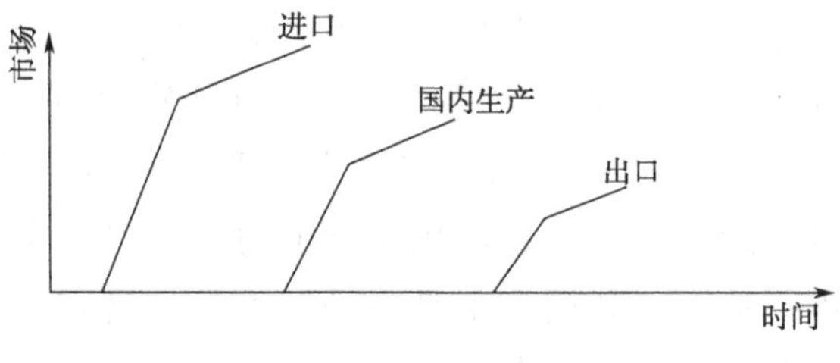

图4－2　雁型模式图例

日本经济学家山泽逸平在此基础上加以补充，形成了概括为五个阶段的“雁行形态产业发展论”，对本地生产成本进行排序，分别是引进、进口、出口、成熟和逆进。由于地区之间发展差的存在，本地区生产成本过高不具备比较优势的产业将按照成本从高到低的顺序依次被转移到其他地区。

20 世纪 80 年代，日本经济学家小岛清将雁型模式理论和产品周期理论相结合，引入边际产业的观点对其进行补充①。小岛清指出，应该对外投资国内已经处于边际状态的劣势产业，避免边际产业继续扩张，消除产业劣势的不利影响。对外直接投资不仅是资本的跨国流动，也是技术、管理、知识等系统化地由投资国向被投资国的转移。将劣势产业转移出去同时出口优势产业，以此实现产业结构升级，避免资源浪费，促成经济迅速发展。

（四）产业承接理论

有产业转移就必然存在对应的产业承接。产业承接是指承接地在产业转移中把握好自身的区位优势和历史性机遇，运用本地资源建设产业相关基础设施，落实外来产业落地的过程。如上文所述，产业转移是经济发展和区域协同发展的必然趋势。承接产业转移有利于当地促进产业聚集、优化产业结构、提升经济总量和质量。但是，承接产业转移并不意味着无选择、无条件地盲目接受，而是要同时考虑转出地的疏解需要和承接地的发展需要，进行合理的转移和承接。

胡新（2015）阐述了“产业转移承接力”概念，认为地区的产业转移承接力是由产业吸引力、产业选择力、产业支撑力和产业发展力等共同作用的合力，是多种因素共同作用的结果。产业吸引力是该地区吸引其他地区产业在此聚集的能力，是承接产业转移的基础。在某一区域内，承接地相对低廉的生产要素价格通常对转出地的产业具有很强的吸引力，国家或地区政府制定的相应的优惠政策也能提高承接地对产业聚集的吸引力。产业选择力即选择承接外来产业的时机和类别的能力，通过甄别合理的产业门类并在合适的时间点进行承接，以保证产业承接的效率和效果。产业支撑力是产业承接的关键，是承接地没有阻力地接纳外来产业并使其能够在本地存续的能力，如产业园区和配套设施的建设及相关生产性服务业的投入。产业发展力是外来产业与承接地原有的产业体系融合并继续发展的潜力，也是产业承接中重要的一环。在多种因素的共同影响下，产业转移承接力直接决定了承接产业转移的成功与否。一般来说，成功的产业承接往往具有增加当地产业门类、扩大产业规模、改善产业结构、为其经济发展注入新的活力等功效。

---

① 小岛清．对外贸易论［M］．天津：南开大学出版社，1987.

二、文献研究综述

（一）河北承接京津产业相关研究

在京津冀协同发展的格局下，为实现疏解北京非首都功能的任务和三地高效联动协同发展的目标，河北承接来自京津地区的产业转移成为必然。作为协同发展战略中的重要一环，国内产业转移和承接的相关研究成果也较为丰富，本部分选取近年来较新的研究成果进行归纳总结。

目前，学界普遍认为京津冀地区内的产业转移是市场选择和国家政府政策共同作用的结果。杨道玲、任可和袁高杰（2021）认为，京津冀三地之间经济和产业发展存在的差异是产业在区域内流动的驱动因素。北京和天津的经济发展造成生产要素价格上涨，产生地区离心力；同时，河北由于相对落后的经济发展水平，维持了较低的生产要素成本，地区引力相对增强。在吸引京津产业转移的同时，河北自身也有很强的承接意愿。在政策方面，邓阳（2020）认为为缓解转移地的产业压力并促进承接地的产业发展，各地政府制定相关的优惠政策形成所谓的政策拉力，从而促进了京津冀地区内产业的转移和承接。

资源禀赋的差异致使京津冀三地分别形成不同的优势，不仅为产业转移的发生创造了有利条件，也在一定程度上决定了产业转移的路径。鲁民卿（2019）在对比京津冀三地之间劳动力要素、自然条件、交通运输水平和技术创新等差异后认为，北京在教育资源和尖端技术资源方面占据领先地位，天津在工业制造和航运领域具有比较优势，河北具有丰富的能源和矿产资源，三地在产业转移与承接的过程中应该考虑自身的要素禀赋，发展各自的优势产业，实现资源合理配置。

通过比较相应产业的生产总值展现京津冀三地产业结构的差异，并进行趋同性分析后，温忠涛（2019）认为三地在产业结构上具有相似性，但也各有侧重。近年来，北京向河北转移了一批附加值相对较低的落后产业，一定程度上增强了区域内产业分工的协调性。河北的产业发展与北京、天津相比依旧存在较大差距，但与天津产业结构趋同程度较大，三地总体上形成了合作与竞争并存的产业格局。于敏（2019）认为，河北在承接产业转移时也应该有选择地承接。例如，在承接北京产业转移时要面对来自天津相似产业的竞争；承接京津落后产能时也不能全盘接下，而是要考虑到环境污染和本地可持续发展的问题。

与此同时，在当前的产业承接过程中还有一些亟待解决的问题。张为（2018）认为，在河北承接产业转移的进程中，资源浪费和环境污染的问题不但没有缓解反而进一步恶化；河北的产业基础相对薄弱，承接转移的条件也较差，导致产业转移的过程漫长；相关的产业政策不够细化、健全，产业转移路径相对单一。杨开忠（2015）认为，区域行政划分使京津冀三地在产业发展上的规划难以通过整体统筹达到统一，三地各自为政，无法根据整体利益进行转移和承接；京津地区作为“双核”增长极，对区域内生产要素产生的“空吸”作用依然强劲，河北缺少高端劳动力和产业配套设施的现状仍将维持，这些问题在一定程度上影响了产业转移承接的成效。

（二）产业转移与产业承接的分析方法

产业转移相关领域的研究在我国起步相对较晚，但产业转移和承接的分析方法随时间不断发展。20 世纪 90 年代，主要基于国外文献研究和发达国家经验借鉴，通过定性方法研究产业转移相关问题。卢根鑫（1994）通过分析国际产业转移理论认为，在发展中国家中，扩大产业转移的正面效应并消除其负面效应是发展经济的关键。杨景欣、李庆波（1998）对我国城乡间产业转移的原因和内在要求进行了定性分析。

21 世纪以后，学界开始注重在研究中加入数据比较并结合经济学理论来分析产业转移和承接问题。任太增（2001）通过比较不同地区劳动密集型行业区位商及其增长指数展现各地资源禀赋的变动趋势。魏后凯（2003）将成本曲线、收入曲线与盈利空间界限理论相结合，以企业为单位对产业转移进行研究。

随着学科交叉的不断发展和深入，一些学者将统计学、计量经济学的分析方法与区域经济学理论相结合，对产业转移和承接问题进行定量研究或实证分析。房艳、胡仪元（2016）将演化博弈理论与产业转移理论相结合，通过构建产业跨界演化博弈模型和雅克比矩阵对如何实现产业转移的最优决策进行研究。翟简（2018）将统计学和区域经济学相结合，选取 11 个评价指标作为原始变量，利用 SPSS 软件进行主成分分析，以此反映河北各年度产业结构优化的合理性和高级性。周伟（2020）运用空间计量经济学等方法研究京津冀和河北 11 个地级市产业转移和承接相关的经济指标，通过构建回归模型对承接产业转移的影响因素和驱动机制进行研究，分别完成单位根检验、误差分析、协整检验、运用 Stata 15.0 进行固定效应分析并计算拟合优度等步骤，对所选取的七个影响动力因素对京津冀地区产业转移的影响进行实证分析并得出结论。

（三）对已有研究的评述

在京津冀产业转移的已有研究中，承接产业转移能力、承接产业转移意愿和产业转移所产生的影响效应是三个比较集中的研究方向，大多数学者对这三个问题分别进行研究并取得了一定的成果，同时这三个研究方向之间存在着很强的相关性，三者相互作用成为决定产业转移结果的重要因素。承接地选择有利产业进行承接的过程往往是产业承接的能力和意愿相互作用的结果，而不是依靠某一因素单独决定的，并且承接产业转移的最终结果是为获得尽可能多的正向影响效应。作为一种新的尝试，本书对这三个问题同时进行实证分析，得出河北 11 个地级市对不同产业承接能力和承接意愿的综合排名，并分析承接过程中可能产生的影响效应，期望能更加全面地对河北承接京津产业转移的情况进行研究。

近年来，在产业转移的相关研究中，将统计学与区域经济学相结合的研究方法越来越成体系，利用统计学软件对区域经济学问题进行量化分析，可以将所研究的对象通过数据更直观地表现出来，使研究者能够更容易找到不同研究对象之间的关系和变量之间变化的规律。本部分也采取了实证分析的量化方法对产业转移的相关问题进行研究，通过 SPSS 软件对产业承接能力和承接意愿分别进行主成分分析，得到河北各地级市不同产业的综合得分并进行排名；选取相关变量对产业转移的影响效应进行线性回归分析，以探寻产业转移对承接地经济带来的影响。

第三节　河北承接产业转移现状分析

数据来源于《中国统计年鉴 2020》《中国城市统计年鉴 2020》《北京市统计年鉴 2020》《天津统计年鉴 2020》《河北经济年鉴 2018》和河北 11 个地级市的统计年鉴或经济年鉴，部分缺失数据根据其他官方统计年鉴补充。

一、京津冀三地经济和产业对比分析

（一）经济发展差异分析

如图 4－3 所示，2019 年度北京市地区生产总值（GDP）达到 35 371.28 亿元，较上年度增长 6.1%。同期天津 GDP 总量达到 14 104.28 亿元，较上年

度增长 4.8%。河北 2019 年 GDP 总量达到 35 104.52 亿元，较上年增长 6.8%。北京和河北的地区生产总值增幅均超过了全国平均增幅 6.1%。我国经济自进入新常态后，增速逐年放缓，经济增长面临压力和阻力。受到全国经济下行压力影响，河北 GDP 增速近年来基本维持稳定在 6.6% ~6.8%，经济发展总体上呈平稳趋势，GDP 匀速上升，在这样的过程中，河北与京津之间的经济差距正逐渐缩小。通过比较 2019 年度京津冀人均 GDP（见表 4 -1）可以发现，三地之间仍存在不小的差异。北京和天津的人均 GDP 分别是 164 220 元和 90 371 元，河北人均 GDP 则只有 46 348 元。由此可知，虽然河北在近年来的发展中正逐步缩小与京津地区的差距，但由于地区经济基础薄弱，河北要在短时间内获得较大的增长，缩小三地之间的差异绝非易事。

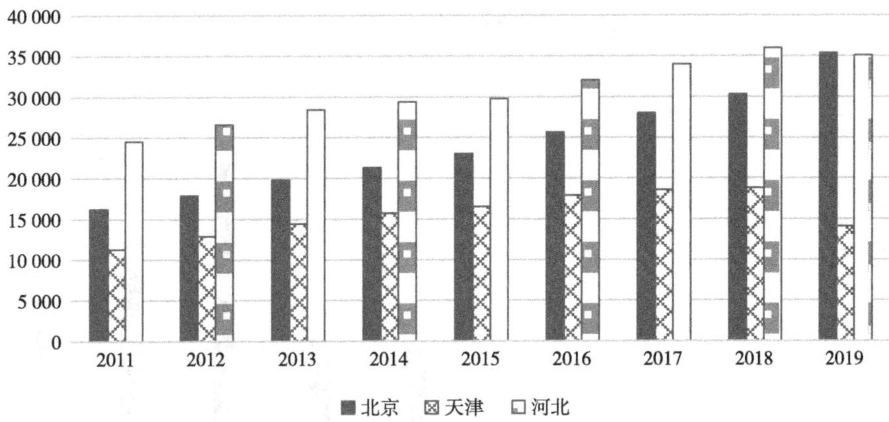

图 4 -3　京津冀 2011—2019 年国内生产总值（当年价）（单位：亿元）

资料来源：国家统计局网站。下同。

表 4 -1　2011—2019 年京津冀人均 GDP　　（单位：元）

	2011	2012	2013	2014	2015	2016	2017	2018	2019
北京	81 658	87 475	94 648	99 995	106 497	118 198	128 994.1	140 211.2	164 220
天津	85 213	93 173	100 105	105 231	107 960.1	115 053	118 943.6	120 710.8	90 370.63
河北	33 969	36 584	38 909	39 984	40 255	43 062	45 387	47 772.22	46 347.89

（二）产业结构差异分析

通过比较地区生产总值的构成和三次产业占比可以明显发现京津冀三地

产业结构之间的差异，三地有各自的主导产业，也有不同的产业发展方向。近年来，三地产业不断发展，各自的产业结构也呈现不同的变化趋势。2019年北京第一产业实现增加值113.7亿元，相比2018年同期水平下降2.5%；第二产业实现增加值5 715.1亿元，增长4.5%；第三产业实现增加值29 542.5亿元，增长6.4%。三次产业构成由2018年的0.4∶16.5∶83.1变化为0.3∶16.2∶83.5，第一产业实现和第二产业比重进一步缩小，第三产业比重增加。天津第一产业实现增加值185.23亿元，增长0.2%；第二产业实现增加值4 969.18亿元，增长3.2%；第三产业实现增加值8 949.87亿元，增长5.9%。第三产业比重有所增加，2019年三次产业结构为1.3∶35.2∶63.5。河北第一产业实现增加值3 518.4亿元，增长1.6%；第二产业实现增加值13 597.3亿元，增长4.9%；第三产业实现增加值17 988.8亿元，增长9.4%。第一产业比重下降，第三产业比重上升，三次产业结构由上年的10.3∶39.7∶50.0调整为10.0∶38.7∶51.3（见图4-4）。

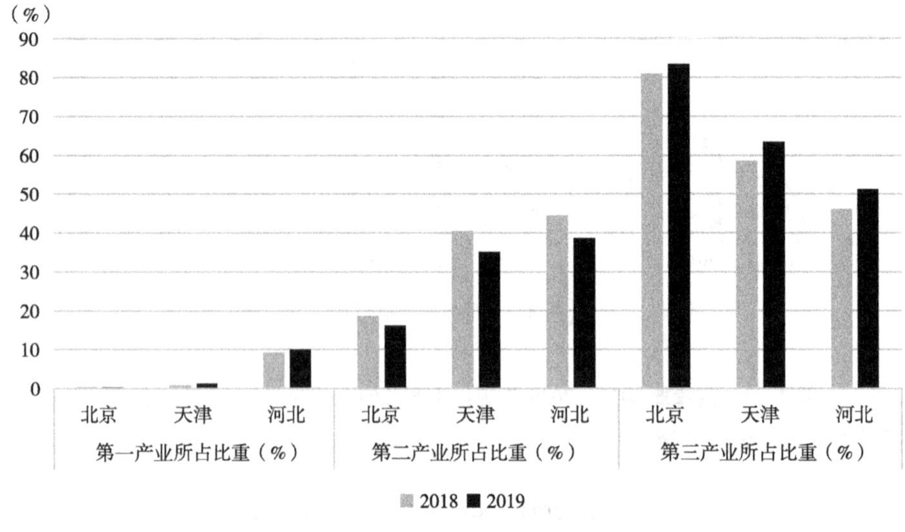

图4-4　京津冀2018—2019年三次产业占比

北京在第三产业上具有绝对优势，高端生产性服务业、金融和互联网等相关行业发展水平全国领先；天津形成了先进制造业和生产性服务业相结合的产业模式，如高端电子设备和汽车制造等高端制造业，第二产业和第三产业比例相当；河北的产业发展与京津相比还有较大差距，以传统农业和重工业为主，以化工、建筑材料等高污染、低附加值的产业为支柱，第三产业增长乏力。从对三地产业结构的分析不难看出，由于河北与京津地区产业结构差距较大、环境污染严重、京津两地产业竞争加剧等问题，河北承接京津产业转移面临现实困境。

（三）工业及服务业发展对比分析

京津冀三地产业差异主要体现在第二产业和第三产业上，产业转移也主要发生在工业和服务业上。三地的工业和服务业发展水平存在较大差异，发展的侧重和趋势也有所不同。2019 年，北京工业增加值为 4 241.1 亿元，较上年增加 7.4%；天津工业增加值为 4 394.27 亿元，增长率为 3.6%；河北工业增加值为 11 545.9 亿元，相比上年增长 4.6%。同时，北京工业贡献率逐渐降低，截至 2019 年仅占全市的 6.5%；天津工业贡献率为 29.7%；河北工业贡献率为 31.9%。对比近年来的数据，三地的工业增加值均在一定水平内波动，总体来说，工业水平平稳提高（见图 4－5）。但三地的工业发展呈现出不同的特点：北京地区的工业以高端制造业为主，高科技和技术密集型产业居主导地位，占工业总产值的比重超过 70%；天津的工业种类范围较大，既有技术或资金密集型的加工制造业，如电子、通信设备制造及金属制品制造，也有金属冶炼、橡胶制品制造等传统工业；河北以重化工产业为主，石油和天然气开采、燃气生产和供应、非金属矿物制品等行业具有比较优势。近年来，三地的先进制造业均处于高速发展态势，其中北京地区的发展趋势最好，天津地区相应部门的产值增速是河北地区的两倍。由于北京地区工业占比较小，河北地区虽然工业比重最大但先进制造业的比例相对较低，因此天津地区工业水平与其他两地区相比具有相对优势。

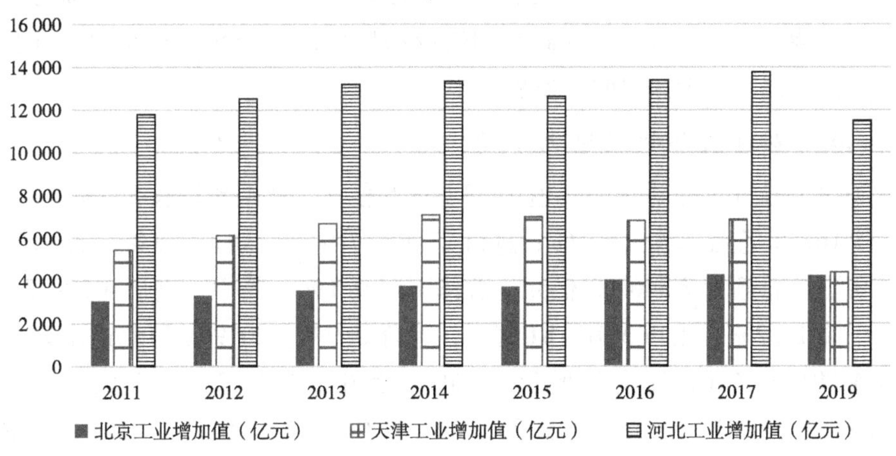

图 4－5　京津冀 2011—2019 年工业增加值

2019 年，北京服务业增加值为 29 542.5 亿元，同比增长 6.4%；天津服务业增加值为 8 949.87 亿元，同比增长 5.9%；河北服务业增加值为 18 729.6 亿元，同比增长 3.3%。从产业结构角度看，北京市服务业贡献率为 83.5%；天津市服务业贡献率为 64.4%，河北服务业贡献率为 58.6%。借鉴国内已有研究，京津冀地区服务业可分为生产性服务业、流通性服务业、生活性服务业和公共服务业四类。其中，北京市服务业涵盖范围大、结构完整，增加值占比也最高；天津市公共服务业占主导地位，增长速度也较快，生产性服务业次之，两类服务业占据服务业总量的 80% 以上；河北服务业比重近年来逐渐增长，在 2017 年后占比超过第二产业，但服务业门类不全的问题依然突出，批发、零售、餐饮和住宿等行业所占份额较大。天津与河北地区与交通运输相关的流通性服务业增长较快，而北京地区流通性服务业产出效率则大幅下滑。

（四）社会投资对比分析

2019 年，北京市社会投资出现了负增长，较 2018 年降低 2.4%；天津市全社会固定资产投资比上年增长 13.9%；河北全社会固定资产投资比上年增长 5.8%。对三地的社会投资去向进行分析后发现，北京的社会投资大量流入第三产业；天津第二产业和第三产业社会固定资产投资比例较大，进入第二产业的资金略高于第三产业；河北的社会投资主要流向了第一产业和第二产业，流向第三产业的资金较少。社会固定资产投资的比例也侧面反映出三地当前的产业发展现状：北京第三产业占绝对主导地位；天津以先进制造业为主导与相关服务业相互促进发展；河北社会投资主要流入相对基础的产业中，如果能适度将投资转移到高端制造业和配套的生产性服务业中，将有利于缩小其与北京、天津之间的发展差距。

（五）对外贸易状况对比分析

2019 年全年北京进出口总值为 28 663.5 亿元，比上年增长 5.4%。其中，出口 5 167.8 亿元，增长 6.1%；进口 23 495.7 亿元，增长 5.3%。天津 2019 年外贸出口总额为 7 346.03 亿元，总体下降 9.1%。其中，进口 4 328.22 亿元，下降 11.2%；出口 3 017.81 亿元，下降 5.9%。2019 年河北进出口总值完成 4 001.6 亿元，比上年增长 12.6%。其中，出口 2 370.3 亿元，增长 5.7%；进口 1631.3 亿元，增长 24.4%（见图 4－6）。河北的国际贸易主要分布在亚洲、欧洲和北美洲三个区域，覆盖范围很广。但与各地区的对外贸易方式相对单一，相比于增长速度缓慢的加工贸易等技术性贸易，传统资源密集型的贸易占据主导地位，产品的附加值普遍不高。

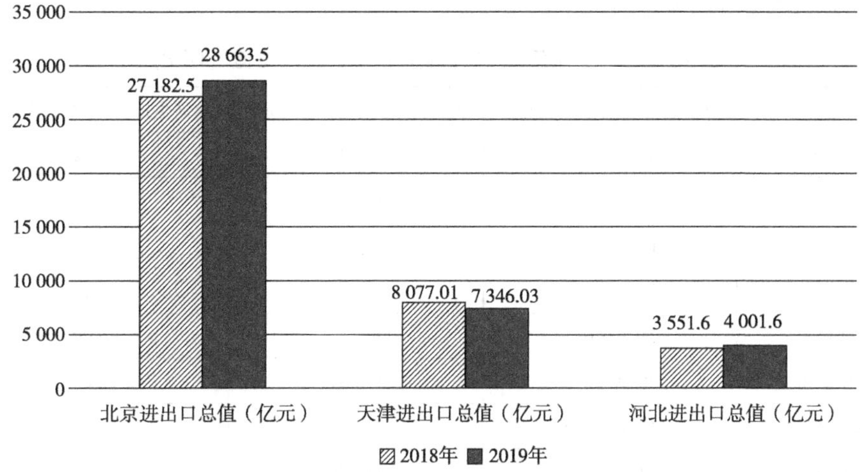

图 4－6　京津冀 2018—2019 年进出口总值

资料来源：2018 年、2019 年北京、天津、河北国民经济和社会发展统计公报。

二、河北 11 个地级市经济和产业对比分析

（一）经济发展差异分析

对比 2019 年河北 11 个地级市的经济数据不难发现，11 个地级市的经济情况也存在着比较大的差异（见表 4－2）。唐山的 GDP 和人均 GDP 均超过石家庄，为河北经济最发达的地级市，GDP 达到 69 549 700 万元，人均 GDP 达到 87 855 元；经济发展最不乐观的是承德，近年来承德地区生产总值和人均地区生产总值一直位列 11 个地级市中末，2019 年 GDP 和人均 GDP 分别只有 14 815 102 万元和 41 476 元。按照地区生产总值排序，11 个地级市的 GDP 明显存在三个梯队，处于第一梯队的是较为发达的唐山和石家庄；第二梯队包含邯郸、保定、沧州和廊坊；第三梯队为剩下的秦皇岛、邢台、张家口、承德和衡水。通过比较 11 个地级市人均 GDP 可以发现，人均 GDP 最高的唐山市（87 855 元）几乎是人均 GDP 最低的邢台市（29 210 元）的 3 倍。11 个地级市的 GDP 增长率在 6.40% 至 7.50% 之间，差异不大，但值得注意的是，除了石家庄、唐山等经济发达地区具有高增长率以外，经济基础相对薄弱的张家口的 GDP 增长率为 11 个地级市中最高值（见图 4－7）。河北 11 个地级市虽然经济基础有着较大的差异，但经济增速均维持在 6% 以上，有着较好的经济发展潜力。同时也应该注意，虽然经济增速相对较高，但由于个别地

级市（如衡水、张家口）地区生产总值的基数较低，因此应该理性看待这些地区的高经济增长率。

表4－2　2019年河北11个地级市地区生产总值（GDP）

城市	地区生产总值（万元）	人均地区生产总值（元）	地区生产总值增长率（%）
石家庄市	60 826 180	55 723	7.42
唐山市	69 549 700	87 855	7.30
秦皇岛市	16 355 631	52 380	6.60
邯郸市	34 545 705	36 289	6.55
邢台市	21 507 611	29 210	7.00
保定市	35 897 885	31 057	6.60
张家口市	15 366 202	34 661	7.50
承德市	14 815 102	41 476	6.44
沧州市	36 764 121	48 562	6.40
廊坊市	31 082 249	64 906	6.50
衡水市	15 586 909	34 898	6.90

资料来源：《中国城市统计年鉴2019》。

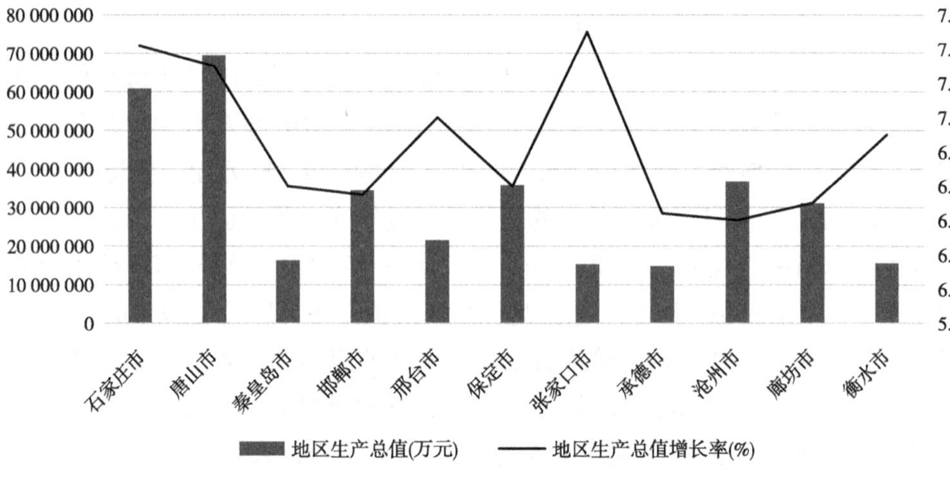

图4－7　河北11个地级市2019年经济发展情况

资料来源：《中国城市统计年鉴2019》。

（二）产业结构差异分析

通过河北11个地级市各自的三次产业贡献率可以反映当地产业结构。由表4－3可以看出11个地级市之间的产业结构也略有差异。近年来，河北第一产业的比重逐年下降，截至2019年，河北近半数的地级市第一产业占比降至10%以下，其中廊坊市第一产业占GDP的比重最低，仅为6.33%。同时，通过比较11个地级市第二产业产值和第三产业产值占GDP比重可以发现，唐山以外的其余10个地级市第三产业占比已经超过了第二产业占比。唐山作为京津唐地区重要的工业基地，第二产业不仅是当地的经济支柱，也是河北的经济支柱，因此第二产业占比超过GDP的一半（54.89%）符合当地的发展定位。相较于2008年11个地级市的第三产业占比均低于第二产业占比，足以说明在京津冀协同发展实施的这几年里，河北的产业结构上有了一定的改善，经济和产业发展逐渐优化。但也应该注意，11个地级市产业结构的倒三角模式仍然不明显，第一产业占比相较于京津仍然较大；第二产业虽然承担经济发展的重任，但整体素质依旧较低，缺乏技术密集型的制造业。

表4－3　2019年河北11个地级市GDP构成

城市	第一产业占GDP的比重（%）	第二产业占GDP的比重（%）	第三产业占GDP的比重（%）
石家庄市	7.7	31.0	61.3
唐山市	7.09	54.89	38.02
秦皇岛市	12.43	33.14	54.43
邯郸市	9.07	45.10	45.83
邢台市	12.34	40.77	46.89
保定市	11.54	42.19	46.27
张家口市	14.75	33.74	51.51
承德市	18.05	36.27	45.68
沧州市	7.50	42.98	49.52
廊坊市	6.33	36.61	57.06
衡水市	12.86	41.02	46.12

资料来源：《中国城市统计年鉴2020》。

（三）科技创新对比分析

由表4－4可知，河北11个地级市的R&D经费支出、专利申请数和授权数也存在较大差异。2019年度R&D经费支出最多的是石家庄，达到了149.8亿元；支出最少的张家口仅支出2.7亿元，不足石家庄市的1/50。专利申请数最多的石家庄年度申请量为 19 291 件，最少的承德申请量仅为 1 951 件。科技创新对当地高端产业的发展有很大的帮助，科技创新的情况也可以间接反映出不同地区的产业结构情况。石家庄在科技创新领域的各项指标数据均领跑省内的其他地级市，由此可见，相比于张家口和承德，石家庄的产业发展情况最好，结构优化调整的效果也最好。科技创新能力对河北是否能够承接高端的第二产业和第三产业具有重大影响。为保证未来承接产业转移的高端化和合理性，各市在科技创新领域的财政支出和政策支持也应该继续加大。

表 4－4　2019 年河北 11 个地级市科技创新情况

城市	R&D 经费支出（亿元）	专利申请数（件）	专利授权数（件）
石家庄市	149.8	19 291	11 450
唐山市	126.6	9 409	5 308
秦皇岛市	20.8	5 438	2 884
邯郸市	57.6	6 537	3 910
邢台市	19.4	6 870	4 603
保定市	61.3	12 392	8 102
张家口市	2.7	2 396	1 346
承德市	13.1	1 951	1 257
沧州市	41.0	6 943	4 898
廊坊市	46.2	8 950	5 547
衡水市	13.6	3 852	2 587

资料来源：《中国城市统计年鉴 2019》。

（四）对外贸易状况对比分析

近年来，河北对外贸易蓬勃发展，进出口总额占 GDP 的比重逐年攀升。观察 2019 年度 11 个地级市各自的对外经济贸易情况（见表 4－5），可发现存在较大极差。石家庄的进口额和出口额在 11 个地级市中均排在第一位，按人民币计量分别是 3 439 612 万元和 5 715 706 万元；货物进口额最低的承德只有 7 911 万元，货物出口额最低的张家口只有 33 018 万元。沧州和廊坊虽然经济基础相对较弱，但由于沧州东部沿海是环渤海地区的重要港口，廊坊紧邻天津，地理位置对于航运十分有利，因此对外贸易的进出口额在 11 个地级市中仅次于石家庄和唐山这两个经济发达地区。

表4－5　2019年河北11个地级市对外经济贸易情况

城市	货物进口额（万元）	货物出口额（万元）	当年实际使用外资金额（万美元）
石家庄市	3 439 612	5 715 706	149 993
唐山市	2 802 690	3 197 773	170 068
秦皇岛市	536 466	359 619	110 865
邯郸市	70 088	148 354	111 460
邢台市	35 703	187 749	63 764
保定市	527 154	2 670 462	98 154
张家口市	35 124	33 018	43 955
承德市	7 911	205 716	20 238
沧州市	1 194 954	1 978 439	67 250
廊坊市	2 845 672	1 763 416	104 905
衡水市	183 545	196 9287	29 429

资料来源：《中国城市统计年鉴2020》。

三、河北承接京津产业转移现状分析

（一）河北承接产业转移状况

京津冀的产业转移与承接始于20世纪90年代。2004年北京焦化厂和2005年首钢等国有大型企业相继转移，标志着转移规模不断扩大。整体来说，河北承接京津产业转移可以分为两个阶段：第一阶段为2014年之前，表现为承接北京和天津根据自身战略调整而淘汰的能源化工和传统制造等产业。第二阶段从2014年至今，为国家重大战略的实施阶段，明确提出河北应通过承接京津的产业转移，优化空间布局和产业结构，促进区域协调发展。截至2017年底，河北从京津引进15 560个项目和1.5万亿元资金，加快了推动产业转型升级的步伐。

京津冀协同发展带给河北的最大机遇就是承接京津产业转移。在借力京津冀协同发展的同时，如何发挥自身比较优势，实现产业结构转型升级，是河北实现经济高质量发展的关键。近年来，河北打造了一批重点承接平台，包括北京新机场临空经济区、芦台－汉沽津冀协调发展示范区、曹妃甸协同发展示范区、雄安新区、新兴产业转移试验区等。京津产业转移已取得明显成效，京津产业空间布局逐渐清晰，企业积极主动性明显提高，政府间合作更加理性务实，市场主导与政府引导形成了有效合力，对疏解北京非首都功能、带动产业转型升级发挥了重要作用。

（二）河北承接产业转移的SWOT分析

1. 河北承接产业转移的优势

首先，河北承接京津产业具有区位优势。河北地处京津冀首都圈，是连接我国东北地区和中部地区的重要桥梁，并且紧靠渤海。环渤海地区是我国继珠三角和长三角地区之后的又一重点建设开发区。其次，河北在承接京津产业转移过程中还具有交通优势。河北紧邻京津两地，一直是北上进京的重要通道，北京和天津的交通网络十分发达，天津航运交通尤为发达。近年来，河北交通运输网络快速发展，基本实现了公路、铁路、航空、航运全方位的覆盖，为产业转移提供了强有力的基础保障。最后，河北具有资源优势。过去以传统工业为主导的河北地区拥有丰富的自然资源，除了丰富的海洋资源、土地资源和生物资源外，河北矿产资源的规模也相当可观，储量丰富。成本相对较低的劳动力资源也是河北地区的重要优势，在成为保障劳动密集型产业的重要因素的同时为京津产业转移提供了动力。三地教育资源、人力资源和科研资源所产生的产业梯度差异、生产技术水平的差距成为河北承接京津产业转移的原动力。

2. 河北承接产业转移的劣势

河北长期以来以资源和能源消耗型重化工业为主导，服务业占比相对较低，经济发展模式粗放等问题导致产业结构不合理，对京津相关产业的转移形成了阻碍。从人力资源角度来看，河北从事劳动密集型的劳动人员比重较大，从事研发、设计、管理及高科技产业的高素质人才相对较少，相关人才供应不足。产业配套设施不完善的问题也尤为突出，产业分布不集中，部分生产性服务业落后和缺失，影响了河北承接京津两地产业转移的能力。

3. 河北承接产业转移的挑战

河北在承接京津产业转移时也暴露出一些亟待解决的问题。例如，生态环境进一步恶化；承接产业转移的相关政策过于宏观，缺乏细节上的把控；对承接的重点产业和企业没有明确的规划；在承接产业转移的过程中路径相对单一，转移速度较慢，产业结构优化效果不理想。

4. 河北承接产业转移的机会

京津冀协同发展和首都经济圈作为国家战略推出，标志着京津冀区域合作进入了一个崭新阶段，其主要解决的问题之一就是产业转移问题。京津地区因为产业升级，需要将不再具有比较优势的传统产业向外转移，国家有关疏解北京产业的政策、京津两地产业向河北进行转移具备的先决条件，对于极具区位优势的河北而言是难得的机遇。

第四节　河北承接产业转移能力与意愿实证分析

承接京津产业转移对于河北自身的经济发展和京津冀协同发展战略的实施都是不可忽略的关键一环，然而盲目承接北京和天津转出的产业也是不合理的，不加选择的承接可能会对河北甚至京津冀整体的经济和产业发展造成负面影响。承接产业转移应充分考虑到当地实际情况，选取对自己和区域发展相对有利的产业进行承接。一般认为，产业转移的承接能力和承接意愿可以作为衡量和判断承接地实际情况是否应该承接该产业的标准。本部分按照细分行业对河北 11 个地级市的产业转移承接能力和承接意愿进行实证分析，并绘出各产业在 11 个地区不同的产业承接能力和意愿量度的四象限图，以此探寻各地级市应重点选择承接哪些产业才能使当地获得最大的收益。

一、河北承接产业转移能力实证分析

不同地区由于资源禀赋和经济社会基础之间存在一定差异，因此对不同产业的接受能力即产业承接能力也不尽相同。某地对某产业的承接能力的高低往往直接决定产业转移能否在承接地稳定存续。根据国内产业转移方面已有的研究，由于影响产业承接能力的因素范围较广，即使在已有的体系中界定指标也需要从不同角度涵盖多个领域。很多专家的研究中通过产业承接地对特定产业的吸引力、鉴别力、支撑力和发展力这四个维度对承接能力进行评定和打分，本书也将根据这四个维度设计量化产业承接能力的相关指标。

（一）指标选取的原则和依据

首先，科学性和客观性。这是指标选取的首要原则，应从承接能力的含义入手确定指标，并且指标要能客观、准确地反映出承接能力的特性和相关产业承接地的真实情况。其次，全面性和综合性。产业承接的过程涉及承接地的经济、社会、生态等各方面，因此在选取界定指标时应该尽量将能反映产业承接能力的各种因素全部考虑到，对其进行更加综合的评定。最后，可操作性。即所选取的指标应在样本范围内存在一致性，便于收集、观察和量化产业承接能力的具体情况，以方便实证分析。

（二）指标的选取和确定

河北作为我国的工业大省，相较于第一产业和第三产业，第二产业对其经济影响最大。同时，产业转移应因地制宜，河北承接产业转移的11个地级市在经济、社会、生态等领域均有一定的差异。故本部分主要摘取河北11个地级市在工业大类中细分的40个行业进行承接能力的实证分析，以针对不同地区和不同行业得出一套足够细致的判定结果。依据上文中提到的产业吸引力、鉴别力、支撑力和发展力四维要素，本书决定在河北各地级市的地区吸引能力、产业配套能力、环境承载能力和产业发展能力这四个方向选取符合实证研究需求的量化指标。考虑到有的指标数据获取较为困难，因此将原指标体系中的科研人员［研发人员全时当量（人/年）］去掉，对原指标体系进行修改，见表4-6：

表4-6　产业承接能力分析指标体系

一级指标	二级指标	指标的量化表达
地区吸引能力	人工成本	在岗职工平均工资
	物流成本	交通运输和邮政业的产值/货运量
	租金成本	商品房平均销售价格（元/平方米）
产业配套能力	专利申请	当年专利申请量
	专家分布密度	高校教师数量占总人口比例
环境承载能力	交通运输	每平方公里公路面积
	供水能力	人均供水量
	废水排放	单位产值废水排放量（吨/万元）
	废气排放	单位产值废气排放量（吨/万元）
	固体废物处理能力	单位产值固体废物回收利用率
产业发展能力	产业规模	产业当年的工业产值
	产业梯度系数	区位商×比较劳动生产率×比较资本产出率

1. 地区吸引能力

市场有没有发展前景，居民有无消费能力以及地区发展政策是否有利于企业盈利是影响产业转移的重要因素。一个地区产业吸引能力越强，越能够加速产业的转移。资本都具有趋利性，哪里有利可图，它就会涌向哪里。企业较为重视在发展过程中需要付出的成本，在预期收入差别不大的情况下，低成本地区更具有吸引力。

2. 产业配套能力

支持产业发展除基础设施和环境之外，相关技术的发展程度、该产业在当地的聚集程度以及同一产业链上其他产业的发展状况同样影响产业的转移。地区产业配套程度越高，企业转移的成本相对越低，产业转移越容易。

3. 环境承载能力

地区的环境承载力对容纳转移的产业有重要影响。随着经济的发展和人民生活水平的提高，对经济的可持续与生活环境舒适度的要求越来越高。环境承载力越强，产业越倾向于向该地区转移。

4. 产业发展能力

一个地区有没有能力承接转移来的产业，当地该产业的发展水平和程度起着决定性的作用。发展较为成熟、产生的经济效益显著或者处于高速增长期并且被当地政府所扶持的产业，往往是一个地区有能力承接的产业。

由于河北不同地区统计数据更新时间不一致，为保证数据的全面性和度量的一致性，此处所有指标的数据均为 2018 年数据。所收集的数据来源于《中国城市统计年鉴 2019》、《河北经济年鉴 2019》、河北 11 个地级市 2019 年的统计年鉴或经济年鉴，个别地区缺失的数据参考了各地统计公报和其他具体产业的统计年鉴。

（三）实证分析原理和步骤

主成分分析法是一种多元统计方法。由于指标体系之间的连贯性，该方法通过降维将几个相关的变量指标改变为几个不相关的指标，因此研究目标公式变得相对简单。该方法的原理是在假设信息丢失最少的情况下减少几个指标的维数，然后使用几个综合指标来表示，并将这些经过处理的综合指标称为主成分。本部分利用 SPSS 22.0 软件对河北 11 个地级市的承接能力进行主成分分析，并进行打分和排名，具体步骤如下：

由于所选取数据单位不一，需先用 SPSS 软件将基本变量标准化，使数据可比较度量。求出 11 个地级市 40 个细分产业的特征值和特征向量，通过 SPSS 软件利用多个因子代替原有的变量，主成分的得分可以由相应的因子得分乘以相应的方差的算术平方根得到。特别要注意的是，因为在所选取的指标中人工成本、物流成本、单位产值废水排放量、单位产值废气排放量以及单位产值固体废弃物排放量是负向指标，因此要将负向指标正向化 $X' = 1/X$ 使其能与其他正向指标进行匹配。

（四）实证分析结果

限于篇幅，本书以河北 11 个地级市水的生产和供应业为例，说明各地产业承接能力的主成分分析的具体方法和过程。

利用主成分分析，将所选定的 12 个变量指标用四个因子进行代替，表 4 -7 和表 4 -8 为 SPSS 软件在这一步骤得到的结果。由表 4 -7 可知，前四个因子的累计贡献率已经超过 80%，即可以代替原变量指标中 80% 以上的信息。可将前四个因子分别记为 F_1、F_2、F_3和 F_4。依次将四个因子的负载除以各自主成分特征值的算术平方根，得到四个主成分因子的系数，见表 4 -9。

表 4 -7　主成分分析解释的总方差

成分	总计	初始特征值方差百分比（%）	累积（%）	总计	提取载荷平方和方差百分比（%）	累积（%）
1	4.286	35.715	35.715	4.286	35.715	35.715
2	2.428	20.230	55.945	2.428	20.230	55.945
3	1.923	16.028	71.973	1.923	16.028	71.973
4	1.500	12.500	84.472	1.500	12.500	84.472
5	0.974	8.114	92.586			
6	0.420	3.499	96.086			
7	0.243	2.025	98.111			
8	0.186	1.549	99.660			
9	0.040	0.330	99.990			
10	0.001	0.010	100.000			
11	1.404E -16	1.170E -15	100.000			
12	-7.727E -16	-6.439E -15	100.000			

表 4 -8　主成分分析的旋转成分矩阵

	因子			
	1	2	3	4
专利授权数	0.859	0.217	0.452	-0.048
工业产值	0.813	0.171	-0.164	0.328
专家密度	0.798	0.265	0.503	0.038
租金成本	-0.711	0.437	0.265	-0.028
单位产值废气排放量	0.692	0.044	-0.441	0.339
单位产值废水排放量	0.619	-0.482	-0.434	0.138
人工成本	-0.470	0.741	-0.226	0.091

续表

	因子			
	1	2	3	4
产业梯度系数	0.032	0.722	-0.386	-0.397
每平方公里公路面积	0.564	0.650	0.460	0.019
人均水资源拥有量	-0.312	-0.438	0.743	0.126
单位产值固体废物排放量	0.369	0.004	-0.120	-0.798
物流成本	-0.329	0.414	-0.088	0.659

表4-9　四个因子的系数值

	F_1	F_2	F_3	F_4
v_1	0.414 92	0.139 029	0.325 647	-0.039 09
v_2	0.392 595	0.109 929	-0.118	0.267 837
v_3	0.385 381	0.170 039	0.362 955	0.030 928
v_4	-0.343 62	0.280 321	0.191 224	-0.022 88
v_5	0.334 301	0.028 393	-0.317 71	0.277 025
v_6	0.299 001	-0.309 61	-0.313 28	0.112 861
v_7	-0.227 18	0.475 854	-0.162 79	0.074 395
v_8	0.015 261	0.463 428	-0.278 69	-0.324 22
v_9	0.272 371	0.416 879	0.331 977	0.0154 03
v_{10}	-0.150 92	-0.280 81	0.535 487	0.102 742
v_{11}	0.178 386	0.002 361	-0.086 76	-0.651 48
v_{12}	-0.159 16	0.265 667	-0.063 23	0.538 431

然后求出四个因子各的自得分和11个地级市的综合得分。承接能力的得分有正有负，0值为承接能力得分的平均值，得分为正值的细分行业为在承接能力上具有优势的产业，数值越大承接能力越强；相反，得分为负值的行业为在当地承接能力上不具备优势的产业，数值越小承接能力越弱。由于各地的产业门类不同，未必能涵盖所有的工业门类（如采矿业等），主成分分析中在不影响样本量的情况下对这种情况的行业进行舍弃。考虑到数据量过大且实证分析的目的是找出各地承接各行业的优势所在，因此本部分只列出

各地评分大于0的行业（见表4－10）。

表4－10　河北11个地级市产业承接能力得分表

城市	承接能力得分（从高到低排序）
石家庄	非金属矿采选业（2.231）　金属制品、机械和设备修理业（1.024）　纺织业（0.973）　纺织服装鞋帽制造业（0.952）　通用设备制造业（0.942 1）　皮革、毛皮、羽毛及其制品和制鞋业（0.837）　木材加工和木、竹、藤、棕、草制品业（0.712 32）　印刷业和记录媒介的复制（0.64）　化学纤维制造业（0.62）　石油加工、炼焦及核燃料加工业（0.614）　金属制品业（0.591 6）　非金属矿物制品业（0.581 1）　专用设备制造业（0.58）　农副食品加工业（0.532 3）　其他制造业（0.520 7）　通信设备、计算机及其他电子设备制造业（0.513 1）　铁路、船舶、航空航天和其他运输设备制造业（0.485 1）　造纸及纸制品业（0.453）　燃气生产和供应业（0.334 6）　电力、热力的生产和供应业（0.301 8）　电气机械及器材制造业（0.24 8）　食品制造业（0.230 7）　橡胶和塑料制品业（0.223 8）　仪器仪表及文化办公用机械制造业（0.213 7）　废弃资源和废旧材料回收加工业（0.129 2）　黑色金属冶炼及压延加工业（0.114 8）　黑色金属矿采选业（0.081 99）　汽车制造业（0.038 6）
唐山	黑色金属冶炼及压延加工业（1.253）　黑色金属矿采选业（0.834）　煤炭开采和洗选业（0.796 3）　燃气生产和供应业（0.73）　铁路、船舶、航空航天和其他运输设备制造业（0.669 7）　非金属矿物制品业（0.468）　酒、饮料制造业（0.412）　金属制品业（0.411 3）　农副食品加工业（0.410 1）　通用设备制造业（0.346 2）　电力、热力的生产和供应业（0.293 7）　木材加工和木、竹、藤、棕、草制品业（0.288 5）　化学纤维制造业（0.173 9）　有色金属矿采选业（0.151 0）　非金属矿采选业（0.138 7）　通信设备、计算机及其他电子设备制造业（0.12）　纺织业（0.102）　皮革、毛皮、羽毛及其制品和制鞋业（0.077）　纺织服装鞋帽制造业（0.054 7）　废弃资源和废旧材料回收加工业（0.048）　专用设备制造业（0.037）
保定	汽车制造业（0.937）　医药制造业（0.871）　化学原料及化学制品制造业（0.852 3）　橡胶和塑料制品业（0.77）　有色金属冶炼及压延加工业（0.65）　水的生产和供应业（0.631）　电气机械及器材制造业（0.61）　废弃资源和废旧材料回收加工业（0.487）　仪器仪表及文化办公用机械制造业（0.418 7）　造纸及纸制品业（0.317 3）　非金属矿采选业（0.289 1）　家具制造业（0.207 9）　文教体育用品制造业（0.189 8）　石油加工、炼焦及核燃料加工业（0.160 7）　印刷业和记录媒介的复制（0.154）　纺织服装鞋帽制造业（0.012）
张家口	非金属矿采选业（1.382 6）　烟草制造业（1.060 6）　食品制造业（0.945 4）　酒、饮料制造业（0.623 2）　有色金属矿采选业（0.547 3）　农副食品加工业（0.358 9）　皮革、毛皮、羽毛及其制品和制鞋业（0.308 6）　煤炭开采和洗选业（0.249 3）　纺织服装鞋帽制造业（0.178 8）　黑色金属矿采选业（0.056）

续表

城市	承接能力得分（从高到低排序）
廊坊	其他制造业（1.114 5）　家具制造业（0.980 9）　燃气生产和供应业（0.967 1）　通用设备制造业（0.942 1）　造纸及纸制品业（0.844 1）　废弃资源和废旧材料回收加工业（0.840 3）　印刷业和记录媒介的复制（0.810 5）　通信设备、计算机及其他电子设备制造业（0.798 1）　木材加工和木、竹、藤、棕、草制品业（0.790 2）　专用设备制造业(0.785)　电力、热力的生产和供应业（0.695 6）　石油加工、炼焦及核燃料加工业（0.736）　水的生产和供应业（0.627 4）　金属制品业（0.627 3）　非金属矿物制品业（0.609）　文教体育用品制造业（0.601 8）　有色金属冶炼及压延加工业（0.581 8）　汽车制造业（0.575 4）　铁路、船舶、航空航天和其他运输设备制造业（0.573 9）　化学纤维制造业（0.556）　医药制造业（0.404）　仪器仪表及文化办公用机械制造业（0.400 5）　电气机械及器材制造业（0.261 1）　橡胶和塑料制品业（0.258 3）　黑色金属冶炼及压延加工业（0.217）　皮革、毛皮、羽毛及其制品和制鞋业（0.163 4）　食品制造业（0.067）
邯郸	煤炭开采和洗选业（0.706 1）　黑色金属矿采选业（0.432 3）　家具制造业（0.246 9）　黑色金属冶炼及压延加工业（0.177）　化学原料及化学制品业（0.123 1）　化学纤维制造业（0.095 4）　有色金属冶炼及压延加工业（0.093）　医药制造业（0.079 3）
邢台	化学原料及化学制品业（0.238）　煤炭开采和洗选业（0.159 1）　食品制造业（0.156）　非金属矿采选业（0.094 9）　橡胶和塑料制品业（0.059 9）　有色金属矿采选业（0.032 3）　农副食品加工业（0.029 4）　医药制造业（0.016 1）
承德	有色金属矿采选业（0.921 2）　酒、饮料制造业（0.719 5）　黑色金属矿采选业（0.112 7）　黑色金属冶炼及压延加工业（0.075 5）　电力、热力的生产和供应业（0.064 5）　非金属矿物制品业（0.054 4）　铁路、船舶、航空航天和其他运输设备制造业（0.009 6）
秦皇岛	皮革、毛皮、羽毛及其制品和制鞋业（0.566 3）　农副食品加工业（0.525 6）　木材加工和木、竹、藤、棕、草制品业（0.431 3）　纺织业（0.402 4）　其他制造业（0.338 9）　化学纤维制造业（0.331 4）　非金属矿物制品业（0.330 7）　铁路、船舶、航空航天和其他运输设备制造业（0.322 1）　纺织服装鞋帽制造业（0.318 7）　有色金属矿采选业（0.261 4）　食品制造业（0.252 3）　专用设备制造业（0.195 2）　石油加工、炼焦及核燃料加工业（0.173 1）　燃气生产和供应业（0.162 3）　金属制品业（0.082 3）　汽车制造业（0.079 9）　印刷业和记录媒介的复制（0.027 3）　造纸及纸制品业（0.015）
沧州	仪器仪表及文化办公用机械制造业（0.972 4）　电气机械及器材制造业（0.859 5）　文教体育用品制造业（0.593 1）　医药制造业（0.552）　有色金属冶炼及压延加工业（0.510 9）　废弃资源和废旧材料回收加工业（0.487 6）　造纸及纸制品业（0.415）　家具制造业（0.376 1）　专用设备制造业（0.352 2）　汽车制造业（0.314 4）　水的生产和供应业（0.313 9）　化学原料及化学制品业（0.308 7）　通信设备、计算机及其他电子设备制造业（0.255 1）　石油加工、炼焦及核燃料加工业（0.188 8）
衡水	橡胶和塑料制品业（0.65）　文教体育用品制造业（0.619 7）　水的生产和供应业（0.208 5）　化学原料及化学制品业（0.087 7）　有色金属冶炼及压延加工业（0.020 1）　医药制造业（0.006 5）

二、河北承接产业转移意愿实证分析

产业承接意愿也是决定产业转移效果的关键一环，是衡量承接地是否愿意接收某一产业的标准。产业转移不仅要考虑转出方的需求，也需要关注转移方的意愿，只有在双方都有意愿的时候，产业转移才能取得较好的效果。因此，不能单一地研究承接地是否拥有承接某一产业的能力，还要在此基础上分析承接地对该产业的承接意愿，选择既有能力又有意愿承接的产业进行转移和落地。产业承接意愿的定义相对比较模糊，相关指标较少，不易量化。本部分选取以往研究中出现过的评分体系对其进行分析，见表4－11。

表4－11　产业承接意愿分析指标体系

一级指标	二级指标	指标的量化表达
产业能耗	细分行业单位产值能耗	产业产值/产业能耗（吨标准煤/万元）
产业效益	细分行业总资产贡献率	（利润总额＋税金总额＋利息支出）/平均资产总额×100%，其中平均资产为期初、期末资产总计的平均值
	细分行业成本费用利润率	利润总额/成本费用总额×100%
产业成长能力	细分行业产值增长率	$\left(\frac{2018\text{年行业产值}}{2017\text{年行业产值}}-1\right)\times 100\%$
产业优势	区位商	$\frac{(\text{本地某产业产值/产业总产值})}{(\text{全国某产业产值/全国产业总产值})}$

参考已有研究，由于在产业承接意愿指标体系中，各指标时间相关度较低，不利于找出解释贡献率高的共同因子。但从实际意义出发，产业能耗、效益、成长能力和优势这四个方面往往是承接地对于是否承接外来产业的考量，是判断承接该产业是否对当地有利的一种方法，因此，本部分借鉴已有的相关研究并进行加权平均得出新的数据，见表4－12。

表4－12　河北11个地级市产业承接意愿得分表

城市	产业承接意愿得分（从高到低排序）
石家庄	烟草制造业（1.731）　皮革、毛皮、羽毛及其制品和制鞋业（1.324）　铁路、船舶、航空航天和其他运输设备制造业（0.896）　其他制造业（0.813）　燃气生产和供应业（0.808）　黑色金属矿采选业（0.312）　木材加工和木、竹、藤、棕、草制品业（0.166）　纺织业（0.14）　非金属矿采选业（0.134）　印刷业和记录媒介的复制（0.093）

续表

城市	产业承接意愿得分（从高到低排序）
唐山	黑色金属矿采选业（2.383）　木材加工和木、竹、藤、棕、草制品业（0.83）　非金属矿采选业（0.787）　通信设备、计算机及其他电子设备制造业（0.757 6）　其他制造业（0.736）　仪器仪表制造业（0.51）　金属制品业（0.240 7）　家具制造业（0.224）　铁路、船舶、航空航天和其他运输设备制造业（0.162 7）　金属制品、机械和设备修理业（0.148 1）　食品制造业（0.144 4）　印刷业和记录媒介的复制（0.116 3）　纺织服装鞋帽服饰业（0.050 9）　通用设备制造业（0.012 5）
保定	烟草制造业（1.013）　废弃资源和废旧材料回收加工业（0.911）　汽车制造业（0.817 1）　纺织业、皮革、毛皮、羽毛及其制品和制鞋业（0.756 7）　橡胶制品业、塑料制品业（0.484）　燃气生产和供应业（0.474）　其他制造业（0.423）　印刷业和记录媒介的复制（0.344）　金属矿采选业（0.310 7）　通信设备、计算机及其他电子设备制造业（0.309 5）　煤炭开采与洗选业（0.293 7）　造纸及纸制品业（0.286 8）　仪器仪表制造业（0.149 9）　木材加工和木、竹、藤、棕、草制品业（0.13）　通用设备制造业（0.125）　文教体育用品制造业（0.12）　金属制品业（0.07）　黑色金属矿采选业（0.046 2）　医药制造业（0.044 8）　有色食品制造业（0.021 4）
张家口	烟草制造业（1.875 3）　黑色金属矿采选业（0.928 5）　印刷业和记录媒介的复制（0.885 8）　食品制造业（0.802 4）　金属制品、机械和设备修理业（0.541 2）　木材加工和木、竹、藤、棕、草制品业（0.431）　家具制造业（0.326 4）　橡胶制品业、塑料制品业（0.2998）　纺织服装和服饰业（0.276 9）　电力、热力生产与供应业（0.221 6）　皮革、毛皮、羽毛及其制品和制鞋业（0.203 6）　汽车制造业（0.172）
廊坊	燃气生产和供应业（1.414）　印刷业和记录媒介的复制（0.874）　通信设备、计算机及其他电子设备制造业（0.786 1）　造纸及纸制品业（0.716 5）　石油加工、炼焦及核燃料加工业（0.71）　医药制造业（0.626）　非金属矿采选业（0.44）　家具制造业（0.429 8）　黑色金属冶炼及压延加工业（0.395 5）　汽车制造业（0.387）　其他制造业（0.381 1）　酒、饮料和精制茶制造业（0.316）　仪器仪表制造业（0.254 8）　通用设备制造业（0.213）　食品制造业（0.181） 金属制品业（0.160 9）
邯郸	有色金属冶炼及压延加工业（1.06）　家具制造业（1.05）　化学纤维制造业（0.7）　酒、饮料和精制茶制造业（0.653 3）　燃气生产和供应业（0.625 6）　文教体育用品制造业（0.512 3）　食品制造业（0.506 9）　黑色金属冶炼及压延加工业（0.479 9）　汽车制造业（0.358）　电气机械及器材制造业（0.268 7）　造纸及纸制品业（0.236 4）　印刷业和记录媒介的复制（0.212）　木材加工和木、竹、藤、棕、草制品业（0.162）　通用设备制造业（0.069）　纺织业（0.062 1）　橡胶制品业、塑料制品业（0.056）　农副食品加工业（0.015 3）

续表

城市	产业承接意愿得分（从高到低排序）
邢台	黑色金属矿采选业（1.346 2） 其他制造业（1.106 5） 电气机械及器材制造业（0.962） 通信设备、计算机及其他电子设备制造业（0.834 8） 皮革、毛皮、羽毛及其制品和制鞋业（0.521 6） 燃气生产和供应业（0.349） 纺织服装和服饰业（0.314） 纺织业（0.230 2） 汽车制造业（0.184 8） 食品制造业（0.179 3） 医药制造业（0.130 8） 橡胶制品业、塑料制品业（0.119 5） 通用设备制造业（0.104 1） 金属制品业（0.084 1） 文教体育用品制造业（0.052 2） 有色金属冶炼及压延加工业（0.024 1） 废弃资源和废旧材料回收加工业（0.011 2）
承德	电气机械及器材制造业（1.54） 黑色金属矿采选业（1.147 3） 有色金属矿采选业（0.852 1） 仪器仪表制造业（0.623） 其他制造业（0.581 5） 家具制造业（0.375） 通信设备、计算机及其他电子设备制造业（0.278 5） 酒、饮料和精制茶制造业（0.251） 化学原料及化学制品制造业（0.182） 铁路、船舶、航空航天和其他运输设备制造业（0.145 1） 医药制造业（0.125 6） 木材加工和木、竹、藤、棕、草制品业（0.095 5） 金属制品业（0.088） 汽车制造业（0.073）
秦皇岛	皮革、毛皮、羽毛及其制品和制鞋业（0.581 2） 农副食品加工业（0.525 6） 木材加工和木、竹、藤、棕、草制品业（0.431 3） 纺织业（0.402 4） 其他制造业（0.338 9） 化学纤维制造业（0.331 4） 非金属矿物制品业（0.330 7） 铁路、船舶、航空航天和其他运输设备制造业（0.322 1） 纺织服装鞋帽制造业（0.318 7） 有色金属矿采选业（0.261 4） 食品制造业（0.252 3） 专用设备制造业（0.195 2） 石油加工、炼焦及核燃料加工业（0.173 1） 燃气生产和供应业（0.162 3） 金属制品业（0.082 3） 汽车制造业（0.079 9） 印刷业和记录媒介的复制（0.027 3） 造纸及纸制品业（0.015）
沧州	仪器仪表及文化办公用机械制造业（0.972 4） 电气机械及器材制造业（0.859 5） 文教体育用品制造业（0.593 1） 医药制造业（0.552） 有色金属冶炼及压延加工业（0.510 9） 废弃资源和废旧材料回收加工业（0.487 6） 造纸及纸制品业（0.415） 家具制造业（0.376 1） 专用设备制造业（0.352 2） 水的生产和供应（0.313 9） 汽车制造业（0.31） 化学原料及化学制品业（0.288 3） 通信设备、计算机及其他电子设备制造业（0.254） 电力、热力的生产和供应业（0.189 7） 石油加工、炼焦及核燃料加工业（0.189） 金属制品业（0.171 2） 通用设备制造业（0.143 8） 印刷业和记录媒介的复制（0.128） 燃气生产和供应业（0.088） 其他制造业（0.031） 非金属矿采选业（0.00 5）
衡水	废弃资源和废旧材料回收加工业（2.07） 皮革、毛皮、羽毛及其制品和制鞋业（1.026） 酒、饮料和精制茶制造业（0.77）、仪器仪表制造业（0.687 5） 家具制造业（0.544 3） 橡胶和塑料制品业（0.532） 燃气生产和供应业（0.521） 文教体育用品制造业（0.389 7） 金属制品业（0.387 1） 通信设备、计算机及其他电子设备制造业（0.287 3） 食品制造业（0.161） 印刷业和记录媒介的复制（0.147 6） 汽车制造业（0.130 2） 其他制造业（0.104 4）

通过比较表4－12和表4－10可看出，两者得分的排名有很大一部分重合，即在同一个地区产业承接能力相对强的产业，产业承接意愿也相对较强。产业承接能力强意味着所承接的产业在当地存活的机会大，相对完善的配套设施能够保障该产业未来一段时间的发展，能够给承接地带来正向经济效应，因此产业承接意愿也会较强。但也有例外，如衡水文教用品生产行业的承接能力在当地相对较强，但承接意愿排在了皮革、家具制造业之后；石家庄非金属矿采选业的承接能力排名第一，但承接意愿比较强的产业基本都是高端制造业。因此，产业承接能力并不能完全反映承接意愿。承接能力是由地区的资源禀赋和已有的配套设施所决定的，而承接意愿与当地的功能和发展方向甚至生态环境等因素息息相关。

三、河北产业承接意愿和承接能力拟合分析

在对河北11个地级市产业承接能力和承接意愿分析的基础上，通过产业承接能力和承接意愿四象限图表现二者之间的联系。根据各城市各产业的承接能力和承接意愿得分值，本书将各地不同的产业划分为以下三种类型：①明星产业。产业承接能力强、承接意愿也强的产业即为明星产业。在该地区承接该产业不仅具有良好的承接能力而且效益好，对于资源的消耗也低。明星产业是地区发展的支柱。②问号产业。产业承接能力强、承接意愿弱或者产业承接能力弱、承接意愿强的产业即为问号产业。在承接这类产业时，需要充分考虑承接意愿弱的产业日后能否具有重大的经济推动力，或者承接能力弱的产业日后相应的配套环境能否与之相匹配。③瘦狗产业。产业承接能力弱、承接意愿也弱的产业即为瘦狗产业。对于瘦狗产业，通常考虑放弃，不要把精力资源浪费在这些产业上面。但随着经济发展与产业结构升级，对于以前承接能力弱或者承接意愿弱的产业，日后如果发生变化，可需再归类到其他产业进行分析。

对河北11个地级市的产业承接意愿和承接能力进行分析的目的是找出各地最适合承接的细分行业，瘦狗产业的承接能力和承接意愿相对都较弱，对于本部分的分析意义不大，因此在下面绘制四象限图时不予考虑。

石家庄作为河北省会城市，在11个地级市中具有相对较强的经济基础，产业配套设施相对完善，因此承接大多数产业门类的能力都为正值，石家庄重点发展的医药、皮革、纺织和其他制造业也在这一区间内得以体现。但通过四象限图（见图4－8）不难看出，石家庄的明星产业以初级加工业和采矿业为主，虽然当地对明星产业的承接能力和承接意愿都很强，但这些产业在

资源利用效率和生产技术上还有一定的进步空间。作为省会城市，石家庄未来应积极关注明星产业和问号产业中的高端制造业并进行承接。

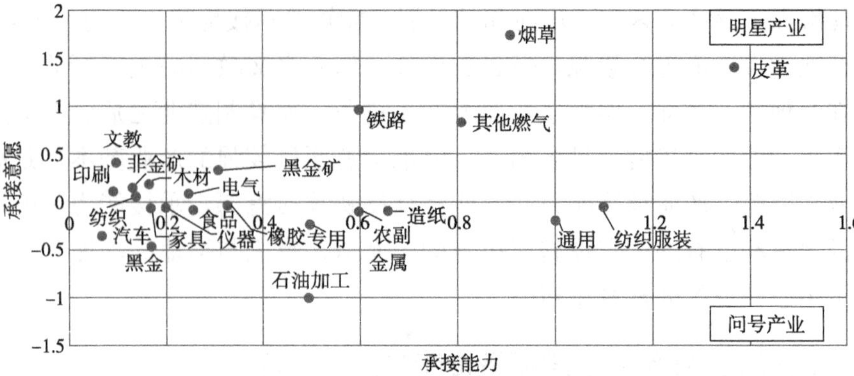

图 4-8　石家庄产业承接能力和承接意愿四象限图

唐山对采矿业的承接能力较强，黑色金属、有色金属、非金属的采矿业承接能力都很强，同时非金属和金属加工产业的承接能力也均为正值。唐山作为以钢铁和矿产而闻名的城市，这一特点也能在四象限图（见图 4-9）中很好地反映出来。对于这几类本来就具有优势的产业，在未来发展中继续承接可以不断形成规模经济，为当地带来更大的经济效益。

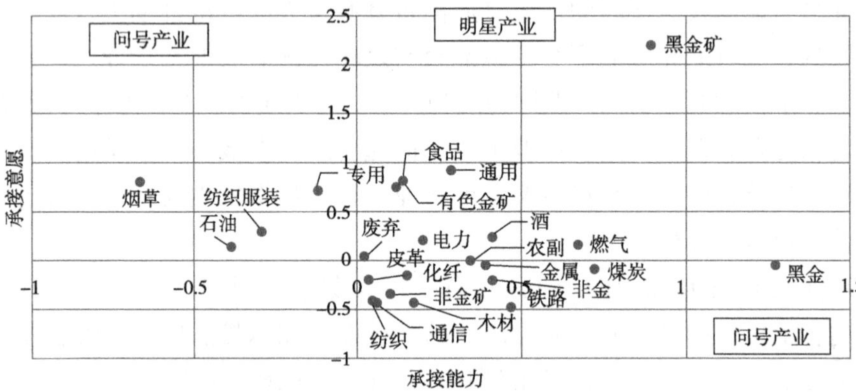

图 4-9　唐山产业承接能力和承接意愿四象限图

保定的经济基础仅次于石家庄和唐山，处在河北 11 个地级市经济情况的第二梯队中，但从四象限图（见图 4-10）中可以看出，相比于处于第一梯队的两个地级市，保定的明星产业和问号产业的数量少了很多。在产业整体发展没有优势的情况下，保定可承接汽车、橡胶制造业等产业巩固原有的优势，借助产业转移所带来的技术溢出和资本的流入发展皮革、仪器制造业等有承接意愿但原本承接能力不强的几个制造业；对于煤炭、烟草、石油等资源消耗型的产业，应该考虑自身情况进行发展，但未必能在与资源禀赋较强地区的竞争中获得优势。

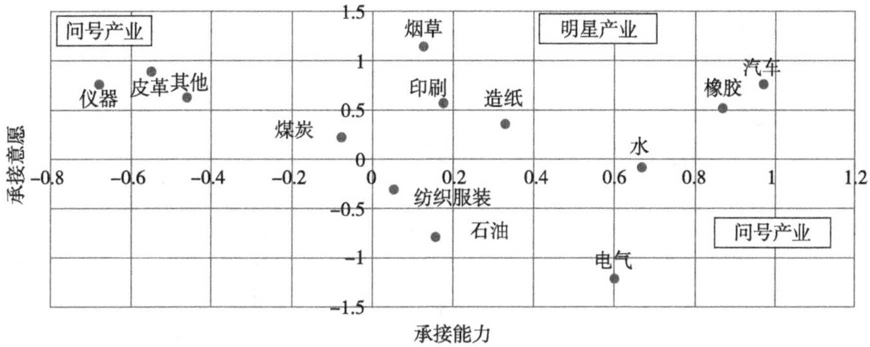

图 4－10　保定产业承接能力和承接意愿四象限图

张家口经济基础薄弱，承接能力较强的产业以采矿业和劳动力密集型行业为主。从四象限图（见图 4－11）中可以看到，当地对高端制造业和高新技术产业既没有承接能力也没有承接意愿，因此盲目地承接高端产业对张家口来说可能并不能带来正向的经济效益。张家口处于生态涵养功能区内，借助承办 2022 年冬奥会的机会开发旅游业对经济发展会有一定的促进效果。

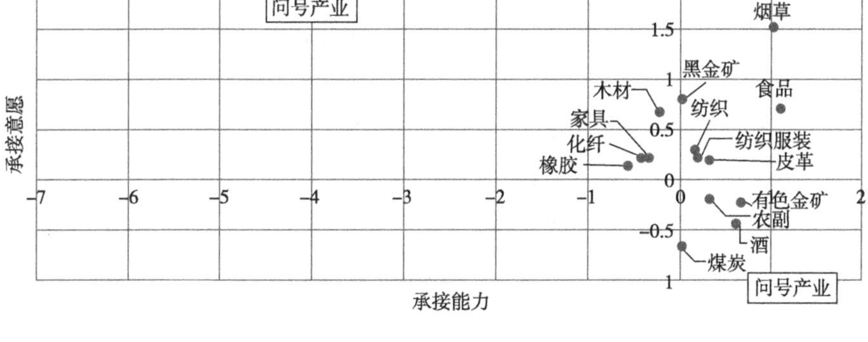

图 4－11　张家口产业承接能力和承接意愿四象限图

廊坊地处京津冀的核心位置，北邻首都北京，东交天津，是京津产业转移过程中最直接的受益者，当地产业发展的目标也定位于中高端。由图 4－12 可知，当地明星产业的种类较广泛，如水、电气、烟草、煤炭等，除了积极承接这几类明星产业之外，廊坊也应注重对于中高端制造业承接能力的提升，借助京津地区产业发展的辐射来满足自身的发展需求。

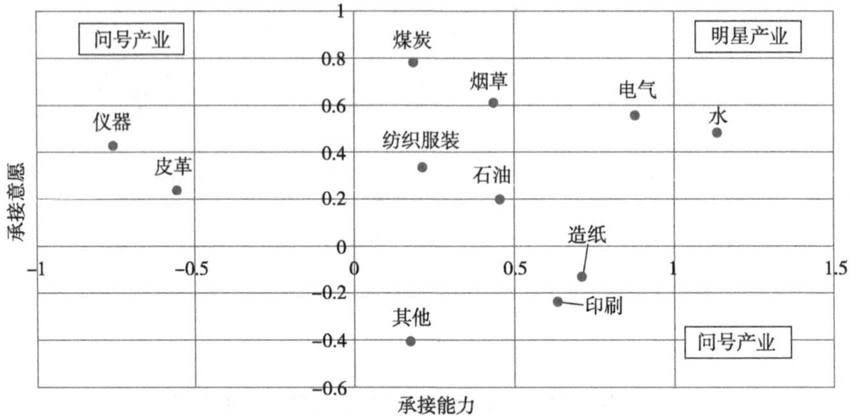

图 4－12　廊坊产业承接能力和承接意愿四象限图

邯郸市的明星产业数量相对较少，承接能力强的产业门类相对分散。当地“十三五”规划提出了集中力量发展新材料和新能源汽车两大新支撑产业，发展壮大生物、先进装备制造、绿色低碳三大新动能产业，培育发展信息技术、数字创意两大新亮点产业，超前布局储能、氢能两大未来发展新优势产业的目标。从四象限图（见图 4－13）中可以看出，燃气生产和化纤生产是当地的明星产业，汽车行业虽然承接能力不强但承接意愿较高。

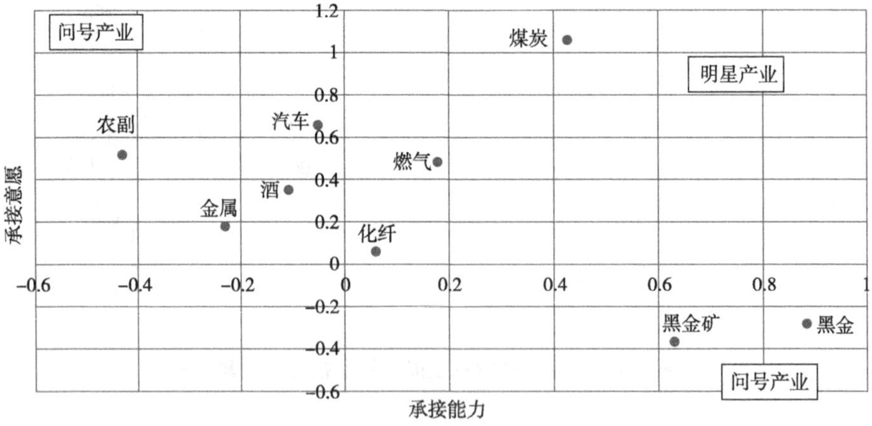

图 4－13　邯郸市产业承接能力和承接意愿四象限图

邢台的明星产业数量少且承接能力不强，在［0.1，0.2］之间，金属和非金属加工业、有色金属采选业承接能力为正值但承接意愿不强。如图4－14所示，在第一、第二和第四象限内，资源密集型行业占较大部分，不难得出当地工业化水平较低的结论。邢台应先从巩固和发展当地制造业的配套设施着手，不要盲目承接高新技术产业。

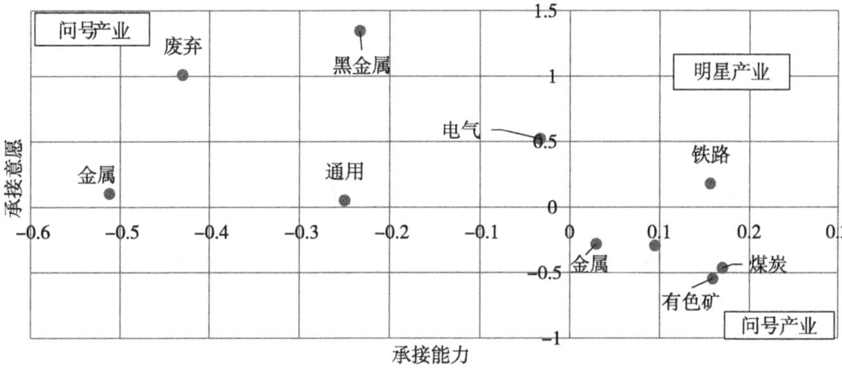

图4－14　邢台市产业承接能力和承接意愿四象限图

承德的明星产业只有四个，并且承接能力较强的产业中矿产采选业和加工业占很大一部分。承德是我国除攀枝花外最大的金属矿产资源基地，黄金产量居于河北首位，因此将这类产业作为承接产业转移的首选可以实现正向的经济效益最大化。

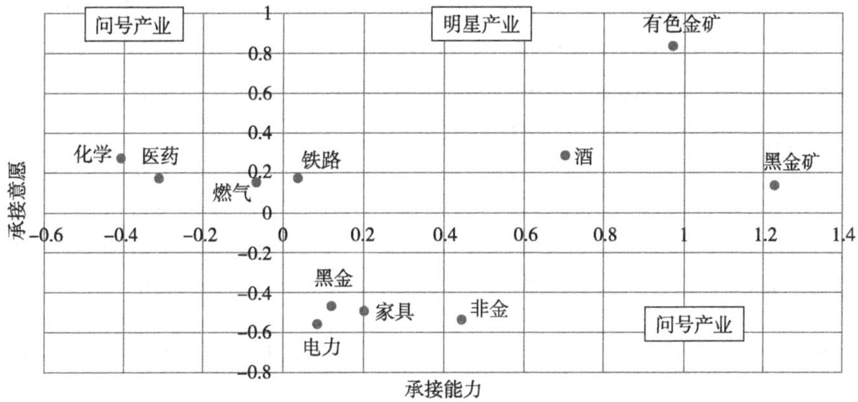

图4－15　承德产业承接能力和承接意愿四象限图

秦皇岛科研创新能力相对较好，明星产业中有汽车制造业和专用设备制造业等技术密集型产业，对这类产业进行承接有助于未来当地产业结构的进一步升级。对于医药和橡胶塑料制造业，虽然承接能力相对较弱但承接意愿较强，这一类产业也定位于中高端，未来可以通过提高这两类产业的承接能力，使其进入明星产业的范畴。

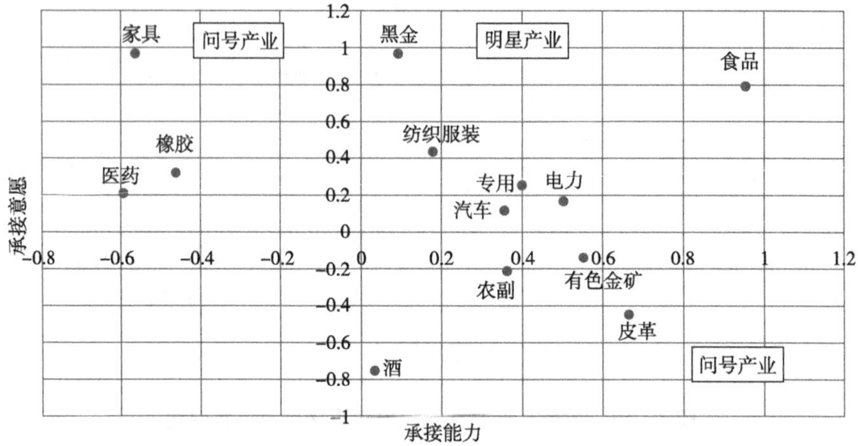

图 4-16　秦皇岛产业承接能力和承接意愿四象限图

沧州的经济基础处在 11 个地级市中的第二梯队，承接能力较强的产业有很多是中高端制造业，说明当地具有一定的科研创新能力。在产业转移过程中，可以视情况多承接京津一些技术水平较高的产业。当地对采矿业的承接能力或承接意愿较低，对这类行业和资源密集型的生产加工业不会过多考虑。

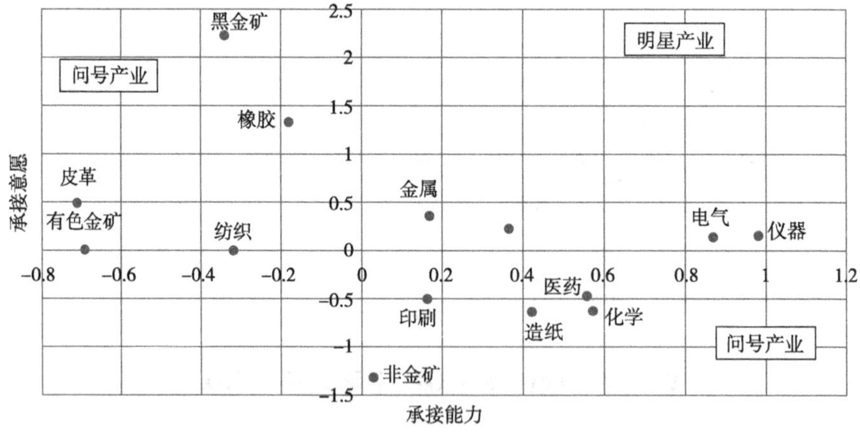

图 4-17　沧州产业承接能力和承接意愿四象限图

衡水的明星产业只有文教用品制造业和橡胶塑料制造业两类，其余的问号产业承接能力都在0.2以下。衡水处于河北经济发展的第三梯队，工业化水平也较低，文教产品的承接能力强可能与衡水教育行业发达有关，但并不足以支撑未来的产业和经济发展。从四象限图（见图4－18）中可以看出，当地具有一批承接能力不强但承接意愿较强的制造业和加工业，在未来可以通过完善这些产业的配套设施来更有力地承接这些产业，使其成为当地产业新的发展动力。

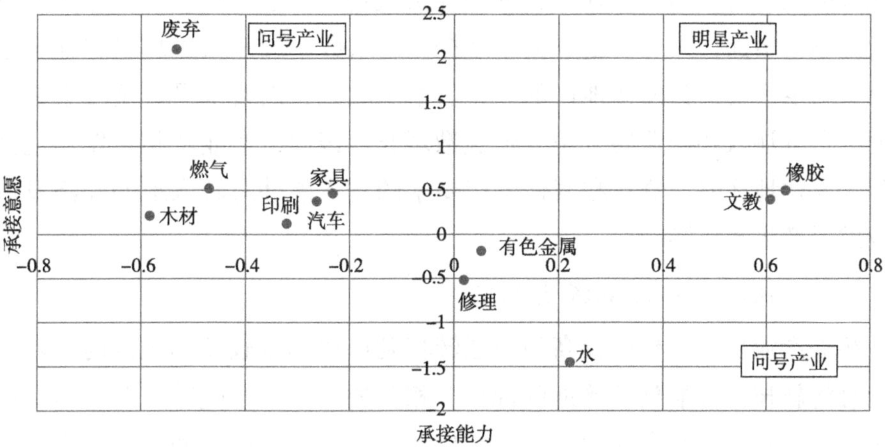

图4－18　衡水产业承接能力和承接意愿四象限图

第五节　河北承接产业转移效应实证分析

一、承接产业转移影响效应的机理

产业转移的过程无疑会给转出地和转入地带来一定程度的影响，尤其转入地在承接产业转移之后，当地在经济、产业和环境层面都会出现变化。产业转移的影响效应按照对承接地影响的正负性划分，既有经济增长和技术溢出等有利于当地发展的正外部性，也有生态破坏和环境污染等不利于当地发展的负外部性。按产业转移效应的机制划分，产业转移的影响效应可以分为直接效应和间接效应。直接效应即随着产业转移直接从转出地流入承接地的资本、技术等生产要素，直接效应的施加使两地相关企业的生产和经营、产业结构和门类等发生的直观改变；间接效应即需要通过一定的传导路径才能实现的影响效应，例如两地产业结构优化后带来的经济增长或经济增长潜力，新转移而来的产业促使经济相对落后地区城市化进程加速等不能直观反映出的影响。为便于实证分析，本书将影响效应按照不同性质划分成以下四类：

（一）要素注入效应

这也是能最直接体现出的一种影响效应。在产业转移过程中，外来相关产业转入承接地的同时，大量资金和生产设备等生产要素也随之流入，加速承接地的资本积累和经济循环。根据索罗（Solow）提出的经济增长理论，国家或者区域内的人均资本存量较低会导致人均产出水平也较低，而随着资本存量的不断增加，人均产出也会不断提高。乘数－加速数原理也印证了这一观点，即生产要素欠发达地区的经济、居民收入、消费水平甚至社会投资都会随着资本注入和产业转入呈几何级数增长。因此，产业从相对发达地区转移到欠发达地区时，资本和其他生产要素的注入能够对转入地的经济发展和产业发展产生直接影响。

（二）技术和人才的溢出效应

相关产业从产业梯度较高的地区转移到产业梯度较低的地区时，转入的产业会将新技术传播到承接地的源头，相关的人才也会随着产业的转移而进入承接地。新技术和人才的流入使承接地原有的生产能力和生产效率得到了提升。不同情况的地区和不同产业所产生的溢出效应也不尽相同，一般认为市场竞争程度起到了决定溢出作用正负性的关键作用，承接地的市场竞争越自由、程度越高，吸收外来技术和人才的能力就越强，产业转移所带来的溢出效应也就越强。

（三）产业集聚与产业结构优化效应

由发达地区转入承接地的高端产业必定会改变当地原有的产业格局，加快原有的产业发展进程，在这一过程中促进承接地与转出地之间、承接地与周边地区的产业集聚和融合，形成产业集群并产生规模效应。产业的集聚不仅对区域内的研发和创新起到促进作用，还能进一步向周边地区产生极化作用，吸引周边地区的生产要素和优质人才形成良性循环。优质的转入产业会有效调整承接地整体相对落后的产业结构，通过提高对资源的利用效率和产品的生产效应来提高产业发展质量。产业结构优化是地区经济发展的关键影响因素之一，转入的高端产业所带来的资源利用效率和生产效率的提高将改变承接地原有的粗放式经济发展方式，从而产生新的发展动力。

（四）产业转移所带来的其他影响效应

除了上述几种影响效应以外，产业转移还会对承接地产生一些其他或正向或负向的影响。例如：带动当地就业，转入的产业给承接地的劳动者提供了一批新的就业机会；触发思想观念上的改变，外来的新产业和企业会对当地居民的思想观念和消费习惯形成一定的冲击和解放，从而提高当地的研发创新能力甚至改变其经济发展模式；但是，一旦出现了不合理的产业转移现象，也会对承接地的经济和产业发展产生负外部性，如资源消耗多和高污染、高排放的企业转入会导致承接地的生态环境恶化，从长远看对当地经济发展极为不利。

二、产业转移对河北影响效应的实证分析

上文分析了产业转移所带来的四类不同的影响效应，其中，第一类要素注入效应对当地的影响往往能够较为明显地从经济数据中体现出来，第四类影响效应以间接影响效应为主，往往体现在长期影响上，在短期内对承接地的产业和经济发展影响不显著。因此，在这一部分的实证分析中不再对这两类影响效应作过多分析，而是重点对第二类技术溢出效应和第三类产业结构优化效应进行实证分析。

（一）技术溢出效应的实证分析

在发展经济学的理论中，资本的积累和技术的进步同为一个国家或者地区经济增长的主要推动力，技术水平提高的原动力来自当地相关产业和研发机构对于技术溢出的吸收。技术溢出是相对落后地区分享发达地区技术进步成果的重要途径。在产业转移过程中，高端产业的先进生产技术随相关产业流入承接地，在市场竞争的推动下，当地企业参照转入的技术进行模仿、研究和开发，最终实现技术的进步。已有的研究表明，某地的技术溢出效应与当地资本存量、科技研发情况和外商直接投资等因素都有着较为直接的关系。

在本部分的实证分析中，参照周伟（2019）在《京津冀产业转移效应研究——基于河北技术溢出、产业集聚和产业升级视角》一文中构建的计量模型，对河北省承接京津产业转移的技术溢出效应进行回归分析，旨在探究二者之间的影响。技术溢出效应的回归方程如下：

$$\ln TFP = \alpha_0 + \alpha_1 \ln S_t^h + \alpha_2 \ln S_t^d + \alpha_3 \ln S_t^k + \varepsilon_t \tag{4-1}$$

其中，*TFP* 表示全要素生产率，在本部分模型中用来量化产业转移的技术溢出效应；S_t^h 表示河北本地的自主研发能力和技术创新能力，通过年度研究开

发经费（当年 R&D 经费）进行量化；S_t^d 表示来自京津地区的产业转移，通过京津地区对河北省的年度投资额进行量化；S_t^k 表示河北省当年资本存量。α 为变量前与其相关的系数，ε 为公式中的相关常数。由于所研究的产业转移范围不同，原模型所建立的回归方程中考虑了外商直接投资（FDI）和国内除京津地区外向河北省的投资额，而本部分只对京津两地向河北省进行的产业转移影响进行研究，因此剔除这两部分因素的影响。

TFP 是指在一个生产系统中所有生产率的综合，可以近似理解成生产力。因此，*TFP* 的变化可以体现出生产力和产业结构的变化，其增长通常被认为可以反映技术进步率。故本部分通过这一指标来反映技术溢出的影响效应。在数据分析时，全要素生产率的数据往往无法直接通过统计方法得到，因此只能根据全要素生产率的定义利用公式间接计算，公式如下：

$$GY = GA + \alpha GL + \beta GK \tag{4-2}$$

其中，*GA* 为全要素生产率，又称技术进步率；*GY* 表示经济增长率；*GL* 表示劳动增加率；*GK* 表示资本存量的增长率；α 和 β 是变量前参数，分别代表劳动份额和资本份额。通过这一公式即可根据已有数据计算全要素生产率的值（即 *TFP* 值），结果如表 4-13 所示。

表 4-13　河北 2008—2018 年全要素生产率

年份	2008	2009	2010	2011	2012	2013	2014	2015	2016	2017	2018
全要素生产率（%）	1.591	1.465	1.607	1.835	1.865	1.898	1.920	1.944	1.987	1.978	1.998

将时间序列数据利用 SPSS 软件进行多元线性回归，可得到技术溢出效应回归方程的各项系数，并得到具体方程：

$$\ln TFP = 0.059\ln S_t^h + 0.139\ln S_t^d + 0.421\ln S_t^k - 3.155 \tag{4-3}$$

由式（4-3）可知，京津地区对河北地区的投资、当地科研创新经费和当地的资本存量对技术进步率都有着显著的正向促进作用，即由京津转移而来的产业的技术溢出效应会给河北地区带来技术进步。对多元线性回归方程分别进行拟合优度的检验和显著性的检验，见表 4-14，调整后的 R^2 值为 0.974，表示回归方程中自变量对因变量的解释程度为 97.4%，拟合优度十分理想。*DW* 值为 1.640，在 1.5～2.5 的范围内，表示方程中变量之间的自相关程度较低，可以认为该模型能很好地建立因变量与自变量之间的关系。

表 4－14　拟合优度检验

模型	R	R^2	调整后的 R^2	标准估计误差	DW 值
1	0.993[a]	0.985	0.974	0.004 965	1.640

注：a. 预测变量。

资料来源：SPSS 软件回归分析输出结果。下同。

该模型的 F 值为 89.171，显著性为 0.000 是最理想的显著性水平（见表 4－5），在该回归方程中自变量对因变量的影响显著，通过显著性检验。

表 4－15　显著性检验

模型		平方和	df	平均值平方	F	显著性
1	回归	0.007	3	0.002	89.171	0.000[b]
	残差	0.000	4	0.000		
	总计	0.007	7			

（二）产业结构优化效应的实证分析

产业结构优化是指产业整体素质和配置资源效率随产业协调性的增加和技术进步逐渐提高，逐渐形成一套能够满足当地社会和经济发展需求的更合理、更高效产业体系的过程。承接产业转移是最直接的一种推动产业结构优化的途径，在产业转移过程中，外来的高端产业、注入的资本和技术溢出等在转入地对关联产业产生作用并形成了一定规模的产业集聚，最终达成产业升级和产业结构优化的效果。产业结构的优化在一定程度上能为经济水平较低的地区寻找到新的增长动力。

本书利用外商直接投资（FDI）和科研创新经费（R&D）的增长来量化产业转移的程度，利用三次产业的生产总值的增长来量化产业结构的优化。通过分别建立三次产业的 GDP 与 FDI、R&D 之间的关系，并对 FDI 和 R&D 这两个因素对于三次产业结构变化各自的贡献进行比较，以此对河北承接京津地区产业转移的产业结构优化效应进行实证分析，构建如下多元线性回归模型：

$$\ln(GDP_1) = \alpha_1 + \alpha_2\ln(FDI) + \alpha_3\ln(R\&D) \qquad (4-4)$$

选取 2011—2019 年河北相关数据代入式（4－4），利用 SPSS 软件进行回归分析得到如下结果：

第一产业回归方程为 $\ln(GDP_1) = 5.175 + 1.212\ln(FDI) - 0.793\ln(R\&D)$。可见 FDI 对第一产业进步有显著正向影响，$R\&D$ 对第一产业进步有显著负向影响。由于 $R\&D$ 的增加对第二产业和第三产业能产生相较于第一产业更大的影响，因此认为呈现负相关与实际情况相符。

对第一产业线性回归方程进行拟合优度检验（见表4－16）可知，调整后的R^2值为0.702，即该方程对被解释变量的解释程度大于70%，该方程拟合优度较好；*DW*值为1.881，接近2，即变量之间的相关度较低。因此，可以认为该模型能很好地建立因变量与自变量之间的关系。

表4－16　第一产业拟合优度检验

模型	R	R^2	调整后的R^2	标准估计误差	*DW*值
1	0.887[a]	0.787	0.702	0.047 125	1.881

注：a. 预测变量。

对第一产业线性回归方程进行显著性检验（见表4－17）可知，*F*值为4.735，显著性为0.021，小于0.05，故可以认为在该方程中自变量对因变量的影响显著，通过检验。

表4－17　第一产业显著性检验

模型		平方和	*df*	平均值平方	*F*	显著性
1	回归	0.021	2	0.011	4.735	0.021[b]
	残差	0.013	6	0.002		
	总计	0.034	8			

注：b. 预测变量。

第二产业回归方程为$\ln(GDP_2)=6.604+1.239\ln(FDI)-0.813\ln(R\&D)$。可见*FDI*对第二产业发展有显著正向影响，*R&D*对第二产业有显著负向影响。

对第二产业线性回归方程进行拟合优度检验（见表4－18）可知，调整后的R^2为0.590；*DW*值为1.659，介于1.5～2.5。虽然决定系数和*DW*值相较于理想标准差距较大，但整体在误差允许范围内，考虑到现实影响，本书认为该模型能够在一定程度上反映自变量和因变量之间的关系。

表4－18　第二产业拟合优度检验

模型	R	R^2	调整后的R^2	标准估计误差	*DW*值
1	0.782[a]	0.612	0.590	0.050 068	1.659

注：a. 预测变量。

对第二产业线性回归方程进行显著性检验（见表4－19）可知，*F*值为4.311，显著性为0.039，小于0.05，故可以认为在该方程中自变量对因变量具有显著性影响，通过检验。

表 4－19　第二产业显著性检验

模型		平方和	*df*	平均值平方	*F*	显著性
1	回归	0.022	2	0.011	4.311	0.039[b]
	残差	0.015	6	0.003		
	总计	0.037	8			

第三产业回归方程为 $\ln(GDP_3) = 6.184 - 0.647\ln(FDI) + 1.243\ln(R\&D)$。可见 FDI 对第三产业发展有显著负向作用，R&D 对第三产业发展有显著正向作用。

对第三产业回归方程进行拟合优度检验（见表 4－20）可知，调整后的 R^2 为 0.992，该方程对被解释变量的解释程度大于 99%，拟合优度较好；DW 值为 2.14，接近 2，即变量之间的相关度较低。可以认为该模型能很好地建立因变量与自变量之间的关系。

表 4－20　第三产业拟合优度检验

模型	*R*	R^2	调整后的 R^2	标准估计误差	*DW* 值
1	0.997[a]	0.994	0.992	0.024 091 202 534 197	2.140

注：a. 预测变量。

对第三产业线性回归方程进行显著性检验（见表 4－21）可知，*F* 值为 469.745，显著性为 0.000，小于 0.05，故可以认为在该方程中自变量对因变量的影响显著，通过检验。

表 4－21　第三产业显著性检验

模型		平方和	*df*	平均值平方	*F*	显著性
1	回归	0.545	2	0.273	469.745	0.000[b]
	残差	0.003	6	0.001		
	总计	0.549	8			

注：b. 预测变量。

根据在模型中分别建立的三个产业的公式，能够得到 *FDI* 和 *R&D* 对三次产业的不同影响，并推断出产业转移带来的产业结构升级的影响效应。其中，河北 *FDI* 对第一产业和第二产业均有正向影响，通过比较系数可以发现其对第二产业的影响更大。河北 *R&D* 在第一产业和第二产业的公式中虽然系数均大于－1，但不能否认对两类产业产生了负向影响，对第三产业有较强的正向影响。由此可以得出实证分析结论：*FDI* 增加对第一产业和第二产业发展有促进作用，*R&D* 增加对第三产业的发展有促进作用；*FDI* 对第一产业和第二产业的相对影响作用大于第三产业，*R&D* 对第三产业增长具有更强的比较优势。

第六节　河北承接产业转移的研究结论及对策建议

一、河北承接产业转移的研究结论

自京津冀协同发展战略实施以来，河北受到来自京津地区产业扩散效应影响，经济发展增速显著。近五年来，河北 GDP 增速高于全国平均水平，三次产业结构也进一步优化，但经济基础和产业发展水平与京津之间仍有较大差距。为缩小三地之间的差异并提高相互之间合作、协同的效率，未来仍然会在京津冀区域内持续进行产业转移。产业转移是协同发展战略中的重要一环，也是平衡三地差异、促进区域内经济发展的重要路径。河北在承接来自京津产业转移的过程中，应发挥好当地在地理位置、交通运输、自然资源等方面的优势；逐步完善当地产业配套设施建设，引进高素质人才，弥补当地粗放式经济发展带来的问题；继续细化有关产业转移的规划，明确各地重点产业，为能在产业转移中发挥重要作用的企业和工厂提供好政策性服务，使承接产业转移带来的经济效益最大化。

通过实证分析发现，各地级市不同产业的承接能力得分和承接意愿得分与现实情况比较吻合，能够对各地未来的产业承接方向起到一定的指导作用。产业承接能力和承接意愿之间存在一定的相关性，分别代表产业不同方面的特性。产业承接能力反映的是某地经济、社会和生态条件是否适合某一产业的发展；承接意愿反映的是承接能否带来正向经济效益和产业未来发展潜力。将产业承接能力和承接意愿在四象限图中进行拟合所得到的明星、问号和瘦狗三类产业，分别反映了子集中的各个细分行业是否与当地的发展情况相契合。契合度高的产业即为明星产业，承接这类产业相比于承接其他产业对于承接地来说有着更大的正向效益。

产业转移对河北地区的投资、科研创新和技术进步都有显著的正向促进作用。随着产业转移的进行，资本的流入和技术溢出对当地三次产业的发展起到重要作用。在河北承接京津产业转移的过程中，资本注入和高新技术流入都对产业发展有推动作用。资本等生产要素的转入对第一产业和第二产业作用更强，影响较大；而技术溢出效应对第三产业发展的促进作用更大。河北在承接产业转移中应将重点放到第三产业上，加强对高新技术的吸收，鼓励本地科研创新，推动第三产业更快发展；同时，借助资本密集型产业的流入和外来资本的注入，保证第一产业和第二产业的平稳增长，优化产业结构，满足河北自身和京津冀协同发展的需要。

二、河北承接产业转移的对策建议

（一）中部核心功能区

中部核心功能区又称环京津核心功能区，涵盖北京、天津、雄安、保定、廊坊、雄安新区等地。这一功能区在地理位置上是环首都区域，包括首都北京和雄安新区，在政治上具有举足轻重的地位，京津双城在经济上对该地区起支持作用，因此这一功能区的首要功能是提升非首都功能承载能力。通过前文研究发现，保定和廊坊的工业门类在河北 11 个地级市中相对较全，虽在河北未排进第一梯队，但也有一定的经济基础。这一功能区可通过承接疏解北京非首都功能而转移出来的产业促进经济发展。保定和廊坊两地承接能力较低但承接意愿较强的同号产业中都包含仪器仪表制造业，因此为承接京津地区的高端产业，应加强当地的科研创新能力，提高承接技术密集型制造业的能力，使这一行业发展成为当地的明星产业。

（二）东部滨海发展区

东部滨海发展区又称沿海率先发展区，包括秦皇岛、唐山、沧州和天津的沿海地区。这一功能区的主要功能是推进沿海经济加快发展，构建高品质滨海城镇体系，促进港产城互动发展，打造全省开放型经济引领区。唐山有扎实的经济基础，工业门类齐全，近年来经济增长势头良好，与秦皇岛和沧州各有不同的优势产业。该地区沿海，航运发达，应发挥地域优势，借助对外贸易扩展各自的优势产业。唐山、沧州和秦皇岛三地也存在类似的优势工业门类，如一些采矿业和加工业等资源密集型的产业在这一区域内占据优势，而在高端制造业领域并不占优势。未来应提升当地的科研创新能力，在产业转移中取得技术进步，与对外贸易优势相结合，积极发展当地高端制造业。

（三）南部功能拓展区

南部功能拓展区也称冀中南功能拓展区，涵盖河北南部地区的石家庄、邯郸、邢台、衡水等。这一地区在承接产业转移中存在经济水平、环境承载力等方面的差异。石家庄是河北 11 个地级市中经济基础最扎实的省会城市；

邢台、邯郸和衡水等地级市经济发展水平相对较弱，明星产业也相对较少。这一功能区在承接产业时所承接的产业与未来的发展方向有很大区别。四个地级市间拥有一些相同优势的行业，如橡胶、铁路、文教和燃气等。作为功能拓展区，应该兼顾优势产业的不同特点，积极承接当地的明星产业。石家庄、邯郸和邢台要加强先进制造业、促进科技成果转化、发展高新技术产业；石家庄、衡水可继续维持文教行业的发展，打造京津冀协同发展战略腹地和城乡统筹发展重要示范区。

（四）西北部生态涵养区

西部生态涵养区即冀西北生态涵养区，在地理上涵盖张家口、承德市和燕山、太行山区。功能定位是重点提升生态保障、水源涵养、绿色产品供给等功能，打造京津冀生态安全屏障和国家生态文明先行示范区。其中，张家口和承德的经济基础与产业发展都相对薄弱，经济处于河北的第三梯队，各自的明星产业也相对低端，以采矿业和劳动密集型产业为主，应努力发展地方特色产业。

随着京津冀协同发展的不断深入，京津冀产业分工格局将更加合理，创新的作用将更加明显。河北一些资源密集型的传统支柱产业将难以维系，传统经济发展模式不可持续。因此，探寻河北未来产业的发展方向、明确各主体功能区的分工具有重要意义，分工明确可以避免同质化竞争，并能够根据比较优势合理承接产业。应建立区域规划联动机制，加强与雄安新区、北京大兴国际机场经济区及北京周边地区的规划联动和管理，推动产业转移持续进行。打造“京—唐—秦发展轴”，带动秦、唐高新技术和战略性新兴产业发展；培育“石—衡—沧发展轴”，辐射带动衡水市发展；培育“沧—邢—邯发展轴”，促进冀中南地区开发开放，着力补齐贫困地区发展短板。完善内外联动机制，加快港口综合集散体系建设，大力发展海上综合运输，完善区域物流体系，扩大港口经济腹地。加快曹妃甸、渤海新区和秦皇岛海洋经济创新发展示范城市的产业集群建设，支持内陆地区与唐山、沧州、秦皇岛等沿海城市合作建立工业园区，发展“飞地经济”，促进港际互动和双向开放共同发展，为京津冀地区的经济发展注入新动力。

第五章　世界级城市群产业集群衡量指标与发展路径研究

本部分内容首先追溯了关于世界级城市群、世界级产业集群的提出背景以及国内外学者的研究过程，并对世界级城市群和世界级产业集群的相关理论基础与概念进行了探讨辨析；总结梳理了世界级城市群和世界级产业集群的指标体系，并基于国内外学者的研究归纳提炼出一套城市群国际影响力和产业集群指标体系；研究了世界级城市群产业集群的形成因素、条件、方式和发展周期等规律；利用前文总结归纳出的指标体系和形成规律，对美国硅谷产业集群进行了案例分析，总结了世界级城市群产业集群的优势与特性。最后通过京津冀产业集群与世界级城市群产业集群的对比，对京津冀产业集群的发展路径提出对策与建议。

第一节　研究综述与框架设计

一、研究背景及意义

随着世界经济全球化的不断推进，全球经济结构和空间模式得到空前发展：一方面，信息和通信技术的迅速发展使跨国货物、技术和信息的全球流动变得更加便捷；另一方面，在经济全球化的背景下，世界级城市群产业集群在经济增长中发挥着更大的作用。这种由一组独立且相互依存的中小型企业所组成的工业组织形式，不仅大大超过了单一企业扩张时所产生的过度交易费用和非经济成本，而且还大大降低了由于交易的频率及高度不确定性而导致的交易费用。

放眼全球，世界级城市群产业集群的发展已经逐渐发展为许多地区和国家的重要社会经济表征，如美国硅谷高科技创新产业集群、美国波士华（波士顿一华盛顿）城市群高科技金融产业集群、意大利东北部城市的传统产业集群、英国大伦敦地区的现代服务集群、中国长三角地区制造业产业集群等。这些集群在全世界形成了一个形态多样的“经济拼图”，吸收了巨大的经济能量，集聚发展了许多世界级的产业和企业，为所在国的GDP增长提供了保障。

国内外经济学家一直在探讨研究如何让世界各国城市群产业集群成为未来地区经济和社会发展的“加速器”。产业集群与企业、相关机构、政府和民间社会组织建立竞争或合作关系，可利用整个区域的竞争优势，打破企业与单一行业间的界限，某一地区具有竞争优势的产业集群可突破个别产业狭隘的地理空间，系统地协调整个地区的经济和社会发展。城市群、产业集群反映了区域空间结构的优化和改进，也是城市群建立区域品牌的重要途径，对世界级城市群产业集群的研究是现阶段区域经济学术界重点讨论的热点问题。

二、国内外研究综述

（一）关于世界级城市群的研究

“城市群”的概念是由戈特曼（Jean Gottmann，1962）首次定义的，他认为城市群是很多城市地区连接在一起，在经济、社会、文化等方面有着密切互动的庞大的区域。在对当时世界级城市群概念进行整合的基础上，戈特曼对世界上出现的大都市带进行了研究，明确提出世界上有六个大都市带，即美国东北部的波士华、五大湖地区、伦敦中南部地区、欧洲西北部地区、日本太平洋沿岸地区和中国长三角地区。此后，国内外学者通过一系列关于世界级城市群相关理论的研究，明确了世界级城市群的研究体系，包括麦基（T. G. McGee，1989）提出的“超级都市区”、霍尔（P. Hall，1999）提出的“巨型城市区”，以及我国学者孙一飞所提出的城镇密集区（1995）、王建提出的都市圈（1997）、顾朝林提出的城市经济区（1999）等。

据文献记载，1942年维宁（R. Vining）从理论上解释了城市集聚的客观性与合理性，并对此提出了较多的诠释。佩鲁（1955）通过其增长极和轴心发展理论，对城市群和产业集群的协同研究作出了重大贡献。霍华德（Howard）在2003年最早从现代城市社会群体（Town）的角度研究了现代城市。随后，克里斯塔勒的中心地理论阐述了现代城市社会和群体的组织结构和模式，该理论被普遍认为是研究城市群的重要依据和基础。

国内学者从20世纪80年代初期开始对世界级城市群展开研究，由于经济全球化的发展，城市群从地理概念逐渐转变成世界级城市群。国内学者在国外已经成型的理论基础上结合产业集聚的理论进行研究，使世界级城市群成为重点研究对象。宁越敏（1988）的研究结果显示，中心城市可以通过城市的相对优势加强城市之间的聚集和扩散能力，从而逐步形成区域性城市聚集体。庞晶和叶裕民（2008）在分析城市群的向心力和离心力时发现，城市群是由于向心力产生的规模收益递增和集聚效应与离心力所产生的环境污染和房价升高相互作用而形成的。随着城市的持续扩张，城市的空间模式正在改变，大城市的相对优势正在逐渐消失，经济集中的城市的转移将为周围的中小城市提供发展机会（苏雪串，2004）。杨建军（2014）研究了世界级城市群的核心特征与核心战略，通过案例分析法对世界六大城市群进行分析，分析结果显示产业转型优化、基础设施建设和生态保护是世界级城市群发展的主要核心战略特征。米锦欣（2017）对世界城市群的形成路径、世界城市群的类型、我国三大经济圈的特征以及世界城市群对我国三大经济圈的启示进行分析，研究结果显示我国城市群与世界城市群的主要差距在于市场化程度、规划上的民主意识和均衡化发展三个方面。金鹿（2019）主要对世界级城市群的评价指标体系的相关问题进行研究，并为京津冀城市群的发展提出重要建议。

（二）世界级城市群产业集群的研究

1. 产业集群相关概念

集群的定义是马歇尔在 1890 年首次明确的，其原意是许多合作企业会产生经济效益，从而降低成本、激励创新；同时也指出“外部经济”是由小型企业集中在一个地区而形成的。杜能的农业区位论（1826）阐述了在“孤立国”的假设条件下农业的生产空间分配，同时也提出“杜能圈”理论。韦伯在 1909 年指出的工业区位论中，得出了最理想的工业区位应在生产和运输成本的最小点上这个结论。廖什的市场区位论（1939）分析了市场需求和规模以及结构对厂商选址和产业配置的影响，认为企业产品的销售范围应该是一个圆形，产地是圆心，半径是可以覆盖到的最大销售半径，最佳区位就是收入和费用的最大利润点。增长极理论是由佩鲁（1955）所提出的关于产业集群不平衡增长的重要理论，主张增长极是一个由主导产业部门组织起来的极富活力、高度结构化和联合式的、可以快速成长的行业，这些主要产业可以通过乘数效应来促进其他行业的发展。

2. 世界级城市群产业集群研究概况

虽然国外学者并没有专门针对“World - Class Clusters”进行专门的研究，但《欧洲世界级产业集群发展白皮书》上明确指出世界级产业集群是体现在国际标准上推动产业创新、区域经济发展以及提高国家竞争力的一种空间系统，是一般产业集群的升级，能够在世界范围内占据主导地位。

20 世纪 90 年代，西方产业集群理论被我国的经济地理学家引进，指导了我国研究世界级产业集群的进一步发展。王缉慈（1995）对我国经济技术开发区的新兴产业集群和经济发展现象问题进行初步的探讨和分析，结合当时我国区域经济发展实际情况，探讨了新兴产业区的基本概念。郑胜利（2003）的《经济体制转轨时期中国产业集群研究》从社会主义市场经济和工业化两个方面来分析经济体制转轨时期中国产业集群的形成及其发展存在的问题。陆国庆、高飞（2001）提出了通过产业区位重构、资源融合重组来加速产业聚集和创新，这将作为近年来我国产业结构调整的主要举措之一。成长春（2016）整合了世界级产业集群的特征，并在此基础上进行了世界级产业集群筛选指标体系的研究，经过实证研究证明了此指标体系的合理性，最终确定了世界级产业集群遴选指标中的几个核心点。康萌越（2017）研究了世界级产业集群的几个典型案例，如美国硅谷产业集群、印度班加罗尔产业集群、德国斯图加特汽车产业集群，并通过案例分析法对我国培育世界级产业集群提出有效的建议。

3. 世界级城市群产业集群与我国城市群产业集群对比研究综述

早在 1989 年，美国著名人口经济学家西蒙·库兹涅茨在《现代经济增长》中明确论述到：人口经济流动增长的不断进步变化过程常常认为是一种伴随着社会一系列因素，如推进我国现代工业化建设进程等经济行为和我国城市化建设进程等社会产业结构性的变化而直接带来的整体人口经济流动性质的变化，将城市化和产业结构联系在了一起。

国内学者对世界级城市群、产业集群与我国城市群、产业集群的对比研究主要集中在几个公认的世界级城市群与中国有代表性的城市群上，如长三角地区、珠三角地区、京津冀地区的城市群与产业集群的研究与发展。苏雪串（2004）认为世界级城市群与世界级产业集群是相互促进、共同发展的关系，加快城市化进程需要研究世界级城市群与产业集群的经济关联性，并提出世界级城市群与产业集群之间既存在着相互依存、互动的协同性，也存在着竞争合作的关系。周韬、郭志仪（2014、2015）认为城市空间价值链和产业链共同推动了城市空间的演化，从而使世界级城市产业结构得以可持续发展。吴亚菲（2017）以长三角地区产业为研究目标，分析了其协同效应、城市空间与产业布局、城市空间的产业集群能力等，并与国外发达国家城市的世界级产业集群进行了对比研究。

（三）研究述评

国际上的专家学者对世界级城市群和世界级产业集群的理论基础研究影响深远，为后来的许多学者所引用。当前，国外对于世界级产业集群发展的研究主要聚焦于企业和集群发展的基因、组织创新、产业政策和对经济成长的实证分析等方面。发达国家的世界级城市群及其产业集群在早期已经有了较全面的发展，大部分的外文文献都集中在21世纪初或更早时期。目前，对于世界级城市群及其产业集群的研究，国外学者更多地集中于研究如何形成可持续发展的世界级城市群及其产业集群；国内学者则把研究的重心放在世界级城市群和世界级产业集群的成因与经济效应分析上。通过文献梳理发现，国内学者倾向于研究京津冀世界级城市群以及长江三角洲世界级产业集群的发展，国内外对世界级城市群产业集群的相关指标体系和形成规律研究还不够深入，因此，通过对世界级城市群的产业集群的研究归纳和总结，提出一套完整的衡量指标体系有重要意义。

三、研究思路、内容与方法

（一）研究思路

本部分从四个层面展开分析：

第一，世界级城市群及其产业集群指标体系的研究背景、文献搜集和相关理论概念的辨析。首先阐述研究此课题的主要背景，然后对论题展开国内外的文献搜集和整理，继而对世界级城市群及其产业集群的相关概念进一步展开介绍。

第二，在理论层面，对世界级城市群产业集群的指标体系和形成规律进行详细的研究。在指标体系的研究中，主要分析若干已有的评价指标，并对其进行归纳总结，形成综合指标体系；在形成规律的研究中，对世界级城市群产业集群为何形成、如何形成、形成阶段以及形成之后的发展进行重点分析探索。

第三，在实证分析层面，对美国硅谷高科技创新产业集群从其所在城市群的国际影响力和产业集群的经济实力等方面进行案例研究，利用硅谷指数年报等资料进行细节上的分析研究，探寻世界级城市群产业集群的普遍特征和评价指标，并对上文理论部分进行验证。

第四，对我国京津冀产业集群建设成为世界级城市群产业集群提出对策建议。

本部分的技术路线图见图 5－1。

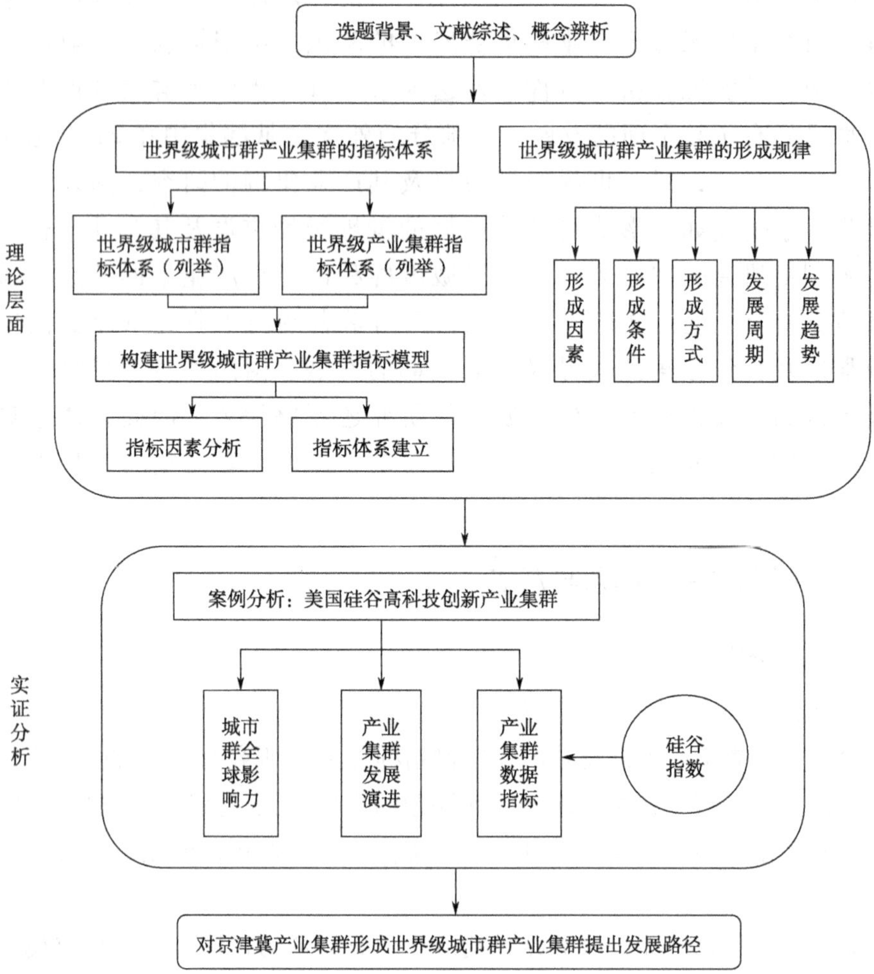

图 5－1　技术路线图

（二）研究内容

首先，介绍研究主题的选题背景和意义，并梳理相关的国内外文献综述，而后进行系统的相关概念辨析。其次，对世界级城市群产业集群的衡量指标与形成规律进行理论分析，对衡量指标和形成规律的理论展开思考与探讨。世界级城市群产业集群的衡量指标涵盖了世界级城市群的指标体系和世界级产业群的指标体系，是两种指标体系的综合体。世界级城市群产业集群的形成规律的研究可分为形成因素、形成条件、形成方式、发展周期和发展趋势几个方面。再次，基于美国硅谷高科技创新产业集群展开案例分析，从特殊到一般地研究了世界级产业集群的形成规律。最后，通过京津冀产业集群与世界级城市群产业集群的对比，提出京津冀产业集群的发展路径。

（三）研究方法

1. 文献综述法

文献综述法是对与研究课题相关的学术文献进行收集、挑选、梳理的科学研究方法。这种方法根据对研究课题历史研究的分析，帮助作者对其研究方向、方法、问题进行思考，并提出自己的观点与论据。除此之外，对作者了解研究课题的历史与进展也有着很重要的协助作用。

2. 跨学科多角度分析法

课题研究借鉴了当代国内外学者对城市群和产业集群的研究方法，结合运用了区域经济学、产业经济理论、经济地理学、城市社会学、管理学、城市经济学等多门学科的理论方法来研究世界级城市群产业集群的衡量指标、形成规律和发展路径。

3. 案例分析法

案例分析法是国外学者常用的研究方法，能够帮助我们对经济中出现的问题和政策进行描述和再现，同时还能分析经济发展过程。本部分研究从国际上收集了关于世界级城市群产业集群的相关案例资料，以美国硅谷高科技创新产业集群为主，涉及美国东北部的大西洋海岸城市群、英国大伦敦地区现代服务业集群、日本东京都市圈城市群等；通过研究这些城市群内各个城市的功能定位和产业分工、产业集群的形成规律和发展路径，并对美国硅谷产业群投入产出、产业集中度、专业化程度进行数据分析，得出世界级城市群产业集群的衡量指标体系。

（四）创新点

第一，从世界级城市群和世界级产业集群两个方向对世界级城市群产业集群的指标体系进行研究。由于相关文献大部分主要分别研究城市群或产业集群的发展，较少将二者结合起来进行分析，因此目前还没有一套完整的世界级城市群产业集群的指标体系。本部分在研究世界级城市群及其产业集群评价指标体系的基础上，将世界级城市群的国际影响力和世界级产业集群的经济影响力评价体系结合起来，构成完整的世界级城市群产业集群指标体系。

第二，以美国硅谷为主要案例进行分析，既体现出硅谷在世界级城市群——美国旧金山大湾区的国际知名度和影响力，也代表了高科技创新产业集群的世界级标准，对标我国京津冀高新技术产业集群发展路径，为京津冀产业集群向着“中国硅谷”发展，提供了详细的有参考价值的对策建议。

第二节　世界级城市群、产业集群的概念解析与理论基础

一、世界级城市群相关概念

从地理学角度看，城市群是指在有限空间地域内城市分布达到一定密度的城市集群。相较于城镇密集区，城市群更加强调大中小城市的等级体系与职能分工，例如一座城市在它所在的集群里属于什么等级，拥有什么样的功能，代表什么类型的区域，在城市与城市之间的联系中起到了怎样的作用。都市圈、城市带、多中心城市群、大都会区和连绵地带是一个城市群不同的表现方式和形态，具有不同的城市群空间特点。

（一）世界级城市群的含义

世界级城市群是城市群发展的成熟状态，在城市群的基础上，拥有更发达的交通通信技术、高度密集的城市分布、世界领先的发达经济；更重要的是，世界级城市群需要以一个以上的特大城市（国际性城市）为重点核心区，三个以上的大城市围绕构成单元，多核心、多层次地发展。当今世界上公认的六大世界级城市群为美国波士华城市群、五大湖城市群、欧洲西北部城市群、英国大伦敦城市群、日本太平洋沿岸城市群和中国长江三角洲城市群。这些世界级城市群在世界范围内有着深远的影响，对本国的经济发展贡献显著。

（二）世界级城市群的特征

与城市群不同，世界级城市群的特征更加独特，可以说是城市群空间形式的进化。第一，世界级城市群的区域内城市密集程度要比普通的城市群高，这样才能拥有较低的运输成本和较高的市场效率；第二，城市群内需要坐落着一个或多个国际性城市，例如美国波士华城市群的纽约和波士顿，日本太平洋沿岸城市群的东京和大阪等；第三，多个大都市区的连绵使得专业化分

工更加明确，整体优势更加明显；第四，拥有一个或多个国际贸易港，包括航空港口和航运港口，这些港口作为世界级城市群与世界联系的交通枢纽，参与国际贸易运转，是经济全球化的象征；第五，城市群的人口规模至少要达到2 500万人，如长江三角洲城市群的总人口已经达到2.25亿；第六，世界级城市群必须是国家经济战略的核心，拥有国内领先的经济、技术、创新能力、市场和人才库。

二、世界级产业集群相关概念

产业集群是在某一特定地段内，由大量的具有竞争合作关系的关联性企业和机构，根据其专业化划分所形成的一种空间经济组织现象。从宏观经济学的角度来说，产业集群就是对产业空间的集聚，它是在产业扩展和规模化分工扩张的过程中基于自己的利益最大化所带来的组织创新，不但能够避免信息不对称所带来的风险，而且能够有效地降低科技创新的成本，刺激国民经济增长，提升行业的竞争能力。

（一）世界级产业集群的含义

目前学术界对世界级产业集群的概念并没有一个明确的界定，学者们对世界级产业集群的共识就是经过产业优化升级后达到成熟阶段的产业集群，具有高度创新、高度有机联结的属性。陈文玲（2016）对现代世界级产业集群进行了研究，研究结果显示能够对整体产业链起主导影响的领先企业和行业的集聚才能构成世界级产业集群。换句话说，世界级产业集群必须是在全球范围内颇具影响力的、具有国际竞争力的产业集群。

（二）世界级产业集群的特征

在影响范围与地位上，世界级产业集群拥有明显的规模优势和较高的国际市场占有率，是世界同种类型产业的核心和专业化基地；从要素利用和配套来看，世界级产业集群聚集了国内外的生产要素，其研发产品全面流入全球市场，有发达的交通运输条件与基础设施；从创新力和可持续性来看，世界级产业集群的技术水平和创新能力应位居世界前列，可持续发展能力较强。

三、世界级城市群、产业集群相关理论基础

（一）生命周期理论

产业的生命周期理论的主要观点建立在企业产品生命周期理论上，分为

整个产业链的诞生期（Introduction Stage）、成长期（Growth Stage）、成熟期（Maturity Stage）和衰退期（Decline Stage），每个阶段都有不同的特征。

1. 诞生期

由于新产业刚刚诞生不久，只有少量的企业对其进行投资，所以新进入者少、需求低、供给量低、没有替代品威胁，竞争力低是产业在这个时期的主要特征。同时，技术在这个时期尤为重要。

2. 成长期

在这个时期，一定的技术带来了需求和利润的增长，许多投资者为了更新换代而逐渐尝试购买商品。因此，这个时期的产业特征是新进入者边缘化、供给量高、购买力低、替代品威胁小、竞争力较低。

3. 成熟期

在整个产业的成熟期，生产的全过程和商品都会走向标准化，企业在进行大规模生产的同时开始寻找新的市场，需求已经完全饱和。这个时期的产业特征主要是新进入者固化、购买力增加、供给量开始下降、替代品威胁增加、竞争激烈。

4. 衰退期

在较长的稳定阶段后，随着新产品和大量替代品的出现，市场需求开始减少，销量开始下降，进入生命周期的最后阶段。此时的产业特征是新进入者开始退出市场、购买力仍然高、供给量低、替代品威胁大、竞争力减弱。从衰退主要原因来分析，分别有资源型衰退、效率型衰退、收入低弹性衰退和聚集过度性衰退。

（二）波特钻石模型

波特钻石模型也称菱形理论，同时也可以理解为国家竞争优势的相关理论，由美国的迈克尔·波特提出。为了探讨某个国家在某种产业国际竞争力较强的原因，学者们通常会利用钻石模型进行有效的分析。从波特的理解来看，钻石模型的四个顶点分别代表需求条件、基本的生产要素、相关及支持产业和企业战略结构，这些因素在某种程度上会对一个产业的国际竞争力产生决定性的影响。钻石体系的形成不单单是这四个要素的堆积，还包括四个要素两两之间的互相影响作用。同时，机会和政府也在影响这四个要素，因为机会无法被控制、判断，政府的制度和决策无法被阻碍。

第三节 世界级城市群、产业集群的指标体系

一、世界级城市群指标体系

（一）世界级城市群评价指标体系

根据国内外城市群研究领域相关学者戈特曼、弗里德曼、方创琳等学者观点，借鉴金鹿（2019）等的研究，结合联合国权威机构的相关研究成果，世界级城市群评价指标体系分为国际影响力、产业集聚度等六个一级指标，这些一级指标又划分为15个二级指标和35个三级指标（见表5-1）。

表5-1 世界级城市群评价指标体系

一级指标	二级指标	三级指标
国际影响力	经济影响力	GDP总量
		人均GDP
		首位城市GDP总量
		世界500强总部数量
	社会影响力	举办国际会议的数量
	政治影响力	使领馆数量
	全球连通度	主要港口国际航线数量
		主要航空枢纽国际航线数量
	开放发展度	入境游客数/国内外游客总数
		实际利用外资额/地区生产总值
		对外直接投资与地区生产总值之比
		货物和服务贸易进出口总额/地区生产总值
产业集聚度	产业发展水平	高技术产业增加值/工业增加值
		上市公司数量
		知识密集型服务业增加值/生产总值
设施连通度	信息基础设施连通	互联网普及率
	交通基础设施连通	铁路里程及其密度
		高速公路里程及其密度
区域协同度	城乡协调	城市化率
		合理完整的城镇体系（定性）
	经济协调	中心城市与其他城市经济联系程度
		首位城市经济集聚与对群内城市辐射带动力（定性）
	政策协调	政策引导与政府协调机制

续表

一级指标	二级指标	三级指标
创新成长率	创新投入	研发支出总量及占 GDP 比重
		每万常住人口专业技术人员数
	创新产出	高校及科研机构数量
		世界一流大学 TOP200 上榜数量
		年度 PCT 专利申请量
		全球独角兽企业数量
环境吸引率	生活品质	人均一般公共服务支出
		博物馆、图书馆等公共文化服务设施数量
		每万人中小学专任教师数量
		每千常住人口卫生技术人员数
	生态宜居	森林覆盖率
		全年空气质量二级以上天数比重

（二）世界级城市群评价标准

本部分根据世界级城市群的概念和五大特征，借鉴王利伟（2019）等学者的研究，设置了十个评价标准，具体如表 5－2 所示。

表 5－2　世界级城市群评价标准

世界级城市群的五大特征	世界级城市群的评价标准
城市分布密集	城市建成区面积：50 000 平方公里以上
人口规模巨大	城镇人口规模：2 500 万人以上
	人口全国占比：15% 以上
经济地位核心	GDP 总量：2 万亿美元
	GDP 全国占比：15% 以上
	人均 GDP：3 万美元
国际影响力突出	全球城市数量：1 个以上
	国际贸易大港：1 个以上
	核心城市中部集聚度：50 以上
内部联系密切	一体化水平：标准差变异系数 0.36 以下

（三）城市可持续性发展指数

城市可持续性发展指数（Urban Sustainability Index，USI）是麦肯锡全球研究所与“中国城市倡议（The Urban China Initiative）”的合作研究项目。城市可持续性发展指数涵盖经济、资源、社会和环境四个类别共23个指标（见表5－3），研究了产业动力、创新动力的可持续发展。

表5－3　城市可持续性发展指数

<table>
<tr><th>类别
（权重＝100%）</th><th></th><th>组成部分
（分项中权重＝100%）</th><th>指标集</th></tr>
<tr><td rowspan="5">社会
（33%）</td><td rowspan="5">社会民生</td><td>就业（25%）</td><td>城市就业率（%）</td></tr>
<tr><td>医疗资源（25%）</td><td>人均拥有医生数量（每千人）</td></tr>
<tr><td>教育（25%）</td><td>24岁以下的城市年轻人中中学生所占的比例（%）</td></tr>
<tr><td>养老保险（12.5%）</td><td>养老保险覆盖率（%）</td></tr>
<tr><td>医疗保险（12.5%）</td><td>医疗保险覆盖率（%）</td></tr>
<tr><td rowspan="10">环境
（33%）</td><td rowspan="5">清洁程度</td><td>空气污染（11%）</td><td>SO_2、NO_2、PM10浓度（mg/m^3）</td></tr>
<tr><td>工业污染（11%）</td><td>每单位GDP工业SO_2排放（吨每十亿人民币）</td></tr>
<tr><td>空气质量合格天数（11%）</td><td>空气质量等级达标的天数</td></tr>
<tr><td>废水处理（11%）</td><td>废水处理比率（%）</td></tr>
<tr><td>生活垃圾管理（6%）</td><td>生活垃圾处理比率（%）</td></tr>
<tr><td rowspan="5">建成环境</td><td>城市人口密度（11%）</td><td>建成区人口/km^2</td></tr>
<tr><td>公共交通使用情况（11%）</td><td>使用公共交通的乘客（人均乘坐次数）</td></tr>
<tr><td>公共绿地（11%）</td><td>公共绿地面积（%）</td></tr>
<tr><td>公共供水（6%）</td><td>公共供水覆盖率（%）</td></tr>
<tr><td>互联网接入（11%）</td><td>家庭接入互联网在城市家庭总数中占比（%）</td></tr>
<tr><td rowspan="3">经济
（17%）</td><td rowspan="3">经济发展</td><td>收入水平（权重1/3）</td><td>城镇居民人均可支配收入</td></tr>
<tr><td>对工业依赖程度（权重1/3）</td><td>服务业生产总值占比（%）</td></tr>
<tr><td>研发投入（权重1/3）</td><td>政府研发投入（城市人均）</td></tr>
<tr><td rowspan="3">资源
（17%）</td><td rowspan="3">资源利用</td><td>能源消耗（权重1/3）</td><td>能源消耗量（万吨标准煤每单位）</td></tr>
<tr><td>用电效率权（权重1/3）</td><td>住宅用电量（kW·h/人）</td></tr>
<tr><td>用水效率（权重1/3）</td><td>总用水量（升每单位GDP）</td></tr>
</table>

资料来源：中国城市倡议。

二、世界级产业集群指标体系

（一）产业集群发展水平评价指标体系

产业集群发展水平评价指标体系的重点在于产业链的成熟度，这是成为高度全球化、专业化产业集群的必需条件。借鉴刘小铁（2013）等学者的研究，此指标体系的一级指标分别是集群规模、集群结构、集群效应和集群网络，并分为16个二级指标和若干三级指标。具体见表5－4。

表5－4 产业集群发展水平评价指标体系

一级指标	二级指标	三级指标
集群规模	企业数量	同类企业或机构数量
	企业密度	企业数量与集群总面积之比
	集群总产出	年总产值或增加值
集群结构	产业特色	主导产业数量，主导产业产值或增加值占集群总量的比重
	配套产业	主导产业产值与配套产业产值之比，主导产业企业数量与配套产业企业数量之比
	专业分工	产品数量与企业数量之比，主导产品的集群内的外包比重（外包产值/集群总产值）
	创新能力	专利数，R&D总额，新产品数占产品总数之比
	中介组织	中介组织数量与企业总数之比
集群效应	交易成本	企业营销成本占总销售额的比例
	产出效率	集群投入产出比除以全国该行业投入产出比的平均值
	市场效率	集群主导产品销售总额占全国该产品市场总额的比重
	品牌影响	集群的知名度，著名商标或品牌数
集群网络	服务网络	基础设施完善程度，行政机构和金融机构数，生活服务机构数
	交易网络	产品交易市场数，原材料市场数，人才市场数，物流配送机构数
	资本网络	民间借贷总额占全部借贷总额之比，企业相互担保贷款的笔数
	社会网络	企业家之间的熟悉度，人际交流场所数，价值观念趋同性

（二）世界级产业集群筛选指标

本部分以长三角地区世界级产业集群为基准，借鉴成长春和王曼（2016）等人的研究，从市场规模、优势产业、空间聚集度等方面选取了九个筛选指标和十项具体指标内容（见表5－5）。

表5-5　世界级产业集群筛选指标

指标	内容
市场规模	行业产值占全国比重
优势产业	区位商
空间聚集度	空间基尼系数
产业关联度	灰色关联度
劳动力效益	行业全员劳动生产率/全国平均
资本效益	总资本贡献率
国际化程度	外资依存度
	全球500强企业数
品牌竞争力	世界品牌500强数
科技进步贡献	R&D经费占行业产值比重

（三）波特钻石模型——世界级产业集群竞争力指标体系

分析世界级城市群产业集群的竞争力常用的理论模型是波特钻石模型。其主要分析指标一般有六种，分别是生产要素，需求条件，相关及支持产业，企业战略、结构和同行竞争，以及政府和机会（见图5-2）。其中的生产要素包括人力资源、天然资源、知识资源、资本和基础设施。需求条件是指对于某个产业的产品或者服务所具有的国内需求属性。相关及支持产业考察对象是国内能够确定具备国际市场竞争能力的供给商和相关辅助产业。企业战略、结构和同行竞争指的是国内对于企业进行创建、组织和经营管理的市场经济条件，以及国内竞争的实质。除四大因素之外，还有两个重要的变数：政府和机会。这种机会往往是无法控制的，且对于政府所采取的政策效果也不能忽视。

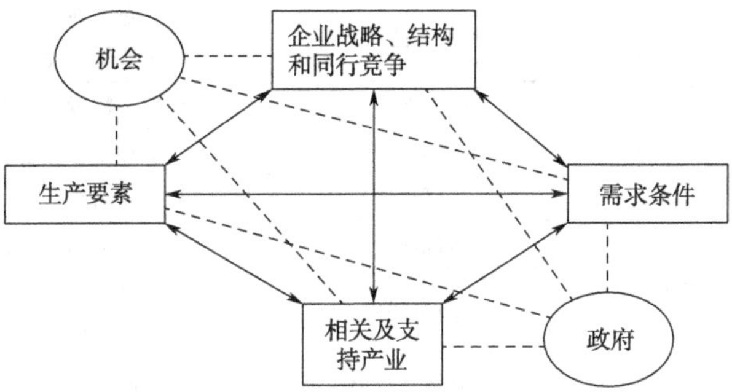

图5-2　波特钻石模型

波特的钻石模型是一种从根本上理解一个国家或地区在世界范围内竞争优势的全新方法。波特的“集群”概念是与之有着相互关系的企业、供应商、相关产业和特定区域的各种组织和管理机构所形成的集群。波特钻石模型已经发展成为产业界和政府评价区域性产业集群竞争优势制定公共政策的新方式。

三、世界级城市群产业集群综合指标体系的构建

从上述国际指标看，世界级城市群产业集群的指标体系是世界级城市群指标体系和世界级产业集群指标体系的结合。因此，本部分将世界级城市群产业集群的指标体系分为城市群国际影响力和产业集群发展水平两大指标。其中，城市群国际影响力由经济影响力和全球开放度组成，产业集群发展水平包括产业规模、产业结构、产业创新能力和产业经济能力四个方面，共22个三级指标，详见表5－6。

表5－6　世界级城市群产业集群指标体系

一级指标	二级指标	三级指标	具体内容
城市群国际影响力	经济影响力	GDP总量	
		人均GDP	
		全球500强总部数量	
		国际化城市数量	
	全球开放度	主要港口国际航线数量	
		主要航空枢纽国际航线数量	
		对外投资占地区生产总值的比重	
		贸易出口额占地区总产值的比重	
产业集群发展水平	产业规模	企业数量	同类企业或机构数量
		企业密度	企业数量与集群总面积之比
	产业结构	主导产业	主导产业数量
		相关支持产业	配套产业企业数量与主导产业企业数量之比
		专业化分工	产品数量与企业数量之比
		基础设施	基础设施完善程度
		中介组织	中介组织数量与企业总数之比
	产业创新能力	创新投入	研发支出总量占GDP比重
		创新产出	专利申请数量
			新产品数占产品总数之比
	产业经济能力	集群总产出	总产值
		生产效率	集群投入产出比
		市场效率	集群主导产品销售总额占全国该产品市场总额的比重
		品牌影响力	全球著名商标或品牌数
		就业能力	就业率

（一）城市群国际影响力

指标体系中一级指标城市群国际影响力共分为两个二级指标，分别是经济影响力和全球开放度，评价了世界级城市群产业集群的经济实力在全球的影响程度和对外开放程度。

1. 经济影响力

这可以通过城市群的 GDP 总量、人均 GDP、全球 500 强总部数量和国际化城市数量来体现。GDP 能够衡量城市群的宏观经济运行状况；人均 GDP 可以衡量城市群内人民的生活水平，比如说购买力、收入水平等；全球 500 强总部数量多代表着城市群内的经济稳定状况、基础建设、监管环境、劳动力数量都达到了世界级的水平；国际化城市数量可以有效衡量一个城市群是否均衡发展，核心城市是否能够带动周边的主要城市成为国际化的城市群。

2. 全球开放度

这要考察城市群海运和航运的枢纽数量以及对外投资和贸易出口状况。港口和空港的数量代表了城市群对外交流渠道的发达程度；对外投资反映出城市群经济和产业的向外拓展，能够提高资产的利用率，扩大市场，形成国际化的趋势；贸易出口额即出口贸易的总量，反映出城市群的对外经济贸易水平。

（二）产业集群发展水平

产业集群发展水平共分为四个评价指标，分别是产业规模、产业结构、产业创新能力和产业经济能力，评价了产业集群的布局范围、内部企业构成和基础设施完善程度、创新能力以及经济实力。

第一，产业规模指标包括企业数量和企业密度。企业数量的评价方式是计算产业集群内各类别的企业或机构数量；企业密度的计算公式是企业数量/集群总面积，企业密度高在一定程度上说明产业集群的内部环境更繁荣，龙头企业的出现概率更高。

第二，一个产业集群主要由主导产业、相关支持产业、中介机构以及其他基础设施构成，因此需要从主导产业数量、配套产业数量与主导产业数量的比例以及中介机构数量与主导产业数量的比例来评估产业集群各部分的构成。除此之外，其他基础设施的完善程度和专业化分工成熟度也属于产业结构的衡量范围，其中专业化分工可通过产品数量与企业数量之比来衡量。

第三，产业创新能力主要涵盖其创新投入与创新产出。创新投入的计算公式是研发支出/城市群产业集群 GDP 总量；创新产出分别由产业集群内的专利申请量和新产品数与总产品数量之比来评价。

第四，产业集群经济能力包括集群总产出、生产效率、市场效率、品牌影响力以及就业能力。生产效率即产业集群的投入产出比，专业化分工越细，投入产出比越小，生产效率越高；市场效率指的是市场运转能力，通过市场总额中销售总额所占的百分比来表示；某个集群内诞生的国际知名品牌商标数能够判断品牌的影响力；代表了产业集群的国际影响力，就业能力能够间接反映出产业集群的经济活力，也是一个重要的衡量指标。

第四节　世界级城市群产业集群的形成规律

世界级城市群产业集群的形成主要是生产要素和资源的体现，既包括基本的资源，如自然资源、地理资源、文化历史资源等；还有高级因素，如人才资源、技术资源、交通通信资源等。世界级城市群产业集群的形成规律可分为形成因素、形成条件、形成方式、发展周期以及发展趋势五个方面。

一、世界级城市群产业集群的形成因素

一般而言，世界级城市群产业集群的形成首先是因为出现了城市群，当城市群中的企业逐渐聚集呈现规模经济后形成产业集群，在世界上产生一定影响力和知名度后逐渐成为世界级城市群及其产业集群。多数世界级城市群都经历了从超级城市到大都市带再到城市群的形成路径。超级城市如纽约、伦敦、东京等，对周边城市有很强的辐射力和影响力，大都市带和城市群都是多核心区域，形成网络化发展。

从世界级城市群的分布来看，全球的世界级城市群大多以沿海城市为核心城市向外拓展而逐渐形成城市群，换言之，如果世界级大都市的形成需要依靠河流，那么世界级城市群的形成就与海洋息息相关。沿海城市拥有便利的交通、发达的口岸，更容易与外界取得联系，从而在世界上占有一席之地。当沿海城市作为核心城市开始对周围主要城市产出辐射作用时，城市群就形成了。此时企业数量开始增多，各个企业为了追求规模经济效益而形成空间上的集聚，出现专业化分工，最终形成世界级城市群及其产业集群，因此沿海也是世界级城市群产业集群的形成因素之一。

二、世界级城市群产业集群的形成条件

形成世界级城市群产业集群所受到的影响因素主要包括区位因素、集聚

效应及运输成本。韦伯认为，区位因素主要是由于区域本身的自然和社会环境条件作用而给行业形成带来生产或者经营活动优势；集聚效应是由于产业在空间方面的集中而发展起来的一种经济行为，它导致了城市群产业集群的不断扩大。将上述条件具体化，世界级城市群产业集群的形成条件可分为自然条件、社会条件和产业条件。

（一）世界级城市群产业集群形成的自然条件

世界级城市群产业集群形成的自然条件是指一个地区的自然资源和地理位置有利于特定产业的形成，通过建设影响这一地区发展因素的世界级超大城市群以及产业技术集聚区可以对其起到一定的推动与协调作用。自然资源主要包括水资源、土地资源、矿产资源等一系列人类可直接获取的资源。从古至今有许多大型的城市群、产业集群在靠近丰富的自然资源的地域聚集；地理位置直接影响了产业集群的交通通达性和运输成本，也是产业集群形成的重要条件之一。自然条件往往被认为是世界上一些地区农业和传统产业集聚的主要原因，而随着经济的发展和科学技术的进步，一些地区产业的集聚与生产对于自然资源的依赖程度越来越小，自然条件的重要性也相对减弱了。

（二）世界级城市群产业集群形成的社会条件

世界级城市群产业集群形成的社会条件包含了经济、文化、制度等因素，这些因素通过区域效应和集聚效应影响产业的形成。

1. 良好的基础设施

发达的基础设施是吸引现代高端科技产业在特定区域集中的关键条件之一。良好的基础设施系统包括交通、通信、能源等企业运营的必要条件。发达的交通条件（空港港口、海运港口）能够有效降低运输成本，充足的能源是企业和工厂运营的必需品，良好的通信工具可以降低信息不对称的风险。如日本太平洋沿岸城市群、美国东北部大西洋沿岸城市群、英国伦敦城市群等世界级城市群都是依托发达的交通、通信等基础设施逐渐形成世界瞩目的特色产业集群，为本国的经济、文化、科技产业作出贡献。

2. 适宜的市场经济环境

良好的经济环境包括合理的利率和汇率、低通胀率等，这些条件能够吸引更多企业和投资者进人，带来潜在的市场需求；稳定的经济增长有利于世界级城市群内产业集聚的形成，而良好的国际化市场条件和发达的国际贸易环境能促进国际化区域的产业集聚，从而形成世界级城市群产业集群。

3. 合理的地方政策

合理的制度有利于世界级城市群产业集群的形成，这些制度包括税收、法律、产业政策等。健全的法律制度、自由高效的政府管制能够保障企业之间的公平竞争，促进经济增长，推动产业集聚。另外，地方政府出台的对特色产业的管制政策和中小企业扶持政策也会对产业集聚产生有利影响。

4. 世界知名的高校和科研机构

世界级城市群产业集群的一个重要形成条件是具备足够优秀的人才库，各方面的高端人才能够促进产业集群经济的发展和创新能力的提高，增强城市群产业集群的活力。人才库的主要来源是世界知名高校和科研机构，如美国波士华现代服务业产业集群拥有哈佛大学、麻省理工学院、NASA、林肯实验室等高校和科研机构；英国大伦敦金融产业集群内有剑桥大学、帝国理工学院及高校实验室。世界知名大学和科研机构培养的人才流入城市群产业集群内的各大行业，创造产业集群的经济活力，对世界级城市群产业集群的发展起到巨大的推动作用。

（三）世界级城市群产业集群形成的产业条件

1. 较长的产品价值链

产品价值链越长说明企业在整个产品生产过程中所需要的规模也就越大，这将促进企业之间的专业化分工。这种高度纵向与横向的专业化分工大大增加了各个企业间的相互联系，为有效降低协调成本、提高协调效率，越来越多的企业倾向于聚集在一起。如我国长江三角洲制造业产业集群的生产过程被划分为许多道工序，分别由不同企业来完成，集群内的众多供应商、厂家、营销商、物流企业构成了庞大的集群网络，高度灵活的资源整合与较长的产品价值链带来了较高的生产效率。此外，延长的产品价值链降低了新企业进入市场的壁垒，提高了形成世界级城市群产业集群的可能性。

2. 灵活的专业化分工

专业化分工所带来的灵活生产和成本降低是实现集聚效应的一个重要因素。生产过程的可分性造就了灵活的专业化分工，从而有助于企业集聚，带来正面效应；若专业化分工过于简单，不具有技术上的可分性，那么为企业带来的将不是分工合作而是激烈的竞争关系，会导致产业集群的瓦解。美国大西洋沿岸的各大城市群，尤其在美国波士顿、费城、巴尔的摩等主要城市都已经开始拥有自己的经济主导产业。由于主导产业是唯一的，因此能在区域内形成优势产业群落，通过各个城市之间的产业结构综合调整与专业化功能分工，在整个城市群内逐渐形成一个大型的多元化世界级城市群产业集群。

3. 不断更新的产品市场需求

不断变化的产品市场需求能够帮助企业增强对市场需求变化快速反应的

灵敏度，从而赢得市场。世界级城市群产业集群的形成与不断更新的产品市场需求相辅相成，前者的形成有利于后者对企业的积极影响，地理上毗邻的专业化分工企业在价值链上形成“弹性专精”的生产体系，其优势就是对产品市场需求的快速反应。因此，那些产品的市场需求不断更新的产业有强烈的聚集倾向。

4. 超前的创新能力

世界级城市群产业集群的创新能力主要体现在集群内的高校数量、科研机构数量、专利数量以及风险投资规模。创新能力是形成世界级城市群产业集群不可或缺的重要条件，它为世界级城市群产业集群所带来的不仅仅是专利和产品，更能够为集群内的人才提供良好的工作氛围，形成推动产业发展的活力，使得全球化的商业运转更加顺畅。

三、世界级城市群产业集群的形成方式

（一）自发形成

自发形成的世界级城市群产业集群一般具有一定特色，适合某种商品生产的自然或人为因素。其主要特征是拥有良好的资源禀赋、优越的地理位置、悠久的产业文化、大规模的地方市场需求等。这些地区的自然条件、社会条件和产业条件为企业节约的边际成本大于产品运输成本，因而城市群产业集群就自然而然地形成了，不需要依靠政府的力量。随着本地国际化经济和市场对城市群影响的不断加深，城市群逐渐向世界级城市群产业集群演化，进而拥有国际贸易和国际金融的优势地位。最典型的例子就是英国大伦敦城市群。在工业革命时期，伦敦大都市圈具有丰富的工业资源，包括煤炭、钢铁等，伦敦都市圈在利益驱动下参与国际上的市场化竞争，久而久之成为当时掌握世界上 1/3 工业生产和 1/4 国际贸易的国际化区域，对英国的经济作出了巨大的贡献，后来在绝对的市场经济优势下，自然而然地成为享誉世界的英国大伦敦现代服务业产业集群。

（二）规划推进形成

规划推进模式形成的世界级城市群、产业集群虽然具有一定的自然环境、社会条件和市场条件，但仅有这些环境影响还不足以建立起世界级城市群的产业集群。只有当地政府部门给予一些扶持政策，才有可能促使城市群、产业集群形成。日本太平洋沿岸科技服务产业集群的形成就是依靠规划推进的模式。早在第二次世界大战前，日本太平洋沿岸就依靠其得天独厚的地理条

件和自然资源初步形成了城市群，然而战后复兴的高速成长时期，城市群中的产业得不到平衡发展，造成了产业过度集中等问题。因此，日本政府针对该城市群、产业集群前后制定了五个开发计划，相继颁布了若干个产业政策，对重点产业进行扶持干预，纳入国家的重点保护领域。随后，在市场和政府干预的共同作用下，以东京、名古屋、大阪为主体的太平洋沿岸城市群形成了享誉世界的日本太平洋沿岸科技服务产业集群。

四、世界级城市群产业集群的发展周期

与企业产品有生命周期一样，城市群、产业集群也有其发展的生命周期，一般包括诞生期、成长期、成熟期和演变阶段。经过普遍的产业诞生期、成长期和成熟期，世界级城市群产业集群会经历一段特殊的演变过程，然后才能够成为世界普遍公认的城市群、产业集群。

（一）诞生期

在诞生期，由于区域效应和集聚效应的共同作用，少量的企业在某个特定的区域内聚集，这个区域可以是城市群或是单一的城市。此时的集聚效应主要是由于一些自然条件和社会条件，包括可以共享的自然资源和良好的基础设施。城市群、产业集群诞生期的主要特征是集群内新进入的企业和投资者较少，集群发展速度缓慢，产品需求少，专业化分工少，产业链不够完善。此时的产业集群由于实力薄弱和经济效益较低，缺乏同行间的知名度。

（二）成长期

在成长期，企业和投资者注意到产业集聚，产生了风险投资，需求量增大，吸引了原料和设备供应商以及运输和服务企业加入。同时，由于交易成本的降低，企业扩大的产出将通过分包获得，这样就产生了企业间的专业化分工，从而降低了生产成本、产生了知识溢出、吸引专业人才聚集。在成长期后期，正面效应大于负面效应，集群规模增长加快，企业和投资者数量成倍增长，产业链基本完善，专业化分工与合作网络运转达到巅峰状态，城市群产业集群内的商品密集程度、人员资金信息流动效率、各种企业之间的组织作用有了显著提升。

（三）成熟期

在成熟期，快速发展为产业带来正面效应的同时也带来了许多负面效应，此时负面效应增加的速度超过了正面效应，产业集群发展的速度减缓，但规模仍在增长。此时产业集群内的企业总数和总产出基本保持不变，集群结构

达到了平衡，甚至能够与邻近城市群、产业集群交叉，衍生出规模更大的集群。如我国浙江义乌的小商品产业集群已在邻近城市、东北地区甚至国外建立了新的小商品集群，成为国际著名的小商品产业集群。成熟期的特征是企业与投资者数量达到最高点，专业化分工程度很高，价格和工资水平升高，企业之间竞争激烈，产业链基本完善。

（四）演变阶段

1. 世界级城市群的优化演变

当世界级城市群产业集群发展到一定程度时，第一、第二产业的占比不断下降，同时金融业等高端科技服务业在市场上的占比会快速上升，产业集群内的中心城市将以服务业为主，制造业等工业将逐渐向城市群的边缘迁移，形成了以高端服务业为核心支柱、制造业为辅助功能的世界级城市群产业集群。

这时由于世界级城市群的中心城市主导产业各不相同，就会演化出不同的产业集群，每个产业集群内的大中小城市的专业化分工也有所不同。由此，世界级城市群的产业结构将变成横向集聚、纵向链化的模式。以美国波士华城市群为例，纽约的主导产业为经济金融业，波士顿主要以高端科技产业为核心，而巴尔的摩和费城的主导产业分别是交通运输和钢铁炼油。

2. 世界级城市群产业集群的优化演变

世界级城市群产业集群升级优化主要有三种类型。

第一种是整合。整合指中小企业合并成专业性的国际大企业以及国际化大企业与配套企业之间的紧密联合等。整合有利于合理调整集群内的专业化网络，创立统一的世界知名品牌，增强世界级城市群产业集群的核心竞争力和可持续发展能力。

第二种是与所在区域融合形成更大的城市群产业集群。随着集群的发展，其规模不断向周围城市扩张，并将周围资源纳入集群内，一些全国性或者国际性的产业品牌将区域与城市融为一体，形成具有产业特色的城市群，发展国际化的城市群产业集群，例如美国的硅谷高科技产业集群和我国的长三角制造业产业集群。

第三种是向异地迁移或扩展。随着市场的扩大和人才、资金与信息的交往增多，一些规模较小的城市群、产业集群内可利用的空间日益减少，出现停滞不前的状态。这时在异地建立新产业集群、将一部分企业外迁或向异地扩张有助于提高产品的竞争力，最终发展成为规模更大的世界级城市群产业集群。

五、世界级城市群产业集群的发展趋势

当今世界级城市群产业集群的发展趋势主要有两点：

（一）更加注重核心城市的国际地位

核心城市是城市群实力的体现，决定了城市群在世界上的影响力、地位与能量。核心城市在城市群中的作用极其重大，不仅能够控制城市群的经济要素，还能够起到决策作用，对世界级城市群的位势有着直接的影响。城市群的全球地位一旦提升，其产业集群的产业规模将会扩大，产业结构得到完善，产业经济能力得到有效的提升。因此，提升核心城市的经济实力和价值是当今世界级城市群产业集群的发展趋势之一。

（二）更加强调产业集群的创新网络

从全球发展趋势来看，构建创新网络是世界级城市群产业集群产业升级和可持续发展的重点。创新不但可以通过专利研发和技术升级对产业集群中的制造业进行优化升级，进而发展世界级城市群产业集群的实体经济和知识经济，而且能够在全球专业化分工体系中成为技术提供者而不是廉价劳动力基地，更有利于世界级城市群产业集群的可持续发展。近年来，我国长三角地区通过对创新网络的持续布局引领我国开始向技术提供者转移。因此，发展创新网络也是世界级城市群产业集群的发展趋势。

第五节　案例分析——美国硅谷高科技创新产业集群的经验借鉴

一、硅谷高科技创新产业集群的全球影响力

硅谷地处美国旧金山大湾区南部，是加州圣塔克拉拉谷的别称，其所处的旧金山湾区是美国乃至全世界著名的城市群。旧金山湾区（（San Francisco Bay Area））是世界上最重要的高新技术研发中心之一和美国西海岸最重要的金融中心，2018 年该地区人均 GDP 高达 10.676 8 万美元，位于世界前列；拥有 760 万以上的人口，人口规模仅次于大洛杉矶地区。同时，旧金山湾区内的教育和科研机构等设施也非常发达，拥有加州伯克利大学、斯坦福大学等世界顶级的研究型大学，世界著名的劳伦斯伯克利国家实验室、航空航天埃

姆斯研究中心这些国家级实验室。除了有发达的高速公路与桥梁之外，旧金山湾区还建设有发达的城市铁路与便捷的交通运输系统设施，便于上班族的通勤；旧金山湾区坐落着旧金山国际机场和奥克兰国际机场，是美洲乃至全球的大型国际航空枢纽，集发达的经济、交通、教育、科研于一体的美国旧金山城市群也是美国国内外移民的首选城市群。

旧金山湾区最著名的区域就是硅谷，硅谷由大大小小的城市如圣何塞、圣克拉拉、费利蒙等组成，是当今美国最年轻有活力的城市群，发展潜力巨大，是年轻高端人才的梦想就业之都。硅谷产业集群由军事电子产品起家，随着时间的推移，集群内出现了半导体、生物科技、计算机等高科技产品，涵盖了金融业和高端科技服务业，成为全球著名的高科技创新产业集群。目前，约有 28 个世界 500 强企业总部设立在旧金山湾区，包括苹果公司、惠普、谷歌、甲骨文科技、英特尔等世界知名公司，其中位于硅谷产业集群内的企业有苹果公司、惠普、英特尔和 IBM 等。产业的集聚创造了许多国际知名品牌，提升了硅谷高科技产业集群和旧金山城市群的品牌知名度和品牌影响力。

总之，硅谷高科技创新产业集群的全球影响力体现在人才、科研、创新能力、品牌知名度、经济能力等多方面，通过产业集群的发展将其优势充分展现出来，成为全世界产业集群的典范。

二、硅谷高科技创新产业集群的发展演进阶段

（一）初具高科技创新产业规模的诞生期

硅谷高新技术创新产业集群的诞生可以追溯到 20 世纪 50 年代之前，当时斯坦福大学周边悄然形成了一个以军工为主的电子产业群，随后在特曼的引导下创建了斯坦福大学工业园区。此外，斯坦福大学还促成多个大学生创业科研项目以及校企合作项目，吸引高新技术企业和金融企业的不断入驻，硅谷的创新产业集群初具规模。诞生期的硅谷产业集群虽然结成了集群网络，但结构较为松散，单一的企业或机构主体无法完成创新活动，于是在有限的地理空间约束下，产业集群内的企业开始寻找合作伙伴。与此同时，以斯坦福大学为代表的高校虽然拥有丰富的资源和优势，但也需要为实现科研成果的商业价值而谋求与企业机构的合作，以规避市场风险。这样一来，企业、高校和科研机构为了达成各自的目标而结盟并进行合作，为集群网络打下了基础。

（二）集群结构逐渐稳定的成长期

20 世纪 50 年代中期到 80 年代初期，硅谷产业集群进入了快速成长阶段。

在这个时期，许多全球知名的大型企业如 IBM、洛克希德等公司纷纷入驻硅谷，使得硅谷产业集群逐渐步入快速发展阶段。

在硅谷产业集群的成长阶段，集群规模不断扩张，各种资源条件（如资金、技术、人才等）快速增长到一定限度，集聚程度也上升到一定高度并超过某个阈值，于是出现知识溢出效应，从而促进创新的发展。在这个时期，硅谷产业集群内对知识的学习和扩散效应增加到最大，各个企业对目标和策略拥有更加明确的认知和选择，相互学习和信息交流使集群网络更加紧密与牢固，专业化分工更加明确，产业链更加完善，生产网络逐渐成熟，企业之间的组织创新作用有了明显的提升，产业集群不断壮大。

在这一阶段，有两个机制促成了硅谷创新产业集群的快速成长。

1. 风险投资机制

硅谷的创业者与投资者之间有着良好的信任关系，这种互相信任的合作关系或联盟关系为硅谷的发展作出了巨大贡献，使得硅谷产业集群的经济和技术创新实现良性循环。硅谷规范的风险投资机制给予很多技术创业者资金、管理等多方面的支持，大大缩短了创业周期，所以风险投资者在硅谷的社会地位非常高。他们通常“嗅觉”灵敏，且拥有大量的人脉与丰富的管理经验，能够将合作伙伴、技术研发和资金等资源进行有效整合，从而促成了硅谷产业集群的快速成长。截至目前，硅谷已经成为全球最大的风险投资管理中心，2018 年，硅谷旧金山地区的风险投资规模达到了 500 亿美元，占全美风险投资规模 1 112 亿美元的 45%，高居美国首位。这一年，有约 20 家企业在硅谷进行了 IPO（首次公开募股），占全美 IPO 的 15%。风险投资机制恰恰反映出世界级城市群产业集群的经济能力和创新能力较强的特点，这也是成为世界级城市群产业集群的必要路径。

2. 产学互动机制

硅谷产业集群的一个重要特征（亦是成功点）在于以斯坦福大学为首的产学创新集群，这些高校为集群培养了大量的优质人才，并提供了有效的技术支持。产学互动机制指的是连接商业与教育的网络，为学术界和产业界搭建了一个桥梁，使得学术研究更具价值，产业需求得到专业的技术和人力支持。这个学习和交流的机会促成了学术和产业界双赢，随着高校与企业合作的加深，大学规模不断壮大，企业掀起一波又一波技术浪潮，逐渐形成了一个良性的循环，促进了硅谷产业集群的升级，吸引人才、技术、资金等要素源源不断地注入产业集群。产学互动机制将城市群产业集群结构内的高校和企业联合起来，对世界级城市群产业集群的经济全球化发展起到重要的推动作用。

（三）走向国际化的成熟期

从1980年开始，硅谷高科技创新产业集群进入了成熟期。这一阶段的硅谷产业集群各项配套设施已经完善，产业链已经成熟，集群内的企业机构数量和集群结构趋于稳定，发展速度逐渐平缓。

在这个时期，知识链体系、专业化分工、产业链体系、创新能力会随着从外部环境不断吸收知识、企业之间的不断交流与磨合而更加完善。这时，集群规模开始扩大，有些企业开始改变自己的创新模式来适应产业集群的变化。例如，苹果公司在20世纪70年代后期取得首轮融资的成功并推出Mac操作系统（MacOS）之后，开始以市场为导向进行创新，从1997年到现在推出了iPod、iPhone、iPad等一系列受大众欢迎的产品，并创建了iTunes、App Store等平台，利用硅谷产业集群的创新优势进行合作与创新，借助网络平台使创新突破地理限制。此时的硅谷已经成为全球高科技产业的领先者和世界高科技行业的标杆，集群内的主导产品更新速度也领先于世界，从60年代的半导体到如今的互联网。

（四）硅谷高科技创新模式对全球的影响力

随着时间的推移，硅谷在全世界的影响力逐渐变大，许多国家和地区开始模仿硅谷高科技创新产业集群的模式建立起自己的高新技术产业集群。如日本的九州硅岛高技术集群、印度的班加罗尔电子信息产业集群、英国的剑桥科学园，以及我国京津冀城市群中的中关村科技园区等。

硅谷高科技创新模式的优势非常突出：首先，硅谷拥有高度发达的创新环境，包括形式多样的科技服务主体、完善的政策与法规、能够在竞争与合作中进行开放式创新的企业集群以及以斯坦福大学和加州大学伯克利分校为首的高校和科研机构。其次，硅谷产业集群内的高校、企业与政府之间形成了产学互动模式，大学教师进驻企业实验室，行业从业者在大学里进修学业，促进了知识与技术的双向交流。同时，政府也会为研究型大学提供庞大的科研经费，为高校与企业的注册专利数量提升作出巨大贡献；作为买家购买先进的技术产品，为集群内的大中小初创企业创造良好的生存环境。最后，硅谷高科技创新产业集群拥有最具竞争力的风险投资市场与商业基础设施，在对初创企业进行筛选的同时，也会对其进行严格的检测，帮助企业成长，提高了生产效益和市场效益。硅谷高科技创新产业模式的成功说明，只有在必要的资源条件、市场经济环境等要素的共同作用下，世界级城市群产业集群才能够健康形成和飞速发展。

三、硅谷高科技创新产业集群的指标数据特征

（一）硅谷高科技创新产业集群强大的产业经济能力

GDP 可直观表明硅谷产业集群的经济影响力。GDP 是衡量世界级城市群产业集群经济影响力和能力的一个重要基础指标，2018 年的硅谷指数年报中的一个数据就是硅谷与旧金山 GDP 占整个加利福尼亚州 GDP 的比重（见图 5－3）。2014 年，旧金山 GDP 所占的比重明显高于当时硅谷 GDP 所占的比重，然而 2015 年是一个转折点，此后硅谷 GDP 所占比重平稳上升，旧金山所占比重有明显的下降并维持在 4% 至 5% 之间。由此可知，硅谷产业集群的规模随着 GDP 比重的上升也在逐年增大，经济影响力和能力逐渐增强，发展水平逐渐升高。

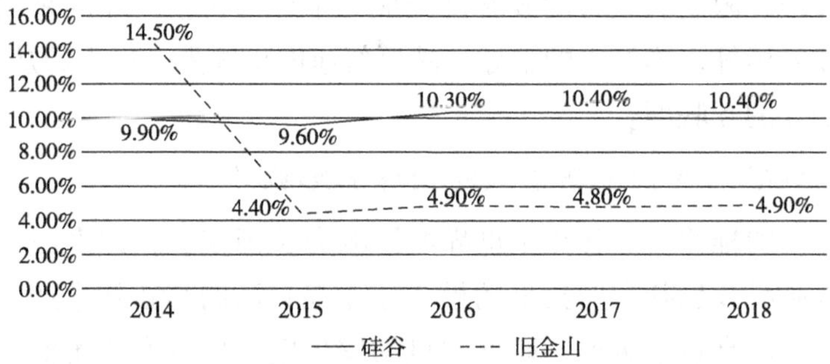

图 5－3　2014—2018 年硅谷、旧金山 GDP 占加州 GDP 之比

资料来源：2018 SILICON VALLEY INDEX。下同。

（二）硅谷产业集群的经济活力

就业率的增长与下降是判断一个产业集群经济健康状况和产业经济能力的核心指标。在过去的几十年里，硅谷高科技创新产业集群的人口结构和经济成分经历了许多变化，通过就业岗位数量我们能更加了解当地的就业经济状况。

从图 5－4 可以看出，自从 2010 年全球经济开始复苏，硅谷的就业水平就在稳步增长，每年以 3% 的增长速度由低谷时期的 130 万左右的就业岗位增长到了 2017 年的高于 160 万个工作岗位，说明工作岗位的增多促进了产业规模的扩大和集群经济能力的提高。2017 年，硅谷产业集群创造了 4.7 万多个全新的就业岗位，其中超过半数的新工作岗位来自社区基础设施与服务，

29%的新工作岗位来自创新与信息产品服务。自2010年以来，无论是社区基础设施与服务岗位、创新与信息产品服务岗位、商业基础设施与服务岗位还是其他制造业岗位数量都有明显的增长，并在2018年达到最大值。就业岗位的数量代表着一个产业集群的经济活力，数量越多，经济活力越强，专业化分工就越精细，总产出越高，发展水平也就越高。此外，2010—2017年，硅谷产业集群内的失业率也在逐年降低，从一开始的9.6%降低到了2.3%，是整个加利福尼亚州失业率最低的地区。

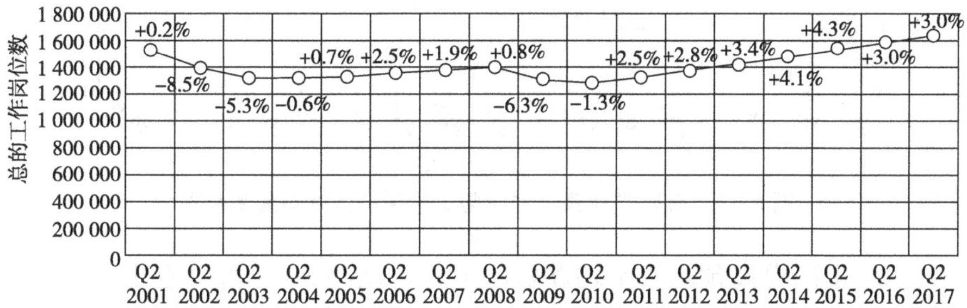

图5－4　2001—2017年硅谷产业集群就业岗位总数

注：图中的百分数为同比增长率。

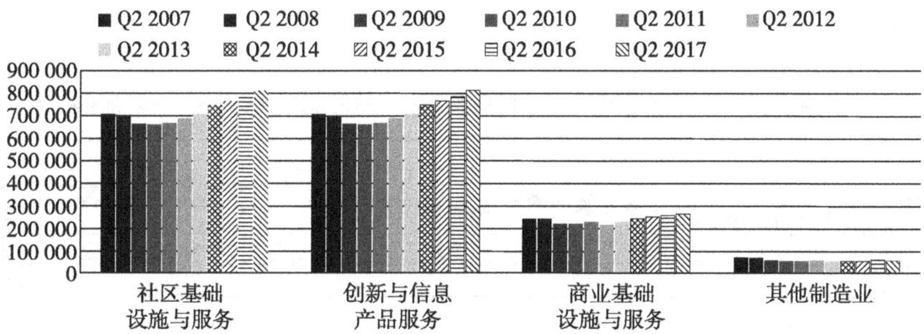

图5－5　硅谷产业集群各行业的年度平均就业岗位数量

（三）硅谷高科技创新产业集群优质的人才

作为世界级的高科技创新型产业集群，人才的聚集对于硅谷是非常必要的，大量的高校与研究机构为硅谷企业输送了许多优质的人才。图5－6显示了硅谷拥有科学与工程学历的人才数量变化情况，可以看出近年来拥有科学与工程学历的人才大量增长，从2010年的1.2万多人增长到2016年的约1.8万人。对于硅谷这样的创新型产业集群来说，拥有此类学历的人才掌握着关键的知识与技术，能够促进硅谷产业集群的产业升级，完善产业结构，从而提高集群内的生产效率。

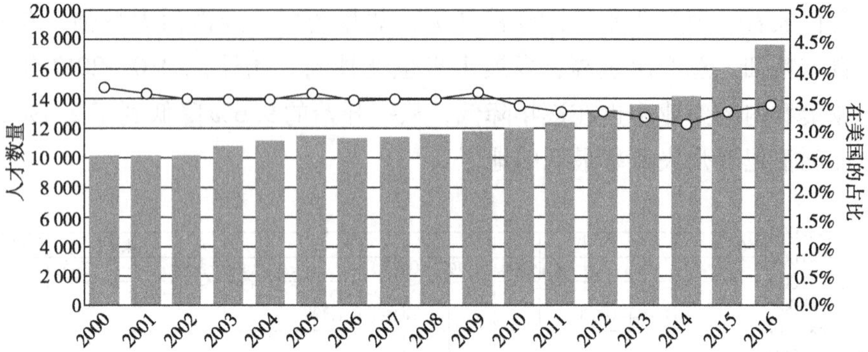

图 5－6　硅谷产业集群科学与工程学历人才数量变化图

人才质量的提高预示着平均薪资的上升。从图 5－7 可以看出，虽然近两年硅谷人才的平均薪资有些下降，但仍然超过了加利福尼亚人才平均薪资并稳定地居于平均薪资最高的位置上。在 2017 年，硅谷的平均薪资约是加利福尼亚州平均薪资的 1.7 倍。平均薪资能够反映出一个城市群、产业集群的发达程度，薪资水平越高，其发达程度就越高，城市群产业国际影响力和经济能力就越强。

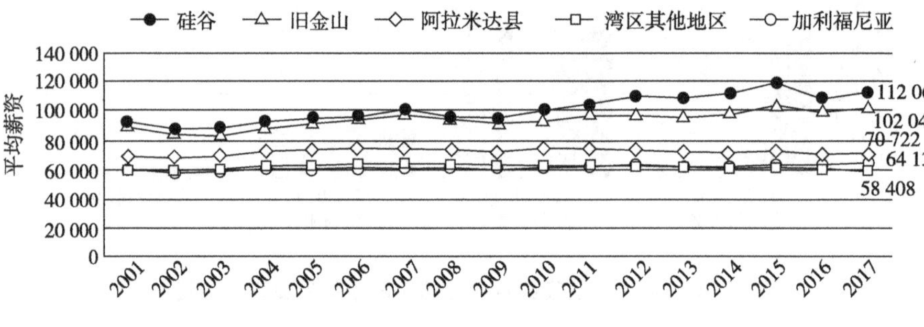

图 5－7　硅谷产业集群平均薪资变化图

（四）硅谷高科技创新产业集群超前的产业创新能力

1. 专利数直观体现硅谷的创新能力

城市群、产业集群所注册的专利数量能够直观反映出这个产业集群的创新能力。世界级高科技产业集群的专利数量是非常多的，创新型产品对产业集群未来的发展方向有着重大的影响。从图 5－8 可以看出硅谷产业集群的专利数量在逐年快速增长，从 1996 年的 5 000 个以下增加到 2016 年的 19 386 个。显而易见，计算机、大数据分析、信息储存、通信技术等科技领域的专利占据了大部分，反映出了硅谷高科技创新产业集群的特征、特色和创新水平。不仅如此，2016 年硅谷的专利申请数量占据了加利福尼亚州专利申请总数的 47.5%，接近半数，体现出了硅谷产业集群超强的创新能力。

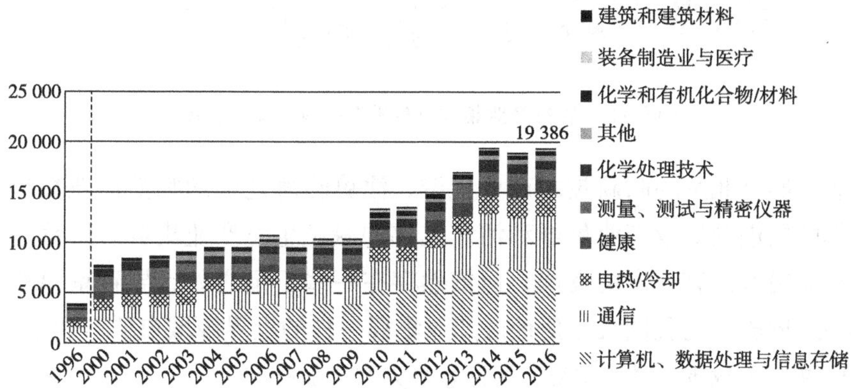

图 5－8　硅谷产业集群技术领域专利数量

2. 风险投资是硅谷产业创新与升级的重要机制

风险投资是硅谷产业集群产业升级的一种重要机制，每个阶段的风险投资行业各不相同（见图 5－9）。21 世纪初，硅谷的风险投资产业集中在软件行业和移动通信行业；2005 年以后，产业开始升级，投资者更加关注对互联网行业、医药健康行业的投资。风险投资者总能行走在行业的前沿，能够对产业集群市场效益产生巨大的影响，可以帮助所投资的行业提高市场效益，从而提升产业经济效益。

第六节　京津冀世界级城市群产业集群发展路径以及结论与展望

一、京津冀世界级城市群产业集群发展路径

（一）京津冀产业集群与世界级城市群产业集群的差距

随着京津冀产业集群要建成为国家重点发展的城市群产业集群，北京、天津和河北都开始有意识地进行合理的规划布局。目前，京津冀城市群的主

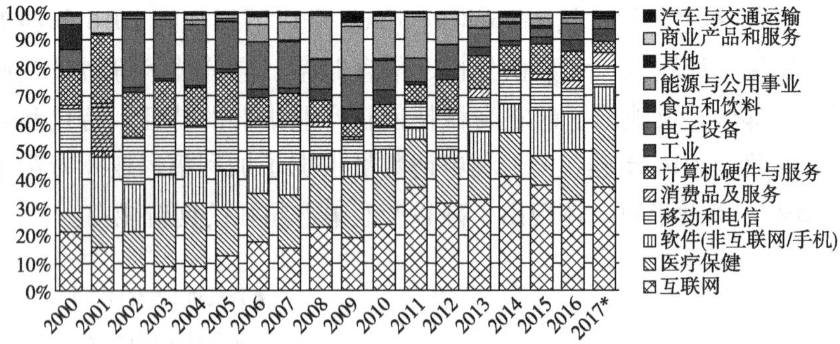

图5－9　硅谷产业集群风险投资行业占比变化图

导产业集群有北京的高新技术产业集群、津冀临海地区的临港产业集群、津冀南部的先进制造业产业集群和河北北部的绿色生态产业集群。虽然这几个主导产业集群已有一定的发展，但依然存在一些不足之处，导致京津冀产业集群并未形成如同我国长三角地区产业集群一样的世界级城市群产业集群。

1. 集群内城市发展不均衡，国际影响力有待加强

京津冀地区最严重的一个问题就是区域发展不均衡，主要体现在北京、天津和河北三个地区的经济差异上。

北京作为我国的政治中心、文化中心和科技中心，拥有全国顶尖的教育、医疗、科研条件，并且基础设施发达，交通通信技术达到了全球顶尖标准，其GDP位居世界前列，是名副其实的世界级发达城市。北京的第三产业非常发达，以金融、科技、电子信息等产业为支柱，中关村科技园也有“中国硅谷”之称，产业布局较为合理，北京有成为世界级城市的潜力。

天津作为我国首批开放的港口城市，拥有北方最大的世界级港口，是京津冀产业集群对外贸易的交通枢纽。滨海新区高新技术产业开发区是天津的重点发展区域，享受了国家政策的扶持。但天津的GDP一直无法超越一些南方的城市，在人才、技术、基础设施和国际影响力方面与北京也有一定的差距。

环抱京津两地的河北，发达程度一直不及京津，以石家庄为首的主要城市的发展也没有太大变化。近些年来，因为有国家政策的扶持和雄安新区的规划建设，河北逐渐开始引进人才，吸引产业集聚。但由于河北的教育、医疗资源有限，城市发达程度远不及邻近的北京和天津，其产业集群内无法留住高端人才，GDP并没有明显的提高，京津冀发展不均衡的现状没有根本改变。

京津冀主要地区的经济发展不均导致资源配置的不均衡，高端人才和技术不能均匀地分配到产业集群内的各个角落，从而无法使城市群内的主导产业平衡地增长，久而久之形成恶性循环，地区之间的差距越来越大。在国际上，京津冀城市群具有国际影响力的城市和产业集群只有北京和天津主导的产业集群，全球500强企业更倾向于在这两座城市建立办事处，导致京津冀产业集群整体缺乏国际影响力和经济影响力，对世界级城市群产业集群的形成产生不利的影响。

2. 城市之间尚未形成科学合理的产业合作分工关系，产业链不完整

形成世界级城市群产业集群的一个重要条件就是产业集群专业化分工形成成熟的产业链。由于京津冀各个地区主导产业集群发展程度不同，各地的产业政策无法进行协同，因此各大产业集群内部都形成了各自的体系和规律，形成了无法逾越的壁垒。这样一来，城市群内的各大产业集群市场出现了严重的分割，互相不适应彼此的产业体制和指标考核体系，无法建立良好的合作分工机制，造成产业链的分工和层次不足。

一般来说，世界级城市群产业集群的产业落差不会很大，城市群内的产业集群产业链都具有一套完整的研发、生产、销售及配套服务，不会因为存在产业梯度上的断层而无法形成一条完整的产业链。但京津冀产业集群中，河北与北京、天津的产业经济差距较大，河北的粗放型产业与京津地区的高端集约型产业难以对接，从而导致产业链碎片化严重，整体的产业链不够完整。

3. 城市群产业集群创新环境不够完善，缺乏人才流动

在以硅谷高科技创新产业集群为首的世界级产业集群中，创新环境一直是促进具有国际影响力产业集群形成的重要一环。世界级城市群产业集群往往掌握着世界最先进的相关技术，涉足最前端的知识领域，是相关领域的产业龙头，引领着全世界的产业发展。这种飞速的发展和快速的市场更新率使得创新环境尤为重要，虽然京津冀产业集群在企业数量和专利申请量方面已经超越了美国硅谷高科技创新产业集群，但科研人员的占比仍然较低，高端人才流失较严重。造成这种不利条件的原因是京津冀产业集群内部的创新环境还不够完善，换句话说，创新环境还达不到能吸引高端人才留下的标准。

这种现象主要体现在两个方面。一方面，相关产业政策不够完善，缺乏产业创新的支持政策，没有一个统一的测评指标体系和检查机制，导致京津冀产业集群内部出现如侵犯知识产权、抄袭模仿、技术垄断等对创新环境不利的问题。另一方面，京津冀产业集群内的高校、科研机构与企业之间的合

作不够紧密，相互之间还有很高的壁垒，缺乏人才流动，而没有思维和知识的碰撞就没有创新的火花。

（二）京津冀建设世界级城市群产业集群的实现路径

1. 按照区域特色构建产业分工格局

由于京津冀内部经济发展程度差异较大，京津冀产业集群中的产业链出现破裂和不完整。为此，三地主导产业应发挥自己的特色和优势，构建整体产业分工体系，形成优势互补、合作共赢的产业分工格局。

北京是京津冀城市群中经济和科技最发达的城市，作为城市群的核心城市，要发挥其“四个中心”功能，打造高精尖产业结构，重点强调科研和创新，疏解转移低端产业，在产业链中占据研发等高附加值环节，借鉴世界级高科技产业集群的发展经验，打造全球高技术创新高地。

天津作为制造业发达的港口城市，一方面要大力发展高端装备等先进制造业，利用天津特有的自然资源、社会条件和空间优势，推进海洋科技、新能源等现代制造业，把控产业链中的制造环节和生产服务环节。另一方面，利用国际化港口与对外贸易海运枢纽的沿海城市优势，发挥其在物流和国际贸易方面的重要作用，努力促进京津冀产业集群国际影响力的提升。

河北是产业转型升级和生态环保屏障，作为北京和天津发展的坚实后盾，应完善相关配套产业，将原有的重工业及时转型升级，加强对传统企业的升级改造，与京津形成产业链上的分工合作关系。非首都功能疏解一定程度上有助于京冀产业链对接，突破两个地区的壁垒，应进一步实现河北的产业优化升级，使京津冀产业集群的三个主导地区能够进行专业化分工，从高端研发、先进制造到配套产业，形成完整的产业链。

2. 完善京津冀产业集群的企业创新环境

目前京津冀产业集群在专利注册方面已经赶超了很多世界级城市群产业集群，但京津冀产业集群内部的世界500强总部数量还远不及硅谷、波士华等世界级城市群产业集群，说明京津冀产业集群内的企业国际影响力还远远不够。因此，京津冀产业集群要完善其创新环境，推出相关产业创新支持政策，促进企业之间的技术转移、技术创新、风险投资和融资渠道建设，使集群内的企业不再一味地相互模仿，从而营造一个成熟的创新环境。此外，相比美国硅谷，京津冀产业集群的相关法律和制度还不够健全，如中关村的信用评价体系还无法做到公正合理，不能进行资源的合理分配；知识产权制度依然有些混乱。因此，政府应加强创新环境的公平公正性，健全京津冀产业集群在科技园方面的政策优势，加强中小企业建设，完善产业创新环境，提高京津冀产业集群的经济效应和市场效应，增强产业集群经济实力和国际影响力。进一步完善创新环境的相关基础设施建设，除交通通信等设施之外，还应引入大量的中介服务机构，为主体企业之间的公开募股、投融资、并购重组等项目活动提供有力的服务与支持，形成完善而独立的创新环境，增强产业市场活力，提高京津冀产业集群的全球经济影响力。

3. 推动高校、企业与政府间的多向交流互动

虽然京津冀地区有大量国内外知名的高等院校、科研机构和大型企业，但由于其处于不同的管理系统当中，互动机会较少，因此缺乏创新动力，无法形成高效的产业集群。硅谷的成功得益于产学研互动，即通过技术转移、教学培训、合同研究等多种方式，在实现技术创新的同时培养掌握最新技术的劳动力资源。此外，产学互动也促进了硅谷的学术创业行为，许多创业公司的创始人来自硅谷地区著名的高校，他们经常回母校演讲并捐赠，为在校生提供创新的动力和参与创业峰会的活动机会。有鉴于此，京津冀产业集群应打破条条框框的限制，建立全新的产学互动机制，在各部门之间形成多向的交流互动，支持高校专门设立技术成果转移机构，激励校企共同建立研发中心，增加专利注册数量，完善专业化分工体系，使京津冀产业集群的产业链更加完善，各部门均衡发展，提高国际竞争力。

二、结论与展望

通过对世界级城市群产业集群的指标体系、形成规律和发展路径的研究，可以得出以下结论：

第一，世界级城市群产业集群的指标体系不仅要评价城市群的全球影响力或产业集群的经济实力，还要将两个评价体系结合起来，既考察产业集群所在城市群的国际影响力和全球开放度，也考察城市群中产业集群的产业规模、产业结构、产业创新能力和产业经济能力，从而形成一个完整的衡量指标体系。世界级城市群产业集群的识别标准和评价标准要高于普通的城市群或产业集群，世界级标准需要在城市群中诞生、在产业集群中发展。

第二，世界级城市群产业集群的形成来源于沿海城市的发展，当核心城市对周边主要城市起到辐射作用，并具备足够的自然条件、社会条件或产业条件时，城市群及其产业集群就逐步形成了。世界级城市群及其产业集群的形成有更严格的条件，如拥有世界级知名的高校、科研机构和企业，全球领先的创新能力，城市群均衡的经济发展，充满活力的市场，完整的产业链，等等。与一般的产业集群类似，世界级城市群产业集群的形成方式分为自发形成和政府规划形成两种形式，按照生命周期理论具有诞生期、成长期和成熟期的发展周期。不同的是，世界级城市群产业集群在发展后期为了可持续发展目标将进行产业结构的优化演变，因此要大力提升核心城市竞争力并发展产业集群创新网络。

第三，通过研究美国硅谷高科技创新产业集群的发展优势，对标我国京津冀高新技术产业集群的发展路径，可以总结出以下经验：首先，一个世界级城市群产业集群应形成区域间良好的产业分工格局，城市群内的各城市应根据自身的优势参与到专业分工中去，形成完整的产业链、价值链与创新链。其次，世界级城市群产业集群需要拥有良好的创新环境、完善的法律政策，并不断加强基础设施建设，通过完善产业结构等方式，构建成熟的创新网络。最后，加强产业集群内产学互动的频率，促进技术和知识交流，提高创新能力与国际竞争力。

第六章　京津冀制造业与生产性服务业协同集聚对产业升级的影响

经济高质量发展背景下的区域产业集聚已不是单一产业集聚，而是多产业协同集聚。本章对2003—2018年京津冀城市群13个城市的产业结构现状、产业协同集聚水平进行测度，运用自然断裂点法对其空间布局和演变态势进行可视化研究，在此基础上分析生产性服务业和制造业协同集聚对产业结构优化升级的机理，基于OLS模型和动态面板回归模型，检验二者协同集聚对产业结构优化升级的影响；运用门槛模型，以产业专业化程度、政府干预程度和研发投入为门槛变量，研究产业协同集聚对产业结构升级效应的约束机制。研究发现：第一，京津冀总体产业结构呈现“三二一”态势，城市群整体及各地级市的产业结构均呈现高级化的趋势。第二，制造业在城市群整体层面呈现先上升、后下降再趋向平稳的集聚变化趋势，河北各地级市之间集聚水平存在较大差异，制造业集聚空间布局呈现由天津单中心转向天津和唐山双中心发展的格局。第三，生产性服务业总体空间布局呈现以北京为中心的单中心发展格局，各细分行业在城市群整体面上呈现差异化发展的集聚态势。第四，从城市功能分工的视角看，生产性服务业与制造业协同集聚形成了“中心－外围”的“服务－生产”产业布局，亦即北京承担服务业功能，周边城市发展制造业；各行业与制造业协同集聚度呈差异化发展趋势，金融服务业与制造业、信息服务业与制造业的协同集聚度上升，由于主导产业的不同，各城市间产业协同集聚度存在较大差异。第五，生产性服务业和制造业协同集聚能够促进产业结构优化升级。第六，分别以产业专业化程度、政府干预度、研发投入占比为门槛变量，进行门槛回归实证检验。研究表明，产业协同集聚推动产业结构升级的作用表现出非线性特征，随着制造业区位商的升高，产业协同集聚促进产业结构升级的正向效应减弱；随着生产性服务业区位商的提高，产业协同集聚推动产业结构升级的效应由正转负；研发占比投入的提高、政府财政支出的提高，对推动产业结构升级均有促进作用。

第一节　研究背景、研究创新及文献综述

一、研究背景和意义

（一）研究背景

第一，我国经济发展呈现出了新的特征。其一，经济增长速度放缓，由过去主要依靠资源拉动和“人口红利”的经济高增长模式转入高质量发展阶段。新冠肺炎疫情的冲击使经济的健康发展面临挑战。其二，第三产业尤其是生产性服务业，成为拉动我国经济的主力军。但是第三产业内部，尤其是生产性服务业的产业结构不合理，内部产业升级遭遇瓶颈期。

第二，“再工业化”战略的提出。这项战略不仅仅单纯地聚焦于制造业的回归，而是致力于制造业和生产性服务业在区域内的协同集聚和协同定位。1980 年，西方工业化发展速度较快的国家为了节省地租成本、获得廉价的人力资源与原材料，开始实行将工业企业外迁的政策。这些国家将制造业大量外迁到欠发达地区，造成生产性服务业与制造业相分离，为金融危机的爆发埋下隐患。为了解决这个问题，这些国家提出了“再工业化战略”。这也为我国优化调整产业结构、解决制约经济发展的结构性矛盾，提供了新的思路和新的方向。

第三，产业协同集聚成为城市经济发展的新常态。依靠丰富的自然资源与巨大的劳动力市场，制造业已成为我国国民经济的主导行业。为制造业提供中间产品的服务业经过专业化发展，实现了自身产业的升级。在同一空间内不同产业的集聚，使本地企业的生产成本降低、全要素生产率提高。两大产业之间技术和知识的流动，也提升了产品的附加值。这种互相促进的良性循环吸引了更多的企业，扩大了生产规模。集聚促使区域内的企业分工更加精细和多样，产业结构得到调整和完善。

第四，京津冀内部已经形成了生产性服务业和制造业的“中心 – 外围”的分工体系。但是这并不意味着要将制造业完全迁出北京，北京应着力打造高精尖产业结构，技术密集型制造业由于对金融服务和科研创新存在较高需求，仍可继续留在北京发展；同时，北京周边如河北等地可发展特色工业产业，通过加强生产性服务业和制造业协同集聚，促进本地产业结构向高级化、合理化、清洁化方向发展。

（二）研究意义

1. 理论意义

本章从理论层面，对产业协同集聚推动产业结构优化升级的机理进行了探究。协同集聚对于产业结构优化的路径分为三条：第一，二者协同集聚通过细化产业分工、产业链不断延伸、互补性产业共同发展，使产业结构得到调整和改良。第二，二者协同集聚通过要素耦合和资源的重新配置、产业关联效应与共生经济来优化结构布局。第三，产业协同集聚通过规模经济，产生正向与负向溢出效应。现有的产业集聚理论更多地集中在单一产业集聚以及产业协同集聚对制造业全要素生产率、交易成本等方面的影响，而关于产业协同集聚对产业结构优化升级的研究较少。因此，本书对于产业协同集聚促进产业结构升级的研究具有一定的理论意义。

2. 现实意义

京津冀城市群是我国三大城市群之一，其产业发展情况对我国的经济发展有很大影响。但是随着时间的推移，京津冀地区的经济发展速度在逐渐减慢，占国内生产总值的比重也在下滑。从空间布局来看，京津冀经济发展呈现以京津双城为中心的发展格局，区域内经济发展呈现明显的地区差异性特征，同一发展水平的城市连片出现。城市的产业结构状况直接关系到经济发展水平的表现。本书对各地的产业集聚状况进行分析，探究约束产业结构优化升级的因素，并且根据实证结果有针对性地提出对策，促进各城市的经济发展、优化京津冀整体生产力布局、实现京津冀世界级城市群建设的远景规划。

二、研究内容、方法与创新

（一）研究内容

阐述研究产业协同集聚的意义，介绍本章将使用理论分析和实证分析相结合的研究方法，以京津冀为例，研究协同集聚对产业结构的影响。

产业协同集聚是产业集聚的高级化态势，有越来越多的学者关注到了这一现象，并从理论层面和实证层面进行了研究。本章梳理了产业协同集聚、产业结构升级的相关文献，为后文机理探究及实证检验奠定基础。

从整体和城市层面对产业结构进行描述；对生产性服务业与制造业的集聚水平与协同集聚水平进行描述；从城市群分工视角、整体行业视角、各地级市层面描述产业协同集聚的特征。

通过探究二者协同集聚对产业结构升级的机理，提出产业协同集聚推动产业升级的假设，基于京津冀城市群 13 个城市 2003—2018 年的面板数据，利用门槛模型探究产业协同集聚对产业结构升级的影响因素。

最后，总结产业结构的现状描述、协同集聚的特征、对产业结构的调整作用，对京津冀产业协同发展提出有针对性的对策和建议。

（二）研究方法

本章在参考相关研究的基础上，采用以下研究方法：

（1）定性分析法。通过梳理与产业协同集聚、产业结构升级有关的文献，总结前者对后者作用的规律，提出协同集聚对产业结构优化升级的作用机理。

（2）比较分析法。对 2003—2018 年北京、天津及河北 11 个地级市的产业集聚状况与产业结构现状进行对比分析。运用 ArcGIS 软件对分析结果进行可视化表达，更直观地表现出京津冀城市群内部各城市间的产业集聚差异，形成的空间布局状态。

（3）理论分析与实证分析相结合。在研究过程中，一方面根据理论基础，研究产业协同集聚对产业结构优化升级的机理，并且提出假设；另一方面，利用 OLS 面板模型、动态面板回归模型、面板门槛回归模型等计量方法进行实证检验。

（三）研究范围

（1）地域范围。研究区域确定为北京、天津及河北 11 个地级市。

（2）时间范围。以 2003—2018 年为时间区间。国家统计局在 2002 年对《国民经济行业分类与代码》进行了修订。与现在的 GB/T 4754—2017 相比，生产性服务业的细分门类有了较大变动。基于本章的研究内容，将 2003 年作为研究的起点比较精确。

（3）数据来源。2003—2018 年的北京、天津及河北各地级市统计年鉴，以及中国城市统计年鉴。

（四）特色与创新

1. 作用机理研究创新

针对已有成果的梳理发现：产业协同集聚的研究主要聚焦于影响因素方面，产业结构优化的研究主要聚焦于金融行业与生产性服务业集聚等单一集聚的影响，探讨的大多是产业集聚对产业结构升级的间接作用机制，很少对其进行直接的实证研究。本章直接探讨协同集聚推动产业结构优化的机理，并将生产性服务业与制造业协同集聚对产业结构优化的实现路径分为三条：

一是生产性服务业与制造业协同集聚通过产业分工细化、产业链不断延伸、互补性产业共同发展，使产业结构得到调整和优化；二是生产性服务业与制造业协同集聚通过要素耦合、资源重新配置、产业关联效应与共生经济来优化产业结构布局；三是生产性服务业与制造业协同集聚通过规模经济的正向溢出与负向效应，共同影响并作用于产业结构。

2. 研究思路创新

根据集聚正向效应和负向效应的作用机制，产业协同集聚的产业结构升级效应可能并非呈现简单的线性特征，因此本章基于不同的门槛变量，利用面板门槛模型探究了产业结构优化升级存在的约束机制，为京津冀整体的产业结构优化升级指出了方向。

3. 研究方法创新

本章利用 ArcGIS 的自然断点法对产业结构布局、制造业集聚水平、生产性服务业集聚水平进行了可视化表达，更加直观地呈现其空间布局演变态势。自然断点法由詹克斯（George Frederick Jenks）教授提出，他认为任何数列之间都存在一些自然的（非人为设定的）转折点和断点，这些自然的断点都是具有统计学意义的。用这些转折点可以把研究对象分成性质相似的群组。此方法运用聚类思维，核心思想是使每一组内部的相似性最大，而外部组与组之间的相异性最大，自然断点本身就是分级的良好界限。自然断点法与聚类法相比，其主要特点是能够兼顾每一组之间的要素范围和个数，并尽量保持相近。

利用 ArcGIS 对京津冀各个城市的产业结构现状、生产性服务业的集聚现状以及制造业集聚现状进行可视化表达，将其分为四个梯队，可以清晰明确地呈现研究内容的空间布局现状以及 2003—2018 年的演变态势。

三、文献综述及相关概念界定

产业协同集聚是集聚的高级化形态，越来越多的学者关注到了这一现象，并从理论和实证层面进行了研究。本章梳理了产业协同集聚及产业结构升级的相关文献，为后文机理探究及实证检验奠定基础。

（一）产业协同集聚概念与影响因素研究

1. 产业协同集聚的概念

埃里森和格拉泽（Ellison & Glaeser，1997）较早注意到产业协同集聚的现象，他们发现城市产业并不是靠单一的产业集聚发展起来的，而是更加倾向于多种产业在同一空间之内的共同集聚。国外许多学者在国家层面上对生产性服务业与制造业协同集聚进行了分析与检验。柯和里德尔（Koh & Riedel，2010）通过对德国制造业和服务业的产业状况进行相关问题的研究，发现服务业的集聚趋势更明显。维勒和里瓦斯（Villar & Rivas，2001）在“中心－外围”理论的基础上，提出了新的中心城市集聚服务业与外围城市集聚制造业的理论模型。柯尔克（Kolko，2010）在此基础上对此进行实证检验。伽尼（Ghani，2016）以印度制造业与生产性服务业为研究对象，研究产业集聚的相关性关系，结果表明制造业易于集聚在生产性服务业集聚度高的大城市。

我国学者在综合国外研究和国内产业发展与集聚的基础上，分别用省域层面样本（张益丰、黎美玲，2011；吉亚辉、段荣荣，2014；陆剑宝，2014）、城市群层面样本（高峰、刘志彪，2008；李昱，2015）、地级市层面样本（吉亚辉、李岩、苏晓晨，2014；吉亚辉、甘丽娟，2015）对产业协同集聚进行了理论分析与实证检验。不同层面的研究得出共同的结论：生产性服务业与制造业产业的集聚呈现正相关的关系，集聚度变化呈现出趋同的趋势。

2. 产业协同集聚的影响因素

国外学者认为产业协同集聚是多因素共同作用的结果，而各因素的影响程度不同。主要影响因素有：规模经济、资源集中度（Kim，1999），上下游产业关联、劳动力资源、知识的溢出（Ellison et al，2010）和运输成本（Gallagher，2013）。

国内学者综合国外理论与国内产业实际，对影响因素进行研究，认为以下因素通过影响交易成本、提高制造业效率、促进产业间的融合对协同集聚程度产生影响：一是基于纵向的产业关联角度（马国霞，2007；王硕、郭晓旭，2012；陈国亮、陈建军，2012；席强敏，2014），认为存在投入产出关系的产业会为了降低生产成本、提高生产效率、拉近与市场的距离而集聚在同一区域；二是城市规模（陈建军、陈菁菁，2011；陈晓峰，2015）与知识溢出的影响，由于规模经济与知识溢出受地理距离的约束，为获得技术溢出与其他正外部性，产业会集聚在同一空间；三是产业协同集聚受生产性服务业集聚度的影响明显（于斌斌，2017；宣烨，2017）。

（二）产业结构升级研究

1. 基于不同视角的研究

国外关于产业结构优化升级的研究主要聚焦于投入－产出模型视角，研究产业结构升级的影响因素。通过对各个国家的产业数据进行理论分析与实证检验发现：一是基于欧盟样本，劳动人口的人均收入与产业结构存在正向关系（Marelli，2004,）；二是基于德国样本，技术变革因素使产业结构得到良性调整（Franke & Kalmbach，2005）；三是基于俄罗斯样本，政府干预程度影响产业结构调整（Ickes & Ofer，2006）；四是基于日本东京样本，制造业的集聚促进了制造业的发展，进而改善了当地产业结构（Yamamura & Shin，2007）。

2. 产业结构升级的非线性特征

国内学者根据我国产业结构现实，发现产业结构优化升级呈非线性特征。郑开焰和李辉文（2015）研究了金融集聚和产业结构变动之间的相关性，研究对象为福建的金融业，研究结果表明金融发展存在临界水平，过度集聚会抑制产业结构升级。陶爱萍和徐君超（2016）的研究结果显示，金融发展与产业结构升级存在倒“U”形关系。侯丁（2016）研究金融发展与产业升级的关系，以人力资本存量、R&D 内部经费支出、产业集聚以及就业率作为门槛变量，实证分析结果表明金融发展与产业升级存在门槛效应。林秀梅和曹张龙（2018）通过 PSPR 方法研究生产性服务业对产业结构造成的影响，从生产性服务业创新水平的视角进行分析，得出的结论是二者之间存在非线性关系。还有学者认为，生产性服务业对中国的产业结构升级效应存在地区差异，东部、中部强于西部地区（惠宁、周晓唯，2016）；生产性服务业效率作为门槛变量对制造业升级存在显著的门槛效应（罗军，2018）。

（三）产业协同集聚对产业结构的影响

1. 生产性服务业与制造业协同集聚产生的经济效应

第一，提高制造业生产率（刘叶、刘伯凡，2016）。通过提供良好的外部环境，对制造业生产效率产生正向影响，但是不同城市之间存在异质性。第二，提升城镇化水平，但存在地区异质性（伍先福、杨永德，2016）。第三，产业协同集聚存在空间溢出效应，对周边城市起到推动技术创新和传播先进知识的作用（韩爱华，2019；杨青龙、张虎，2017）。第四，促进产业结构优化升级。王燕和孙超（2019）基于省域层面的样本，发现产业协同集聚可以促使产业结构向高级化、合理化方向发展，这种作用呈现区域异质性；夏后学（2017）等基于省域层面样本，发现非制度环境下这种促进作用具有门槛特征。第五，促进区域经济增长（胡艳、朱文霞，2015）。城市规模（豆建民、刘叶，2016）、生产性服务业集聚程度和制造业集聚程度（庄德林，2017）均是限制协同集聚促进经济增长的门槛变量。

2. 产业协同集聚对产业结构的影响

第一，通过产业分工深化和延伸产业链，提高产品附加值，促进产业结构向高级化方向发展（Michaels et al，2012）。第二，在技术进步与产业成长两方面促进产业结构升级（梁琦、詹亦军，2005；陈建军、胡晨光，2008）。第三，通过促进融资依赖行业的快速发展、金融集聚，推动产业结构升级（盛丹、王永进，2013；邓向荣等，2013）。第四，对产业结构的调整具有非线性特征，能够实现产业结构的合理化，但这种作用存在一定的门槛效应（夏后学，2017）。第五，产业协同集聚对产业结构优化升级存在间接作用机制，通过对制造业效率产生门槛效应（唐晓华、张欣钰等，2018）、对区域内和区域间的就业效应（庄德林等，2017）、技术创新水平（原毅军、郭然，2018）等间接影响区域的产业结构。

3. 文献述评

针对已有成果的梳理发现，产业协同集聚的研究主要聚焦于影响因素方面，产业结构优化的研究主要聚焦于金融行业与生产性服务业集聚等单一集聚的影响，探讨的大多是产业集聚对产业结构升级的间接作用机制，很少对其进行直接的研究与实证。本章在借鉴前人的研究成果基础上探讨二者协同集聚对产业结构升级的直接作用机理，并进行实证检验；同时通过门槛面板模型探讨约束产业协同集聚对产业结构优化升级的约束因素和约束机制。

（四）生产性服务业与制造业概念界定及其相互关系

1. 生产性服务业

国内和国外的学者对于生产性服务业的界定不统一，大致分为两个方向。第一种认为，生产性服务业是从制造业中剥离出来，经过专业化发展，以满足制造业的中间需求的产业，该产业并不直接面向消费者。第二种基于生产性服务业自身的产业性质，认为生产性服务业是具有知识密集和科技密集型特征的行业（刘纯彬、杨仁发，2013）。本章在综合各方文献的基础上，将生产性服务业界定为：向生产者提供产品和服务，具有知识密集和专业化特点的行业。

在生产性服务业行业分类方面，国内学者根据我国产业的具体情况都有自己的理解。本章借鉴席强敏及李国平（2015）的做法，将二位数行业代码在53～60、63～75之间的行业划分为生产性服务业，具体包括：交通运输、仓储以及邮政业，信息传输、计算机服务业，金融业，房地产业，租赁和商务服务业，科学研究、技术服务和地质勘探业①。

① 本章在后续的测算中，借鉴席强敏和李国平的做法（2015），将生产性服务业各细分行业简称为：交通服务业、信息服务业、金融服务业、房地产服务业、商务服务业、科技服务业。

2. 制造业

制造业是对初级产品及原材料进行加工，生产面向最终消费者的工业品和消费品的行业，是第二产业的主要组成部分。

3. 生产性服务业与制造业的关系

一方面，两产业之间相互促进。二者是存在垂直关联的产业，从投入产出的关系来看，生产性服务业为制造业提供专业化服务，后者的需求又推动前者的多样化发展。另一方面，由于有限的空间能够承受的经济活动是有限的，两者在劳动力资源、生产要素等方面也存在相互竞争与争夺的关系。

（五）产业集聚、产业协同集聚、产业结构升级及相互关系

1. 产业集聚与产业协同集聚

产业集聚是产业发展相关的所有要素在地理空间上的集聚现象。产业集聚表现为各个不同主体（包括同类或者不同类型的企业、提供中间服务的中介机构以及负责科研创新与研发的机构）相互之间形成既竞争又合作的良性关系；具体指具有前向或后向关联的产业在空间布局上相互协调，形成的有序的产业布局。产业协同集聚不仅包括同一产业不同企业之间的集聚，也包括多个具有关联的不同产业之间在同一地理空间上的集聚（Ellison & Glaeser，1997）。

目前产业协同集聚的研究方向有两个：第一，研究存在水平关联的产业之间的集聚，如制造业内部不同行业之间的协同集聚、农副产品加工业和食品制造业在空间上的协同集聚；第二，研究存在垂直关联的产业之间的协同集聚，如制造业整体行业与生产性服务业整体行业的协同集聚。本章的产业协同集聚研究的是生产性服务业整体行业与制造业整体行业的产业协同集聚。

2. 产业结构升级

产业结构升级是指地区内的产业高级化、结构布局合理化。产业结构升级包括三个方面的内容：一是本地的优势产业发生改变。由第一产业占优势逐渐向第二、三产业占优势过渡。二是产业内部结构发生改变，随着技术水平的提高、创新能力的增强、资本的积累，产业逐渐向资本更加密集、科技含量更高的行业过渡。三是在产品方面，表现为本地企业产品附加值增高，从提供初级产品逐渐向提供中间产品与最终产品过渡。根据京津冀产业发展现状（见表6-1），京津冀地区产业中第一产业的占比极低，各城市的经济基本上由第二产业和第三产业共同主导。基于这个现实，同时结合干春晖（2011）的观念，本章认为产业结构升级整体表现为第二产业向第三产业过渡。

3. 产业协同集聚与产业结构升级的关系

通过对二者关系的研究进行梳理，本章认为产业协同集聚可以推动产业

结构优化升级。不同产业在同一空间上的集聚，本身就构成了本地的产业结构。协同集聚产生的各种经济效应、本身的集聚程度、变动趋势和变动方向，都会对本地产业结构产生影响，也决定了产业结构的变动方向。

第二节　京津冀产业协同集聚特征及产业结构特征

本节从三个层次描述京津冀产业协同集聚与产业结构的特征：从整体和城市层面对产业结构进行描述；对生产性服务业与制造业的集聚水平与协同集聚水平进行描述；从城市群分工视角、整体行业视角、各地级市层面描述产业协同集聚特征。

研究发现：第一，京津冀整体产业呈现“三二一”结构，城市群整体及各个地级市的产业结构均呈现高级化的趋势。第二，制造业在城市群整体层面呈先上升、后下降再趋于平稳的态势，各地级市之间集聚水平存在较大差距，制造业集聚空间布局呈现由天津市单中心发展转向天津市和唐山市双中心发展的格局。第三，生产性服务业各细分行业的集聚度，在城市群整体面上呈现差异化发展的态势；总体的空间布局呈现以北京为中心的单中心发展格局。第四，产业协同集聚从城市功能分工的视角来看，京津冀形成了“中心－外围”的产业布局，即北京承担服务业的功能，周边城市着力发展制造业；从整体行业层面看，各行业与制造业协同集聚度呈差异化发展趋势，金融服务业与制造业、信息服务业与制造业的协同集聚度上升；从城市角度来看，由于主导产业的不同，各城市之间产业协同集聚度存在较大差异。

一、京津冀产业结构特征

（一）京津冀城市群产业结构特征

从城市群整体层面来说，京津冀整体产业呈现“三二一”结构，第三产业占比不断上升，第二产业占比略有下降，但走势平稳。从区域内部各城市的视角来说，北京呈现“三二一”产业结构，主要由第三产业带动经济的发展。天津也表现为“三二一”产业结构，第三产业占地区生产总值的比重逐渐升高，产业结构呈现高级化的趋势，同时第二产业的占比远高于北京。河北总体产业结构为“三二一”格局，但是内部城市产业情况各不相同，其中的唐山市呈现“二三一”产业结构，第二产业占比达到52.4%。其他城市均为“三二一”产业结构，有的地区二产与三产占比接近。

1. 京津冀城市群总体产业结构特征

京津冀城市群整体呈现“三二一”的产业结构（见表6-1），第三产业占比不断升高至50%以上；第二产业占比稍有下降，徘徊在30%附近；第一产业占比由17%大幅降至12.35%。城市群内第三产业为主导产业；同时第二产业的发展相对平稳，并没有大幅度减少。

表6-1 京津冀整体产业结构特征①

	2003	2008	2013	2018
第一产业占比	17.03%	14.49%	14.25%	12.35%
第二产业占比	33.61%	30.95%	29.76%	31.17%
第三产业占比	49.36%	54.56%	55.99%	56.48%
产业结构类型	“三二一”结构	“三二一”结构	“三二一”结构	“三二一”结构

2. 北京产业结构特征

根据北京市2019年国民经济和社会发展统计公报，北京三次产业构成为0.3:16.2:83.5。根据统计结果来看，北京市以第三产业为主推动经济发展，呈现“三二一”产业结构，第三产业占比一路升高，第二产业占比逐步降低，第一产业占比极低且基本上变化很小（见图6-1）。

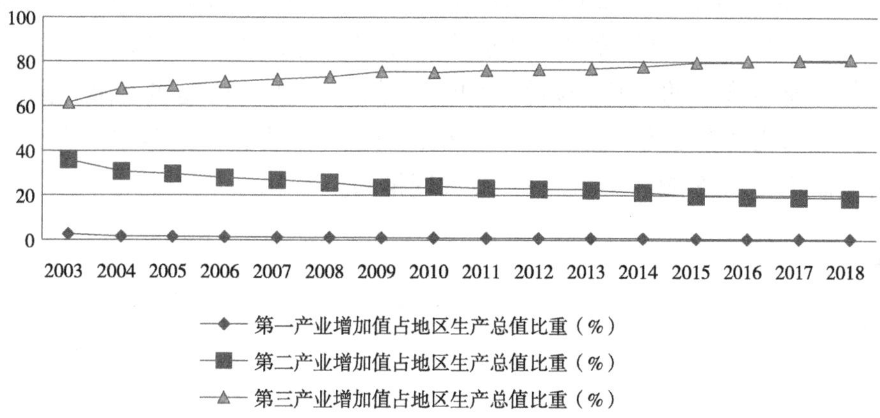

图6-1 北京产业结构演变趋势

3. 天津产业结构特征

根据2019年天津市国民经济和社会发展统计公报，天津三次产业结构为1.3:35.2:63.5，呈现“三二一”产业结构。从图6-2可以看出，第一产业占

① 表6-1及图6-1至图6-4的数据均来源于北京、天津、河北2003—2018年统计年鉴。

比渐趋下降，第二产业占比呈现先上升后下降的趋势，从2014年开始三产占比高于二产，且稳步上升；天津第二产业占比仍居高位，服务业没有占据优势，天津以二产和三产共同推进经济的发展。

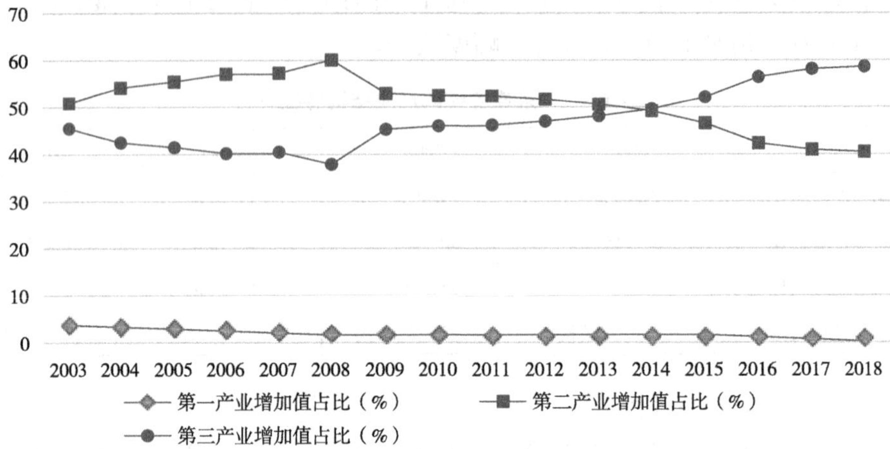

图6-2　天津产业结构演变趋势

4. 河北省及各地级市产业结构特征

根据2019年统计公报数据，河北省三次产业比例为10.0:38.7:51.3。从图6-3可以看出，河北2018年转为“三二一”产业结构，2018年以前是“二三一”结构，主要依靠第二产业推动经济发展。自2014年起，第三产业在整体产业经济中的占比开始快速上升，第二产业占比逐步下降。到2018年，产业结构初次变为“三二一”结构，第三产业占比超过第二产业，但是二者差距不大，经济由第二、三产业共同推动。

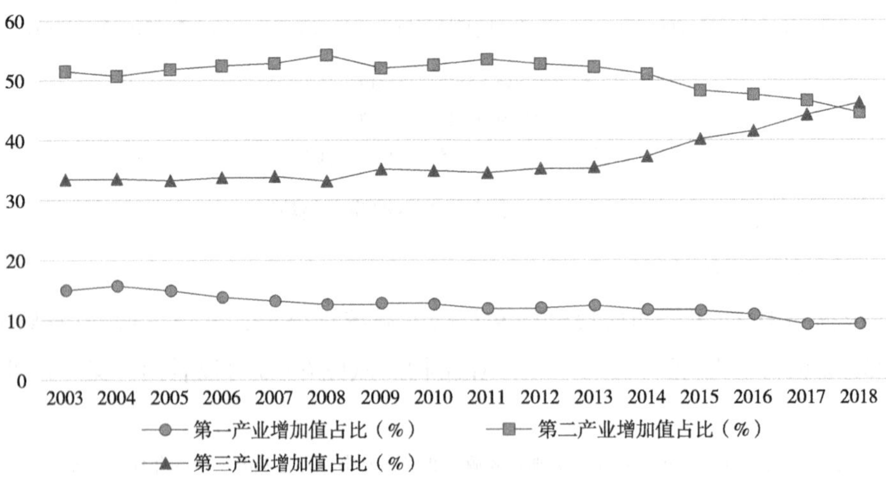

图6-3　河北产业结构演变趋势

如表6－2所示，在河北各地级市中，呈现“二三一”产业结构的城市只有唐山，2019年二产占比达到52.4%。根据唐山市2019年的统计公报来看，支柱行业均为工业企业，制造业为主导产业；邯郸、保定、沧州、邢台及衡水呈现“三二一”产业结构，但二产和三产的占比相对持平，差距不大；石家庄、张家口、秦皇岛、廊坊和承德为三产占据主流，且与二产占比有较大差距。张家口、承德、秦皇岛和邢台一产占比高于全省水平。

表6－2　2019年河北各地级市产业结构　　（单位：%）

地区	第一产业增加值占GDP的比重	第二产业增加值占GDP的比重	第三产业增加值占GDP的比重
石家庄市	6.91	37.57	55.51
唐山市	7.7	52.4	39.9
邯郸市	9.07	45.1	45.83
张家口市	14.75	33.74	51.51
保定市	11.54	42.19	46.27
沧州市	7.5	42.98	49.52
秦皇岛市	12.43	33.14	54.43
邢台市	12.34	40.77	46.89
廊坊市	6.33	36.61	57.06
承德市	18.05	36.27	45.68
衡水市	12.86	41.02	46.12

资料来源：2019年河北省国民经济和社会发展统计公报。

（二）京津冀城市群各城市产业结构升级效应测算

1. 指标选取

根据前文关于产业结构升级的相关概念界定并结合国内外学者研究，第二产业向第三产业的过渡更适合用于描述目前京津冀的产业结构变动。第二产业升级大部分发生在制造业、采掘业、矿业、建筑业等行业，其对产业结构升级、产品附加值提高的贡献较小；第三产业中的生活性服务业以及公共服务业亦是如此。制造业与生产性服务业之间的变动关系，更能体现产业结构的升级。本章借鉴于泽和徐沛东（2014）、柯善咨和赵曜（2014）的思路，将二者从业人员的比值作为衡量产业结构升级的指标。指标具体如下：

$$dus_i = \frac{E_S}{E_z} \tag{6-1}$$

其中，E_s 代表 i 城市生产性服务业的就业人数；E_z 代表制造业的就业人数。指数越高，说明产业结构升级效应越强。

2. 测度结果

（1）城市群各城市集聚水平存在差异性。根据式（6－1）对衡量产业结构升级的指标进行测度，限于篇幅选取隔年数据进行展示（见表6－3），可以得出以下两个结论：首先，京津冀城市群整体及各地级市的产业结构均呈现高级化的趋势，比值的年度均值从2003年的0.59上升到2018年的1.47，年均增长率达到5.52%；其次，产业结构升级的程度呈现差异化趋势，2018年北京产业结构升级的程度达到5.36，其余城市的指数最高为1.82，大多数城市的指数在1附近徘徊，排名第一的北京是排名最后的唐山的8倍。根据变化趋势可将城市群产业结构变化类型分为三种：一是北京一直位于区域内最高值，并且指数不断升高，远高于区域平均值。二是指数在2018年均大于1，并呈现不断升高的趋势，具体包括：天津、石家庄、沧州、衡水、承德、张家口、秦皇岛、邯郸。三是虽然比值也在升高，但是相对于区域平均值来说还是较低，具体包括：廊坊、唐山、邢台、保定。尤其是邢台、唐山和廊坊，随着北京制造业的转移，这几个城市的制造业极速发展，制造业占比较高，产业结构高级化指数较低。

表6－3 京津冀城市群各城市产业结构高级化测度结果

地区	2003	2005	2007	2009	2011	2013	2015	2017	2018	年均增长率
北京	1.28	1.57	2.08	2.60	2.63	3.12	3.87	4.78	5.36	10.00%
天津	0.41	0.43	0.45	0.52	0.33	0.42	0.53	0.92	1.03	6.39%
石家庄	0.42	0.47	0.51	0.63	0.68	0.89	1.00	1.18	1.41	8.48%
保定	0.53	0.55	0.45	0.53	0.45	0.56	0.59	0.76	0.95	4.00%
秦皇岛	0.82	0.86	0.84	0.76	0.77	0.88	0.97	0.98	1.01	1.33%
廊坊	0.69	0.66	0.61	0.57	0.34	0.45	0.54	0.41	0.71	0.15%
唐山	0.36	0.37	0.38	0.38	0.37	0.48	0.59	0.67	0.67	4.10%
沧州	0.61	0.67	0.75	0.99	0.73	0.92	1.12	1.57	1.61	6.71%
承德	0.60	0.55	0.63	0.82	0.90	0.93	1.15	1.97	1.82	7.73%
邯郸	0.42	0.49	0.53	0.89	0.70	0.52	0.70	0.79	1.09	6.56%
衡水	0.64	0.65	0.70	0.90	0.62	0.76	0.83	1.62	1.29	4.80%
邢台	0.57	0.65	0.66	0.65	0.71	0.47	0.50	0.91	0.80	2.29%
张家口	0.38	0.50	0.52	0.64	0.71	0.89	1.20	1.41	1.41	9.21%
年均值	0.59	0.65	0.70	0.84	0.76	0.87	1.05	1.38	1.47	5.52%

资料来源：根据2003—2018年《中国城市统计年鉴》计算所得。

（2）呈单中心空间格局。从空间布局来看，产业结构高级化高低点明显，呈单中心格局，并且同一水平的城市连片趋势明显。为更好地呈现京津冀城市群产业结构时空演变态势，运用 ArcGIS 自然断点法并通过 Excel 绘图，对 2003 年、2018 年的指数进行可视化表达，结果如图 6－4 所示，将京津冀 13 个城市分为四个不同的梯队，由高到低为第一到第四梯队。

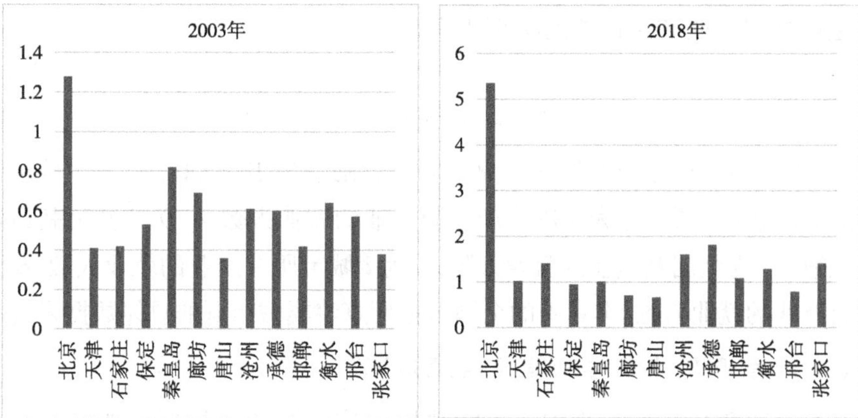

图 6－4　京津冀产业结构高级化空间布局

整体来说，各城市的产业结构均有提升，但是不同城市的产业结构升级幅度存在差异，呈现单中心格局，且存在同一水平的城市连片出现的情况。2003—2018 年，第一梯队的城市始终只有北京一个，呈现单中心的格局；第二梯队由两个（廊坊、秦皇岛）变为四个（张家口、承德、石家庄、沧州），其中廊坊由第二梯队降为第四梯队、秦皇岛由第二梯队降为第三梯队；张家口由第四梯队升为第二梯队，承德和沧州由第三梯队变为第二梯队；第三梯队城市仍为五个（天津、保定、秦皇岛、衡水、邯郸），天津由第四梯队升为第三梯队，邢台由第三梯队降为第四梯队。

二、京津冀生产性服务业与制造业集聚特征

（一）测算方法

1. 赫芬达尔指数

赫芬达尔指数最初是衡量市场结构是否均衡的一个指标，近年来许多学者将该指数应用于对地区产业结构的度量。本章借鉴梁琦和段会娟（2009）的做法，用该指数来衡量产业的集聚度程度，公式如下：

$$H_k = \sum_{i=1}^{n} S_i^2 - \frac{1}{n} \tag{6-2}$$

其中，S_i 为 k 产业第 i 个地区的从业人员占该产业整个区域从业人员的比重；n 为地区个数。H_k 越大，代表该产业在区域内的集中度越高。

2. 区位商

区位商可以反映单一产业在区域内的集聚程度。在本章的产业协同集聚的指数构建中，区位商作为属性值参与运算，因此采用区位商分别衡量城市层面生产性服务业和制造业的集聚水平，公式如下：

$$LQ_s = (e_{is}/E_s)/(e_i/E) \tag{6-3}$$

$$LQ_z = (e_{iz}/E_z)/(e_i/E) \tag{6-4}$$

其中，LQ_s 为生产性服务业的区位商；LQ_z 为制造业的区位商；e_{is} 为 i 城市生产性服务业的就业人数；E_s 为全国生产性服务业的就业人数；e_{iz} 为 i 城市制造业的就业人数；E_z 为全国制造业的就业人数；e_i 为 i 城市所有产业的就业人数；E 为全国所有产业的就业人数。本章中的全国数据用京津冀城市群的总体数据来代替。

（二）京津冀城市群制造业集聚特征

从城市群整体层面上来说，京津冀城市群的制造业集聚呈现先上升、后下降之后保持平稳的趋势；从内部各地级市的角度来说，各地级市制造业集聚程度存在较大差异；制造业的空间格局由单核心向多核心转变，集聚高低点变化明显，周边的城市扩散态势明显，出现明显的分层结构，同一集聚水平的城市连片出现。

1. 城市群整体层面制造业变化趋势

京津冀城市群的制造业集聚呈现先上升、后下降之后保持平稳的趋势。从图 6－5 可以看出，2003—2018 年京津冀整体制造业赫芬达尔指数整体呈先上升、后下降之后保持平稳的变化趋势，从 2003 年的 0.156 上升到 2005 年的 0.18，之后直线下降到 2006 年的 0.12，然后在 0.12 附近波动。

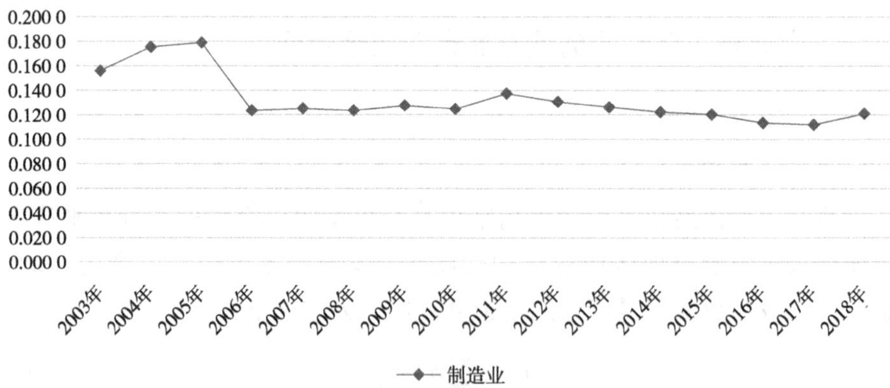

图 6－5　京津冀城市群制造业赫芬达尔指数

2. 城市群各城市制造业集聚程度存在较大差异

从区位商指数的变化趋势（见表6-4）来看，京津冀地区各地级市之间存在较大差异。2003—2018年，天津、保定、沧州、廊坊、秦皇岛、唐山、邢台七个城市集聚程度呈现上升趋势；北京、衡水、张家口三个城市出现下降趋势；承德、邯郸、石家庄在总体水平上基本保持平稳。

表6-4　京津冀各城市制造业区位商

年份	北京	天津	保定	沧州	承德	邯郸	衡水	廊坊	秦皇岛	石家庄	唐山	邢台	张家口	平均值
2003	0.80	1.64	0.92	0.74	0.85	0.95	0.92	0.79	1.09	1.37	1.20	0.78	1.18	1.02
2004	0.78	1.74	0.97	0.77	0.88	0.97	0.97	0.83	1.12	1.45	1.30	0.81	1.23	1.06
2005	0.78	1.78	1.00	0.72	1.00	0.96	0.97	0.86	1.16	1.40	1.33	0.77	1.11	1.06
2006	0.78	1.62	0.95	0.66	0.92	0.84	0.87	0.85	1.04	1.25	1.20	0.70	0.99	0.97
2007	0.77	1.59	1.04	0.61	0.90	0.86	0.86	0.88	1.09	1.25	1.28	0.72	0.99	0.99
2008	0.75	1.61	1.09	0.61	0.88	0.80	0.86	0.98	1.23	1.30	1.31	0.73	1.00	1.01
2009	0.74	1.66	1.09	0.61	0.90	0.68	0.85	1.25	1.32	1.27	1.40	0.78	0.95	1.04
2010	0.72	1.70	1.09	0.59	0.88	0.76	0.82	1.45	1.35	1.28	1.37	0.73	0.90	1.05
2011	0.68	1.81	1.06	0.68	0.75	0.68	0.93	1.53	1.23	1.13	1.28	0.67	0.80	1.02
2012	0.66	1.82	1.01	0.72	0.71	0.57	0.88	1.48	1.19	1.02	1.43	0.98	0.77	1.02
2013	0.63	1.83	1.04	0.78	0.80	0.95	0.84	1.45	1.09	1.10	1.22	0.99	0.75	1.04
2014	0.62	1.85	1.07	0.76	0.77	0.93	0.90	1.60	1.10	1.11	1.26	1.01	0.70	1.05
2015	0.59	1.88	1.12	0.79	0.79	0.95	0.88	1.59	1.18	1.19	1.29	1.07	0.70	1.08
2016	0.59	1.85	1.19	0.81	0.77	1.01	0.87	1.69	1.24	1.22	1.32	1.14	0.70	1.11
2017	0.60	1.71	1.30	0.76	0.68	0.98	0.61	1.93	1.38	1.25	1.45	0.79	0.70	1.09
2018	0.61	1.79	1.32	0.82	0.79	0.94	0.77	1.49	1.41	1.32	1.71	1.01	0.79	1.13
年均增长率	-1.74%	0.57%	2.44%	0.69%	-0.50%	-0.09%	-1.20%	4.37%	1.73%	-0.27%	2.38%	1.75%	-2.63%	

资料来源：根据2003—2018年《中国城市统计年鉴》计算所得。

3. 制造业空间格局由单核心向多核心转变

图6-6表明京津冀城市群制造业集聚高低点变化明显，周边的城市扩散态势明显，并且出现明显的分层结构，同一集聚水平的城市连片出现。将京津冀城市群13个城市分为四个不同的梯队，制造业集聚程度由高到低为第一到第四梯队。总体来说，2003—2018年各城市的制造业集聚水平变化差异较大，有升有降，高低点变化明显；同一梯队的城市在空间上更加集中。第一梯队城市由2003年的仅天津一个变为2018年的天津和唐山两个，实现了制

造业由单中心向多中心的转变。第二梯队仍是四个城市，但由 2003 年的唐山、秦皇岛、张家口、石家庄变为 2018 年的秦皇岛、廊坊、石家庄、保定，其中唐山实现了从第二梯队到第一梯队的跨越，保定实现了从第三梯队到第二梯队的跨越，廊坊实现了从第四梯队到第二梯队的跨越，张家口退到第四梯队。第三梯队的城市由三个变为两个，其中邢台由第四梯队升为第三梯队。

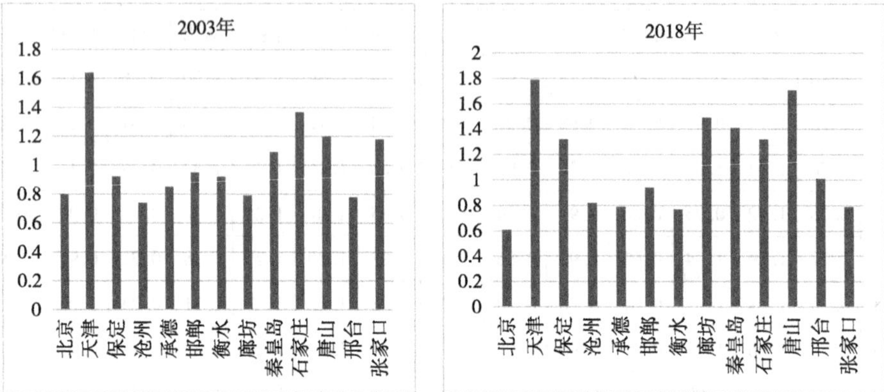

图 6－6　京津冀 2003 年与 2018 年制造业空间结构布局

（三）京津冀城市群生产性服务业集聚特征

1. 城市群层面的测度分析

根据式（6－2）测算的生产性服务业的赫芬达尔指数见表 6－5 和图 6－7，可以得到以下结论：

表 6－5　生产性服务业各行业赫芬达尔指数测度结果

行业	2003	2005	2007	2009	2011	2012	2013	2014	2015	2016	2017	2018	年均增长率
房地产服务业	0.60	0.67	0.62	0.61	0.57	0.50	0.43	0.44	0.43	0.41	0.50	0.46	-1.72%
交通服务业	0.26	0.33	0.26	0.28	0.33	0.31	0.30	0.29	0.29	0.29	0.30	0.33	1.46%
金融服务业	0.11	0.13	0.16	0.17	0.22	0.24	0.24	0.24	0.23	0.23	0.22	0.22	4.61%
科技服务业	0.49	0.45	0.47	0.50	0.52	0.46	0.44	0.44	0.43	0.45	0.48	0.47	-0.29%
信息服务业	0.52	0.54	0.55	0.58	0.67	0.64	0.61	0.62	0.63	0.63	0.59	0.65	1.48%
商务服务业	0.64	0.69	0.61	0.66	0.63	0.66	0.56	0.53	0.55	0.55	0.57	0.54	-1.13%

第一，各行业的集聚程度呈现差异化发展趋势。2018 年，集聚指数最高的是信息服务业（0.65），最低的是金融服务业（0.22），前者约为后者的 3 倍。

第二，从变动趋势来看，交通服务业、金融服务业和信息服务业的年

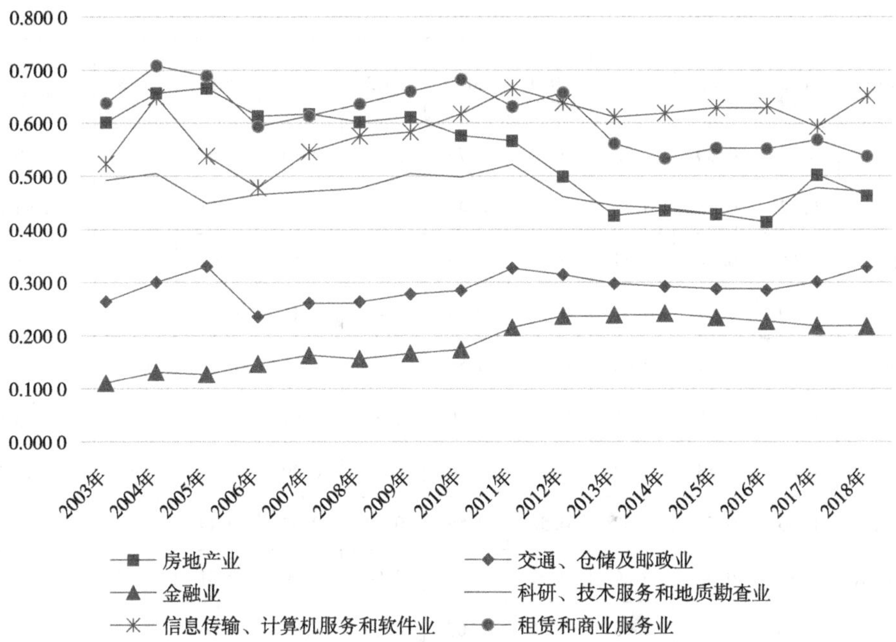

图6－7　生产性服务业赫芬达尔指数

均增长率均为正，行业在京津冀的集聚度总体呈上升趋势；房地产服务业、科技服务业与商务服务业的年均增长率为负，行业的集聚度总体呈下降态势。

2. 京津冀城市群各城市生产性服务业集聚存在差异

将生产性服务业区位商进行梳理，由于篇幅限制选取隔年数据（见表6－6）。总体集聚度只有北京、天津和石家庄呈上升趋势，其他地区集聚度有不同程度的下降。尤其是廊坊和邢台，虽然制造业有快速发展，但是生产性服务业发展并没有跟上。

表6－6　京津冀城市群各地区生产性服务业区位商

地区	2003	2005	2007	2009	2011	2013	2015	2017	2018	年均增长率
北京	1.29	1.30	1.48	1.46	1.54	1.53	1.48	1.42	1.37	0.39%
天津	0.78	0.73	0.76	0.72	0.59	0.66	0.69	0.79	0.83	0.35%
石家庄	0.75	0.71	0.76	0.72	0.75	0.80	0.79	0.74	0.79	0.35%
保定	0.63	0.55	0.50	0.48	0.44	0.47	0.44	0.47	0.52	－1.38%
廊坊	0.66	0.52	0.51	0.53	0.45	0.50	0.53	0.41	0.43	－2.85%

续表

地区	2003	2005	2007	2009	2011	2013	2015	2017	2018	年均增长率
秦皇岛	0.93	0.80	0.82	0.70	0.73	0.71	0.70	0.60	0.55	-3.50%
沧州	0.62	0.48	0.47	0.49	0.44	0.55	0.57	0.55	0.54	-0.94%
承德	0.68	0.52	0.54	0.57	0.56	0.57	0.58	0.61	0.55	-1.38%
邯郸	0.60	0.51	0.51	0.50	0.46	0.43	0.44	0.40	0.42	-2.30%
衡水	0.82	0.69	0.68	0.65	0.53	0.56	0.56	0.55	0.48	-3.51%
唐山	0.52	0.45	0.47	0.46	0.50	0.54	0.54	0.50	0.49	-0.43%
邢台	0.64	0.53	0.53	0.43	0.44	0.41	0.39	0.34	0.34	-4.11%
张家口	0.66	0.61	0.58	0.52	0.55	0.59	0.57	0.49	0.47	-2.27%
平均值	0.74	0.65	0.66	0.63	0.61	0.64	0.64	0.61	0.60	
河北	0.76	0.71	0.68	0.65	0.67	0.68	0.67	0.59	0.62	

3. 京津冀城市群生产性服务业呈现单中心空间结构

从空间布局来看，生产性服务业呈单核心空间格局、同一水平区域连片发展的趋势，高低点有不同程度的变化。第一梯队始终只有北京一个城市，呈现单核心格局；第二梯队由四个减少为两个，天津和石家庄始终为第二梯队，衡水、秦皇岛均降为第三梯队；第三梯队保持七个不变，其中廊坊、邢台降为第四梯队。

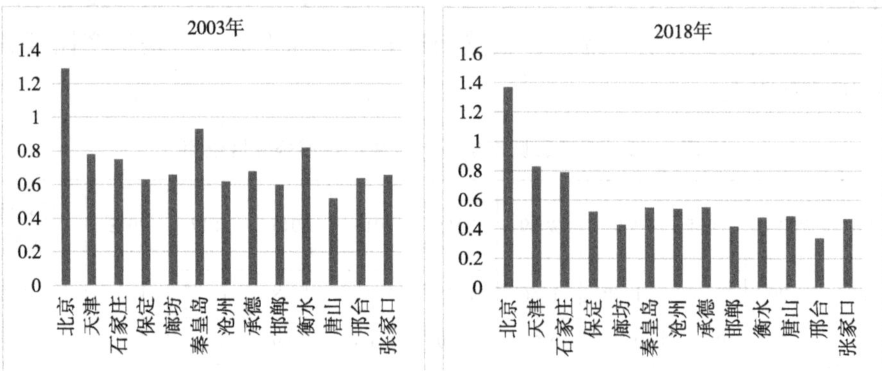

图 6-8　京津冀 2003 年与 2018 年生产性服务业集聚空间布局

三、京津冀生产性服务业与制造业协同集聚水平测度

（一）测算方法与公式

1. 基于城市群功能分工视角的测度

由于京津冀城市群呈现“中心－外围”产业格局，因此本章选取杜兰顿和普加（Duranton & Puga，2005）构建的城市功能专业化指数，测度京津冀地区的生产性服务业和制造业的协同集聚度，从城市功能分工的角度来反映城市的产业结构变化。公式如下：

$$FS_i = \frac{\sum_{j=1}^{n} E_{ijm} / \sum_{j=1}^{n} E_{ijp}}{\sum_{i=1}^{m}\sum_{j=1}^{n} E_{ijm} / \sum_{i=1}^{m}\sum_{j=1}^{n} E_{ijp}} \tag{6-5}$$

其中，m 代表管理人员；p 代表生产人员；i 代表地区，$i = 1,2,\cdots,M$；j 代表行业，$j = 1,2,\cdots,N$；E_{ijm} 表示 i 地区 j 行业的管理人员数量；E_{ijp} 表示 i 地区 j 行业的生产人员数量。考虑到数据的可获得性，借鉴冯剑（2018）的做法，选取生产性服务业从业人员总和代表管理部门人员，以制造业的从业人员代表生产部门人员。若 $FS_i > 1$，说明生产性服务业集中，城市功能专业化程度高；若 $FS_i < 1$，说明制造业集中，城市功能专业化程度低。

2. 区域内部各城市产业协同集聚指数

国内学者在结合中国实践的基础上，构建了许多产业协同集聚测度指标。陈国亮和陈建军（2012）在整合前人产业协同集聚指标的基础上构建了基于城市层面的产业协同集聚指数。杨仁发（2013）在此基础上进行了改良和完善，所构建的产业协同集聚指数更能衡量城市层面的产业协同集聚度。本章借鉴相关研究指标进行测度，公式如下：

$$CO_i = 1 - \frac{|LQ_{zi} - LQ_{si}|}{LQ_{zi} + LQ_{si}} \tag{6-6}$$

其中，LQ_{zi} 表示 i 地区制造业的区位商；LQ_{si} 表示 i 地区生产性服务业的区位商。该指标反映了城市内部两个产业的集聚度差异，数值越小，两个产业的集聚度差异越大，产业发展越不均衡；数值越大，两个产业的集聚度差异越小，产业发展越均衡。即地区的两个产业的集聚水平越接近，协同集聚水平就越高。

3. 基于城市群整体行业层面的产业协同集聚的测度

德弗鲁（Devereux）等（2004）简化构建的 E－G 共同集聚指数，不需要使用微观层面的企业数据，便于测算产业之间的协同集聚，因此得到广泛

使用（陈国亮、陈建军，2012；江曼琦、席强敏，2014）。本章采用 E－G 指标，公式如下：

$$r_{jk} = \frac{H_{jk} - (H_j \times w_j^2 + H_k \times w_k^2)}{1 - (w_j^2 + w_k^2)} \quad (6-7)$$

其中，w_j、w_k 为权重，即单一行业的从业人数占多个行业之和的比重；H_j、H_k、H_{jk} 分别代表产业的地理集中度，用前文中计算出来的赫芬达尔指数作为属性值。

（二）基于城市分工视角的产业协同集聚特征

1. 各地级市之间存在较大差异

从式（6－5）测度结果看（见表 6－7），北京的测度值不仅远高于城市群内其他城市，且远高于区域的平均值，指数一直大于 1，呈现波动上涨的趋势，年均增长率达到 2.17%，至 2018 年指数已达到 2.24，是区域平均值的近四倍。这表明在京津冀城市群内，北京的功能专业化水平一直很高，生产性服务业集中于北京。天津的城市功能分工指数低于北京且低于区域平均值，在 0.3～0.5 之间徘徊，呈现波动下降的趋势，年均增长率为－0.22%，表明在城市群内，天津的生产性服务业专业化水平较低，制造业在城市内相对比较集中。河北的各个城市总体分工数值较低，均小于 1，除石家庄和张家口的年均增长率为正数外，其他城市的年均增长率均为负数。

表 6－7　城市功能分工指数测度结果

年份	北京	天津	石家庄	保定	廊坊	秦皇岛	唐山	沧州	承德	邯郸	衡水	邢台	张家口	区域平均值
2003	1.62	0.48	0.54	0.69	0.83	0.85	0.43	0.84	0.80	0.63	0.90	0.82	0.56	0.77
2004	1.67	0.41	0.47	0.57	0.67	0.73	0.34	0.69	0.64	0.54	0.72	0.68	0.48	0.66
2005	1.66	0.41	0.51	0.55	0.61	0.69	0.34	0.66	0.52	0.53	0.72	0.68	0.54	0.65
2006	1.88	0.47	0.63	0.55	0.62	0.84	0.40	0.77	0.63	0.66	0.85	0.80	0.66	0.75
2007	1.91	0.48	0.61	0.48	0.58	0.75	0.37	0.77	0.60	0.59	0.79	0.73	0.59	0.71
2008	1.95	0.48	0.56	0.44	0.58	0.62	0.35	0.83	0.68	0.62	0.75	0.61	0.54	0.69
2009	1.98	0.43	0.57	0.44	0.43	0.53	0.32	0.81	0.63	0.74	0.76	0.56	0.55	0.67
2010	2.03	0.42	0.55	0.43	0.33	0.51	0.35	0.80	0.62	0.64	0.74	0.59	0.54	0.66
2011	2.28	0.33	0.67	0.41	0.29	0.59	0.39	0.65	0.75	0.67	0.57	0.65	0.68	0.69
2012	2.38	0.36	0.72	0.41	0.33	0.58	0.34	0.63	0.76	0.83	0.57	0.38	0.73	0.69
2013	2.41	0.36	0.73	0.45	0.34	0.65	0.45	0.71	0.71	0.45	0.66	0.41	0.78	0.70
2014	2.46	0.35	0.74	0.44	0.32	0.67	0.43	0.77	0.78	0.48	0.62	0.40	0.83	0.71

续表

年份	北京	天津	石家庄	保定	廊坊	秦皇岛	唐山	沧州	承德	邯郸	衡水	邢台	张家口	区域平均值
2015	2.50	0.37	0.67	0.39	0.34	0.59	0.41	0.72	0.73	0.46	0.64	0.36	0.81	0.69
2016	2.49	0.40	0.64	0.36	0.32	0.55	0.41	0.70	0.76	0.41	0.64	0.34	0.82	0.68
2017	2.37	0.46	0.60	0.36	0.21	0.43	0.34	0.72	0.90	0.41	0.89	0.44	0.69	0.68
2018	2.24	0.46	0.60	0.39	0.28	0.39	0.29	0.66	0.70	0.45	0.63	0.34	0.59	0.62
年均增长率	2.17%	-0.22%	0.62%	-3.73%	-6.91%	-5.14%	-2.75%	-1.62%	-0.88%	-2.21%	-2.34%	-5.76%	0.37%	-1.47%

2. 中心城市和周边城市指数差距呈现扩大的态势

从动态变化看，北京与京津冀其他城市的城市功能分工指数差距呈现扩大态势。北京的测度值持续上升，而其他城市的测度值持续下降。张家口、承德由于环境保护与自身资源的约束，二产发展缓慢；而廊坊、保定、邢台由于承接越来越多的来自北京的制造业转移，二产比重总体上升。

3. 城市群形成“中心－外围”的功能分工布局

进一步分析发现，北京主要发展服务业，京津冀周边城市则主要承担制造业功能，京津冀形成了“服务－生产”的产业布局。

（三）城市群各城市产业协同集聚特征

为更加直观地表现京津冀城市群各城市产业协同发展的情况，将生产性服务业总体区位商（LQ_s）、制造业区位商（LQ_z）与产业协同集聚指数（CO）综合进行分析。由于篇幅限制，选取2003年、2010年、2018年的指数进行分析，得到表6－8。根据表6－7、表6－8，对各城市的制造业与生产性服务业协同集聚状况进行描述。

表6－8　生产性服务业区位商、制造业区位商及产业协同集聚指数

	2003年			2010年			2018年		
	LQ_s	LQ_z	CO	LQ_s	LQ_z	CO	LQ_s	LQ_z	CO
北京	1.29	0.80	0.76	1.47	0.72	0.66	1.37	0.61	0.62
天津	0.78	1.64	0.65	0.71	1.70	0.59	0.83	1.79	0.63
石家庄	0.74	1.37	0.70	0.70	1.28	0.71	0.79	1.32	0.75
保定	0.63	0.92	0.82	0.46	1.09	0.60	0.52	1.32	0.56
张家口	0.66	1.18	0.72	0.48	0.90	0.70	0.47	0.79	0.75

续表

	2003 年			2010 年			2018 年		
	LQ_s	LQ_z	CO	LQ_s	LQ_z	CO	LQ_s	LQ_z	CO
沧州	0.62	0.74	0.91	0.47	0.59	0.89	0.54	0.82	0.79
承德	0.68	0.85	0.89	0.54	0.88	0.77	0.55	0.79	0.83
邯郸	0.60	0.95	0.78	0.48	0.76	0.78	0.43	0.94	0.62
衡水	0.82	0.92	0.94	0.61	0.82	0.85	0.48	0.77	0.77
廊坊	0.65	0.79	0.91	0.48	1.45	0.49	0.43	1.49	0.44
秦皇岛	0.93	1.09	0.92	0.69	1.35	0.68	0.55	1.41	0.56
唐山	0.52	1.20	0.61	0.49	1.37	0.52	0.49	1.71	0.44
邢台	0.64	0.78	0.90	0.43	0.73	0.74	0.34	1.01	0.51

资料来源：2003—2018 年《中国城市统计年鉴》。

1. 北京制造业与生产性服务业区位商指数

北京制造业区位商总体呈下降趋势，从 2003 年的 0.8 降到 2018 年的 0.61。生产性服务业的区位商不断提高，从 2003 年的 1.29 上升到 2018 年的 1.37，远高于区域内其他城市集聚度。产业协同集聚指数总体呈下降趋势（见图 6-9）。随着北京制造业集聚程度的降低和生产性服务业集聚程度的升高，产业结构出现不均衡状态，因而北京的产业协同集聚指数持续下降。

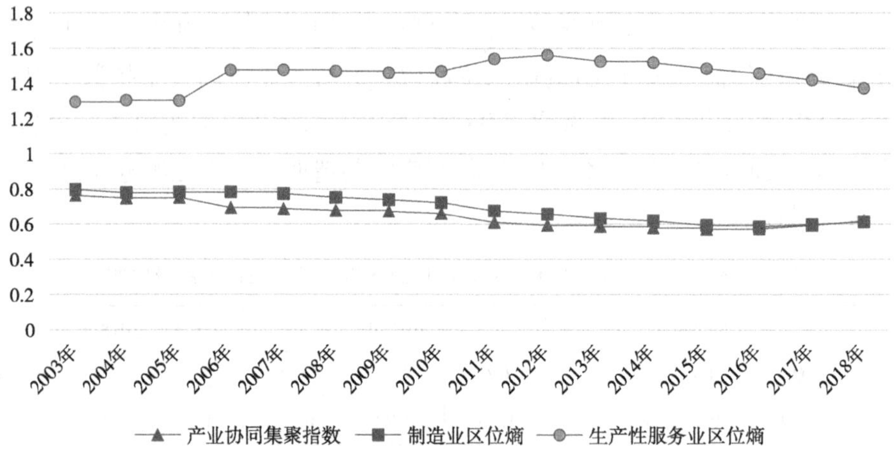

图 6-9 北京产业协同集聚指数、制造业区位商、生产性服务业区位商演变趋势

2. 天津制造业与生产性服务业区位商指数

天津制造业区位商相对于其他城市最高，并且总体呈“N”形波动上升趋势，从2003年的1.64上升到2018年的1.79。生产性服务业的区位商总体呈现“U”形波动趋势，从2003年的0.78降到2011年的0.59，之后开始上升到2018年的0.83，与天津第三产业占比逐渐上升趋势相符合。产业协同集聚指数总体呈现上升变动趋势。天津生产性服务业的区位商数值远小于制造业的区位商。2011年以后因为两个产业之间的集聚差异减小，产业开始向均衡布局发展，因此区域内产业协同集聚度也在上升（见图6－10）。

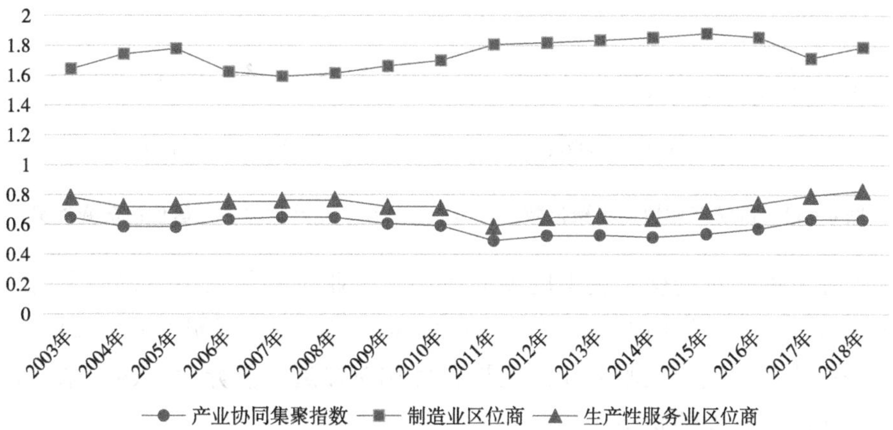

图6－10　天津产业协同集聚指数、制造业区位商、生产性服务业区位商演变趋势

3. 河北各地区位商指数

河北各地级市产业发展情况不同，可分为两类。第一类：廊坊、秦皇岛、保定、唐山、邢台、石家庄。这六个城市的共同特点是，随着承接北京的制造业转移，制造业区位商呈现急剧升高的趋势，但是与之对应的生产性服务业的集聚程度并没有呈现大幅度上升趋势，甚至有的呈现下降趋势，产业协同集聚水平相对较低。这些城市的制造业区位商指数相对较大，以制造业为主导产业的非均衡产业发展模式导致了产业协同集聚水平相对较低。以廊坊为例（见图6－11），制造业区位商从2003年的0.79上升到2018年的1.49，但同期生产性服务业的集聚程度出现缓慢下降，从0.65降到0.43。二者之间的集聚度差异越来越大，协同集聚度也因此持续下降。秦皇岛、保定、唐山、邢台、石家庄等城市的情况也与之类似，制造业的集聚度与生产性服务业的集聚度差异逐渐增大，产业发展不平衡，协同集聚度也因此持续下降，以制造业为主导产业的发展模式使本地的产业协同集聚水平相对较低。

第二类：衡水、张家口、承德、沧州、邯郸。这五个城市的共同特点是，

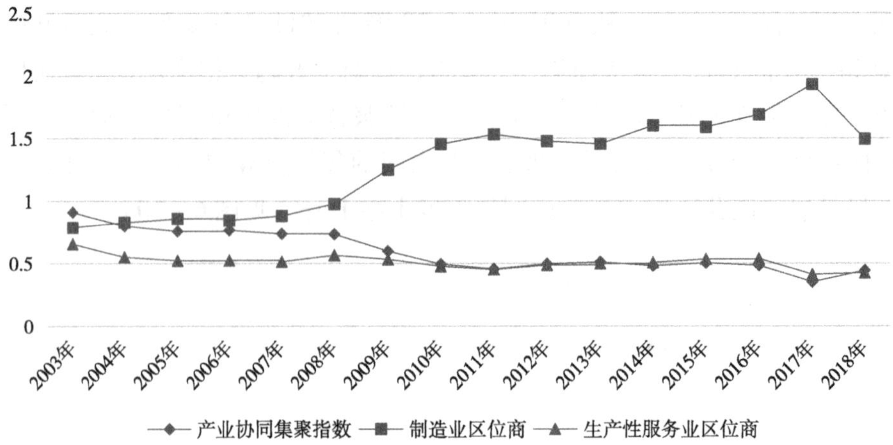

图6－11　廊坊产业协同集聚指数、制造业区位商、生产性服务业区位商演变趋势

两大产业发展相对均衡，集聚度差异较小，产业协同集聚指数逐渐上升。以衡水为例，二者区位商差异较小，协同集聚度相对较大（见图6－12）。主要原因是制造业和生产性服务业的集聚程度相对接近，差异没有逐渐增大，产业间处于均衡发展的状态。

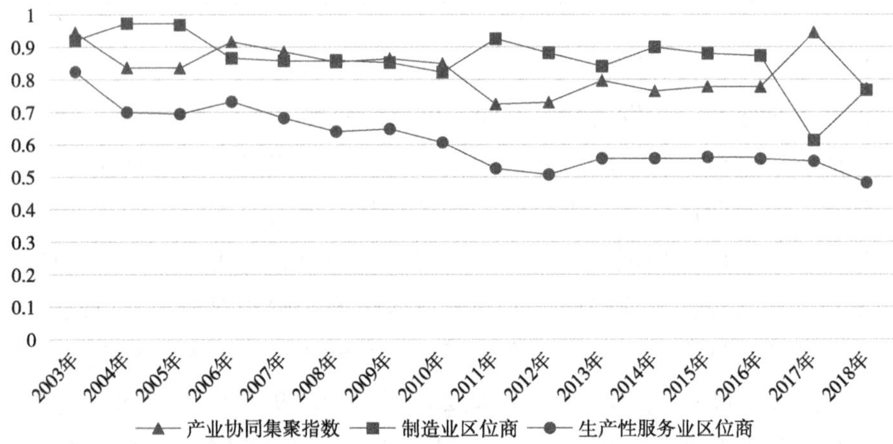

图6－12　衡水产业协同集聚指数、制造业区位商、生产性服务业区位商演变趋势

（四）基于行业层面的产业协同集聚特征

根据式（6－7）测算出各细分行业与制造业的协同集聚指数，因篇幅限制，此处将结果隔年展示（见表6－9），得出以下结论：

表 6－9　京津冀城市群各细分行业与制造业协同集聚指数

行业	2003	2005	2007	2009	2011	2013	2015	2016	2017	2018	年均增长率
房地产服务业与制造业	0. 28	0. 32	0. 23	0. 13	0. 20	0. 17	0. 16	0. 16	0. 19	0. 19	－2. 31%
交通服务业与制造业	0. 49	0. 55	0. 39	0. 42	0. 42	0. 38	0. 34	0. 32	0. 31	0. 31	－2. 94%
金融服务业与制造业	0. 13	0. 15	0. 13	0. 40	0. 13	0. 12	0. 12	0. 13	0. 13	0. 14	0. 58%
科技服务业与制造业	0. 42	0. 32	0. 31	0. 17	0. 29	0. 26	0. 25	0. 27	0. 32	0. 32	－1. 73%
信息服务业与制造业	0. 25	0. 24	0. 25	0. 14	0. 27	0. 22	0. 25	0. 24	0. 33	0. 36	2. 50%
商务服务业与制造业	0. 45	0. 61	0. 42	0. 26	0. 33	0. 26	0. 31	0. 30	0. 40	0. 38	－1. 14%

第一，各行业与制造业的产业协同集聚存在差异。2018 年，商务服务业与制造业协同度最高（0. 38），最低的是金融服务业（0. 14），后者约是前者的 1/3。

第二，从变动趋势看，房地产服务业、交通服务业、科技服务业、商务服务业与制造业的指标年均增长率为负，协同集聚度总体下降；金融服务业、信息服务业与制造业的指标年均增长率为正，协同集聚度总体上升。

第三节　产业协同集聚对产业结构升级效应的机理与实证检验

一、理论机制与研究假设

根据前文测度结果，京津冀城市群内部已经形成了“生产服务－制造”的“中心－外围”分工格局。一方面，技术密集型制造业由于对金融服务业、科研创新存在较高需求而能够继续在北京发展；另一方面，周边城市对于服务业的需求不能够完全从北京获取。因此，要加强各地级市生产性服务业和制造业协同集聚，进而促进本地产业结构向高级化与合理化方向发展。在地级市范围内研究两大产业的协同集聚对本地产业结构优化调整具有实际意义。本节将首先探讨产业协同集聚对产业结构升级的作用机理（见图 6－13）。通过对以往文献和理论的梳理，将产业协同集聚促进产业结构优化升级的传导机制分为三条路径：第一，产业协同集聚通过产业分工细化、产业链不断延伸、互补性产业共同发展，使产业结构高级化；第二，产业协同集聚通过要素耦合和资源的重新配置、产业关联效应与共生经济来优化结构布局；第三，二者协同集聚通过知识溢出的正向效应与集聚产生的负向效应共同作用。由于产业协同集聚会使产业结构向高级化与合理化方向发展，因此提出假设1：

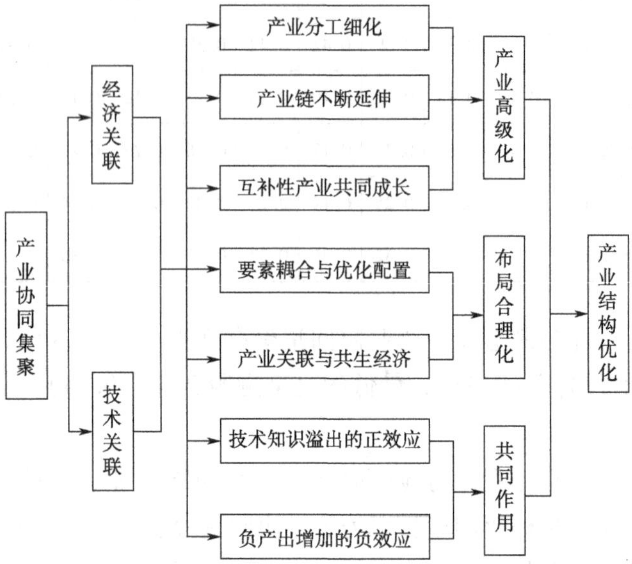

图6－13　产业协同集聚对产业结构优化的作用机理

H1：产业协同集聚会对产业结构升级产生正向作用。

由图6－13可知，产业协同集聚影响产业结构升级的因素和路径是多方面的，产业过度集聚产生的正向效应和负向效应共同作用于产业结构，可能会产生复杂的影响。同时，影响产业结构的因素也会影响产业的协同集聚度。在此提出假设2：

H2：产业协同集聚对产业结构优化作用表现出非线性特征。

二、产业协同集聚促使产业结构向高级化方向发展

产业协同集聚促进产业分工精细化，产业链不断延伸，促进互补性产业共同成长。波特的价值链理论阐释了这一发展过程：

第一，在社会分工初级阶段，随着价值链各生产工序的垂直分离，生产性服务业从制造业中剥离出来，实现专业化发展。同时，制造业企业服务环节的剥离，使资源更多地集中在核心研发环节，从而不断提升产品的附加值，最终实现产业升级。两大产业的发展使产业分工逐渐精细化，产业链条开始延伸。

第二，随着分工的深化，产业链不断延伸，产业实现互补性发展。产业链上的企业开始向着专业化方向发展。生产性服务业的专业化服务使交易成本降低，创新研发能力和企业的全要素生产率提升。制造业的升级使得对服务业的需求向多样化发展，市场的扩大刺激服务业的专业化发展。

第三，在分工深化阶段，生产价值链得到重新组合。服务要素在价值链中的重要性逐渐凸显。作为提升本地企业竞争力的关键因素，服务业具有更加高效、更加专业的特点。生产性服务业重新逐渐融入制造业的各个生产环节，形成新的价值链。因此，附加值高的技术、服务也融合到各个生产环节中，降低企业生产成本。服务业也在市场需求和高素质人才积累的影响下，不断提高其产业创新能力。

三、产业协同集聚促使产业布局向合理化方向发展

（一）基于产业间的关联效应

产业协同集聚强化了二者之间的投入产出联系，使二者的相互促进作用不断加强。从投入产出关联的角度来看，有着前向和后向联系的产业协同集聚，有利于深化产业之间的协作关系，充分发挥各个产业的优势。随着专业化程度的提升，制造业需要获得的中间服务与产品也越来越多样，因此也要付出更大的成本，产品的竞争力也会下降。因此，地理空间上的产业协同集聚可以降低中间交易成本，让本地企业更加有竞争力。这样可以吸引更多的相关产业来本地，产业之间的关联也将更加丰富、多样和深化。

（二）基于产业间的共生效应

制造业与生产性服务业通过引导生产要素自由流动、改变生产的组织结构及发展模式实现了产业的共生发展。第一，产业间的共生效应使生产要素在产业间自由流动。随着产业分工的逐渐细化及产业链与技术链的联结，生产性服务业与制造业之间呈现出共生状态，形成了互补的关系。因为产业间的增长效应取决于构成产业子系统的生产要素，生产性服务业和制造业对技术、劳动附加值等生产要素的创新提出了更高的要求。通过高新技术生产要素的整合，可以促进产业结构的持续升级。第二，在共生系统中，制造业和生产性服务业之间的功能分配虽然不同，但它们有着相同的利益取向。当两者的互动得到加强时，两者之间的相互作用也得到加强，生产组织结构也将发生变化。

四、产业协同集聚产生正向效应与负向效应

（一）产业协同集聚产生的正向效应

1. 产业协同集聚促进技术创新

生产性服务业具有知识、技术密集型的产业特征。同一空间的集聚能够降低知识技术在产业间流动成本，也有利于人才、技术等生产要素在区域间与区域内的流动，形成技术创新的空间溢出效应。

2. 产业协同集聚提高了资源利用效率

首先，产业协同集聚有利于促进资本要素和劳动力要素在城市间和产业间的自由流动，改变资源先天优势与本地产业发展不匹配的情况。其次，产业协同集聚可以通过降低市场门槛、加快资产转移、共享人力资本与知识来实现资源的优化整合，进而提高资源利用率。最后，产业协同集聚有利于改善投资环境。一方面，通过完善基础设施，为产业发展提供良好的外部环境。另一方面，高度发达的生产性服务业必将形成一整套配套服务，为投资、生产经营活动提供重要保障。交通、仓储、物流服务业的发展提高了城市交通的便利性和开放程度；信息技术和科技服务业的发展提高了城市现代化水平和创新水平；金融保险服务业的发展降低了信息成本和交易成本，提高了城市资本市场的配置效率；法律咨询服务业的发展完善了城市法律服务体系，优化了城市法律体系的制度环境。

（二）产业协同集聚产生的负向效应

拥挤效应指的是在一个地理空间上，产业经济过度集聚而产生的负面非经济效应。当产业协同集聚超过适度范围之后，协同集聚的拥挤效应开始占据主导地位，具体表现为生产要素价格上升、企业生产成本上升、基础设施负网络外部性等；或者即使要素投入并未引起拥挤效应，也会因为制造业或生产性服务业过度供给导致过度竞争，从而降低资源配置效率，最终抑制产业结构的优化发展。

（三）集聚经济的正向效应与负向效应结合

一个地区的产业结构是产业协同集聚的正向效应与负向效应综合作用的结果，为共享公共设施、缩短交易距离以降低成本，制造业企业在地域之内形成集聚，作为提供中间服务和产品的生产性服务业，也开始在同一空间形成集聚。这两大产业存在内在关联，互为对方的供给和需求，在本地实现协同发展。二者共享劳动力市场、共享基础设施、促进创新要素在本地的溢出，

由此产生了正向的集聚效应，使得各项成本进一步下降，改善本地的投资环境。这个良性循环的过程，促使本地的产业得到发展。在正的外部效应中，非常重要的是技术创新的外溢，本地的产业由此得到整体的提升，产业实现升级。但是在一个空间之内，资源要素是有限的，能够承受的经济活动也是有限的。超过这个限度，两个产业之间的良性循环会被打破，从一开始的相互促进，到后期开始争夺资源：劳动力资源、土地资源以及各种要素短缺，使得生产成本、交易成本开始上升；产业之间、企业之间会产生挤出效应，竞争力强的企业会将竞争力弱的企业挤出，而留存下来的产业对于本地产业结构、本地经济的影响是否为正向的也是不可知的。

五、产业协同集聚对产业结构升级的实证检验

（一）京津冀产业协同集聚对产业结构升级的影响效应

通过构建普通 OLS 模型与动态面板模型，使用京津冀城市群 13 个城市的面板数据对假设 1 作出实证检验，得出结论：生产性服务业与制造业的协同集聚推动产业结构升级，并且这种正向推动并不限于当期。

1. 变量选取

被解释变量为产业结构升级指标（*dus*）。核心解释变量为产业协同集聚指数（*co*）。控制变量包括：

（1）人力资本（*hum*）。地区劳动力市场的整体水平对本地产业具有非常重要的影响，区域内劳动者的受教育水平、高科技人才的数量对本地产业结构优化升级具有决定性的影响。人力资本在本地的积累及其在企业之间的流动，可以使整个企业的创新能力提高。新的科技可以降低产品的生产成本，增加产品附加值，从而使本地的产业向高级化方向发展。借鉴孙慧（2016）的研究，用每万人高校在校大学生数量作为衡量人力资本的指标。

（2）对外开放程度（*fdi*）。对外开放可以吸引外资进入，通过资本供给效应提高本地的生产设施水平（张翠菊，2015）。对外开放程度高，代表利用国外先进技术与科学知识的水平也较高，可以节省自主研发的成本，提高本地的科技水平与企业生产能力。也有学者认为，对外开放抑制制造业价值链升级（冯伟、李嘉佳，2018），对外开放水平与产业结构优化呈倒“U”形关系（贾妮莎，2017）。借鉴盛红（2018）的变量选择方法，以城市当年实际使用外资额（利用各年度美元与人民币的平均汇率进行折算）占 GDP 的比重来衡量对外开放水平。

（3）政府干预程度（*gov*）。产业结构及其集聚状态受本地政府影响很大，尤其是生产性服务业的发展更是如此。地方政府通过完善基础设施、实行高层次人才引进、对高新技术产业发展进行财政补贴等方式来引导本地产业的发展，促进产业结构优化升级。借鉴徐现祥（2014）的思路，采用城市一般政府财政预算内支出占 GDP 的比重表示政府对经济的干预程度。

（4）创新研发投入（*rd*）。区域内产业能否整体实现升级、产业结构能否向着高级化方向发展，本地的创新能力、科技水平起着至关重要的作用。俞立平（2015）发现政府科技投入对本地创新能力的贡献最大，借鉴其研究成果，用地方财政科学支出占地方财政支出比重来衡量创新研发投入。

（5）基础设施（*inf*）。良好的基础设施有助于降低生产成本，促进产业集聚，吸引外来投资。交通体系的完善有助于降低运输成本，提升企业全要素生产率，因而交通体系的完善、合理与否成为衡量城市基础设施水平的重要指标。借鉴张可（2019）的方法，采用各城市人均道路面积来衡量城市基础设施水平。

（6）城市规模（*city*）。规模不同的城市能够承受经济活动的量级不同。规模大的城市有更丰富的劳动力市场，劳动者的素质也相对更高，可通过提高创新能力、增加产品的附加值、提高经济活动的效率等来推动本地产业结构升级。

2. 模型构建

为降低异方差的影响，对所有数据取自然对数。构建普通 OLS 模型，选取 2003—2018 年京津冀城市群 13 个城市的面板数据进行实证，由于时间维度（T）大于个体维度（N），面板数据为长面板。在长面板中，由于 N 相对于 T 较小，对可能存在的固定效应，可加入个体虚拟变量（LSDV 法）；对于时间效应，可加上时间趋势项来控制。建立 OLS 模型如下：

$$\ln dus_{it} = \beta_0 + \beta_1 \ln co_{it} + \beta_2 \ln hum_{it} + \beta_3 \ln fdi_{it} + \beta_4 \ln gov_{it} + \beta_5 \ln rd_{it} + \beta_6 lninf_{it} + \beta_7 \ln city_{it} + u_i + \varepsilon_{it} \quad (6-8)$$

考虑到产业结构优化升级在时间上有一定的延续性，即被解释变量的滞后项对其本身也会产生影响，因此采用动态面板模型进行动态分析，建立滞后一期（1 年）的回归模型：

$$\ln dus_{it} = \beta_0 + \beta_1 \ln dus_{i,t-1} + \beta_2 \ln co_{it} + \beta_3 \ln hum_{it} + \beta_4 \ln fdi_{it} + \beta_5 \ln gov_{it} + \beta_6 \ln rd_{it} + \beta_7 \ln inf_{it} + \beta_8 \ln city_{it} + u_{i+} \varepsilon_{it} \quad (6-9)$$

3. 实证结果

普通 OLS 回归和动态面板回归结果如表 6 - 10 所示。

表 6－10　OLS 回归与动态面板回归结果

变量	OLS 回归	滞后一期回归
ln*co*	1.389 5***	0.938 8***
ln*city*	0.328 9	0.718 9
ln*fdi*	0.018 1	0.011 2
ln*gov*	－0.321 4***	－0.138 9
ln*hum*	－0.013 1	－0.013 3
ln*rd*	－0.025 8	－0.018 5
ln*inf*	－0.253 3***	－0.182 2**
L. ln*dus*		0.513 3***
_ cons	－2.989 1	
N	208	195
R^2	0.943 0	
p	0.000 0	

注：* 表示 $p<0.1$；** 表示 $p<0.05$；*** 表示 $p<0.01$。

从普通 OLS 回归结果可以得出：核心变量产业协同集聚指数（*co*）通过了 1% 的显著性检验，系数 1.389 5 显著为正，表明生产性服务业和制造业的协同集聚对产业结构升级具有正向作用，验证了前面提出的假设 1。动态面板回归结果同时显示，核心变量产业协同集聚指数（*co*）通过显著性检验，系数为 0.938 8，显著为正；L. ln*dus* 系数为 0.513 3，表明协同集聚对产业结构升级的正向影响并不限于当期。

（二）产业协同集聚对产业结构升级效应的约束因素实证检验

产业协同集聚影响产业结构升级的因素和路径是多方面的，单一的线性关系不具有说服力。产业过度集聚时，产生的正向效应和负向效应共同存在，协同集聚对产业结构产生的影响具有不确定性，影响产业结构的因素也会影响产业的协同集聚度。在相关因素作用下，产业协同集聚对产业结构优化升级的作用表现出非线性特征。以下通过门槛回归计量模型，对假设 2 进行实证检验，分别以产业专业化程度、政府干预程度、研发投入为门槛变量，发现生产性服务业与制造业的协同集聚对产业结构优化升级存在非线性特征。

1. 研究方法

根据对产业结构升级的文献梳理，发现产业协同集聚对产业结构优化升级存在门槛效应。本部分借鉴周明生和陈文翔（2018）的做法，采用门槛回归法作为对假设2进行实证检验的模型。门槛模型是非线性模型，是对分组检验方法的扩展，可以避免传统分组检验中存在的确定分组标准的主观性问题，也可以避免交互检验存在的共线性问题。公式如下：

$$Y_{it} = \sigma_i + \beta_1' X_{it} \cdot I(q_{it} \leqslant \gamma) + \beta_2' X_{it} \cdot I(q_{it} > \gamma) + \theta D_{it} + \varepsilon_{it} \tag{6-10}$$

其中，q_{it} 为门槛变量，γ 表示待估计的门槛值，$I(\cdot)$ 表示示性函数，D_{it} 为控制变量，σ_i 表示个体效应，ε_{it} 为独立同分布的随机扰动项。该模型也可以分解为：

$$y_{it} = \begin{cases} u_i + \beta'_1 x_{it} + \theta D_{it} + \varepsilon_{it} & q_{it} \leqslant \gamma \\ u_i + \beta'_2 x_{it} + \theta D_{it} + \varepsilon_{it} & q_{it} > \gamma \end{cases} \tag{6-11}$$

2. 变量选取

（1）被解释变量：产业结构升级指标（*dus*）。

（2）核心解释变量：产业协同集聚指数（*co*）。

（3）门槛变量：根据前文机理分析，产业协同集聚对产业结构优化升级的作用路径是复杂的。产业集聚产生的正向效应和负向效应的作用结果是未知的，影响产业结构升级的因素同时也会影响产业的协同集聚。在这些因素的作用之下，存在门槛变量约束产业协同集聚度对产业结构优化升级的促进作用。本部分对控制变量进行了门槛效应检验，通过显著性检验的变量有：政府干预程度（*gov*）、创新研发投入（*rd*）。借鉴庄德林（2017）的做法，将制造业专业化程度（*lqz*）与生产性服务业专业化程度（*lqs*）分别作为门槛变量。产业间专业化水平的不同会导致产业协同集聚对产业结构优化升级效应出现异质性，是约束全要素生产率的重要条件（伍福先，2017）。

（4）控制变量：将未通过门槛效应检验的城市规模（*city*）、人力资本（*hum*）、基础设施（*inf*）继续作为控制变量。虽然未通过门槛效应显著性检验，但是这些变量依旧是影响产业结构的重要因素。

详见表6－11。

表6－11　模型变量选取

变量	影响因素	实证验证指标	符号
被解释变量	产业结构升级	城市生产性服务业和制造业的相对就业规模	*dus*
核心解释变量	产业协同集聚度	制造业与生产性服务业的协同集聚度	*co*
门槛变量	制造业专业化程度	制造业集聚程度	*lqz*
	生产性服务业专业化程度	生产性服务业集聚程度	*lqs*
	政府干预程度	城市一般政府财政预算内支出占 *GDP* 的比重	*gov*
	创新研发投入	地方财政科学支出占地方财政支出的比重	*rd*

续表

变量	影响因素	实证验证指标	符号
控制变量	城市规模	年末总人口数	*city*
	人力资本	每万人高校在校大学生数量	*hum*
	基础设施	各城市人均道路面积	*inf*

3. 模型构建与实证分析

面板门槛回归模型设定为：

$$y_{it} = \sigma_i + \beta'_1 CO_{it} \cdot I(q_{it} \leqslant \gamma) + \beta'_2 CO_{it} \cdot I(q_{it} > \gamma) + \theta D_{it} + \varepsilon_{it} \quad (6-12)$$

通过该模型检验门槛效应的真实性和显著性，检验门槛模型系数 β_1 和 β_2 之间是否存在显著性差异并验证门槛估计值与真实值是否一致。

（1）显著性检验。

原假设为 $H_0: \beta_1 = \beta_2$

定义似然比统计量为：$LR = (SSR^* - SSR_1(\hat{\gamma}))/\hat{\sigma}^2$

其中，SSR^* 为原假设约束条件下计算得出的残差平方和，且 $SSR^* \geqslant SSR_1(\hat{\gamma})$。若差值越大，越倾向于拒绝 H_0：$\beta_1 = \beta_2$。如果检验结果拒绝原假设，则判断存在门槛效应；但是在原假设成立的条件下，由于门槛值 γ 具有不确定性，导致统计量 F_1 并不满足标准正态分布，无法计算其临界值。可采用自抽样法模拟得出 p 值，根据 p 值对门槛值的显著性进行检验。

（2）真实性检验。单一门槛真实性检验的原假设和检验统计量为：

$$H_0: \gamma_0 = \gamma_1$$

$$LR(\gamma) = (SSR(\gamma) - S_1(\hat{\gamma}))/\hat{\sigma}^2 \quad (6-13)$$

可以证明，在原假设成立的情况下，$LR(\gamma)$ 的渐近分布虽然是非标准的，但使用其累积分布函数可以直接计算出其临界值。若单门槛效应检验拒绝原假设 H_0，表明至少存在一个门槛值，则需要继续对第二个门槛值进行检验，以此类推。

4. 制造业专业化实证结果

以制造业区位商为门槛变量，进行门槛效应检验，结果见表 6-12。

从表 6-12 可以看到，该变量存在单一门槛值时，p 值小于 0.01，通过 1% 显著性检验。因此根据回归结果，设定单一门限回归模型，并进行真实性检验。

表 6-12 门槛效应检验结果

门槛	*RSS*	*MSE*	*F-stat*	*Prob*	临界值		
					*Crit*10	*Crit*5	*Crit*1
单一门槛	14.443	0.075	49.470	0.010	28.976	35.092	47.984
双重门槛	13.714	0.071	10.200	0.477	28.230	40.424	51.912
三重门槛	13.238	0.069	6.910	0.637	18.317	24.448	34.394

（1）真实性检验。由门槛值回归结果（见表 6-13）可知，第一门槛估计值为 0.612，置信区间为（0.610，0.614）。结合似然比函数序列趋势图（见图 6-14）可以看出，第一门槛估计值处于置信区间范围内，且似然比统计量都小于临界值，门槛模型通过了真实性检验。

表 6-13 门槛值及置信区间

model	Threshold	Lower	Upper
Th-1	0.612	0.610	0.614

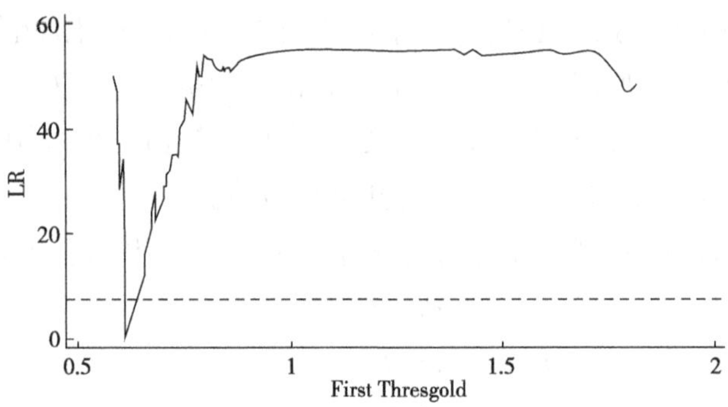

图 6-14 似然比函数序列趋势图

（2）回归结果。根据估计结果（见表 6-14），当制造业区位商小于 0.612 时，产业协同集聚的系数为正数，并且通过了显著性检验，表明二者协同集聚能推动产业结构升级。当区位商大于门槛值时，虽然影响系数依然为正数且通过显著性检验，但数值由 1.26 降为 0.32。虽然在第二区间之内产业协同集聚仍然推动结构升级，但促进效应降低。通过上述检验可知，当以制造业区位商作为门槛变量时，产业协同集聚对产业结构变动存在门槛效应。制造业过度集聚带来的负外部效应抵消了一部分产业协同集聚对产业结构升级的正外部效应。

京津冀城市群内各城市近三年的年均制造业区位商指数不同，小于门槛值0.612的城市只有北京。城市群的中心城市制造业的集聚程度不高，更加有利于发挥制造业和生产性服务业协同互动效应；城市群其他城市的门槛值均大于0.612，这意味着在周边城市制造业高度集聚的情况下，制造业与生产性服务业协同集聚对当地城市产业结构升级的互动协同效应已经开始减弱。

表6－14　门槛变量的回归结果

控制变量	Coef.	Std. Err.	*t*	*P*＞*t*	[95% Conf. Interval]	
city	2.102	0.418	5.020	0.000	1.277	2.927
hum	5.125	0.532	9.630	0.000	4.076	6.175
inf	13.287	3.025	4.390	0.000	7.321	19.253
门槛变量						
0	1.262	0.293	4.310	0.000	0.684	1.839
1	0.319	0.294	1.080	0.281	－0.262	0.899
_cons	－1.601	0.279	－5.730	0.000	－2.152	－1.051

5. 生产性服务业专业化分析

门槛效应检验的结果如表6－15所示。

表6－15　门槛效应检验结果

门槛	*RSS*	*MSE*	*F－stat*	*Prob*	临界值		
					*Crit*10	*Crit*5	*Crit*1
单一门槛	10.156	0.053	137.300	0.020	20.569	39.070	139.021
双重门槛	6.502	0.034	107.890	0.000	21.385	30.453	41.439
三重门槛	6.334	0.033	5.090	1.000	133.727	142.151	161.513

从表6－15可以看到，单一门槛5%显著性下的检验以及双重门限通过了1%显著性的检验，存在单一门限与双重门限值，继而进行双重门限模型回归并且对真实性进行检验。

（1）真实性检验。由门槛值回归结果（见表6－16）可知，第一门槛估计值为0.93，第二门槛值为1.476。由似然比函数序列趋势图（见图6－15）看出，第一门槛估计值与第二门槛值均处于置信区间范围内，且似然比统计量都小于临界值，模型通过了真实性检验。

表 6-16 门槛值及置信区间

model	Threshold	Lower	Upper
Th-1	0.930	0.872	1.293
Th-21	0.930	0.872	1.293
Th-22	1.476	.	.

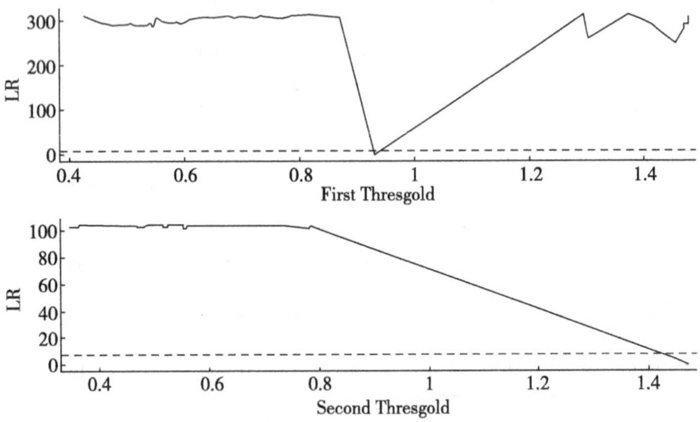

图 6-15 似然比函数序列趋势图

（2）回归结果。根据估计结果（见表 6-17）来看，区位商低于 0.93 时，协同集聚对产业结构有显著影响，系数为正。当位于（0.93，1.476）之间时，系数由正转负且仍然显著。当区位商大于 1.476 时，系数依然为负并且变大。这表明以生产性服务业区位商作为门槛变量时，协同集聚对产业结构升级的影响存在显著的门槛效应。随着生产性服务业集聚度不断上升，协同集聚对产业结构升级的影响作用由促进转为抑制。主要原因在于：开始时京津冀城市群周边城市制造业集聚处于较高水平，极大地促进了对生产性服务业的中间需求，从而使两大产业协同集聚从整体上促进了产业结构升级。但随着生产性服务业的专业化发展，逐渐处于该地区的主导地位，低端生产性服务业的过度集聚和竞争对制造业发达地区的制造业具有挤出效应。同制造业集聚类似，过度集聚带来的负外部性效应抵消了产业协同集聚产生的部分正的外部性效果。生产性服务业的过度集聚减弱了产业协同集聚对产业结构升级的促进作用。

表 6-17 门槛变量的回归结果

控制变量	Coef.	Std. Err.	t	$P>t$	[95% Conf. Interval]	
city	0.004	0.001	7.900	0.000	0.003	0.005
hum	0.001	0.000	2.190	0.029	0.000	0.001
inf	-0.007	0.006	-1.110	0.270	-0.020	0.006
门槛变量						
0	1.510	0.201	7.500	0.000	1.113	1.907
1	-14.524	1.309	-11.090	0.000	-17.106	-11.941
2	-16.553	1.486	-11.140	0.000	-19.484	-13.623

根据前文表 6-6，2018 年北京、天津、河北的生产性服务业的区位商整体分别为 1.37、0.83、0.62，北京生产性服务业的区位商已经位于第二区间，集聚产生的挤出效应开始大于产业协同集聚带来的正面效应。天津和河北各城市依旧处于第一区间，产业协同集聚的正面效应大于挤出效应。

6. 以研发投入占比为门槛变量

进行门槛效应显著性检验的结果如表 6-18 所示。

表 6-18 以研发投入占比为门槛变量的门槛效应检验结果

门槛	*RSS*	*MSE*	*F-stat*	*Prob*	临界值		
					*Crit*10	*Crit*5	*Crit*1
单一门槛	14.839	0.077	24.300	0.073	22.619	26.998	34.285
双重门槛	13.836	0.072	13.910	0.360	22.415	28.974	45.479
三重门槛	13.202	0.069	9.230	0.727	48.362	61.996	86.428

从表 6-18 可以看到，单一门槛通过了 10% 显著性下的检验，双重门槛与三重门槛均没有通过显著性检验，表明存在单一门槛值，因此进行单一门限模型回归并且对真实性进行检验。

（1）真实性检验。由表 6-19 可知，第一门槛估计值为 0.038。由似然比函数序列趋势图（见图 6-16）可以看出，第一门槛估计值处于置信区间范围内，且似然比统计量都小于临界值，说明模型通过了真实性检验，门槛估计值与实际门槛值相等。

表 6-19 以研发投入占比为门槛变量的门槛值及置信区间

model	Threshold	Lower	Upper
Th-1	0.038	0.037	0.045

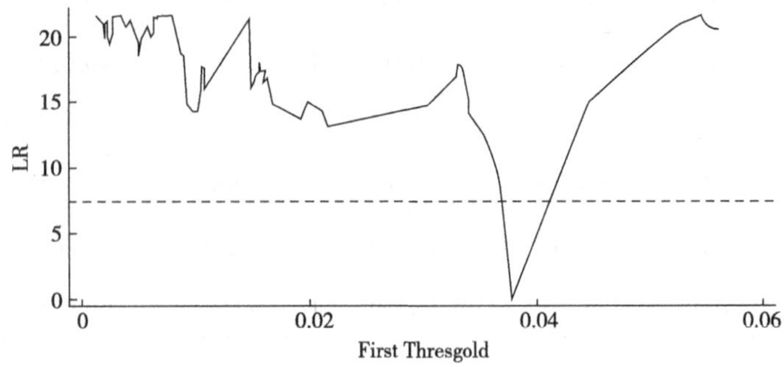

图 6-16 以研发投入占比为门槛变量的似然比函数序列趋势图

（2）回归结果。根据估计结果（见表 6-20），以研发投入占比为门槛值时，协同集聚对产业结构的影响系数持续为正，p 值小于 1%，通过显著性检验，协同集聚推动产业结构升级。当研发投入占比在（0，0.038）范围之内时，系数为 1.665；在（0.038，1）范围内时，系数为 2.742。当研发投入占比跨过门槛值 0.038 时，影响系数由 1.665 升为 2.742。这说明随着研发投入的不断提高，协同集聚不断推动产业结构升级。

表 6-20 以研发投入占比为门槛变量的回归结果

控制变量	Coef.	Std. Err.	t	P>t	[95% Conf. Interval]	
city	0.007	0.001	10.490	0.000	0.006	0.008
hum	0.000	0.000	0.750	0.456	-0.001	0.001
inf	-0.019	0.008	-2.360	0.020	-0.036	-0.003
门槛变量						
0	1.665	0.260	6.410	0.000	1.153	2.178
1	2.742	0.363	7.550	0.000	2.026	3.458

2016—2018 年京津冀总体上地方财政科学支出占地方财政支出的比重[①] 分别为：0.030 2、0.033 6、0.034 0。整体没有达到 0.038 的门槛值，说明需

① 各地地方财政科研支出占地方财政支出比重的数据，根据 2016—2018 年《中国城市统计年鉴》数据运算得到。

要在整体区域内提高研发投入，提高创新能力带动京津冀整体产业结构升级。

从城市群分工的角度看，北京2018年地方财政科学支出占地方财政支出的比重为0.057，高于门槛值，同时也高于城市群内其他城市的研发投入占比，表明在较高创新投入的情况下，产业协同集聚对产业结构升级有促进作用，且大于其他城市。天津2018年财政科学支出占地方财政支出的比重为0.034，没有达到第一区间，但高于河北的各城市科研支出占比，说明天津的研发投入需要继续增加，以达到使产业协同集聚产生更大外部正效应的目的。河北各个城市2018年的研发投入占比均值为0.008，研发投入占比最大的城市为0.011 9，距离门槛值0.038还有一段距离。城市群内科技研发占比投入不同，使产业协同集聚对产业结构升级的促进作用产生区别，促进京津冀协同发展还需要周边城市政府增加研发投入，以缩小区域内的差距。

7. 以政府干预程度为门槛变量

进行门槛效应显著性检验的结果如表6－21所示。

表6－21　以政府干预程度为门槛变量的门槛效应检验结果

门槛	*RSS*	*MSE*	*F－stat*	*Prob*	临界值		
					*Crit*10	*Crit*5	*Crit*1
单一门槛	12.735	0.066	130.180	0.000	54.543	66.119	78.815
双重门槛	11.905	0.062	13.380	0.287	21.676	26.345	33.014
三重门槛	11.500	0.060	6.760	0.653	15.253	17.635	23.513

从表6－21可以看到，单一门槛通过了1%的显著性检验，双重门槛与三重门槛均没有通过显著性检验，表明存在单一门槛值，因此进行单一门限模型回归并且对其真实性进行检验。

（1）真实性检验。由门槛值回归结果（见表6－22）可知，第一门槛估计值为0.230，置信区间为（0.220，0.230）。结合似然比函数序列趋势图（见图6－17）看到，第一门槛估计值处于置信区间范围内，且似然比统计量都小于临界值，说明模型通过了真实性检验。

表6－22　以政府干预程度为门槛变量的门槛值及置信区间

model	Threshold	Lower	Upper
Th－1	0.230	0.220	0.230

（2）回归结果。根据估计结果（见表6－23）来看，以政府支出占比为门槛值时，产业协同集聚对产业结构升级的影响系数显著为正数，说明制造

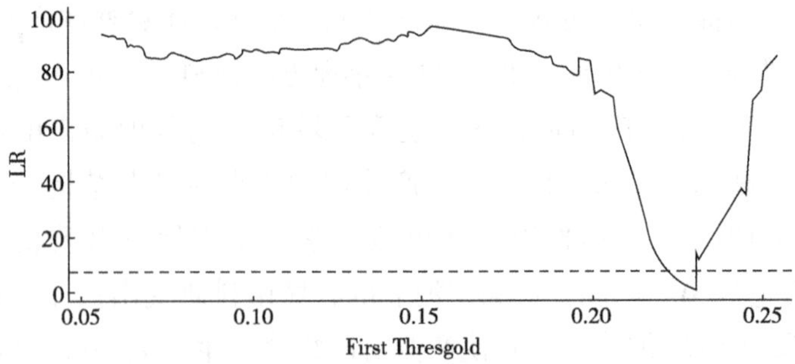

图 6－17　以政府干预程度为门槛变量的似然比函数序列趋势图

业与生产性服务业协同集聚对于产业升级有促进作用。

表 6－23　以政府干预程度为门槛变量的回归结果

控制变量	Coef.	Std. Err.	t	$P>t$	[95% Conf. Interval]	
city	0.006	0.001	12.190	0.000	0.005	0.008
hum	0.000	0.000	0.880	0.381	-0.000	0.001
inf	-0.024	0.007	-3.540	0.001	-0.037	-0.011
门槛变量						
0	1.250	0.222	5.620	0.000	0.811	1.688
1	2.305	0.226	10.210	0.000	1.859	2.750

以门槛值将政府支出占比分为两个区间，第一区间为（0，0.230），第二区间为（0.230，1）。政府预算支出占比位于第一区间时系数为 1.250，当政府预算支出占比位于第二区间时系数为 2.305；跨过门槛值 0.230 时，影响系数由 1.250 升为 2.305，这表明二者协同集聚推动产业结构升级的力度增强。总体来说，在政府财政支出的干预之下，随着政府投入的不断提高，产业协同集聚推动产业结构升级存在门槛效应，规模经济放大了政府财政干预的影响。

2016—2018 年京津冀地区整体政府支出比重分别为 0.214、0.202、0.215[①]，没有达到门槛值 0.230，表明需要从京津冀地区整体角度，适当提升政府对经济的干预程度，进而优化调整产业结构。

从城市群分工角度看，中心城市北京 2018 年地方政府一般预算内支出占 GDP 的比重为 0.246，高于门槛值，同时也高于城市群内其他城市对经济的

① 各地政府支出占 GDP 的比重均是根据《中国城市统计年鉴》数据计算得来。

干预度。这表明在政府较高的财政支出下，产业协同集聚对产业结构升级有促进作用。天津2018年财政支出占比为0.165，低于门槛值。天津的主导产业是制造业，制造业集聚程度远大于生产性服务业，相对于中心城市高端服务业对政策的依赖，低端生产性服务业则更多地依赖于服务效率提升、服务功能完善和生产成本节约等因素。因此，天津的政府干预对产业协同集聚促进生产性服务业的效应相对较弱，政府对经济的干预相对较小。河北2018年各城市总体的政府支出占GDP的比重为0.215，没有达到门槛值0.230。河北各地级市政府支出占比情况不尽相同，其中张家口、保定、承德等城市的占比均高于门槛值，其他城市占比低于门槛值。

京津冀城市群内各地方政府对经济干预程度的不同使产业协同集聚对产业结构升级的促进作用也不同。没有到达门槛值的城市应适当提高政府对经济的干预程度，进一步发挥产业协同集聚对产业结构升级的正向作用，同时也要防止政府的盲目干预。有的城市罔顾产业发展客观规律，盲目实行“退二进三”和“腾笼换鸟”政策，盲目追求第三产业发展，导致产业协同集聚推动区域协调发展的效果不好。

（三）实证检验总结

通过构建普通OLS模型与动态面板模型，使用京津冀城市群13个城市的面板数据对假设1进行实证检验，得出结论：生产性服务业与制造业的协同集聚推动了产业结构升级，并且这种正向推动并不限于当期。

借鉴相关学者研究，采用非线性门槛回归研究约束产业升级的机制，对假设2进行实证检验。分别以产业专业化、政府干预、研发投入为门槛变量，研究结论显示，生产性服务业与制造业的协同集聚对产业结构优化升级存在非线性特征。

第一，以制造业专业化程度为门槛变量，得到单一门槛值0.612。当区位商小于0.612时，制造业与生产性服务业协同集聚能推动产业升级；当区位商大于0.612时，系数由1.26降为0.32，产业协同集聚仍能推动结构升级，但效应降低。检验表明，当以制造业区位商作为门槛变量时，产业协同集聚对产业结构变动存在门槛效应。

第二，以生产性服务业专业化程度为门槛变量。区位商低于0.93时，协同集聚对产业结构有显著影响，系数为正。当位于（0.93，1.476）区间时，系数由正转负且仍显著；当区位商大于1.476时，系数仍为负且有更大变化，表明以生产性服务业区位商为门槛变量时，协同集聚对产业结构升级的影响具有显著的门槛效应。随着生产性服务业集聚度的不断上升，协同集聚对产业结构升级的影响由促进转为抑制。

第三，以研发投入占比为门槛变量，当研发投入占比在（0，0.038）区间时，系数为1.665；在（0.038，1）时，系数为2.742；当研发占比超过门槛值0.038时，影响系数由1.665升为2.742，表明随着研发投入的不断提高，产业协同集聚不断推动产业结构升级。

第四，以政府干预程度为门槛变量，以门槛值将政府支出占比分为两个区间，第一区间为（0，0.230），第二区间为（0.230，1）。政府预算支出占比位于第一区间时系数为1.250，当政府预算支出占比位于第二区间时系数为2.305。当跨过门槛值0.230时，影响系数由1.250升为2.305，表明产业协同集聚推动产业结构升级的力度增强。总体而言，在政府财政支出干预下，随着政府投入的不断提高，产业协同集聚推动结构升级存在门槛效应，规模经济放大了政府财政干预的影响。

第四节　研究结论与政策建议

一、研究结论

京津冀产业结构及集聚具有以下特征：第一，京津冀整体产业呈现“三二一”结构，城市群整体及各个地级市的产业结构均呈现高级化的趋势。第二，制造业在城市群整体层面呈现先上升、后下降之后平稳的集聚趋势，各地级市之间集聚水平存在较大差异，制造业集聚空间布局呈现由天津单中心发展转向天津和唐山双中心发展的格局。第三，生产性服务业各细分行业的集聚度，在城市群整体面上呈现差异化发展的态势；总体的空间布局呈现以北京为中心的单中心发展格局。第四，产业协同集聚从三个角度来看：从城市功能分工的视角来看，京津冀形成了“中心－外围”的产业布局，即北京承担服务业的功能，周边城市着力发展制造业；从整体行业层面来看，各行业与制造业协同集聚度呈差异化发展趋势，金融服务业与制造业、信息服务业与制造业的协同集聚度上升；从城市角度来看，随着各城市主导产业的不同，各城市之间的协同集聚度存在较大差距。

产业协同集聚对产业结构升级效应的实证检验结果如下：第一，根据OLS模型与动态面板模型的实证结果，验证了提出的假设1，即产业协同集聚能够推动产业结构升级，并且这种作用并不限于当期。第二，根据门槛模型回归的结果，验证了假设2，即产业协同集聚推动产业结构升级的作用表现出非线性特征。分别以产业专业化程度、政府干预度、研发投入占比为门槛变量，进行实证检验，研究发现：产业协同集聚推动产业结构升级的作用表现出非线性特征。随着制造业区位商的升高，产业协同集聚促进产业结构升级的正向效应减弱；随着生产性服务业区位商的提高，产业协同集聚推动产业结构升级的效应由正转负；研发投入占比的提高以及政府财政支出的提高，对推动产业结构升级有促进作用。

二、政策建议

（一）继续疏解

北京要继续疏解非首都功能，将低附加值的生产性服务业疏解出去，与周边城市的制造业在当地形成产业协同集聚，发挥核心城市的辐射带动作用。无论是制造业过度集聚还是生产性服务业过度集聚，都会削弱产业协同集聚对产业结构升级的正向效应。前文测算结果表明，2018年北京、天津、河北的生产性服务业的区位商分别为1.37、0.83和0.62，北京生产性服务业的区位商位于第二区间，生产性服务业集聚产生的挤出效应大于产业协同集聚带来的正面效应。天津和河北整体生产性服务业的区位商小于第一门槛值0.930，产业协同集聚对产业结构升级仍起正向作用。

北京可疏解部分生产性服务业，以缓解廊坊、邢台、唐山等地产业发展不均衡的现象。天津与河北的制造业发展较快，但是与之对应的服务业发展缓慢。北京拥有领先全国的先进科学研发机构、顶尖高校与高素质人才，而其他城市非常缺乏这些优质科研资源和人才资本；当地政府应积极出台能够吸引这些高水平科研机构和高校人才的政策，让科研成果和人才在京津冀地区内自由流动，一方面提高京津冀整体创新能力水平，另一方面提升北京周边城市的制造业与服务业水平。

（二）坚持专业化

从京津冀城市群整体视角看，应坚持中心城市服务专业化和外围城市制造专业化的发展模式。高端生产性服务业如金融业、科学研发等附加值高的产业应集聚在中心城市；以制造业需求为目的的生产性服务业与当地制造业协同发展会更好地促进整个区域产业结构的提升。周边地区应发展与制造业相配套的服务业产业，降低交通运输成本和交易成本，满足本地需求，实现产业协同发展。

北京的生产性服务业在全国已处于领先水平，但产业要继续升级就要有新鲜血液输入，尤其是科学技术和高水平的高端科研人才。只有北京的产业进行持续升级，周边城市才能得到知识等创新要素的溢出，更新产业技术水平，实现产业整体升级。因此，北京应积极引进国外优秀人才、出台补贴政策鼓励企业承接国外高端服务业，通过人才高效流动与交流、企业不断创新来巩固服务业的优势地位，辐射周边城市。北京周边的天津以及廊坊、唐山等地级市，因距离北京较近，可优先接受其高端生产性服务业，并集中优势资源继续发展先进制造业，使各地制造业与生产性服务业形成有效融合与良好的耦合关系。

（三）提高创新能力

要提高城市群整体创新能力。根据以研发投入占比为门槛变量的实证结果，创新能力的提高会促使产业结构向高级化方向发展。从城市群角度看，天津与河北的地方科学研发支出占比均没有达到第一门槛值。京津冀要加强顶层设计，从整体层面构建更加科学合理的产业发展评价指标体系，引导各地政府增加研发支出。从各地方城市的角度看，当地政府要综合本地产业发展实际情况和资源禀赋，对本地企业进行资金扶持，制定人才引进与企业补贴的财政政策，以弥补发展差距。

（四）提供配套支持

要为促进产业结构升级提供有力的配套政策支持。由于政府的适度干预有利于产业协同集聚，因此通过适度增加政府财政支出，能够促进产业协同集聚，进而推动产业结构优化升级。京津冀城市群应从整体层面实施后续配套政策，将各地的产业政策贯通链接起来，不断完善京津冀财税制度体系，努力优化提升本地产业格局。

参考文献

[1] 阿尔弗雷德·马歇尔（Alfred Marshall）．经济学原理［M］．北京：商务印书馆，2014.

[2] 阿尔弗雷德·韦伯（Alfred Weber）．工业区位论［M］．北京：商务印书馆，2010.

[3] 阿瑟·刘易斯（W. Arthur Lewis）．经济增长理论［M］．北京：商务印书馆，2010.

[4] 安虎森，等．区域经济学［M］．北京：高等教育出版社，2018.

[5] 安虎森，徐杨．协调与可持续发展下的区际产业转移［J］．山东经济，2011（5）.

[6] 安树伟，肖金成．京津冀协同发展：北京的“困境”与河北的“角色”［J］．广东社会科学，2015（4）：5－11.

[7] 安增军，刘琳．中国产业梯度转移与区域产业结构调整的互动关系研究［J］．华东经济管理，2009，23（12）：59－62.

[8] 奥古斯特·廖什．经济空间秩序［M］．北京：商务印书馆，2010.

[9] 薄文广，刘阳，李佳宇．京津冀协同创新共同体发展研究［J］．区域经济评论，2019，39（3）：139－146.

[10] 蔡昉，王德文，曲玥．中国产业升级的大国雁阵模型分析［J］．经济研究，2009，44（9）：4－14.

[11] 常瑞祥，安树伟．中国生产性服务业的空间聚集与变化：基于285个城市的实证研究［J］．产经评论，2016，7（6）：39－49.

[12] 陈朝隆，陈烈．区域产业链的理论基础、形成因素与动力机制［J］．热带地理，2007（2）：126－131.

[13] 陈根来，王英姿．京津冀构建现代产业体系的战略思考［J］．天津商业大学学报，2019，39（4）：3－7，13.

[14] 陈国亮，陈建军．产业关联、空间地理与二三产业共同集聚：来自中国212个城市的经验考察［J］．管理世界，2012（4）：82－100.

[15] 陈建军，陈菁菁．生产性服务业与制造业的协同定位研究：以浙江

省69个城市和地区为例［J］. 中国工业经济，2011（6）：141－150.

［16］陈建军，胡晨光. 产业集聚的集聚效应：以长江三角洲次区域为例的理论和实证分析［J］. 管理世界，2008（6）：68－83.

［17］陈建军. 中国现阶段的产业区域转移及其动力机制［J］. 中国工业经济，2002（8）：37－44.

［18］陈敏，袁永. 我国高端产业发展特征及对策［J］. 科技管理研究，2019，39（15）：137－142.

［19］陈文玲，颜少君. 当前世界经济发展的新趋势与新特征［J］. 南京社会科学，2016（5）：1－9.

［20］陈文翔. 生产性服务业与制造业协同集聚的区域增长效应研究［D］. 北京：首都经济贸易大学，2018.

［21］陈晓峰，陈昭锋. 生产性服务业与制造业协同集聚的水平及效应：来自中国东部沿海地区的经验证据［J］. 财贸研究，2014，25（2）：49－57.

［22］陈晓峰. 生产性服务业与制造业的协同集聚效应分析：以长三角地区为例［J］. 城市问题，2016（12）：63－70.

［23］陈晓峰. 生产性服务业与制造业协同集聚的机理及效应：理论分析与经验求证［D］. 苏州：苏州大学，2015.

［24］陈晓永. 京津冀产业发展功能定位与产业集群空间分布［J］. 河北经贸大学学报，2005（6）：49－56.

［25］陈雁云，朱丽萌，习明明. 产业集群和城市群的耦合与经济增长的关系［J］. 经济地理，2016，36（10）：117－122，144.

［26］陈奕玮，吴维库. 产业集聚、技术溢出与城市经济韧性［J］. 统计与决策，2020，36（23）：90－93.

［27］成长春，王曼. 长江经济带世界级产业集群遴选研究［J］. 南通大学学报（社会科学版），2016，32（5）：1－8.

［28］成群鹏. 中关村在京津冀产业协同中的作用机制探讨［J］. 河北企业，2019，358（5）：93－94.

［29］程瀚. 京津冀协同发展战略背景下滨海新区产业结构优化研究［D］. 天津：天津科技大学，2017.

［30］程惠芳，胡晨光，杜群阳. 集群产业扩散转型的路径与条件：基于集聚经济圈的分析［J］. 社会科学战线，2012（5）：37－44.

［31］程李梅，庄晋财，李楚，等. 产业链空间演化与西部承接产业转移的"陷阱"突破［J］. 中国工业经济，2013（8）：135－147.

［32］程中华．城市制造业与生产性服务业的空间关联与协同定位［J］．中国科技论坛，2016（5）：85－90.

［33］丛屹，范志莹．京津冀协同发展视阈下的世界级产业集群建设路径研究［J］．理论与现代化，2019（2）：16－24.

［34］戴宏伟，马丽慧．借势与造势：京津冀产业梯度转移与河北产业结构优化［J］．经济论坛，2002（18）：6－7.

［35］戴宏伟，王云平．产业转移与区域产业结构调整的关系分析［J］．当代财经，2008（2）：93－98.

［36］戴宏伟．产业梯度产业双向转移与中国制造业发展［J］．经济理论与经济管理，2006（12）：45－50.

［37］戴卫明．产业集群形成和发展规律研究［D］．长沙：中南大学，2005.

［38］邓慧慧，潘雪婷．"大国大城"如何带动产业升级：来自撤县设区的经验证据［J］．世界经济文汇，2020（6）：88－103.

［39］邓慧慧，杨露鑫，潘雪婷．高铁开通能否助力产业结构升级：事实与机制［J］．财经研究，2020，46（06）：34－48.

［40］邓慧慧．北京减量发展的四个着力点［J］．人民论坛，2018（24）：76－77.

［41］邓向荣，刘文强．金融集聚对产业结构升级作用的实证分析［J］．南京社会科学，2013（10）：5－12，20.

［42］邓新波．产业集聚与中国制造业区域转移：基于新经济地理学分析［J］．国际经济合作，2013（12）：82－85.

［43］邓阳．京津冀流通产业疏解转移与企业及区域福利效应提升研究［J］．现代城市研究，2020（3）：121－127.

［44］邓仲良，张可云．北京非首都功能中制造业的疏解承接地研究［J］．经济地理，2016，36（9）：94－102.

［45］丁焕峰．技术扩散与产业结构优化的理论关系分析［J］．工业技术经济，2006（5）：95－98.

［46］董琨，白彬．中国区域间产业转移的污染天堂效应检验［J］．中国人口·资源与环境，2015，25（S2）：46－50.

［47］豆建民，刘叶．生产性服务业与制造业协同集聚是否能促进经济增长：基于中国285个地级市的面板数据［J］．现代财经（天津财经大学学报），2016，36（4）：92－102.

[48] 杜茂宝，张颖，苏蔚，等．京津冀市场一体化进程及其影响因素的度量分析［J］．资源与开发，2018，36（4）：813－818.

[49] 段会娟，梁琦．地方专业化、知识溢出与区域创新效率：基于我国省际面板数据的分析［J］．经济论坛，2009（22）：21－23.

[50] 段小薇，李璐璐，苗长虹，等．中部六大城市群产业转移综合承接能力评价研究［J］．地理科学，2016，36（5）：681－690.

[51] 范德成，李昊，方璘．产业结构演化影响因素分析［J］．中国科技论坛，2015（6）：60－64.

[52] 范文祥．国际产业转移对我国产业结构升级的阶段性影响分析［J］．经济地理，2010，30（4）：619－623.

[53] 方兴东，杜磊．中关村40年：历程、经验、挑战与对策［J］．人民论坛（学术前沿），2020，207（23）：90－106.

[54] 房艳，胡仪元．引入权威第三方的产业转移博弈演化路径分析［J］．统计与决策，2016（15）：62－66.

[55] 冯翠月，米文宝，侯雪，等．基于西北地区主体功能区划的产业政策研究［J］．经济地理，2010，30（11）：1841－1846.

[56] 冯剑．京津冀城市群生产性服务业与制造业协同集聚的机理和效应研究［D］．北京：中央财经大学，2018.

[57] 冯伟，李嘉佳．中国产能过剩的政治经济学分析：基于财政分权和政府竞争的视角［J］．产业经济评论（山东大学），2018，17（3）：1－32.

[58] 符正平，曾素英．集群产业转移中的转移模式与行动特征：基于企业社会网络视角的分析［J］．管理世界，2008（12）：83－92.

[59] 付宏，毛蕴诗，宋来胜．创新对产业结构高级化影响的实证研究：基于2000—2011年的省际面板数据［J］．中国工业经济，2013（9）：56－68.

[60] 付娜娜．京津冀协同发展背景下曹妃甸现代产业布局与高素质技术技能人才需求分析［J］．工业技术与职业教育，2019，17（2）：60－62.

[61] 傅帅雄，张可云，张文彬．环境规制与中国工业区域布局的“污染天堂”效应［J］．山西财经大学学报，2011，33（7）：8－14.

[62] 傅远佳，王晓松．以开发平台促进高新高端产业发展：以天津、广州、中山的开发平台为例［J］．产业创新研究，2018（12）：17－21.

[63] 傅允生．资源禀赋与专业化产业区生成［J］．经济学家，2005（1）：84－90.

[64] 干春晖，郑若谷，余典范．中国产业结构变迁对经济增长和波动的

影响［J］. 经济研究，2011，46（5）：4－16，31.

［65］高峰，刘志彪. 产业协同集聚：长三角经验及对京津唐产业发展战略的启示［J］. 河北学刊，2008（1）：142－146.

［66］高峰，刘志彪. 产业协同集聚：长三角经验及对京津唐产业发展战略的启示［J］. 河北学刊，2008（1）：142－146.

［67］高国力. 推动形成高质量发展的区域经济布局［N］. 经济日报，2020－04－20（011）.

［68］高军波，马海涛，叶昌东. 试论新经济发展条件下城市产业结构演进与空间结构变迁［J］. 世界地理研究，2008，17（4）：35－40.

［69］高丽娜，卫平. 中国高端制造业空间结构变动的实证研究：2003—2009［J］. 工业技术经济，2012，31（1）：84－91.

［70］高素英，钦彦祥，张烨. 创新投入影响产业结构优化升级路径分析：基于本地效应与多元空间溢出效应［J］. 科技进步与对策，2017，34（19）：60－67.

［71］龚勤林. 论产业链延伸与统筹区域发展［J］. 经济学家，2004（3）：62－63.

［72］郭凡生. 何为“反梯度理论”：兼为“反梯度理论”正名［J］. 开发研究，1986（3）：39－40.

［73］韩峰，李玉双. 产业集聚、公共服务供给与城市规模扩张［J］. 经济研究，2019，54（11）：149－164.

［74］韩峰，王琢卓，阳立高. 生产性服务业集聚、空间技术溢出效应与经济增长［J］. 产业经济研究，2014（2）：1－10.

［75］韩灵梅. 比较优势、产业转移及产业升级辩证关系研究［J］. 商业时代，2014（13）：113－114.

［76］韩明华. 生产性服务业促进产业结构优化升级研究：以宁波制造业转型为例［J］. 经济体制改革，2010（4）：51－55.

［77］韩庆潇，杨晨，陈潇潇. 中国制造业集聚与产业升级的关系：基于创新的中介效应分析［J］. 研究与发展管理，2015，27（6）：68－76.

［78］韩英，马立平. 京津冀产业结构转型升级的效果测度［J］. 首都经济贸易大学学报，2020，22（2）：45－55.

［79］韩永辉，黄亮雄，王贤彬. 产业政策推动地方产业结构升级了吗？——基于发展型地方政府的理论解释与实证检验［J］. 经济研究，2017，52（8）：33－48.

[80] 郝洁. 产业转移效应的理论探析 [J]. 商业研究, 2013 (3): 12-19.

[81] 何东, 林娜, 周伦理, 等. 加快建设产业功能区, 推动区域经济高质量发展: 成都市产业功能区建设笔谈 [J]. 西部经济管理论坛, 2020, 31 (1): 1-12.

[82] 何刚, 周燕妃, 朱艳娜. 京津冀产业转型升级测度及其经济效应研究 [J]. 统计与决策, 2020, 36 (1): 86-90.

[83] 贺灿飞. 高级经济地理学 [M]. 北京: 商务印书馆, 2021.

[84] 侯丁, 郭彬. 要素集聚下金融发展与产业结构升级的非线性关系 [J]. 管理现代化, 2017, 37 (5): 5-8.

[85] 胡彩梅. 产业集聚结构对创新活动空间差异影响的实证研究 [J]. 科技进步与对策, 2012, 29 (15): 61-66.

[86] 胡晨光, 程惠芳, 杜群阳. 集聚经济圈集群产业的扩散与转型: 基于多元化集群产业结构演化视角的分析 [J]. 经济学家, 2010 (7): 51-59.

[87] 胡大立. 我国产业集群全球价值链"低端锁定"战略风险及转型升级路径研究 [J]. 科技进步与对策, 2016, 33 (3): 66-71.

[88] 胡立君, 薛福根, 王宇. 后工业化阶段的产业空心化机理及治理: 以日本和美国为例 [J]. 中国工业经济, 2013 (8): 122-134.

[89] 胡晓鹏, 李庆科. 生产性服务业与制造业共生关系研究: 对苏、浙、沪投入产出表的动态比较 [J]. 数量经济技术经济研究, 2009, 26 (2): 33-46.

[90] 胡新. 西部大开发中区域产业转移与产业升级 [M]. 北京: 社会科学文献出版社, 2015.

[91] 胡艳, 朱文霞. 交通基础设施的空间溢出效应: 基于东中西部的区域比较 [J]. 经济问题探索, 2015 (1): 82-88.

[92] 黄茂兴, 李军军. 技术选择、产业结构升级与经济增长 [J]. 经济研究, 2009, 44 (7): 143-151.

[93] 黄庆华, 时培豪, 胡江峰. 产业集聚与经济高质量发展: 长江经济带107个地级市例证 [J]. 改革, 2020 (1): 87-99.

[94] 黄群慧, 倪红福. 基于价值链理论的产业基础能力与产业链水平提升研究 [J]. 经济体制改革, 2020 (5): 11-21

[95] 惠宁, 周晓唯. 分项生产性服务业集聚与产业结构升级: 来自省级经济数据的实证分析 [J]. 西北大学学报 (哲学社会科学版), 2016, 46 (4): 94-99.

［96］吉亚辉，段荣荣．生产性服务业与制造业协同集聚的空间计量分析：基于新经济地理学视角［J］．中国科技论坛，2014（2）：79－84.

［97］吉亚辉，甘丽娟．中国城市生产性服务业与制造业协同集聚的测度及影响因素［J］．中国科技论坛，2015（12）：64－68，100.

［98］吉亚辉，李岩，苏晓晨．我国生产性服务业与制造业的相关性研究：基于产业集聚的分析［J］．软科学，2012，26（3）：15－19，38.

［99］纪玉俊，张鹏，周璐．服务业集聚、对外开放水平与地区经济增长：基于我国231个城市的门限回归模型检验［J］．产经评论，2015，6（1）：25－33.

［100］季书涵，朱英明，张鑫．产业集聚对资源错配的改善效果研究［J］．中国工业经济，2016（6）：73－90.

［101］贾妮莎，申晨．中国对外直接投资的制造业产业升级效应研究［J］．国际贸易问题，2016（8）：143－153.

［102］贾兴梅，刘俊杰．中西部地区承接产业转移的影响因素研究［J］．地域研究与开发，2015，34（1）：14－18.

［103］江静，刘志彪，于明超．生产者服务业发展与制造业效率提升：基于地区和行业面板数据的经验分析［J］．世界经济，2007（8）：52－62.

［104］江曼琦，席强敏．生产性服务业与制造业的产业关联与协同集聚［J］．南开学报（哲学社会科学版），2014（1）：153－160.

［105］江思浩，李曦明．我国高端产业不足与传统产能过剩的政策缺陷与对策研究［J］．科学管理研究，2019，37（3）：60－64.

［106］姜明辉，贾晓辉．基于C－D生产函数的产业集群对区域创新能力影响机制及实证研究［J］．中国软科学，2013（6）：154－161，183.

［107］金芳，苏倩，梁益琳．山东省制造业细分产业竞争力分析：基于新旧动能转换视角［J］．经济与管理评论，2020，36（3）：152－164.

［108］金鹿，王琤．京津冀打造世界级城市群发展研究：基于三大城市群综合评价分析［J］．开发研究，2019（5）：53－58.

［109］康萌越，侯雪，程楠，等．世界级产业集群的发展路径研究［J］．工业经济论坛，2017，4（2）：10－15.

［110］柯善咨，赵曜．产业结构、城市规模与中国城市生产率［J］．经济研究，2014，49（4）：76－88.

［111］孔凡斌，李华旭．基于主成分分析的长江经济带沿江地区产业竞争力评价［J］．企业经济，2017，36（2）：115－123.

[112] 孔翔，杨帆."产城融合"发展与开发区的转型升级：基于对江苏昆山的实地调研［J］.经济问题探索，2013（5）：124－128.

[113] 冷宣荣.高质量发展视阈下京津冀产业政策转型与优化路径研究［J］.经济与管理，2020，34（4）：1－7.

[114] 黎继子，刘春玲，蔡根女.全球价值链与中国地方产业集群的供应链式整合：以苏浙粤纺织服装产业集群为例［J］.中国工业经济，2005（2）：118－125.

[115] 李斌.中西部地区承接产业转移的环境风险及防控对策［J］.中州学刊，2015（10）：38－42.

[116] 李敦瑞.国内外产业转移对我国产业迈向全球价值链中高端的影响及对策［J］.经济纵横，2018（1）：123－128.

[117] 李国平，等.2019京津冀协同发展报告［M］.北京：科学出版社，2016.

[118] 李国平，李岱松，薛领，等.京津冀区域科技发展战略研究［M］.北京：北京大学出版社，2008.

[119] 李国平，张杰斐.京津冀制造业空间格局变化特征及其影响因素［J］.南开学报，2015（1）：90－96.

[120] 李国平.将京津冀打造成区域协同发展的样板［J］.群言，2021（4）：22－24.

[121] 李国平.京津冀产业协同发展的战略定位及空间格局［J］.前线，2017（12）：92－95.

[122] 李家祥.京津冀协同发展与滨海新区研究［J］.天津师范大学学报（社会科学版），2014，236（5）：1.

[123] 李骏，刘洪伟，陈银.产业集聚、技术学习成本与区域经济增长：以中国省际高技术产业为例［J］.软科学，2018，32（4）：95－99.

[124] 李瑞鹏，李瑶，安树伟.中部地区生产性服务业与制造业发展关系研究：基于80个城市面板数据的分析［J］.经济研究参考，2018（44）：20－29.

[125] 李文荣，沈方.京津冀协同发展背景下曹妃甸发展研究［J］.港口经济，2015，142（6）：26－30.

[126] 李宵，申玉铭，邱灵.京津冀生产性服务业关联特征分析［J］.地理科学进展，2018，37（2）：299－307.

[127] 李小建.经济地理学［M］.北京：高等教育出版社，2018：149－150.

［128］李小建．新产业区与经济活动全球化的地理研究［J］．地理科学进展，1997（3）：18－25.

［129］李晓，张建平．东亚产业关联的研究方法与现状：一个国际/国家间投入产出模型的综述［J］．经济研究，2010，45（4）：147－160.

［130］李旭辉，张胜宝，孙畅．高端产业发展动态测度及空间集聚演化：以京津冀城市群为例［J］．统计与决策，2020，36（11）：106－109.

［131］李昱．生产性服务业与制造业的集聚互动性研究［D］．杭州：浙江财经大学，2015.

［132］梁琦，詹亦军．产业集聚、技术进步和产业升级：来自长三角的证据［J］．产业经济评论，2005，4（2）：50－69.

［133］林秀梅，曹张龙．生产性服务业空间集聚对产业结构升级影响的非线性特征：基于中国省级面板数据的实证研究［J］．经济问题探索，2019（6）：128－134.

［134］林秀梅，曹张龙．中国生产性服务业集聚对产业结构升级的影响及其区域差异［J］．西安交通大学学报（社会科学版），2020，40（1）：30－37.

［135］林毅夫．产业政策与我国经济的发展：新结构经济学的视角［J］．复旦学报（社会科学版），2017，59（2）：148－153.

［136］刘春香．美国硅谷高科技产业集群及其对中国的启示［J］．工业技术经济，2005（7）：35－36，39.

［137］刘纯彬，杨仁发．基于产业融合的我国生产性服务业发展研究［J］．经济问题探索，2011（9）：69－73.

［138］刘东生，马海龙．京津冀区域产业协同发展路径研究［J］．未来与发展，2012（7）：48－51.

［139］刘宏霞．生产性服务业与制造业协同集聚的经济效应研究［D］．兰州：兰州大学，2019.

［140］刘立民，卫刚华，陈参军，等．区域优势产业发展分析：基于区位熵的实证分析［J］．西部金融．2012，（5）：79－82.

［141］刘满凤，高梦桃．我国区际产业转移与产业结构优化升级实证研究［J］．生态经济，2020，36（5）：39－43，49.

［142］刘明宇，芮明杰．全球化背景下中国现代产业体系的构建模式研究［J］．中国工业经济，2009（5）：57－66.

［143］刘乃全，吴友，赵国振．专业化集聚、多样化集聚对区域创新效率的影响：基于空间杜宾模型的实证分析［J］．经济问题探索，2016（2）：

89 - 96.

[144] 刘清. 新常态下如何利用高新技术改造我国的传统产业 [J]. 西安石油大学学报（社会科学版），2017，26（1）：42 - 48.

[145] 刘小轶. 产业集群发展水平的评价模型及指标体系 [J]. 江西社会科学，2013（10）.

[146] 刘欣博. 美国旧金山湾区高新技术产业创新体系研究 [D]. 长春：吉林大学，2020.

[147] 刘新建，石岩璞，李达，等. 京津冀产业结构变化及其空间溢出效应分析 [J]. 商业经济研究，2016（24）：209 - 212.

[148] 刘叶，刘伯凡. 生产性服务业与制造业协同集聚对制造业效率的影响：基于中国城市群面板数据的实证研究 [J]. 经济管理，2016，38（6）：16 - 28.

[149] 刘友金，胡黎明. 产品内分工、价值链重组与产业转移：兼论产业转移过程中的大国战略 [J]. 中国软科学，2011（3）：149 - 159.

[150] 刘友金，吕政. 梯度陷阱、升级阻滞与承接产业转移模式创新 [J]. 经济学动态，2012（11）：21 - 27.

[151] 刘友金，袁祖凤，周静，等. 共生理论视角下产业集群式转移演进过程机理研究 [J]. 中国软科学，2012（8）：119 - 129.

[152] 刘友金. 产业集群竞争力评价量化模型研究：GEM 模型解析与 GEMN 模型构建 [J]. 中国软科学，2007（9）：104 - 110.

[153] 刘云梅. 硅谷创新集群生长机理研究 [D]. 哈尔滨：哈尔滨工业大学，2014.

[154] 刘作丽，贺灿飞. 京津冀地区工业结构趋同现象及成因探讨 [J]. 地理与地理信息科学，2007（5）：62 - 66，76.

[155] 柳天恩，田学斌. 京津冀协同发展：进展、成效与展望 [J]. 中国流通经济，2019，33（11）：116 - 128.

[156] 龙云安，杨子强，陈国庆，等. 构建中 - 俄高端产业联合创新路径与机制研究 [J]. 科学管理研究，2017，35（1）：116 - 119.

[157] 卢根鑫. 国际产业转移论 [M]. 上海：上海人民出版社，1997.

[158] 卢根鑫. 试论国际产业转移的经济动因及其效应 [J]. 上海社会科学院学术季刊，1994（4）：33 - 42.

[159] 卢明华，李国平，杨小兵. 从产业链角度论中国电子信息产业发展 [J]. 中国科技论坛，2004（4）：18 - 22.

［160］卢正惠．区域开发中主导产业的选择基准［J］．经济问题探索，2001（6）：108－111.

［161］鲁金萍，刘玉，杨振武，等．京津冀区域制造业同构现象再判断：基于分工视角的研究［J］．华东经济管理，2015，29（7）：59－63.

［162］鲁民卿．京津冀协同背景下产业转移问题研究：基于要素资源禀赋视角［J］．商业经济，2019（4）：35－37.

［163］陆大道．京津冀城市群功能定位及协同发展［J］．地理科学进展，2015，34（3）：265－270.

［164］陆国庆，高飞．产业地理集中抗产业衰老的机理分析及其应用［J］．中国经济问题，2001（2）：13－21.

［165］陆剑宝．基于制造业集聚的生产性服务业协同效应研究［J］．管理学报，2014，11（3）：396－401.

［166］吕剑凤．京津冀协同发展下天津承接产业转移的研究［D］．北京：首都经济贸易大学，2018.

［167］罗军．服务化发展与制造业全球价值链地位：影响机制与门槛效应［J］．当代财经，2018（11）：100－110.

［168］罗奎，李广东，劳昕．京津冀城市群产业空间重构与优化调控［J］．地理科学进展，2020，39（2）：179－194.

［169］罗守贵、李文强．都市圈内部城市间的互动与产业发展：以上海市都市圈为例［M］．上海：上海人民出版社，2012.

［170］雒海潮，苗长虹．承接产业转移影响因素和效应研究进展［J］．地理科学，2019，39（3）：359－366.

［171］马碧云．河北各地市产业承接能力评价和承接产业类型研究［D］．北京：首都经济贸易大学，2018.

［172］马国霞，石敏俊，李娜．中国制造业产业间集聚度及产业间集聚机制［J］．管理世界，2007（8）：58－65，172.

［173］马鹏，李文秀．高端服务业集聚效应研究：基于产业控制力视角的分析［J］．中国软科学，2014（4）：169－179.

［174］马涛，李东，杨建华，等．地区分工差距的度量：产业转移承接能力评价的视角［J］．管理世界，2009（9）：168－169.

［175］马宇博，裴桂芬．美国东北部大西洋沿岸城市群空间网络联系及结构演化分析［J］．社会科学家，2020（6）：46－52，58.

［176］马云泽，刘春辉．京津冀产业结构优化：基于区域产业结构趋同

的实证分析［J］．商业研究，2010（5）：9－13.

［177］米锦欣．世界城市群视角下中国三大经济圈的特征比较［J］．商业经济研究，2017（13）：173－177.

［178］聂鲲．产业集群、产业共享、人力资本互动研究［D］．长春：吉林大学，2017.

［179］宁越敏．长江三角洲都市连绵区形成机制与跨区域规划研究［J］．城市规划，1998（1）：16－20.

［180］牛勇平，肖红．高端产业相关研究评述与展望［J］．经济学动态，2010（2）：84－87.

［181］潘斌，彭震伟．产业融合视角下城市工业集聚区的空间转型机制：基于上海市的三个案例分析［J］．城市规划学刊，2015（2）：57－64.

［182］庞晶，叶裕民．城市群形成与发展机制研究［J］．生态经济，2008（2）：97－100.

［183］皮建才，薛海玉，殷军．京津冀协同发展中的功能疏解和产业转移研究［J］．中国经济问题，2016（6）：37－49.

［184］强国．京津冀协同发展加快承接非首都功能疏解［M］．北京：九州出版社，2020.

［185］秦炳涛，葛力铭．中国高污染产业转移与整体环境污染：基于区域间相对环境规制门槛模型的实证［J］．中国环境科学，2019，39（8）：3572－3584.

［186］丘兆逸．实施产业集群转移模式实现西部经济腾飞［J］．探索，2006（1）：146－149.

［187］邱慧，潘红玉，刘大能，等．产业集聚指数、产业吸引力指数与产业转移和承接［J］．科学决策，2020（6）：41－68.

［188］邱立新，张丽丽．青岛市高新技术产业功能区培育建设研究：基于产业集群理论［J］．青岛科技大学学报（社会科学版），2012，28（1）：67－71.

［189］曲洪建．长三角共同打造世界级产业集群研究［J］．科学发展，2019（11）：65－75.

［190］曲振涛，陈美齐，周正．产业融合、区域差异与地区服务型装备制造业发展：对东北地区与京津冀、长三角的一项比较研究［J］．产经评论，2020，11（6）：5－20.

［191］任太增．比较优势理论与梯级产业转移［J］．当代经济研究，

2001（11）：47－50.

［192］邵建平，苏小敏．西部自我发展能力提升对策研究：基于比较优势承接东部产业转移的视角［J］．科技进步与对策，2012（6）.

［193］邵云飞，范群林，唐小我．产业集群创新的竞争扩散模型研究［J］．科学学与科学技术管理，2010，31（12）：43－49.

［194］沈忱，李桂华，顾杰，等．产业集群品牌竞争力评价指标体系构建分析［J］．科学学与科学技术管理，2015，36（1）：88－98.

［195］沈大鸣．河北曹妃甸：面向大海展翅高飞［J］．中国石化，2018，398（11）：32－34.

［196］沈洁．京津冀地区非首都功能转移承接能力评价［J］．河北学刊，2020，40（4）：162－170.

［197］盛丹，王永进．产业集聚、信贷资源配置效率与企业的融资成本：来自世界银行调查数据和中国工业企业数据的证据［J］．管理世界，2013（6）：85－98.

［198］盛丰．生产性服务业集聚与制造业升级：机制与经验：来自230个城市数据的空间计量分析［J］．产业经济研究，2014（2）：32－39，110.

［199］盛红有．生产性服务业与制造业的协同集聚对区域创新的影响研究［D］．南京：南京财经大学，2018.

［200］盛毅，王玉林，樊利．长江经济带世界级产业集群选择与评估［J］．区域经济评论，2016（4）：39－45.

［201］石东平，夏华龙．国际产业转移与发展中国家产业升级［J］．亚太经济，1998（10）：5－9.

［202］石敏俊，张卓颖，等．中国省区间投入产出模型与区际经济联系［M］．北京：科学出版社，2012.

［203］宋昌耀，罗心然，席强敏，等．超大城市生产性服务业空间分工及其效应分析：以北京为例［J］．地理科学，2018，38（12）：2040－2048.

［204］宋伟杰．国际高端产业的特征和发展途径［J］．时代经贸，2008（12）：28－31.

［205］苏东水．产业经济学［M］北京：高等教育出版社，2015.

［206］苏华，胡田田，黄麟堡．中国各区域产业承接能力的评价［J］．统计与决策，2011（5）：41－43.

［207］苏雪串．城市化进程中的要素集聚、产业集群和城市群发展［J］．中央财经大学学报，2004（1）：49－52.

［208］孙超，王燕．高新技术产业与生产性服务业协同集聚对区域创新效率的影响［J］．科技管理研究，2020，40（22）：139－147.

［209］孙浩进，闫晨佳．产业空间转移研究述评与展望［J］．社会科学动态，2020（4）：30－35.

［210］孙虎，乔标．京津冀产业协同发展的问题与建议［J］．中国软科学，2015（7）：68－74.

［211］孙慧，朱俏俏．中国资源型产业集聚对全要素生产率的影响研究［J］．中国人口·资源与环境，2016，26（1）：121－130.

［212］孙晶，李涵硕．金融集聚与产业结构升级：来自2003—2007年省际经济数据的实证分析［J］．经济学家，2012（3）：80－86.

［213］孙久文，卢怡贤，易淑昶．高质量发展理念下的京津冀产业协同研究［J］．北京行政学院学报，2020（6）：20－29.

［214］孙久文，姚鹏．京津冀产业空间转移、地区专业化与协同发展：基于新经济地理学的分析框架［J］．南开学报（哲学社会科学版），2015（1）：81－89.

［215］孙久文，张红梅．京津冀一体化中的产业协同发展研究［J］．河北工业大学学报（社会科学版），2014，6（3）：1－7.

［216］孙久文．京津冀协同发展70年的回顾与展望［J］．区域经济评论，2019（4）：25－31.

［217］孙久文．区域经济学［M］．北京：首都经济贸易大学出版社，2014.

［218］孙浦阳，韩帅，许启钦．产业集聚对劳动生产率的动态影响［J］．世界经济，2013，36（3）：33－53.

［219］孙浦阳，武力超，张伯伟．空间集聚是否总能促进经济增长：不同假定条件下的思考［J］．世界经济，2011，34（10）：3－20.

［220］孙启明，王浩宇．基于复杂网络的京津冀产业关联对比［J］．经济管理，2016，38（4）：24－35.

［221］孙启明，王浩宇．基于复杂网络的京津冀产业关联对比［J］．经济管理，2016，38（4）：24－35.

［222］孙铁山，席强敏．京津冀制造业区域协同发展特征与策略［J］．河北学刊，2021，41（1）：165－172.

［223］孙焱林，温湖炜．我国制造业产能过剩问题研究［J］．统计研究，2017，34（3）：76－83.

［224］孙一飞．城镇密集区的界定：以江苏省为例［J］．经济地理，1995（3）：36－40.

［225］孙早，席建成．中国式产业政策的实施效果：产业升级还是短期经济增长［J］．中国工业经济，2015（7）：52－67.

［226］汤维祺，吴力波，钱浩祺．从“污染天堂”到绿色增长：区域间高耗能产业转移的调控机制研究［J］．经济研究，2016，51（6）：58－70.

［227］唐珏岚．国际化大都市与生产性服务业集聚［J］．世界经济与政治，2004（11）：64－65.

［228］唐荣，顾乃华．上游生产性服务业价值链嵌入与制造业资源错配改善［J］．产业经济研究，2018（3）：13－26.

［229］唐少清，姜鹏飞，李剑玲．京津冀地区产业协同机制研究［J］．区域经济评论，2017，25（1）：81－88.

［230］唐晓华，张欣钰，李阳．制造业与生产性服务业协同发展对制造效率影响的差异性研究［J］．数量经济技术经济研究，2018，35（3）：59－77.

［231］陶爱萍，徐君超．金融发展与产业结构升级非线性关系研究：基于门槛模型的实证检验［J］．经济经纬，2016，33（2）：84－89.

［232］陶长琪，周璇．产业融合下的产业结构优化升级效应分析：基于信息产业与制造业耦联的实证研究［J］．产业经济研究，2015（3）：21－31，110.

［233］陶晓燕．资源枯竭和资源富集城市的产业对接研究［J］．科技管理研究，2013，33（3）：60－62.

［234］田明，樊杰．新产业区的形成机制及其与传统空间组织理论的关系［J］．地理科学进展，2003（2）：186－194.

［235］涂晓青，吴曦．线性代数［M］．北京：北京邮电大学出版社，2018.

［236］王兵，聂欣．产业集聚与环境治理：助力还是阻力——来自开发区设立准自然实验的证据［J］．中国工业经济，2016（12）：75－89.

［237］王琛，林初昇，戴世续．产业集群对技术创新的影响：以电子信息产业为例［J］．地理研究，2012，31（8）：1375－1386.

［238］王春晖，赵伟．集聚外部性与地区产业升级：一个区域开放视角的理论模型［J］．国际贸易问题，2014（4）：67－77.

［239］王丹荔．关村与滨海新区新兴产业协同创新发展研究［D］．北京：北京理工大学，2016.

［240］王方杰，杨柳．协同发展京津冀，合力做好大文章［N］．人民

日报，2014－03－03（13）.

［241］王广宏．北京六大高端产业功能区转型升级问题［J］．决策咨询，2016（6）：11－13，15.

［242］王浩宇，孙启明．京津冀生产性服务业空间关联与分布研究［J］．南方金融，2017（3）：82－90.

［243］王慧．区域开发规划中产业结构合理化问题探讨［J］．人文地理，1996（S2）：74－76.

［244］王缉慈．简评关于新产业区的国际学术讨论［J］．地理科学进展，1998（3）：32－38.

［245］王缉慈．企业衍生：北京新技术集聚体形成的重要特征［J］．中国高新技术企业评价，1995，（6）：8－13.

［246］王金杰，周立群．新常态下区域协同发展的取向和路径：以京津冀的探索和实践为例［J］．江海学刊，2015（4）：73－79，238.

［247］王科，杨亚芹，吴振华．现代服务业发展与产业结构升级：基于京津冀产业融合视角［J］．商业经济研究，2020（9）：39－42.

［248］王丽丽．集聚、贸易开放与全要素生产率增长：基于中国制造业行业的门槛效应检验［J］．产业经济研究，2012（1）：26－34.

［249］王利伟．京津冀距离建成世界级城市群有多远：基于熵值模型方法［J］．宏观经济研究，2019（9）：142－152.

［250］王琴英，周文倩．京津冀服务业分行业的结构差异与发展潜力研究［J］．当代经济，2019（2）：4－7.

［251］王瑞荣．生产性服务业与制造业协同聚集对制造业升级的影响［J］．统计与决策，2018，34（4）：132－135.

［252］王胜今，衣尚锦，解锋．产业集聚对中国区域产业结构转型升级影响的实证分析［J］．哈尔滨商业大学学报（社会科学版），2017（5）：39－47.

［253］王硕，郭晓旭．垂直关联、产业互动与双重集聚效应研究［J］．财经科学，2012（9）：34－41.

［254］王贤彬，张莉，徐现祥．地方政府土地出让、基础设施投资与地方经济增长［J］．中国工业经济，2014（7）：31－43.

［255］王岩．产业集聚对区域经济增长的影响研究［D］．北京：首都经济贸易大学，2017.

［256］王燕，孙超．产业协同集聚对产业结构优化的影响：基于高新技术产业与生产性服务业的实证分析［J］．经济问题探索，2019（10）：146－154.

[257] 王玉海，刘学敏，谷潇磊．首都经济圈内涵及产业空间再造路径探讨［J］．北京社会科学，2013（1）：46－55.

[258] 王玉海，田建国，聂梅，等．北京市构建“高精尖”经济结构的提出背景、作用定位及其内涵界定研究［J］．领导之友，2017（23）：51－59.

[259] 王玉海，田建国，汪欣欣．京津冀协同发展下的产业空间再造与有序调整探讨［J］．天津商业大学学报，2019，39（2）：9－19.

[260] 王志锋，杨少丽．FDI 对东部沿海三大都市圈经济增长作用的机制比较研究：基于长三角、珠三角、京津冀代表性城市的实证分析［J］．经济社会体制比较，2011（6）：112－119.

[261] 王子丹，袁永，邱丹逸．我国高端产业监测研究［J］．科技管理研究，2018，38（22）：178－184.

[262] 未江涛．京津冀地区生产性服务业与制造业协同集聚研究［D］．天津：天津财经大学，2018.

[263] 魏后凯．产业转移的发展趋势及其对竞争力的影响［J］．福建论坛（经济社会版），2003（4）：11－15.

[264] 魏后凯．大都市区新型产业分工与冲突管理：基于产业链分工的视角［J］．中国工业经济，2007（2）：28－34.

[265] 魏后凯．区域经济理论与政策［M］．北京：中国社会科学出版社，2016.

[266] 魏后凯．现代区域经济学［M］．北京：经济管理出版社，2011.

[267] 魏丽华．京津冀产业协同发展的困境分析［J］．开发研究，2016（2）：117－121.

[268] 魏丽华．京津冀产业协同水平测度及分析［J］．中国流通经济，2018，32（7）：120－128.

[269] 魏丽华．培育京津冀新型战略性城市群的机制探析：基于产业协同视角［J］．中国流通经济，2015，29（12）：18－23.

[270] 魏龙，王磊．全球价值链体系下中国制造业转型升级分析［J］．数量经济技术经济研究，2017，34（6）：71－86.

[271] 温科，张贵．京津冀产业空间关联网络特征及其转移效应研究［J］．河北工业大学学报（社会科学版），2019，11（1）：1－12.

[272] 温忠涛．京津冀协同发展背景下产业转移与布局优化［J］．产业创新研究，2019（2）：5－7.

[273] 文丰安．生产性服务业集聚、空间溢出与质量型经济增长：基于

中国285个城市的实证研究［J］．产业经济研究，2018（6）：36－49.

［274］沃尔特·克里斯塔勒．德国南部中心地原理［M］．北京：商务印书馆，2010.

［275］吴传清，陈晓．长江中上游地区产业转移承接能力研究［J］．经济与管理，2017，31（5）：49－57.

［276］吴殿廷，王旭，肖敏，等．产业地位变化与区域开发的产业模式研究［J］．地域研究与开发，2006（2）：7－13.

［277］吴苏豫．京津冀区域经济的现状与功能定位［J］．华北金融，2006（10）：29－31，33.

［278］吴亚菲．产业集群与城市群发展的协同效应研究［D］．上海：上海社会科学院，2017.

［279］吴浙．从中关村、滨海新区、曹妃甸工业区看京津冀未来［J］．中国改革，2007，289（10）：44－46.

［280］伍先福，杨永德．生产性服务业与制造业协同集聚提升了城镇化水平吗［J］．财经科学，2016（11）：79－90.

［281］伍先福．生产性服务业与制造业协同集聚对全要素生产率的影响［D］．南宁：广西大学，2017.

［282］武义青，柳天恩．雄安新区精准承接北京非首都功能疏解的思考［J］．西部论坛，2017，27（5）：64－69.

［283］武义青，张晓宇．京津冀产业结构演变趋势与优化升级［J］．河北师范大学学报（哲学社会科学版），2017，40（3）：5－11.

［284］西蒙·库兹涅茨．各国的经济增长［M］．北京：商务印书馆，1985.

［285］席强敏，李国平．京津冀生产性服务业空间分工特征及溢出效应［J］．地理学报，2015，70（12）：1926－1938.

［286］席强敏．外部性对生产性服务业与制造业协同集聚的影响：以天津市为例［J］．城市问题，2014（10）：53－59.

［287］夏海力，叶爱山，周霞．高技术产业发展与区域产业结构升级：基于省际面板数据的实证研究［J］．科技管理研究，2019，39（4）：166－173.

［288］夏后学，谭清美，商丽媛．非正式环境规制下产业协同集聚的结构调整效应：基于Fama－Macbeth与GMM模型的实证检验［J］．软科学，2017，31（4）：9－14.

［289］肖金成，李博雅．京津冀协同：聚焦三大都市圈［J］．前线，

2020 (8): 59 – 65.

[290] 肖金成，申现杰，马燕坤．京津冀城市群与世界级城市群比较［J］．中国经济报告，2017 (11): 94 – 98.

[291] 肖晓俊，傅江帆，贺灿飞．国际大都市产业功能区空间利用特征［J］．世界地理研究，2011，20 (4): 48 – 56.

[292] 谢瑞武．产业功能区如何推动城市高质量发展［J］．开放导报，2019 (6): 77 – 80.

[293] 谢天成．北京高端产业功能区融合发展的制约因素与实现路径［J］．新视野，2016 (6): 102 – 108.

[294] 徐现祥，梁剑雄．经济增长目标的策略性调整［J］．经济研究，2014，49 (1): 27 – 40.

[295] 徐盈之，彭欢欢，刘修岩．威廉姆森假说：空间集聚与区域经济增长——基于中国省域数据门槛回归的实证研究［J］．经济理论与经济管理，2011 (4): 95 – 102.

[296] 徐莹莹，李妍，周国富．京津冀高技术制造业的产业关联效应分析［J］．统计与决策，2017 (16): 145 – 148.

[297] 许和连，邓玉萍．外商直接投资导致了中国的环境污染吗？——基于中国省际面板数据的空间计量研究［J］．管理世界，2012 (2): 30 – 43.

[298] 宣烨，余泳泽．生产性服务业集聚对制造业企业全要素生产率提升研究：来自 230 个城市微观企业的证据［J］．数量经济技术经济研究，2017，34 (2): 89 – 104.

[299] 薛晓伟．培育中心城市产业功能是城市化的经济支撑［J］．宁波经济，1999 (10): 21 – 22.

[300] 亚当·斯密．国民财富的性质和原因的研究［M］．北京：商务印书馆，1994.

[301] 阎东彬，范玉凤，陈雪．美国城市群空间布局优化及对京津冀城市群的借鉴［J］．宏观经济研究，2017 (6): 114 – 120.

[302] 阎东彬．京津冀城市群功能空间分布：动态测评与相对平衡［M］．北京：人民出版社，2021.

[303] 颜廷标．区域特质、产业分工定位与实现机理：以京津冀产业协同为例［J］．河北学刊，2018，38 (3): 155 – 160.

[304] 杨道玲，任可，袁高洁．协同视角下京津冀产业转移特征及成效研究［J］．中国物价，2021 (2): 35 – 39.

[305] 杨光宇. 区域一体化视角下的京津冀产业协同发展研究 [D]. 兰州: 兰州大学, 2015.

[306] 杨建军, 蒋迪刚, 饶传坤, 等. 世界级城市群发展特征与规划动向探析 [J]. 上海城市规划, 2014 (1): 1-6.

[307] 杨皎平, 侯楠, 王乐. 集群内知识溢出、知识势能与集群创新绩效 [J]. 管理工程学报, 2016, 30 (3): 27-35.

[308] 杨景祥. 河北在京津冀协同发展中产业定位与突破口研究 [D]. 天津: 河北工业大学, 2015.

[309] 杨景欣, 李庆波. 试论我国城乡之间的产业转移 [J]. 经济与管理, 1998 (3): 16-17.

[310] 杨开忠. 京津冀大战略及首都未来构想 [J]. 人民论坛·学术前沿, 2015 (2): 72-95.

[311] 杨开忠. 京津冀协同发展的探索历程与战略选择 [J]. 北京联合大学学报 (人文社科版), 2015 (10).

[312] 杨明, 和朝东, 朱洁. 论北京市产业功能区建设中的若干辩证关系: 对转型期产业功能区建设热潮的"冷思考" [J]. 城市规划, 2014, 38 (7): 23-30.

[313] 杨仁发. 产业集聚能否改善中国环境污染 [J]. 中国人口·资源与环境, 2015, 25 (2): 23-29.

[314] 杨仁发. 产业集聚与地区工资差距: 基于我国269个城市的实证研究 [J]. 管理世界, 2013 (8): 41-52.

[315] 杨秀云, 袁晓燕. 产业结构升级和产业转移中的产业空洞化问题 [J]. 西安交通大学学报 (社会科学版), 2012, 32 (2): 1-6.

[316] 杨亚平, 周泳宏. 成本上升、产业转移与结构升级: 基于全国大中城市的实证研究 [J]. 中国工业经济, 2013 (7): 147-159.

[317] 杨颖. 新产业区理论与湖北产业转型升级研究 [J]. 湖北社会科学, 2010 (12): 56-58.

[318] 叶堂林, 李国梁. 京津冀创新扩散机制及扩散成效研究: 基于京津冀、长三角两大城市群对比 [J]. 经济社会体制比较, 2019 (6): 166-177.

[319] 叶堂林. 有效推动京津冀创新链和产业链双向融合发展 [J]. 北京观察, 2020 (9): 30-31.

[320] 叶裕民. 中国区域开发论 [J]. 北京: 中国轻工业出版社, 2000.

[321] 殷剑锋. 非首都功能疏解下北京高端服务业的发展研究 [D].

北京：中共北京市委党校，2018.

［322］于斌斌，杨宏翔，金刚．产业集聚能提高地区经济效率吗？——基于中国城市数据的空间计量分析［J］．中南财经政法大学学报，2015（3）：121－130.

［323］于斌斌．中国城市群产业集聚与经济效率差异的门槛效应研究［J］．经济理论与经济管理，2015（3）：60－73.

［324］于敏，刘彤彤．河北承接高新高端产业转移对接路径研究［J］．北华航天工业学院学报，2019，29（1）：21－23.

［325］于泽，徐沛东．资本深化与我国产业结构转型：基于中国1987—2009年29省数据的研究［J］．经济学家，2014（3）：37－45.

［326］余东华，邢韦庚．政绩考核、内生性环境规制与污染产业转移：基于中国285个地级以上城市面板数据的实证分析［J］．山西财经大学学报，2019，41（5）：1－15.

［327］余剑，陶娅娜，王丝雨．金融支持首都高端产业发展研究［J］．河北金融，2017（3）：28－32＋38.

［328］俞立平．金融支持、政府与企业投入对科技创新的贡献研究［J］．科研管理，2015，36（3）：57－63.

［329］原毅军，郭然．生产性服务业集聚、制造业集聚与技术创新：基于省级面板数据的实证研究［J］．经济学家，2018（5）：23－31.

［330］约翰·冯·杜能．孤立国同农业和国民经济的关系［M］．北京：商务印书馆，1986.

［331］岳敏，朱保芹．河北省承接产业转移的产业结构效应研究［J］．科技资讯，2020，18（25）：254－256.

［332］曾鹏，李洪涛．中国十大城市群产业结构及分工比较研究［J］．科技进步与对策，2017，34（6）：39－46.

［333］翟筒．河北省产业结构优化进程实证研究［J］．环渤海经济瞭望，2018（12）：98－101.

［334］仉建涛．区域经济非均衡增长论略［J］．河南师范大学学报（哲学社会科学版），1998（1）：10－13.

［335］张翠菊，张宗益．中国省域产业结构升级影响因素的空间计量分析［J］．统计研究，2015，32（10）：32－37.

［336］张冬梅．提升西部地区产业承接能力研究［J］．现代经济探讨，2008（10）：56－58.

[337] 张贵，石海洋，刘帅．京津冀都市圈产业创新网络再造与能力提升［J］．河北工业大学学报（社会科学版），2014，6（1）：1－9.

[338] 张贵，王树强，刘沙，等．基于产业对接与转移的京津冀协同发展研究［J］．经济与管理，2014，28（4）：14－20.

[339] 张虎，韩爱华，杨青龙．中国制造业与生产性服务业协同集聚的空间效应分析［J］．数量经济技术经济研究，2017，34（2）：3－20.

[340] 张虎，韩爱华．金融集聚、创新空间效应与区域协调机制研究：基于省级面板数据的空间计量分析［J］．中南财经政法大学学报，2017（1）：10－17.

[341] 张虎，韩爱华．制造业与生产性服务业耦合能否促进空间协调：基于285个城市数据的检验［J］．统计研究，2019，36（1）：39－50.

[342] 张辉．全球价值链理论与我国产业发展研究［J］．中国工业经济，2004（5）：38－46.

[343] 张建伟，苗长虹，肖文杰．河南省承接产业转移区域差异及影响因素［J］．经济地理，2018，38（3）：106－112.

[344] 张杰，刘志彪，郑江淮．产业链定位、分工与集聚如何影响企业创新：基于江苏省制造业企业问卷调查的实证研究［J］．中国工业经济，2007（7）：47－55.

[345] 张杰．首都高精尖产业体系与减量发展［J］．北京工商大学学报（社科版），2018，33（6）：1－9.

[346] 张可．经济集聚与区域创新的交互影响及空间溢出［J］．金融研究，2019（5）：96－114.

[347] 张可云，蔡之兵．京津冀协同发展历程、制约因素及未来方向［J］．河北学刊，2014，34（6）：101－105.

[348] 张可云，沈洁．北京核心功能内涵、本质及其疏解可行性分析［J］．城市规划，2017，41（6）：42－49.

[349] 张可云．北京非首都功能的本质与疏解方向［J］．经济社会体制比较，2016（3）：23－25.

[350] 张明斗，吴庆帮．产业区块链创新发展的结构框架与高质量政策研究［J］．青海社会科学，2020（1）：73－79.

[351] 张明艳，孙晓飞，贾巳梦．京津冀经济圈产业结构与分工测度研究［J］．经济研究参考，2015（8）：103－108.

[352] 张明之．产业集聚、新产业区与城市经济空间整合［J］．中国软

科学，2003（7）：119－124.

［353］张宁，宋金平，刘悦．环渤海沿海三次产业结构演变研究：以天津、河北、山东部分为例［J］．生态经济（学术版），2013（1）：162－167.

［354］张其仔．比较优势的演化与中国产业升级路径的选择［J］．中国工业经济，2008（9）：58－68.

［355］张琴．国际产业转移对我国产业结构的影响研究：基于1983—2007年外商直接投资的实证分析［J］．国际贸易问题，2012（4）：137－144.

［356］张少军，刘志彪．产业升级与区域协调发展：从全球价值链走向国内价值链［J］．经济管理，2013，35（8）：30－40.

［357］张少军，刘志彪．全球价值链模式的产业转移：动力、影响与对中国产业升级和区域协调发展的启示［J］．中国工业经济，2009（11）：5－15.

［358］张为．京津冀协同发展下的河北承接北京产业转移对策［J］．产业与科技论坛，2018，17（17）：17－18.

［359］张新芝，李少敏，彭迎丰．产业转移发生机制与产业升级的内在机理研究［J］．南昌大学学报（人文社会科学版），2017，48（1）：58－66.

［360］张亚明，苏妍嫄，严玲玉．基于ArcGIS平台的京津冀县域经济空间差异与收敛性研究［J］．河北经贸大学学报，2021，42（3）：103－109.

［361］张亚鹏．京津冀产业协同发展反思：一个整体框架设计［J］．区域经济评论，2018（2）：75－80.

［362］张耀辉．产业创新：新经济下的产业升级模式［J］．数量经济技术经济研究，2002（1）：14－17.

［363］张耀军．京津冀崛起十大挑战［J］．人民论坛，2014（13）：22－25.

［364］张益丰，黎美玲．先进制造业与生产性服务业双重集聚研究［J］．广东商学院学报，2011，26（2）：9－16.

［365］张益丰，刘东，侯海菁．生产者服务业产业集聚与产业升级的有效途径：基于政府规制视角的理论阐述［J］．世界经济研究，2009（9）：3－7，22，87.

［366］张益丰，孙治宇．高端产业市场性质与集聚形态研究：一个数理分析框架［J］．软科学，2011，25（7）：56－60.

［367］张颖．京津冀协同发展与滨海新区的功能定位［J］．环渤海经济瞭望，2015，252（9）：62－64.

［368］张云飞．城市群内产业集聚与经济增长关系的实证研究：基于面板数据的分析［J］．经济地理，2014，34（1）：108－113.

［369］张志彬．生产性服务业集聚的区际差异、驱动因素与政策选择：基于京津冀、长三角和珠三角城市群的比较分析［J］．经济问题探索，2017（2）：84－90.

［370］赵桂林，郑瑞芳．首都六大高端产业功能区发展情况分析展望［J］．前线，2016（5）：49－51.

［371］赵弘．多因素叠加中国高端产业功能区形成需闯关［N］．中国工业报，2012－08－15（A2）.

［372］赵红岩．基于全球视角的区域产业链整合对策［J］．社会科学，2007（2）：16－21.

［373］赵敬敬．河北省承接京津产业转移的路径研究［D］．石家庄：河北地质大学，2016.

［374］赵琪．唐山市曹妃甸区产业转型的初步研究［J］．中国市场，2021，1065（2）：57－58.

［375］赵伟，江东．ODI与中国产业升级：机理分析与尝试性实证［J］．浙江大学学报（人文社会科学版），2010，40（3）：116－125.

［376］赵伟，王春晖．区域开放与产业集聚：一个基于交易费用视角的模型［J］．国际贸易问题，2013（7）：38－49.

［377］赵曦，司林杰．中国西部地区现代产业体系发展研究［J］．理论探讨，2014（1）：93－96.

［378］赵霄伟．京津冀产业协同发展：多重困境与韧性应对［J］．区域经济评论，2020（6）：71－79.

［379］赵延文．京津冀产业协同发展回顾及展望（2014—2020）［J］．中国经贸导刊，2021（1）：58－62.

［380］赵燕．基于重合产业形成的东部外资产业西移及其目标产业选择［J］．开发研究，2008（6）：34－38.

［381］赵勇，白永秀．中国城市群功能分工测度与分析［J］．中国工业经济，2012（11）：18－30.

［382］郑开焰，李辉文．福建省金融集聚效应与产业结构升级［J］．福建论坛（人文社会科学版），2015（8）：143－149.

［383］郑胜利．经济体制转轨时期中国产业集群研究［D］．福州：福建师范大学，2003.

［384］中国城市规划设计研究院，住房和城乡建设部城乡规划司．京津冀城市群协调发展规划（2008—2020）［M］．北京：商务印书馆，2013.

［385］钟海燕，赵兵，李卫斌．新产业区统计监测评价指标体系研究［J］．统计与信息论坛，2020，35（11）：85－92.

［386］周桂荣，任子英．区域产业功能定位重构及协同发展机制创新：以京津冀为例［J］．区域经济评论，2017（1）：75－80.

［387］周海蓉．上海强化高端产业引领功能的战略重点［J］．科学发展，2020（9）：18－25.

［388］周剑．天津市滨海新区功能定位研究［D］．兰州：兰州大学，2009.

［389］周江洪，陈翥．论区际产业转移力构成要素与形成机理［J］．中央财经大学学报，2009（2）：66－70.

［390］周京奎，龚明远，张朕．京津冀产业协同发展机制创新研究［J］．长白学刊，2019（2）：95－103.

［391］周鲁耀，周功满．从开发区到特色小镇：区域开发模式的新变化［J］．城市发展研究，2017，24（1）：51－55.

［392］周明生，陈文翔．生产性服务业与制造业协同集聚的增长效应研究：以长株潭城市群为例［J］．现代经济探讨，2018，6：69－78.

［393］周明生，陈文翔．中国生产性服务业集聚的空间效应研究：基于空间面板数据模型［J］．经济与管理研究，2014（9）：69－76.

［394］周圣强，朱卫平．产业集聚一定能带来经济效率吗：规模效应与拥挤效应［J］．产业经济研究，2013（3）：12－22.

［395］周韬，郭志仪．价值链视角下的城市空间演化研究：基于中国三大城市群的证据［J］．经济问题探索，2014（11）：35－42.

［396］周伟，蔡培．京津冀产业结构调整优化研究［J］．商业经济研究，2016（2）：187－189.

［397］周伟，马碧云．京津冀产业分工与可持续发展的实证分析［J］．商业经济研究，2017（3）：208－210.

［398］周伟，杨栋楠，章浩．京津冀协同发展中河北现代产业体系评价研究［J］．经济研究参考，2017（64）：65－73.

［399］周伟，赵艳，宁煊．京津冀城市群制造业结构变迁与空间集聚影响因素分析［J］．地理科学，2020，40（11）：1921－1929.

［400］周伟．北京构建现代产业发展新体系研究［M］．北京：知识产权出版社，2013.

［401］周伟．底特律产业结构变迁及其对北京产业优化升级的借鉴意义

[J]. 经济研究参考，2016 (26)：22-29.

[402] 周伟. 京津冀城市群产业转移驱动因素对 FDI 的影响效应 [J]. 统计与决策，2020，36 (17)：110-114.

[403] 周伟. 信息服务业对首都经济的带动作用 [M]. 北京：知识产权出版社，2015.

[404] 朱华友，孟云利，刘海燕. 集群视角下的产业转移的路径、动因及其区域效应 [J]. 社会科学家，2008 (7)：43-46，50.

[405] 朱金鹤，王雅莉. 创新补偿抑或遵循成本？污染光环抑或污染天堂？——绿色全要素生产率视角下双假说的门槛效应与空间溢出效应检验 [J]. 科技进步与对策，2018，35 (20)：46-54.

[406] 朱晓青，寇静. 京津冀产业协同发展探析 [J]. 新视野，2015 (1)：104-109.

[407] 祝尔娟. 京津冀一体化中的产业升级与整合 [J]. 经济地理，2009 (6)：881-886.

[408] 祝尔娟. 全新功能定位与京津冀一体化发展 [J]. 天津行政学院学报，2007 (2)：51-54.

[409] 庄德林，吴靖，杨羊，等. 生产性服务业与制造业协同集聚能促进就业增长吗 [J]. 贵州财经大学学报，2017 (5)：59-68.

[410] 宗刚，方磊. 产业功能区效率与区域公共交通网络演化特征：以北京经济技术开发区为例 [J]. 经济地理，2015，35 (12)：70-78.

[411] AIDAN R VINING. The role of clustering in the growth of new technology-based firms [J]. Small Business Economics，2010，34 (2).

[412] AKAMATSU K. A historical pattern of economic growth in developing countries [J]. The Developing Economics，1962，1 (1)：3-25.

[413] ALONSO-VILLAR O，CHAMORRO-RIVAS J. How do Producer Services Affect the Location of Manufacturing Firms? The Role of Information Accessibility [J]. Environment and Planning A，2001，33 (9)：341-359.

[414] ANDERSSON M. Co-location and Manufacturing and Producer Services：A Simultaneous Equation Approach [R]. Working Paper Series in Economics and Institutions of Innovation，2004：94-124.

[415] ANTONIO CICCONE，ROBERT E HALL. Productivity and the Density of Economic Activity [J]. The American Economic Review，1996，86 (1).

[416] ANTONIO CICCONE. Agglomeration effects in Europe [J]. European

Economic Review, 2002, 46 (2) .

[417] BARRY M KATZ. Make it New: The History od Silicon Valley Design [M] . MIT Press, 2015.

[418] C FORMAN, A GOLDFARB S GREENSTEIN. Agglomeration of Invention in the Bay Area: Not Just ICT [J] . American Economic Review, 2016, 106 (5): 146 - 151.

[419] CATHERINE BEAUDRY, STEFANO BRESCHI. Are Firms in clusters really more innovative? [J] . Economics of Innovation and New Technology, 2003, 12 (4): 325 - 342.

[420] CLARK B. Ebenezer Howard And The Marriage Of Town And City: An Introduction to Howard' s Garden Cities of Tomorrow (selections) [J] . Organization & Environment, 2003, 16 (1): 87 - 97.

[421] DANIEL R PEARSON. Global Steel Overcapacity: Trade Remedy "Cure" Is Worse than the "Disease" [J] . Free Trade Bulletin, 2016, 66.

[422] DAVID J TEECE, GARY PISANO, AMY SHUEN. Dynamic capabilities and strategic management [J] . Strategic Management Journal, 1997, 18 (7): 509 - 533.

[423] ELLISON G, GLAESER E L. Geographic Concentration in U. S. Manufacturing Industries: A Dartboard Approach [J] . Journal of Political Economy, 1997, 105: 889 - 927.

[424] FRANCOIS PERROUX. A New Concept of Development: Basic Tenets [M] . United Nations Educational, 1984.

[425] FRANKE R, KALMBACH P. Structural Change in the Manufacturing Sector and Its Impact on Business - related Services: An Input - Output Study for Germany, Structural Change and Economic Dynamics [J] . 2005, 16 (4): 467 - 488.

[426] G ELLISON, E L GLAESER W R KERR. What causes industry agglomeration? Evidence from Co - agglomeration patterns [J] . American Economic Review, 2010, 100 (3): 1195 - 1213.

[427] G ELLISON, E L GLAESER. Geographic Con - centration in U. S. Manufacturing Industries: A Dartboard Approach [J] . Journal of Political Economy, 1997, 105, 889 - 927.

[428] GABE TODD M ABEL JAISON R. Shared knowledge and the coagglomeration of occupations [J] . Journal of Regional Science, 2016, 50 (8): 1360 - 1373.

[429] GARY GEREFFI, JOONKOO LEE. Why the world suddenly cares a-

bout global supply chains [J] . Journal of Supply Chain Management, 2012, 48 (3): 24 -32.

[430] GHANI S E. Spatial Development and Agglomeration Economics in Service - Lesson from India [J] . Social Science Electronic Publishing, 2016, (5): 23 -34.

[431] GORG H, STROBL E. Multinational Companies and Productivity Spillovers: A meta - analysis [J] . The Economic Journal, 2001, 111 (475): 723 -739.

[432] GÁBOR HUNYA. Restructuring through FDI in Romanian Manufacturing [J] . Economic Systems, 2002, 26 (4) .

[433] HYUN - JU KOH, NADINE RIEDEL. Assessing the Localization Pattern of German Manufacturing and Service Industries: A Distance - based Approach [J] . Regional Studies, 2010, 48 (5): 823 -843.

[434] ICKES B, OFER G. Political Economy of Structural Change in Russia [J] . European Journal of Political Economy, 2006, 22 (2): 409 -434.

[435] JAEHUA LEE. Trade, FDI, and productivity convergence: A dynamic panel data approach in 25 countries [J] . Japan and the World Economy, 2008, (8): 289 -360.

[436] JAMES R MARKUSEN, ANTHONY J VENABLES. Foreign Direct Investment as a Catalyst for Industrial Development [J] . European Economic Review, 1999, 43 (2) .

[437] JOHN HUMPHREY, HUBERT SCHMITZ. How does insertion in global value chains affect upgrading in industrial clusters? [J] . Regional Studies, 2010, 36 (9): 1017 -1027.

[438] JUHANI VIRKANEN. Effect of urbanization on metal deposition in the bay of Töölönlahti, Southern Finland [J] . Marine Pollution Bulletin, 1998, 36 (9) .

[439] KAPLINSKY R. Globalization and unequalisation: what can be learned from value - chain analysis? [J] . Journal of Development Studies. 2010, 37 (2) : 117 -146.

[440] KELLER K L. The effects of brand name suggestiveness advertising recall [J] . Journal of Marketing, 1998 (24): 48 -57.

[441] KOLKO J. Urbanization, Agglomeration, and Coagglomeration of Service Industries [M] . American: National Bureau of Economic Research, Inc, 2010: 151 -180.

[442] LEWIS W A. The Evolution of the International Economic Or-

der. Princeton [M] . New Jersey: Princeton University Press, 1978.

[443] M LUISA FLOR, SARAH Y COOPER, MARIA J OLTRA. External knowledge search, absorptive capacity and radical innovation in high - technology firms [J] . European Management Journal, 2018, 36 (2): 183 - 194.

[444] MARELLI E. Evolution of Employment Structures and Regional Specialization in the EU [J] . Economic Systems, 2004 (28): 35 - 59.

[445] MARSHALL A. Elements of the Economics of Industry [M] . London: Macmillan, 1982.

[446] MICHAEL E POTER. Clusters and the new economics of competition [J] . Harvard Business Review, 1998 (11 - 12) .

[447] MICHAEL E PORTER, MICHAEL P PORTER. Location, Clusters, and the "New" Microeconomics of Competition [J] . Business Economics, 1998, 33 (1): 7 - 13.

[448] NAKOSTEEN, ZIMMER. Determinants of regional migration by manufacturing firms [J] . Economic Inquiry, 1987, 50: 531 - 362.

[449] RANCOIS, JOSPEH, BERNARD HOEKMAN. Services Trade and Policy [J] . Journal of Economic Literature, 2010 (48): 642 - 692.

[450] REBECCA BRADLEY, JOSHUA S GANS. Growth in Australian Cities [J] . Economic Record, 1998, 74: 266 - 278.

[451] ROLAND ANDERSSON JOHN M QUIGLEY, MATS WILHELMSSON. Agglomeration and the spatial distribution of creativity [J] . Papers in Regional Science, 2005, 84 (3) .

[452] SCHUMPETER, JOSEPH A. Capitalism, socialism and democracy [M] . New York: Harper&Row, 1942.

[453] SIMON KUZNETS. Modern Economic Growth: Rate, Structure and Spread [M] . New Haven and London, Yale University Press, 1980.

[454] THOMPSON J H . Some Theoretical consideration for manufacturing Geography [J] . Economic Geography, 1966 (3): 127 - 145.

[455] TIAOYAN HUI, YAQIN WANG. Analysis on the Influencing Factors of Undertaking Industrial Transfer in Western Region [J] . Scientific Journal of Economics and Management Research, 2021, 3 (3) .

[456] VERNON R. International investment and international trade in the product cycle [J] . Quarterly Journal of Economics, 1966, 80 (2): 190 - 207.

[457] WALTERI, UGELOW J. Environmental Policies in Developing Countries [J]. Ambio, 1979, 8 (2/3): 102-109.

[458] YAMAMURA E, SHIN I. Dynamics of Agglomeration Economics and Regional Industrial Structure: the Case of the Assembly Industry of the Greater Tokyo Region, 1960-2000 [J]. Structural Change and Economic Dynamics, 2007, 18 (4): 483-499.